集人文社科之思　刊专业学术之声

集 刊 名：形象史学

主办单位：中国社会科学院古代史研究所文化史研究室

主　　编：刘中玉

2020下半年

委员会（以姓氏笔画为序）

主　任　孙　晓（中国社会科学院古代史研究所）

编　委

卜宪群（中国社会科学院古代史研究所）　　张先堂（敦煌研究院）

马　怡（中国社会科学院古代史研究所）　　陈支平（厦门大学）

王子今（中国人民大学）　　　　　　　　　陈星灿（中国社会科学院考古研究所）

王月清（南京大学）　　　　　　　　　　　尚永琪（宁波大学）

王亚蓉（中国社会科学院考古研究所）　　　罗世平（中央美术学院）

王彦辉（东北师范大学）　　　　　　　　　金秉骏（韩国首尔大学）

王震中（中国社会科学院古代史研究所）　　郑　岩（中央美术学院）

尹吉男（中央美术学院、广州美术学院）　　耿慧玲（台湾朝阳科技大学）

扬之水（中国社会科学院文学研究所）　　　柴剑虹（中华书局）

成一农（云南大学）　　　　　　　　　　　黄厚明（南京大学）

李　旻（美国洛杉矶加州大学）　　　　　　谢继胜（浙江大学）

李　零（北京大学）　　　　　　　　　　　臧知非（苏州大学）

杨爱国（山东省石刻艺术博物馆）　　　　　熊文彬（四川大学）

沙武田（陕西师范大学）　　　　　　　　　池田知久（日本东方学会）

沈卫荣（清华大学）　　　　　　　　　　　渡边义浩（日本早稻田大学）

编辑部主任　宋学立

编辑部成员

王　艺　王　申　刘中玉　刘明杉　纪雪娟　安子毓　宋学立　杜艳茹　杨宝玉　徐林平
常文相　翟金明

本辑执行编辑

宋学立　王　申

总第十六辑

集刊序列号：PIJ-2017-202

中国集刊网：www.jikan.com.cn

集刊投约稿平台：www.iedol.cn

中国社会科学院创新工程学术出版资助项目

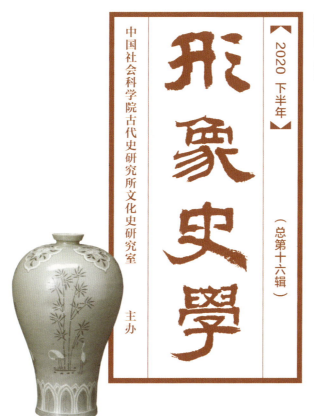

形象史学

中国社会科学院古代史研究所文化史研究室 主办

2020 下半年

（总第十六辑）

刘中玉 主编

社会科学文献出版社
SOCIAL SCIENCES ACADEMIC PRESS (CHINA)

《形象史学》出刊调整启事

2011 年创刊以来,《形象史学》得到了学林师友的大力支持和厚爱,十年来,在方法论探讨和刊物建设方面均获得了稳步发展。

为展现最新研究成果,惠及学林,经慎重酝酿,本刊自 2021 年起,调整为春、夏、秋、冬四卷出版。同时设"栏目主持",邀请相关领域的才俊做主持人,以期在审、校环节更专业、更公平、更高效。

期待大家一如既往的支持!

本刊编辑部

2020 年 5 月

目 录

一

理论动态

早期艺术研究中多学科证据的使用问题 *

■ **韩 鼎**（河南大学历史文化学院古代文明研究中心）

早期艺术（本文指新石器时代晚期至西周时期的艺术）因没有同时代相关文献的辅证，[1] 使得对其的研究具有一定的开放性。研究者常结合自身知识背景，依据考古学、古文字学、历史学、文化人类学、民族学、神话学、艺术史学、心理学等学科的方法和材料，对早期艺术进行多角度的探讨。由于多学科的广泛参与，早期艺术的研究取得了丰硕的成果，但我们也应注意到上述学科的相关材料毕竟不是对早期艺术的直接解说，若不考虑证据和论证对象之间的适用性和契合度问题就主观建构两者间的关联，此类研究的过程和结论往往不够完善。虽然对几千年前遗物的讨论（尤其是意义方面）不可避免地会有一定的主观性，但至少应在研究的

思路和方法上做到客观、规范，以期尽可能排除研究中的主观成分。下文中，笔者将分学科探讨在使用不同学科的理论方法和证据材料探讨早期艺术时容易忽略的问题。[2]

一 考古学角度

考古学为早期艺术品提供了认识基础，如时代、地域、埋藏环境、所属考古学文化等方面的信息，是相关学科能够进一步研究的前提。我国考古学最重要的两个研究方法分别是地层学和类型学。正如张忠培所说："如果把近代考古比喻为一部车子的话，地层学和类型学则是这车子的两轮。没有车

---

* 本文得到河南大学哲学社会科学创新团队培育计划"中原早期文明的形成与演进"（项目编号：2019CXTD004）及"河南省高等学校青年骨干教师培养计划"（项目编号：2020GGJS041）资助；为 2018 年国家社科基金一般项目"三代青铜礼器纹饰整理与研究"（项目编号：18BKG015）阶段性研究成果。

1 有西方学者用 Iconography without Texts 表达该时期的艺术特征。

2 下文中笔者会援引多位前辈学者的观点，毋庸置疑，在当时这些探索都极大地推动了研究的深化，只是随着考古发现的不断丰富，一些认识可能需要更新。也正是由于这些观点在学术史上有着巨大的影响力，以之为例具有代表性，笔者并无不敬或哗众取宠之意。当然，由于才疏学浅，笔者可能对这些观点的理解不够深入，导致评论失当，在此先行表达歉意，纰漏之处还望各位师友批评指正。

轮，车子是不能向前行驶的；没有地层学和类型学，近代考古学便不能存在，更不能向前发展。"[1] 每一位接受过专业训练的考古学者都深谙这两种方法，作为早期艺术品最初的研究者，考古学者在研究中常体现出地层学、类型学方法论的影响。考虑到早期艺术品相对于普通陶器的特殊性，运用地层学、类型学研究时应注意以下问题。

1. 地层学

通过叠压、打破关系，我们可以运用地层学的方法（有时需结合类型学）来判断器物的相对时代关系。但由于艺术品的特殊性，在使用地层学方法判断时代时，应考虑到出土地层的时代与器物制作的时代、地区、所属文化间可能存在差异的问题，这点可从以下两个方面认识。

第一，艺术品有更持久的传承性。艺术品常因贵重的材质和精美的造型，历代传承。如经常能在晚期的墓葬中发现早期的艺术品，有时两者间的时代差距甚至可达数千年，或可说明墓主人仅是该艺术品的最终收藏者。因此，艺术品出土地层的年代，仅是其可能的最晚制作年代。

如果将艺术品的出土时代直接视为器物的制作年代，并结合该时代的文化背景进行解读，就很容易对其属性、功能、意义产生误判。如我国早期艺术中有一种"神人纹"玉雕（也有学者称为"兽面纹"、"神人兽面纹"或"神祖面纹"），以梭形眼、耳上勾状饰、耳下环状饰为主要特征，并多有露出口的上下獠牙。国内外博物馆所藏表现此主题的玉雕有十余件，在科学考古出土之前，学界对其制作时代的看法差异较大，从新石器时代到汉代，莫衷一是。[2] 1985年，中国社会科学院考古研究所丰镐工作队在西周时期的丰镐遗址中发现了一件此类玉饰，[3] 将其定名为"玉兽面"（图1-1），[4] 其各方面特征与馆藏神人纹玉雕均较为一致。因此，学者认为"由于沣西的发现，这类兽面纹玉饰才第一次得到了真正的考古学的证据"，[5] 并依此判断此类神人纹玉雕应属西周时期的艺术品。但20世纪80年代末，江西新干商代大墓中出土了一件"神人兽面形玉饰件"（图1-2），[6] 新石器时代晚期石家河文化肖家屋脊遗址中出土了一件"玉人头像"（图1-3），[7] 其主要特征与丰镐遗址出土的玉雕

1　张忠培：《地层学与类型学的若干问题》，《文物》1983年第5期。

2　相关讨论可参见张长寿《记沣西新发现的兽面玉饰》，《考古》1987年第5期。

3　中国社会科学院考古研究所丰镐工作队：《1984~85年沣西西周遗址、墓葬发掘报告》，《考古》1987年第1期。

4　张长寿：《记沣西新发现的兽面玉饰》，《考古》1987年第5期。

5　张长寿：《记沣西新发现的兽面玉饰》，《考古》1987年第5期。

6　江西省文物考古研究所、江西省博物馆、新干县博物馆：《新干商代大墓》，文物出版社，1997，第157页。

7　湖北省荆州博物馆、湖北省文物考古研究所石家河考古队、北京大学考古学系：《肖家屋脊》（上），文物出版社，1999，第316页。

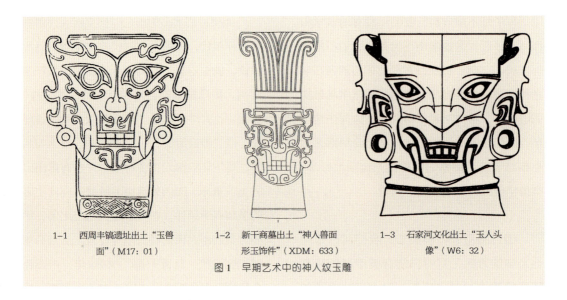

| 1-1 西周丰镐遗址出土"玉兽
面"(M17：01) | 1-2 新干商墓出土"神人兽面
形玉饰件"(XDM：633) | 1-3 石家河文化出土"玉人头
像"(W6：32) |

图1 早期艺术中的神人纹玉雕

一致。而这两件神人纹玉雕，出土地层分别属于商代和新石器时代晚期，地点分别为江西新干和湖北天门，因此，基于西周丰镐遗址出土"玉兽面"而推论此类玉雕皆为西周时期艺术品，就需要反思。三件器物出土地层（所属时代）跨越千余年，地点相距上千公里，因此，由一件器物的出土地层就推断此主题所有器物所属时代，显然忽略了艺术品流传的复杂性。[1] 总之，对于艺术品来说，对其出土地层和制作时代的关系应谨慎判断。

第二，艺术品有更广泛的流通性。艺术品因其珍贵性和稀缺性，在不同文化间交流的可能性要远大于陶器等日常用品，战争、贡纳、赏赐、赠赙、婚嫁、收藏等行为都会造成艺术品出土地与制作地之间所属考古学文化的差异。

以商代殷墟妇好墓出土器物为例。首先，从出土器物的时代来看，除具有明显商代特征的玉器外，妇好墓还出土有多个新石器时代考古学文化的多件玉器，如红山文化玉器（图2-1）、[2] 石家河文化玉器（图2-2）、[3] 齐家文化或石峁玉器以及多件山东

1　还有另一种可能，即商周墓葬中出土神人纹玉雕为后世的模仿品。通过仿品所属地层的时代来确定其原型的时代也是有问题的。

2　图2-1（1）、（2）：郭大顺、洪殿旭主编《红山文化玉器鉴赏》，文物出版社，2010，第143、107页。图2-1（3）：中国社会科学院考古研究所、北京艺术博物馆、首都博物馆、河南博物院编著《王后·母亲·女将——纪念殷墟妇好墓考古发掘四十周年·玉器篇》，科学出版社，2016，第162页。图2-1（4）：杜金鹏主编《玉华流映——殷墟妇好墓出土玉器》，中国书店，2017，第138页。

3　图2-2（1）、（2）：荆州博物馆编著《石家河文化玉器》，文物出版社，2008，第108、99页。图2-2（3）：中国社会科学院考古研究所、北京艺术博物馆、首都博物馆、河南博物院编著《王后·母亲·女将——纪念殷墟妇好墓考古发掘四十周年·玉器篇》，第163页。图2-2（4）：中国社会科学院考古研究所《殷墟妇好墓》，文物出版社，1980，第165页。

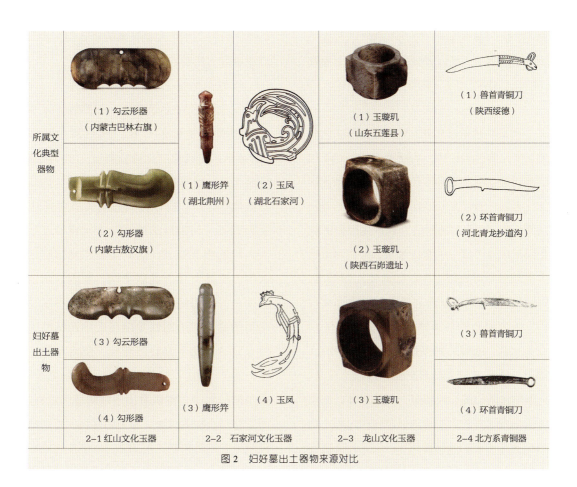

图 2　妇好墓出土器物来源对比

龙山文化玉器（图 2-3），[1] 通过器型的对比，我们可大致了解器物的历史渊源，这也体现了妇好对古物收藏的热衷。其次，从同时代不同区域的角度来看：妇好墓中出土有若干件北方系青铜刀（图 2-4），[2] 考虑到甲骨卜辞中对妇好领兵打仗的记载，这些北方系青铜刀很可能是妇好征战的战利品。最后，从

妇好墓中的青铜器铭文来看，不同的铭文体现出器物的复杂来源，包括"有武丁赏赐或以武丁为核心的王族成员所作的器物，如'妇好（好）'器、'司母辛'器；有妇好生前为他人所作的祭器，如'司母（司母癸）'器；也有其他贵族进献的器物，如'亚弜'器、'亚其'器、'亚启'器、'束泉（子束

1　图 2-3（1）：古方主编《中国出土玉器全集 15·甘肃　青海　宁夏　新疆》，科学出版社，2005，第 33 页；图 2-3（2）：神木市石峁文化研究会编著《石峁玉器》，文物出版社，2018。第 288 页；图 2-3（3）：杜金鹏主编《玉华流映——殷墟妇好墓出土玉器》，第 190 页。相关研究可参见朱乃诚《殷墟妇好墓出土玉琮研究》，《文物》2017 年第 9 期；王青《妇好墓出土玉器中的遗玉略论》，《博物院》2018 年第 5 期。

2　图 2-4（1）、（2）：乌恩《殷至周初的北方青铜器》，《考古学报》1985 年第 2 期。图 2-4（3）、（4）：中国社会科学院考古研究所《殷墟妇好墓》，图版六六—1、4。

泉）'器、'或'器和'官☒'器"。[1] 通过妇好墓的例子，可以看到同一墓葬出土器物（尤其是早期艺术品）的复杂情形。

2. 类型学

类型学通过研究考古遗存外在形态的分类、变化的逻辑序列，判断遗存的相对年代早晚，建立遗址相对年代序列，确立考古学文化谱系。遗存在同时期内不同形制的差别通常标为"型"，随时间变化产生形制的变化通常标为"式"。[2] 宽泛地讲，考古类型学应适用于所有有形之物，如俞伟超曾指出，"这种方法不仅可以研究器物的形态演化规律，人们制造的各种建筑物（包括墓葬）、交通工具、服装，乃至雕塑、书画等物品，都可以用它来研究其形态变化过程。总之，人类制造的物品，只要有一定的形体，都可以用类型学方法来探索其形态变化过程（当然也包括上面的装饰图案）；反之，凡是没有形体的东西（如思想、音乐等），就无法用类型学的方法来进行研究"。[3] 基于这一认识，考古学者在进行器物（包括早期艺术品）研究时往往会以类型学的型式分析作为研究基础，型式分析有助于确定器物在发展演变过程中所属的共时性和历时性关系，为后续研究提供了可靠的认识基础。为更好地将型式分析运用于早期艺术的研究中，我们应注意以下几个方面。

首先，重视艺术品和陶器的差异。在早期文明的考古学研究中，陶器的类型学分析发挥着重要的作用。这是因为陶器"数量多，时代和文化特征明显"[4]，"陶器反映年代、地域的变化最为敏感"[5]。因为陶器数量多，所以可以归纳总结其演变规律；又因陶器（和陶器的组合）直接反映了某一人群的生活模式，因此陶器和使用它的人群（及其文化）关联密切；还因为陶器的生产、使用随时代发展而发展，所以其器型的变化在历时性角度呈现出连续性的特点，这有助于器物的断代。反观早期艺术，有些情况下仅是零星发现，数量少、分布情况复杂，难以看出连续演变的过程，而且有时器物的纹饰、造型明显表现出与精神领域的紧密关联，再加之艺术创作可能存在的主观能动性等因素，对于这类早期艺术品来说，类型学分析就有些捉襟见肘了。如个别学者主观地（而非归纳地）将仅有的几个（难以判断时空关系的）例证也进行型式分析，有时一件器物即是一"型"，类型学分析所要建构的时代序列、文化谱系均无法实现，似乎是为了型式分析而分析。

1　汤毓赟：《试论殷墟墓葬青铜容器的来源"构成"》，《考古》2019 年第 5 期。

2　王巍总主编《中国考古学大辞典》，上海辞书出版社，2014，第 6 页。

3　俞伟超：《关于"考古类型学"问题——为北京大学七七至七九级青海、湖北考古实习同学而讲》，俞伟超主编《考古类型学的理论与实践》，文物出版社，1989，第 6~7 页。

4　王巍总主编《中国考古学大辞典》，第 6 页。

5　张忠培：《地层学与类型学的若干问题》，《文物》1983 年第 5 期。

其次，对部分早期艺术品的型式分析标准因人而异，造成同一纹饰的类型学体系纷繁复杂。和对待陶器相似，纹饰的类型学分析也常以纹饰内的某一"特征"为分型标准，但该特征的选取缺乏标准，如对饕餮纹的型式分析，学界总体上有两种分类标准，即按"角"分类和按"身"分类。

按"角"分类的研究。马承源将兽面纹（饕餮纹）分为虎头纹、外卷角兽面纹、内卷角兽面纹、曲折角兽面纹、分枝角兽面纹、长颈鹿角兽面纹、牛头纹、变形兽面纹八类（图3）。[1]林巳奈夫将之分为无角、T形羊角、羊角、大耳、牛角、几字羽冠、水牛角、茸形耳、尖叶角、羊角形二段角、大眉、两尖大耳、其

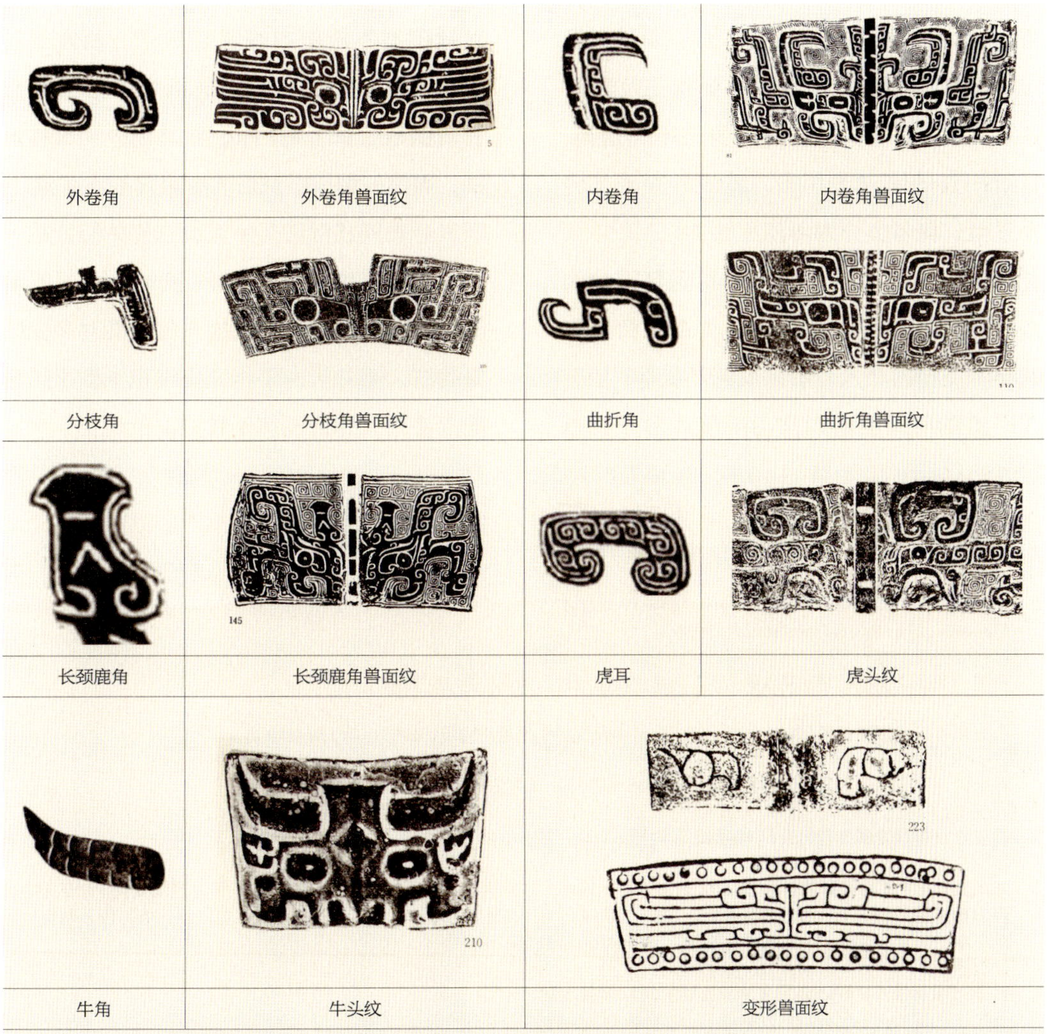

外卷角	外卷角兽面纹	内卷角	内卷角兽面纹
分枝角	分枝角兽面纹	曲折角	曲折角兽面纹
长颈鹿角	长颈鹿角兽面纹	虎耳	虎头纹
牛角	牛头纹	变形兽面纹	

图3 《商周青铜器纹饰》中饕餮纹按"角"分类模式

1　上海博物馆青铜器研究组编《商周青铜器纹饰》，文物出版社，1984，第5~6页（图片均选自该书）。

他，共十三类。[1] 美国学者江伊莉（Elizabeth Childs-Johnson）将之分为虎耳、牛角、羊角、鹿角、麇角，共五类。[2] 段勇将之分为牛角类、羊角类、豕耳类、变异类，共四类。[3]

按"身"分类的研究。张光直等将饕餮纹分为独立兽头和兽头连身两大类。[4] 陈公柔、张长寿则将之分为独立兽面纹、歧尾兽面纹、连体兽面纹和分解兽面纹四大类。[5] 岳洪彬将之分为一首双身、有首无身（或称独立兽面纹）和怪异兽面纹三大类。[6] 朱凤瀚则将之分为有首亦有身的不简省类、有首无身的简省类两类，其中不简省类分为三型，简省类分为两型（图4）。[7]

通过上文中的举例可以看到各家分类方法的差异，因人而异的分类系统势必影响学术交流的深入。饕餮纹的多变性[8]使其在一定的时间范畴内常出现整体形象相近而局部特征（或角、或身）相互置换的情况，如果以此局部特征（如角）作为型式分析的标准，就会造成以下两种情形。除角不同但其他各部分完全一致的饕餮纹被分在不同类中；[9]或仅角相同但其他各部分完全不同的饕餮纹被分在同类中。如果说型式分析的目的是探索其形态变化过程，确立时间发展序列，那么面对饕餮纹的多变性就不得不重新审视其功效了。西方学者罗越（Max Loehr）用风格学的方法来分析青铜器纹饰（详后），将其划分为五种风格，虽然五种风格说目前看来并不够完善，[10]但其分类模式保证了每类纹饰整体特征的一致性，确有可取之处。细节分析不足是其缺陷，而这正是类型学所擅长的。面对多变的饕餮纹，笔者认为可将风格学和类型学结合起来使用，综合发挥两种方法的优势。[11]

1　林巳奈夫：《殷周時代青銅器紋樣の研究：殷周青銅器綜覽2》，吉川弘文馆，1986，第84~89页。

2　Elizabeth Childs-Johnson, *The Metamorphic Image: A Predominant Theme in the Ritual Art of Shang China*, Stockholm: Museum of Far Eastern Antiquities, 1998.

3　段勇：《商周青铜器幻想动物纹研究》，上海古籍出版社，2003，第27~43页。

4　张光直等：《商周青铜器与铭文的综合研究》，中研院历史语言研究所，1973，第134~149页。

5　陈公柔、张长寿：《殷周青铜容器上兽面纹的断代研究》，《考古学报》1990年第2期。

6　岳洪彬：《殷墟青铜礼器研究》，中国社会科学出版社，2006，第198~210页。

7　朱凤瀚在《中国古代青铜器》（南开大学出版社，1995）中分为三类（还包括有首、腿而无躯干之半简省类），在《中国青铜器综论》（上）（上海古籍出版社，2009，第541页）中则变为两类（虽然叙述时仍按三类，但分析时仅为两类，且前书中"有首、腿而无躯干之半简省类"的例子也被拆分至前两类中）。

8　韩鼎：《饕餮纹多变性研究》，《中原文物》2011年第1期。

9　有些器物有上、下两个纹饰带，其中分别铸有一个饕餮纹，两者除角之外完全一样，但按角分类要被分到不同的型之中。

10　Max Loehr, "The Bronze Styles of the Anyang Period (1300:1028 B.C.)," *Archives of the Chinese Art Society of America*, Vol. 7, 1953, pp. 42-53.

11　刘晓霞通过纹饰铸造工艺（如器表花纹间的高度关系）对纹饰进行分类，也有启发性。刘晓霞：《晚商（殷墟）时期青铜容器花纹的微观研究》，博士学位论文，吉林大学，2019，第51~89页。

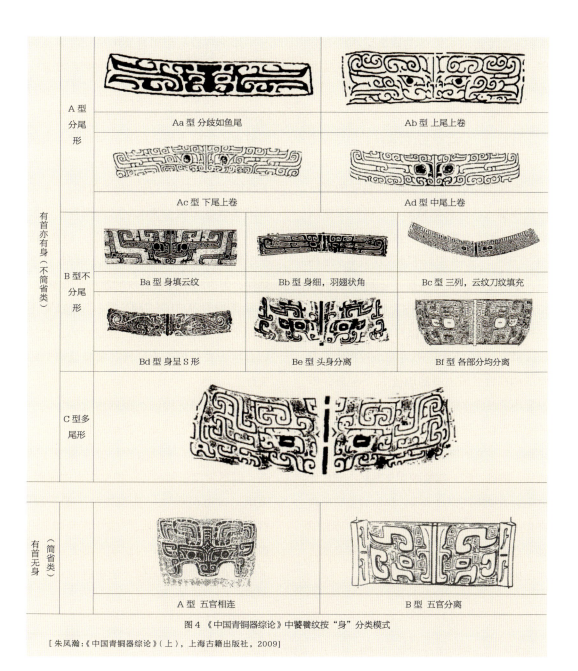

图 4 《中国青铜器综论》中饕餮纹按"身"分类模式

[朱凤瀚:《中国青铜器综论》(上),上海古籍出版社,2009]

总体看来,通过考古地层学、类型学角度对早期艺术进行的探讨,可以为艺术品提供可靠的时空定位和文化归属,是其他各学科继续开展研究的前提。但在研究中不应忽视早期艺术品与一般陶器的差异性。谨慎对待所出地层与器物制作年代、地域、所属文化间的关系,尤其对于首次出土的器物更应谨慎对待。另外,对零星发现、数量少、分布情况复杂且与精神领域(如信仰、观念)具有明显关联的精心设计的艺术品,应考虑类型学的效力问题。而对于局部特征具有多变性的纹样(如饕饕餮纹），可尝试将风格学和类型学结合分析，避免按局部特征分类造成分类系统混乱的情况。

二　古文字学角度

甲骨文中以"形"为构字基础的字所占比例很大。据黄德宽统计，甲骨文中指事字占 4.32%，象形字占 28.51%，会意字占 37.81%，三者加起来超过 70%。他指出，甲骨文中，象形是最基础的构形方式；指事字多在象形字的基础上附加标指性符号构成；会意字保存着以形相会的原始性。可以说此三者"反映出汉字形成过程中表意类的构形方式所占有的地位"。[1] 另外，甲骨文中的部分字形与早期艺术形象相近，又因文字本身就承载着意义，所以不少研究尝试通过甲骨文的字义来诠释与其字形相近的纹样。的确，同一物象即使呈现在不同载体之上，或以不同模式表现，形象间也自然存在相关性，考虑到甲骨文中字义与字形有时会存在关联，所以，古文字可为理解早期艺术形象的意义提供重要的启示。

如李济曾利用甲骨文中呈跪坐姿态的字形来探讨殷墟石雕人像。[2] 又如在饕餮纹意义研究方面，伦敦大学的汪涛认为饕餮纹即甲骨文中的舀字，[3] 美国学者江伊莉认为饕餮纹实际上表现的是商王佩戴面具的形象，而甲骨文"異"（異）字正表现了商王获得动物力量时"异"化的过程。[4] 中国台湾学者袁德星（楚戈）认为饕餮纹的额间纹饰主要包括型和型，和在甲骨文中常连接牺牲名而表示献祭。[5] 李慧萍、贺惠陆认为饕餮纹的雏形为双目纹，也就是甲骨文中的"眮"字。[6] 此处暂不讨论上述结论的可信性，但应看到，通过结合甲骨文分析的确扩展了饕餮纹研究的视野。

看到成绩的同时，也应注意到目前个别研究中存在的问题，正如刘钊在《谈古文字考释方法》中指出的："文字来源于图画，但不等同于图画……把文字当作图画，采用'看图识字'、'猜测想象'的手段，将古文字考释引入歧途。"[7] 文字考释如果出错，自然也会把基于古文字角度的早期艺术研究引入歧途。如何才能更好地从古文

1　黄德宽：《汉字构形方式：一个历时态演进的系统》，《安徽大学学报》1994 年第 3 期。

2　李济：《跪坐蹲居与箕踞》，《李济文集》卷四，上海人民出版社，2006，第 483~502 页。

3　汪涛：《甲骨文中"舀"字与商代青铜器上的饕餮纹》，胡厚宣编《夏商文明研究》，中州古籍出版社，1995。

4　Elizabeth Childs-Johnson, *The Meaning of the Graph Yi 異 and Its Implications for Shang Belief and Art*, Saffron Books, London, 2008.

5　袁德星：《饕餮纹的界说——兼论中国古代图画（形象）符号的表意功能》，《故宫季刊》第 9 卷第 2 期，1974。

6　李慧萍、贺惠陆：《殷商青铜器纹饰研究二题》，《殷都学刊》1997 年第 2 期。

7　刘钊：《谈古文字考释方法》，《古文字构形学》，福建人民出版社，2011，第 222~223 页。

字角度探讨早期艺术呢？笔者认为应该注意以下几个方面。

1. 字形来源的判断

判断古文字中"形"之元素"所象之形"是从古文字角度研究早期艺术的基础，但这一判断不应建立在"看着像"之类的主观辨识上，而是应从字形演变和相关字对比两个方面来考察。从字形演变角度来看：同一文字的字形在不同时期常表现出一定的差异，对于甲骨文来说，倒书、饰笔、线条化、省略、繁简、相通、讹混、变形、随文改字等构形变化都会对字形造成影响。[1] 从相关字对比来看：某一构形要素常出现在不同的文字中，因此要综合对比相关文字来确定此构形要素的意义。上述两个方面要求我们应全面搜集该字演变过程中的各种形态，而不是以某一阶段的字形或某种变体为依据，重视最初未讹变形象，还要结合相关文字的对比，避免孤证立论。

以甲骨文"且"（且）字为例，郭沫若曾认为"'且'实牡器之象形"，[2] 该说影响很大，不少研究凡涉及早期艺术中的陶祖、石祖时，大多会引此为据。但根据陈剑的研究，[3] 从文字历时性的发展角度来看：且组肥笔类卜辞（应是在甲骨上刻字的最原始形态）中的"且"字"常写作方形或略带圆弧的近似方形，下端横笔的左右也不出头"如 图（《合集》19850）、图（《合集》

19858），字形表现了"长方形俎面加上界阑之形"，而对于且形的且字，陈剑认为："其上端或写作弧形，逐渐变为尖形是文字书写中发生的变化，不能作为解释其所象之物的根据。"再根据相关文字的对比来看："俎"字，在金文中写作 图（三年 痶壶）、图（戜方鼎），"'俎'的左旁笔画表示俎足之形，这部分笔画加上表示俎面及其上横格的'且'形，'俎'字全形实为俎案侧视与俯视之形的结合"。再如"剮"、"割"及其异体"刞"，甲骨文中写作 图（《合集》32547）、图（《合集》15429），表现为刀在俎侧的形象。

通过陈剑对"且"字字形演变的梳理和对相关文字的比较，我们可以确定"且"最初是对俎面的象形，而非男根，只是文字演变过程中的上端尖化才使它形似且，我们不应以后起的某一阶段的字形来推测原型。如若认可"且"的原型就是男根形象，那么 图、图 等字多出来的 图（器物腿足部）和 图（刀）又该如何解释呢？

2. 形义关系的分析

即使字形与早期艺术中的某些形象确有相似性，但若不加考证就将字义赋予该艺术形象，也是很危险的。因为"字形对字义的提示是非常有限和微弱的，有大量的文字是不能用这种方法进行考释的。许

1　刘钊：《古文字构形学》，第9~67页。相关研究可参见叶玉英《二十世纪以来古文字构形研究概述》，复旦大学出土文献与古文字研究中心编《出土文献与古文字研究》第2辑，复旦大学出版社，2008，第48~76页。

2　郭沫若：《释祖妣》，《郭沫若全集·考古编》第1卷，科学出版社，1982，第19~64页。

3　陈剑：《甲骨金文旧释"𤔲"之字及相关诸字新释》，复旦大学出土文献与古文字研究中心编《出土文献与古文字研究》第2辑，第13~47页。

多初形不明或后代已发生讹变的形体则更不能随便用这种方法加以解释"。[1]

比如，有不少古文字中看似表形的部分，实为表音，如"风"借"凤"（ 𰀀 ）之形，但"凤"仅表音；再如"家"字，最初假借"豭"之初文，后加上意符"宀"，构成形声字，即"家"从"豭"之初文得声，后来"豭"讹变为"豕"。[2] 如果用声旁视为形旁，再结合字义诠释早期艺术中的凤纹或猪形文物，可能就难以得到正确的结论。

3. 文字与艺术形象的来源辨析

用甲骨文来诠释商代艺术的含义属于同时代资料的互证，若论证得当便会有较强的说服力。但如果用甲骨文去探讨新石器时代艺术品的意义，就需要考虑到时空的差异、各自来源的复杂性等会影响结论的诸多因素。

如有学者用甲骨文中的 🐛 字来诠释（从新石器时代到西周时期）蜷体龙形的原型，[3] 认为以红山文化蜷体玉龙为代表的新石器时代玉龙其原型为蛴螬（金龟子幼虫），也即甲骨文中的 🐛。但红山文化（公元前 4500 年至公元前 2800 年）与发现甲骨文的殷商时期（公元前 1300 年至公元前 1046 年）毕竟相距两三千年，这样的时空差异让我们不得不谨慎地看待两者的联系。笔者认为，将红山文化的蜷体玉龙置于其所属文化的相关器物链中应能得到更加可靠的推测。

在红山文化中，蜷体玉龙的整体特征表现为兽首（包括由哑铃状轮廓线包围的圆形双目、褶皱的吻部，巨大的上竖双耳以及部分例子中露出口外的獠牙）和 C 形"身躯"的组合（图 5-1）。[4] 但通过与相关器物的对比可知，红山文化蜷体玉龙的兽首和躯体并非总是作为一个整体出现，兽首可以单独出现（图 5-4）、可以两个结合（图 5-5）、可以平面化后单独出现（图 5-6），也可以将吻部变成喙而形成鸮首（图 5-7）；C 形"身躯"也可以和其他动物头部结合，如蜷体玉鸟（图 5-2）；C 形"身躯"也可以独立存在（图 5-3）。上述变化主要基于"打破 — 重组"的构成模式，[5] 因此，蜷体玉龙并不是对现实动物的再现，兽首、C 形"身躯"都是可以单独出现并相互组合的，蜷体玉龙、蜷体玉鸟就分别是兽首、鸟首与 C 形"身躯"的组合。如果此推论正确，那么用甲骨文中的 🐛 字

1 刘钊：《古文字构形学》，第 232 页。

2 李守奎：《"家"里的学识》，《美文》（上半月）2016 年第 2 期。

3 孙机：《蜷体玉龙》，《文物》2001 年第 3 期。

4 "身躯"之所以加引号，是因为笔者认为其本质上仅是 C 形玉饰，只是与兽首结合，才被视为"身躯"。图 5-1 至图 5-5，来自郭大顺、洪殿旭《红山文化玉器鉴赏》，文物出版社，2010，第 42、101、97、150、41 页。图 5-6、图 5-7，来自辽宁省文物考古研究所《牛河梁——红山文化遗址发掘报告（1983~2003 年度）》（下），文物出版社，2012，图版八五、六三。

5 早期艺术中的"打破-重组"构成模式可能与初民的思维模式相关，列维 - 斯特劳斯曾认为一些早期艺术的特征即"主体产生错位，变为构成成分，然后按照与自然无关的传统规则予以重组"。〔法〕列维 - 斯特劳斯：《亚洲和美洲艺术中的裂分表现方法》，《结构人类学》（1），张祖建译，中国人民大学出版社，2006，第 271 页。

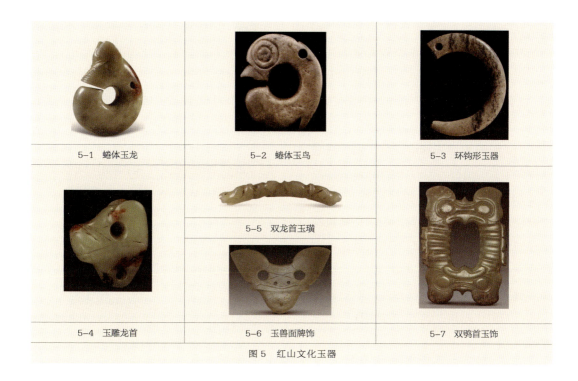

5-1 蜷体玉龙　　　　5-2 蜷体玉鸟　　　　5-3 环钩形玉器

5-5 双龙首玉璜

5-4 玉雕龙首　　　　5-6 玉兽面牌饰　　　　5-7 双鸮首玉饰

图 5　红山文化玉器

来诠释红山玉龙的原型就可能存在问题。至于"身躯"为何呈 C 形（或玦状），考虑到兴隆洼文化和红山文化一定程度上的源流关系，笔者认为应与兴隆洼文化的最重要玉器——玉玦有关（本文不再展开）。甲骨文中的 ⬡ 确有可能是对蛟螭或类似生物的刻画，[1] 源于商人对自然界的认识；而商代的蜷体玉龙则传承于新石器时代的造型传统，文字和文物虽然形似却有不同的来源。因此，在用甲骨文字形诠释早期艺术形象时不应忽视各自形象的来源问题。

三　历史学角度

从历史学角度研究早期艺术，主要途径是用后世文献中的相关记载来诠释考古资料的意义。笔者曾专文讨论早期艺术研究中的文献使用问题和考古资料的解读问题，[2] 这里就不再展开，下面仅简单列举主要观点。

1. 文献使用问题概述

由于与早期艺术相关的文献在时代（与研究对象时代差异大）、性质（引述和

1　朱凤瀚认为是"蝘"，卜辞中训为延。朱凤瀚：《说殷墟甲骨文中的"龙"字及相关诸字》，《故宫博物院院刊》2000 年第 6 期。

2　韩鼎：《早期艺术研究中的文献使用问题》，《形象史学研究》2016 年第 1 期。韩鼎：《早期艺术研究中考古资料的解读问题》，《形象史学》2017 上半年，社会科学文献出版社，2017。

托古混杂)、内容(零散出现、相互抵牾、记载模糊)等方面的情况都较为复杂,因此,用后世文献辅证早期艺术时应更为谨慎,否则,就容易在以下几个方面出问题。第一,对所引文献缺少在"语境"中的系统认识。脱离语境去理解文献,很容易造成望文生义的情况,同时,应结合"语境"对文献创作"目的性"进行分析。第二,文献与文物论证关系倒置。应以文物自身呈现的证据链为依据,而不该去挑选考古材料来迎合后世文献的记载。第三,应客观对待文献和文物的"模糊性"对结论的影响,不应"利用"这种"模糊性"使二者对应。

2. "二重证据法"的再思考

很多学者将后世文献与考古资料(包括早期艺术)结合讨论的模式视为王国维所提的"二重证据法",但其实两者间有着重要的差异。因此,我们有必要对何为王国维所提的"二重证据法"进行分析。

在概念方面,王国维在《古史新证》中说:"吾辈生于今日,幸于纸上之材料外,更得地下之新材料。有此种材料,吾辈固得据以补正纸上之材料,亦得证明古书之某部分全为实录,即百家不雅驯之言亦不无表示一面之事实。此二重证据法,惟在今日始得为之。"[1]

在实践方面,王国维将传世文献与出土文献(甲骨文、金文、简帛等)相结合,进行了一系列研究。[2] 按照研究内容、所用证据、相关论著三个方面,笔者将王国维基于"二重证据法"的一系列研究整理如下(表1)。

表1 王国维基于"二重证据法"的研究

	研究内容	二重证据	相关论著
1	商王世系	传世文献+甲骨文	《殷墟卜辞中所见先公先王考》及《续考》
2	殷周制度与文化	传世文献+甲骨文、金文	《殷礼征文》《殷周制度论》《明堂庙寝通考》
3	殷周地名	传世文献+甲骨文、金文	《殷墟卜辞中所见地名考》《鬼方昆夷猃狁考》《周莽京考》《三代地理小记》
4	周代历法、史地	传世文献+金文	《生霸死霸考》《克鼎铭考释》《散氏盘考释》
5	基于出土文献的史学研究(秦汉以后)	传世文献+简帛、石刻	《流沙坠简》(与罗振玉合著)、《西域井渠考》、《摩尼教流行中国考》、《魏石经考》、《魏石经残石考》等

通过"概念"和"实践"两个方面的梳理,我们可以确定王国维所提"二重证据法"中的"二重证据"指的并非"传世文献"和"出土器物"。

所谓"二",指的是"传世文献"(纸上之材料)和"出土文献"(地下之新材料)。这点可以通过王国维"二重证据法"研究中所使用的证据来确定,其中"地下

1 王国维:《古史新证——王国维最后的讲义》,清华大学出版社,1994,第2~3页。

2 可参见张鸿恺《"二重证据法"的具体实践——王国维古文字考释在文史研究之运用》,《元培学报》2006年第13期,第105~116页。

之新材料"指的是甲骨文、金文、简帛等出土文献。

所谓"重",指的是"传世文献"和"出土文献"发生交集、产生关联并可以互证的那部分。两者一致时,相互证明,以证史实;不一致时,证明传世文献之讹误(如王国维通过甲骨卜辞发现了传世文献中商王世系的讹误)。[1]因此,"重"强调了两类证据间的内在关联,这种联系是两类文字材料自身所呈现的,而非人为赋予的。

通过上述简要的分析,我们看到王国维所提出、运用的"二重证据法"是通过强调"传世文献"和"出土文献"间的内在关联作为研究基础,探讨出土文献所属时代的相关历史,取得了一系列影响深远的研究成果。如果将"二重证据法"改造为"传世文献"和"出土器物"间的关联,因为"出土器物"不会"说话",所以替它发声的只能是研究者,因此,此"二重证据"间的关联性便不再是自明的,而是由研究者赋予的。而早期艺术品又常体现出神秘性与超自然性,这就使得对它的阐释具有较强的主观性:同样的纹饰,不同的理解就可以结合不同的文献;而同一文献

有时又被用于诠释不同的纹饰。因此,两者间的关联性整体来说较为主观。

那应如何处理"文献"与"考古资料"间的关联呢?笔者认为罗泰提出的"分行合击"很有启示意义,他认为考古材料和文献是两套非常不一样的资料,各有研究方法。过早地把不同的资料混合在一起会影响对遗存、遗迹属性的判断。在"考古材料"和"文献"的研究中,各自做到合适的地步以后再结合起来考虑,结果会更加可靠,也更加有意义。这样既能利用文献和考古学整合的优势,又能避免考古材料跟着文献走的弊病。[2]

四 文化人类学角度

文化人类学[3],研究的是人类所创造的物质文化和精神文化的起源、特点及其发展变化的规律,并对不同人类群体文化的相似性和相异性做出解释。[4]基于这一目标,文化人类学在学科发展过程中先后出现过诸多理论,如进化论、传播论、功能主义、结构主义、新进化论、象征主义、符号论等。有学者将这些理论融入我国早期文明和艺术的研

---

1 "二重证据法"中出土文献的所属时代和探讨对象属同一时代(如用甲骨卜辞研究商王世系、用青铜器铭文研究周代历法等),排除了后世文献重构历史的可能,因此结论较为可信。

2 罗泰:《考古:匡正书本上的历史》,张冠梓主编《哈佛看中国(文化与学术卷)》,人民出版社,2010,第206页。

3 不同国家的学科分类对"文化人类学"归属划分不一致。目前,我国将"文化人类学与民俗学"作为"民族学"的二级学科。欧美一些国家则是将"人类学"划分为"体质人类学"和"文化人类学",其中"文化人类学"又包括"考古学""民族学""语言学"三个门类。本文将"文化人类学"和"民族学"分开讨论,主要是因为在早期艺术研究方面两者所依据的理论方法和材料有明显差异,前者主要利用西方人类学理论,后者则常运用民族志材料作为论据。

4 黄淑娉、龚佩华:《文化人类学理论方法研究》,广东高等教育出版社,2004,第8页。

究之中，增添了不少新的角度和思路，取得了颇多有洞见的新观点。但个别研究中也存在一定的问题，可归纳为以下几个方面。

1. 忽视理论的发展

随着认识的深入，文化人类学的很多理论和观点在不断被修正甚至被替代。纵观文化人类学各种理论的发展史，呈现出连续且动态的发展过程，许多新的理论是基于之前理论的不足应运而生的。因此，在使用某一理论时应充分了解与之有关的学术批评和后起理论对它的补充和修正，用动态、发展的眼光审核该理论，规避已被后续理论指出的弊端和不足，取其精华，去其糟粕。而个别研究中全盘以某一理论为指导思想，不经审核地接受全部观点，并打破我国早期文明自身的发展脉络或器物所在的证据链，挑选例子来迎合理论，这种本末倒置的做法是不可取的。对于部分跨学科的研究来说，个别非文化人类学领域的学者在借用该学科相关理论时，对该理论的认识与其发展脱节。很多在西方人类学界已被系统反思的理论，不少国内学者对它的认识仍处于其最初传入中国时的水平，如图腾理论。因此，在借用文化人类学理论时，应重视理论的发展，避免用已经被修正的理论做"无用功"。

2. 西方理论的契合性

每个文明都有其特殊性，正如博厄斯所说："只有在每种文化自身的基础上深入每种文化，深入每个民族的思想，并把在人类各个部分发现的文化价值列入我们总的客观研究的范围，客观的、严格科学的研究才有可能。"[1]这也是博厄斯倡导"历史特殊论"和"文化相对论"的根源所在。相对于西方文明，中国文明有它的独特之处，如张光直曾说："社会科学里面自西方经验而来的一般法则不能具有普遍的应用性。我们将中国的型态叫做'连续性'的型态，而将西方的叫做'破裂性'的型态。"[2]当然，很多人类学理论并非基于西方文明所提出，但经过西方人类学家的"目光"，很多理论不自觉地被打上了"西方"的烙印。[3]理论和考古资料若能契合，则可以相互发明；若不契合，也许正体现了中国早期文明的特殊性，是对既有理论体系的补充，正如张光直所说："在建立全世界都适用的法则时，我们不但要使用西方的历史经验，也尤其要使用中国的历史经验。根据这些历史事实建立的法则，其适用性会大大加强。"[4]因此，筛选中国的考古资料来迎合西方理论，这种削足适履的研究模式是不可取的。另外，个别学者在运用西

1　〔美〕弗朗兹·博厄斯：《人类学与现代生活》，刘莎、谭晓勤、张卓宏译，华夏出版社，1999，第131页。

2　张光直：《中国青铜时代》二集，三联书店，1990，第133、134页。

3　后现代主义人类学对理论、西方、理性、性别、集体意识、政治性等古典人类学中忽视的潜在观念进行了系统的反思，参见〔英〕罗伯特·莱顿《他者的眼光——人类学理论入门》，蒙养山人译，华夏出版社，2005，第165~193页。

4　张光直：《考古学专题六讲》，文物出版社，1986，第24页。

方人类学理论研究中国早期文明时，也存在选择的情况，如只选择理论中的某一部分，忽视可能不契合的部分。在评论19世纪末以来中国人类学知识论的变化时，王铭铭认为，变化背后"其始终追求的目标只局限于本文化的自我意识和民族复兴运动的思想支持"。[1]这种态度上的倾向性其实是值得所有人文学科反思的。

3. 图案和族群的关系

有些研究中，通过人类学理论（如图腾理论）将纹饰图案与族群相关联，用人群关系的变化解释纹饰的变化，也用纹饰变化解释不同文明间的交流。不可否认，新石器时代各区域文明间存在交流，如李新伟就对新石器时代晚期不同区域玉器造型及纹饰相似性进行过讨论，[2]认为这种交流仅集中于社会上层，是社会上层获得知识或珍贵物品的途径，用以彰显权力和身份，而就整体文化（族群）而言，仍遵循自身独特的社会发展道路。再如上文所讨论的，早期艺术品有广泛的流通性。因此，从个别图案或器型的相似性就推测整个族群间的互动则是有风险的。

还有学者将纹饰图案与族群信仰对象相关联，从信仰融合的角度分析复合型图案。如杨晓能在分析青铜器纹饰含义时，认为"青铜器纹饰实际上是'泛神动物'崇拜的概括式图像化。它将各种远古始祖、守护神灵、民间群体的膜拜对象、自然神祇，即整个社会的宗教信仰集大成进而赋予具体的视觉形体"。"早期青铜时代的王朝一并承认和分享那些曾经是诸族保护神或族源神的动物神祇的做法，对于完成宗教信仰和礼仪祭祀的整合以及树立王朝的权威显然是成功的。"[3]该理论认为因为青铜器纹饰集合了各族群的神灵，各族群因能从青铜器纹饰的"泛神动物"中找到本族群崇拜物的影子，所以不会排斥它，对纹饰的认同变相的也是对新政权的认同。因而青铜器纹饰成了一种政治工具以"同化"异族。这一研究结论颇有启发意义，但难以解释为何早期饕餮纹非常抽象，没有任何具体动物形象（动物形象的融入均是后起的），在早商阶段抽象的青铜器纹饰中无法找到支持该说的证据。

4. "图腾"泛滥的反思

"图腾"（Totem）源自印第安语，意为"他的亲族"。"原始社会中，人们以某种自然物的图形作为本氏族的保护神和标志，称为图腾。"[4]这一认识也代表了我国大部分学者对"图腾"的看法。我国早期艺术的研究中，"图腾"基本贯穿了所有

1 王铭铭：《他者的意义——论现代人类学的"后现代性"》，《广西民族学院学报》2000年第2期。

2 李新伟：《中国史前玉器反映的宇宙观——兼论中国东部史前复杂社会的上层交流网》，《东南文化》2004年第3期。李新伟：《中国史前社会上层远距离交流网的形成》，《文物》2015年第4期。

3 杨晓能：《另一种古史——青铜器纹饰、图形文字与图像铭文的解读》，唐际根等译，三联书店，2008，第376~377页。

4 《现代汉语大词典》编委会：《现代汉语大词典》，上海辞书出版社，2009，第1257页。

的讨论，似有滥用的情况。这一现状已经引起了不少学者的反思，如张光直、裴玄德、常金仓、曲枫、施爱东等学者均有过讨论，[1] 但并未引起学界的重视。结合上述三个方面，笔者简单谈一下我国早期艺术研究中"图腾"理论的使用问题。

第一，从学术史来看，国内学界对"图腾"的认识并没有和西方人类学的理论发展同步。正如《宗教人类学导论》一书中阐述的："尽管许多人类学的领军人物关注图腾崇拜近一个世纪之久，但现在却很少有人关注这个概念，而且许多人对之持完全排斥的态度。"[2] 如列维－斯特劳斯在《图腾制度》一书中系统批评了西方人类学界对"图腾"制度的种种界定，并以一战期间"彩虹"师将彩虹逐步"图腾化"的心理变化过程为例，[3] 指出基于"图腾"的种种规范、禁忌、原则并不是普遍的宗教制度或宗教形式，而是人类学家建构出来的一种幻象，"图腾"从本质来说仅是一种分类手段。也有学者继续讨论"图腾"，但将"图腾"的概念淡化（泛化），认为球队的吉祥物、党派的标志、社团的动物徽章都可以理解为"图腾"，而"这些动物

标志，或者说吉祥物，并不包含它们对于氏族而言所具有的继嗣观念和强烈的亲属意识，它们也不涉及任何与氏族图腾相关的各种各样的宗教礼仪"。[4] 可以说，西方人类学已从多方面解构了"图腾"的概念，但国内很多学者依然按照20世纪初"图腾"理论最初传入国内时的认识来使用。

第二，"图腾"理论从引入之初就缺乏在中国古史语境中适用性的探讨。[5] "图腾"是不是一个跨文化存在的普遍现象？是否每个族群都会在其艺术中表现"图腾"，我国早期艺术中的哪些形象可归为"图腾"，它出现、消失的时代区间是什么，它与动物神灵崇拜有哪些区别，对"图腾艺术"的界定应该从哪些方面来审核，对这些问题的合理回答是我们使用"图腾"一词前应首先确定的前提，但鲜有讨论，更常见的情况是：凡是早期器物上的动物纹饰总会有学者不加考证地判断其为图腾。

如有学者认为：因为半坡遗址的彩陶上出现了鱼纹，所以半坡氏族的图腾为鱼，而偶有出现的鹿、鸟则是"家庭图腾"或"个人图腾"；姜寨出土的彩陶既有鱼纹又有鸟纹或蛙纹，表明该氏族有两个图腾，

1　张光直：《谈"图腾"》，《中国文物报》1993年8月22日；〔加〕裴玄德：《"图腾制"——一个过时的概念》，孙其刚译，《中国历史博物馆馆刊》1997年第1期；常金仓：《古史研究中的泛图腾论》，《陕西师范大学学报》1999年第3期；曲枫：《图腾理论及其在中国考古学上应用之检讨》，《辽宁省博物馆馆刊》第3辑，2008；施爱东：《龙与图腾的耦合：学术救亡的知识生产》，《民族艺术》2011年第4期。

2　〔英〕菲奥纳·鲍伊：《宗教人类学导论》，金泽、何其敏译，中国人民大学出版社，2004，第157页。

3　〔法〕列维－斯特劳斯：《图腾制度》，渠东译，上海人民出版社，2005，第10页。

4　〔美〕威廉·A. 哈维兰：《文化人类学》（第10版），翟铁鹏、张钰译，上海社会科学院出版社，2006，第301页。

5　中国学者对"图腾"的研究简史可参见俞伟超、汤惠生《图腾制与人类历史的起点》，《中国历史博物馆馆刊》1995年第1期。

鱼纹是"共同图腾"，鸟、蛙是"自有图腾"；写实和抽象的鱼纹，既可能是不同氏族相互区别的变体，也可能是不同时期的变体。总之，"新石器时代彩陶上的动物纹样（包括图案化的象征性纹样）是氏族和家族的图腾标记"。[1] 该研究用"图腾"解释了彩陶上的各种物象，并独创了如"家庭图腾""个人图腾""共同图腾""自有图腾"等新概念，但并未解释其认定半坡鱼纹为图腾的依据。另外，半坡鱼纹在历时性角度上呈现抽象化和几何化，如大圆眼鱼纹的弧线化和抽象化（象征性地保留了鱼纹的局部），小细眼张口鱼纹的直边三角化（保留鱼眼形象的直边三角），[2] 鱼纹几乎演变为几何图案，这样的"几何"纹饰也是"图腾"吗？那么利用这些几何纹饰的再创作，还是图腾吗？

第三，用"图腾"图像解释族群关系。"图腾"在最初传入我国时，就被认为与氏族标志相关。如最初将"图腾"译介至中国的严复在《社会通诠》"开宗·社会形式分第一"的按语中称："图腾者，蛮夷之徽帜，用以自别其众于余众者也。"[3] 由此，不少学者将"图腾"理解为"族徽"，并很自然地将"图腾"艺术与族群相关联。如讨论"鹳鱼石斧图"时（图6），[4] 认为白鹳是

瓮棺中死者的氏族图腾，鲢鱼是敌对氏族的图腾，石斧表现战争，"鸟口衔鱼"表明这是白鹳氏族战胜鲢鱼氏族的历史记录。[5] 那么按此思路，如果鲢鱼氏族获胜，又该如何表现呢？

五　民族学角度

孔子"礼失而求诸野"（《汉书·艺文志》）说法一直鼓励着学者们从民族学角度探索早期文明及艺术，认为早期艺术的内涵可以通过民族志材料得到启示。事实也的确

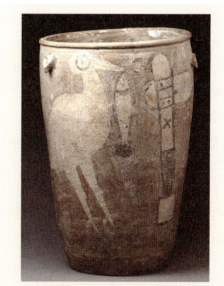

图6　鹳鱼石斧图彩陶缸

1　何星亮:《中国图腾文化概述》,《云南社会科学》1990年第2期。

2　朱雪菲:《仰韶时代彩陶的考古学研究》,文物出版社,2017,第94页。

3　〔英〕甄克思:《社会通诠》,严复译,商务印书馆,1981,第3页。

4　中国国家博物馆编《文物中国史1史前时代》,山西教育出版社,2003,第149页。

5　严文明:《〈鹳鱼石斧图〉跋》,《文物》1981年第12期。

如此，不少学者运用民族志材料有力地推动了我国早期文明的研究，如汪宁生[1]、李仰松[2]、宋兆麟[3]等学者在民族考古学领域都做出了卓越的贡献。但同时应注意到，目前有个别研究在运用民族志材料时尚存在一定的问题，主要包括以下几个方面。

第一，对"礼失而求诸野"时空范畴缺乏考量。可利用的民族志材料应限定在一定的时空范畴内。如果忽视民族志材料的民族性、时代性、阶段性、区域性，甚至无视古今中外的差异，在全世界浩如烟海的民族学资料中挑选符合观点的材料，这样打破材料所属文化语境，不顾时空差异，仅因艺术形象相近就加以联系的研究模式是不够严谨的。

第二，观念的传承性问题。用近代民族志材料来解释早其数千年非本民族的某些图案，探讨初民对这些图案的想法，其前提假设是数千年间对图案的观念不仅在不同民族间传播，而且传承不断。对于物质、习俗、工艺层面的研究，民族志材料确有其用武之地，如民族志材料对早期制

陶技术的探讨具有极大的启示意义，[4]但对于精神层面，这一假设可能夸大了观念传承、传播的可能性。如果将中华文明五千多年历时性发展过程中不同时代、不同区域、不同民族的观念都当作"证据"，这就等于将动态的、多元的观念发展过程静态化、同质化。因此，涉及用民族志材料考察早期观念时，论证过程需更加谨慎。

第三，民族志材料"烛照"考古资料的逻辑问题。近年来，"四重证据法"的研究模式影响力很大，该方法综合利用传世文献、出土文献、民族志材料和考古材料，试图建立"立体释古"的研究模式，并出版了一系列研究成果。[5]对"四重证据法"的评述，笔者将另文专述，这里仅对该方法中民族志材料和考古材料的关系进行分析。

当"四重证据法"论及第三重证据（民族志、民俗学、人类学材料）与第四重证据（考古材料）的关系时，叶舒宪认为，"从可以说话的第三重证据（田野作业资料），去烛照和解释不能说话的第四重证据（文物、图像）"，"第三重证据虽然具有间接性，却

1　汪宁生：《民族考古学论集》，文物出版社，1989；汪宁生：《民族考古学探索》，云南人民出版社，2008。

2　李仰松：《民族考古学论文集》，科学出版社，1998。

3　宋兆麟：《古代器物溯源》，商务印书馆，2014。

4　李仰松：《云南省佤族制陶概况》，《考古通讯》1958年第2期；张季：《西双版纳傣族的制陶技术》，《考古》1959年第9期；林声：《云南傣族制陶术调查》，《考古》1965年第12期。

5　以时间为序：《第四重证据：比较图像学的视觉说服力》，《文学评论》2006年第5期；《二里头铜牌饰与夏代神话研究——再论"第四重证据"》，《民族艺术》2008年第4期；《鲧禹启化熊神话通解——四重证据的立体释古方法》，《文学与神话国际学术研讨会文集》，台湾中兴大学，2008；《轩辕和有熊——兼论人类学的中国话语及四重证据阐释》，《广西民族大学学报》2008年第5期。此外还有《民族艺术》上刊载的"六论'四重证据法'"系列和新近的专著杨骊、叶舒宪《四重证据法研究》（复旦大学出版社，2019）。

往往具有一种烛照作用，能够让死寂无声的第四重证据发出声音来"。[1] 可见，所谓"烛照"，即以第三重证据为"烛"，"照"亮第四重证据，让第四重证据"发声"。但通过第三重证据之"烛"，照亮的一定是符合其要求的器物，这无异于将器物从其所属的考古学语境中剥离出来，以迎合第三重证据的"光线"，无声的器物仍没有发声，而是被第三重证据"代言"。如果真想让器物自己"说话"，就应在其考古学语境中加以认识，通过相关器物的证据链让意义自我呈现。换一个角度，也可以将"烛照"理解成研究中的一种"期待视野"，当带着第三重证据赋予我们的"期待"去"寻觅"考古证据时，找到的只能是符合"期待"但被抽离于"原境"的器物，而其真实含义并不一定和"期待"一致。

六 神话学角度

虽然神话传说见诸文本的时代较晚，但往往有着久远的渊源，因此，神话和早期艺术形象很可能在某一时期是基于相同观念在不同载体上的表现。因此，不少学者尝试通过神话传说来诠释早期艺术中的形象，笔者认为在研究中应注意下面几个方面。

1. 神话的渊源问题

国内学者一般认为神话传说的内容都是渊源有自的，学者们要做的是剥离其中的神话成分，获得史实线索。如徐旭生曾说："传说日久，附加的理想成分越多，可是它本身却是当日实在经过的事件，并不是某些人臆想的结果。……很古时代的传说总有它历史方面的质素、核心，并不是向壁虚造的。"[2]

一些西方学者则认为，传说的核心特征很可能仅遵从于其背后的结构主题，而不一定源于事实。如按照列维－斯特劳斯的结构主义神话观，神话的功能在于调节文化与自然的矛盾，它的产生来自"深层结构"而非历史。[3] 艾兰在研究中国早期传说时发现，太公望的诸传说中，虽然名字不同（吕尚、吕望、姜太公、太公望、师尚父、姜子牙），身份不同（垂钓者、屠夫、船夫、隐士），但情节相近。舜、禹、伊尹等人物的传说也是如此，他们的传说整体上构成"开国大臣"主题结构：出身低贱，与以后的明君相遇，被从底层拔擢，风云际会，获得权力，建立功勋。因此，无论太公望被设定的初始身份是什么，都要按照上述剧本来完成"使命"。[4] 从这个意义上讲，对于传说，主题和形式比内容与史实更重要。在《世袭与禅让——古代

---

1 杨骊、叶舒宪：《四重证据法研究》，第 70~77 页。

2 徐旭生：《中国古史的传说时代》，广西师范大学出版社，2003，第 24 页。

3 韩鼎：《结构主义神话学评析》，《广西民族研究》2009 年第 2 期。

4 〔美〕艾兰：《周汉文献中所见的太公望》，《世袭与禅让——古代中国的王朝更替传说》，余佳译，商务印书馆，2010。

中国的王朝更替传说》一书中，艾兰发现古代哲人立足于一个结构模型（世袭与美德的对立），把传说演绎成自己所期的结局（同一事件，不同作者笔下可以是完全对立的），从这个意义上说，传说和人物都是为"现实"服务的。[1] 再如她的"夏代神话说"，该说认为商人的神话体系中存在一种二元对应论，商人跟太阳、东方、生命、天界、天界神灵相联系；夏人则跟月亮、水、龙、西方、死亡、下界、下界神灵相联系。当周人灭商以后，这个神话体系就在周人自己历史的语境中被重新解释了，神话成了相应的历史事件："夏"成了一个先前的政治王朝，而那些从黄帝到夏代的历史记载，都可以看作从商代神话体系中演变发展而来的。[2] 这里笔者并不是想说"夏代"是一个神话，仅是提出一种可能性，即神话传说来源的另一种可能性。

总体来说，神话是否有事实依据，至今仍有争论，不应将其视为研究的前提。某些理论和研究表明，神话可以指向心灵而不一定是久远的史实。如果神话没有历史渊源，用神话来解释早期艺术便失去了依据。

2. 神话传说和早期艺术的双重模糊性

早期文献中关于传说时代的内容记载往往较为模糊，其原因主要在于：早期历史的传承模式多为口耳相传，容易以讹传讹；大量文献的佚失；东鳞西爪地出现在不同时代的不同文献中，内容甚至相互抵牾。此外，早期艺术往往也具有"模糊性"（含义难以确定），主要体现在艺术形象的超自然性（如人兽、兽兽杂糅）。文献和文物均具有的"模糊性"，造成了一个神话能解释多个纹饰，一个纹饰也能用多个神话来解释的情况，这使两者建立联系比较容易，却难以实证。

例如，我们选择夏代神话中与龙相关的内容［鲧化黄龙、"禹"（字形）、豢龙、乘龙、御龙等］，便可以用二里头文化中出土的若干龙形纹物予以佐证，杜金鹏做过这方面的研究。[3] 而如果选择相信"鲧化黄熊"的神话，并将铜牌饰解释为熊的形象，那么就有学者提出了"熊图腾"的观念。[4]

3. 可信性推论问题

文献的可信性是非常复杂的问题，我们不能因某本古籍中一处记载得到印证，便推论整本古籍都较为可信，这样的延伸推论是有极大风险的。如《山海经》中记载的四方风神的名称得到了甲骨文的证实，[5] 但这仅能说明《山海经》中四方风神

1　〔美〕艾兰：《世袭与禅让——古代中国的王朝更替传说》。

2　〔美〕艾兰：《龟之谜——商代神话、祭祀、艺术和宇宙观研究》（增订版），汪涛译，商务印书馆，2010，第93~94页。

3　杜金鹏：《中国龙，华夏魂——试论偃师二里头遗址"龙文物"》，杜金鹏、许宏主编《二里头遗址与二里头文化研究》，科学出版社，2006，第96~120页。

4　叶舒宪：《熊图腾：中国祖先神话探源》，上海锦绣文章出版社，2007；叶舒宪：《熊图腾与东北亚史前神话》，《北方论丛》2010年第6期。

5　胡厚宣：《释殷代求年于四方和四方风的祭祀》，《复旦学报》1956年第1期。

的名称渊源有自，对于该书的其他记载（考虑到其成书的复杂性），在得到可靠的证明前仍应持谨慎态度。

4. 神话与早期艺术的关联问题

如果尝试用神话来诠释早期艺术的意义，其前提是对早期艺术形象有正确的释读。这就要求在研究之初，全面收集整理与早期艺术相关的形象，尽量让图像在证据链中自我显示出其特征和内涵，避免望"纹"生义的情况发生。在有了正确的图像释读之后，如果有能够说明此图像的神话，那么神话可以给理解早期艺术以很好的启示；如果没有，也不应歪曲图像内容以求相合。

如有学者用《山海经》中"珥蛇"相关神话来诠释石家河文化出土的一件连体双人头像玉雕（图7-1），[1] 认为人耳两侧的S形纹饰"为抽象化珥蛇的符号"。依此，认为该器应改称"双人首连体蛇神并珥蛇形玉玦"。[2] 但上述结论均是建立在玉人耳上的S形是蛇的判断之上。如果判断失误，那么所有的结论就成了无本之木。究竟耳上的S形是不是蛇，我们可以参见邓淑苹对相关图案的梳理（图7-2）。[3] 通过对比，可以确定人物耳上的S形部分并非"蛇的简化形象"，而是当时的一种垂发外卷的发型。由此看来，无论是"珥蛇"的判断还

是"双人首连体蛇神并珥蛇形玉玦"的定名均难以成立。可见，对文物内涵的解读一定要放在同时代相关器物的证据链中加以理解，相关证据越充分越容易得到客观的认识，仅基于一件器物进行较主观的解读，再联系神话传说进行解释，很容易出现纰漏。

七　艺术史学角度

近代，除风格学、图像学、符号学外，哲学、心理学、阐释学以及各种思潮都不断为艺术史学理论注入新的活力，有学者认为，研究者面对艺术时是"用理论来思考"，[4] 可见理论对于认识艺术的重要意义。就我国早期艺术的研究而言（尤其是青铜器纹饰研究领域），风格学的形式研究模式产生了较大的影响。

沃尔夫林在《艺术风格学：美术史的基本概念》中把对风格变化的解释和说明作为美术史的首要任务，力图创建一部"无名美术史"。其所强调的"形式分析"主要是对母题和母题组合（构图）的分析，把对艺术作品的分析只限于确定一些形式因素。这样一来，势必贬低了艺术题材的

1　湖北省文物考古研究所：《三苗与南土》，江汉考古编辑部，2016，第28页。

2　杨骊、叶舒宪：《四重证据法研究》，第178、181页。

3　此处仅引其所用图像，图像出处请参阅原文：邓淑苹《古代玉器上奇异纹饰的研究》，《故宫学术季刊》（台北）第4卷第1期，1986；邓淑苹《论雕有东夷系纹饰的有刃玉器（上、下）》，《故宫学术季刊》（台北）第16卷第3、4期，1999。

4　〔美〕达勒瓦：《艺术史方法与理论》，李震译，江苏美术出版社，2009，第9页。

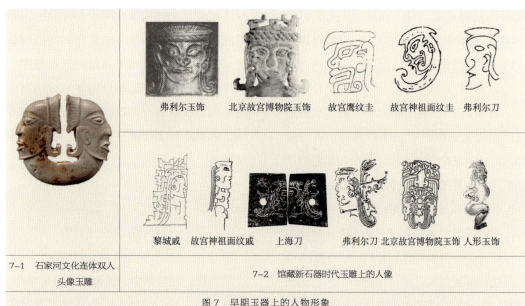

弗利尔玉饰　　北京故宫博物院玉饰　　故宫鹰纹圭　　故宫神祖面纹圭　　弗利尔刀

黎城戚　故宫神祖面纹戚　　上海刀　　弗利尔刀 北京故宫博物院玉饰　人形玉饰

7–1　石家河文化连体双人　　　　　　　7–2　馆藏新石器时代玉雕上的人像
　　　头像玉雕

图7　早期玉器上的人物形象

作用。[1] 在这种观念的指导下，沃尔夫林的学生巴赫霍夫（Ludwig Bachhofer）曾对中国青铜艺术展开研究，认为从商代到西汉的青铜器包括了四个阶段的风格变迁，"呈现出逻辑有序的有机进化历程"。[2] 对此结论，曼兴·赫勒芬(Otto Maenchen Helfen) 曾批评道："阶段性进化模式，使得那些风格相同但纪年时间不同的青铜器，或者那些纪年时间相同但风格不同的青铜器无法在其中找到相应的位置。"[3] 巴赫霍夫的学生罗越改进了其师对沃尔夫林风格学的机械套用，他以李济《记小屯出土之青铜器》[4] 提供的发掘材料为基础，在《安阳时期的青铜器装饰风格研究（公元前1300~前1028）》[5] 中，将安阳殷墟青铜器纹饰划分为五个连续的风格发展序列，形成"五种风格说"（图8）。[6] 该研究没有涉及任何铭文材料，但五种风格的主体序列在随后

1　潘耀昌：《沃尔夫林和他的美学思想——译者前言》，〔瑞士〕沃尔夫林：《艺术风格学：美术史的基本概念》，潘耀昌译，中国人民大学出版社，2004。

2　Ludwig Bachhofer, "On the Origin and Development of Chinese Art," *The Burlington Magazine for Connoisseurs,* Vol. 67, No. 393, 1935; Ludwig Bachhofer, "The Evolution of Shang and Early Chou Bronzes, "*The Art Bulletin*, Vol. 26, No. 2, 1944, pp. 107-116.

3　Otto Maenchen Helfen, "Some Remarks on Ancient Chinese Bronzes," *The Art Bulletin*, Vol. 27, No. 4, 1945, pp. 238-243.

4　李济：《记小屯出土之青铜器》，《中国考古学报》第3册，中研院历史语言研究所，1948。

5　Max Loehr, "The Bronze Styles of the Anyang Period (1300:1028 B.C.)," *Archives of the Chinese Art Society of America*, Vol. 7, 1953, pp. 42-53.

6　这里笔者仅选取符合"五种风格说"的拓片予以示意，图片选自上海博物馆青铜器研究组编《商周青铜器纹饰》。

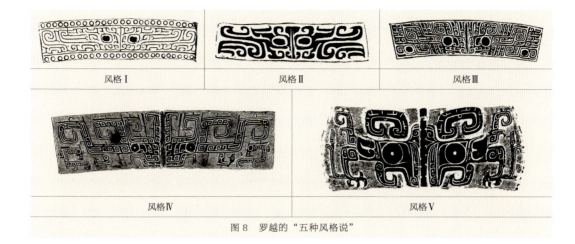

|风格Ⅰ|风格Ⅱ|风格Ⅲ|
|风格Ⅳ| |风格Ⅴ|

图 8 罗越的"五种风格说"

的考古发掘中得到大体上的印证，虽然仍有不足，[1] 但也极大地激励了将"形式分析"引入中国艺术史研究的信心。

风格学能在一定程度上完善考古类型学。王海城认为风格分析与类型学的主要区别在于：风格分析的对象是经过刻意设计的器物，其视觉效果是设计的结果；风格分析的目标是演变背后的逻辑，即设计思维。[2] 而这与类型学所擅长的对陶器的型式分析不同，因此，在涉及艺术品的分析时，考古类型学和艺术史风格学的方法是可以相互补充的。

风格学的形式分析法有一个特点，即强调对形式特性（例如构图、材料、形状、线条、色彩）的分析，而将所有关于语境或意义的问题抛在一旁。[3] 风格学视野下的青铜艺术也有这种问题，因为更重视形式特征，所以，罗越认为较早阶段的饕餮纹（风格Ⅰ和风格Ⅱ），"除了眼睛之外，无法将其他线条也视为动物的某器官……这些纹饰最多是对实际器官的某种暗示，并不是去重现某种动物，可以说，它们是设计者运用常见的几何线条进行的自由创作"。[4] 在《中国青铜时代的礼器》中，罗越进一步指出："如果商代青铜器纹饰仅是纯粹的装饰，仅是图案本身，而与真实事物毫无关系，或者最多只有含混不清的联系；那么，我们便必须说：这种纹饰并无任何确定的

1 相关讨论可参见郭海儒、黄厚明《形式与功能——商周青铜器饕餮纹图像研究的两种取向》，《美苑》2007年第2期。

2 王海城："什么是艺术史——《罗越与中国青铜器研究：艺术史中的风格与分类》"讲座，北京大学考古文博学院图书馆，2019年3月29日。

3 〔美〕达勒瓦：《艺术史方法与理论》，李震译，江苏美术出版社，2009，第18页。

4 Max Loehr, "The Bronze Styles of the Anyang Period（1300:1028 B.C.），" *Archives of the Chinese Art Society of America*, Vol. 7, 1953, pp. 42-53.

意义，既没有宗教的、宇宙观的、神话学的意义，也没有任何既定的文学意义，如有，也只能是纯粹形式的——如像音乐的形式，它与文学的定义截然不同。"[1]

风格学对青铜器纹饰的风格特征进行了系统的讨论，却否定了纹饰具有意义。要回答这个问题，应该考察最早期的饕餮纹，看它究竟是几何线条的无意义组合，还是另有渊源。随着考古发现的不断丰富，我们看到，即便是青铜器上最早期的饕餮纹，也是对新石器时代晚期和青铜时代早期神面纹的传承，已有学者指出饕餮纹与长江中下游诸文化[2]、山东龙山文化[3]、石峁遗址[4]、新砦遗址[5]、夏家店下层文化[6]、二里头文化[7]等区域文明中"神面纹"的关系。这表明了新石器时代晚期以来区域文明间精神层面的交流与互动。同时，这种特征相近的"神面纹"为饕餮纹的形成提供了造型基础，可视为饕餮纹的祖形。早期饕餮纹表现出来的"几何性"特征，其实是用圆圈、曲线等纹饰来表现新石器时代传承下的神面纹"模版"（或"范式"）。可见，即使仅是风格分析也不应完全抛弃形式背后的意义，几何线条是无意

义的，但将它们按照传承已久的"模版"来组合，便有了意义。因此，我们应从更长的历时性发展角度来认识某一纹饰，考察其渊源，而不应该仅截取整个发展过程中的某一段进行分析。

八　心理学角度

艺术从其本质上来说，是心与物的结合、主观与客观的结合、再现与表现的结合。艺术必然有创作者的主体性参与，这就使艺术品中蕴含有人的精神因素，相较于后世艺术，早期艺术能更直接地表现"心灵"状态。当距离遥远的早期文明中出现相近的纹饰图案时（如果排除了传播的可能性），这种相似性背后很可能是人类相同的心理机制。心理学的研究角度打破了研究者和制作者之间的对立关系，通过研究者的心理感受还原千年前人们对早期艺术所承载意义的体验。这方面的研究为探索早期艺术中的共通性提供了重要的思路，从目前的研究来看，主要有以下几个角度。

1　Max Loehr, *Ritual Vessels of Bronze Age China*, The Asia Society, 1968. 转引自张光直《美术、神话与祭祀》，辽宁教育出版社，2002，第43~44页。

2　郭静云：《天神与天地之道——巫觋信仰与传统思想渊源》，上海古籍出版社，2016，第242页。

3　周苏平、张懋镕：《中国古代青铜器纹饰渊源试探》，《文博》1986年第6期。

4　孙周勇、邵晶、邸楠：《石峁遗址的考古发现与研究综述》，《中原文物》2020年第1期。

5　顾万发：《试论新砦陶器盖上的饕餮纹》，《华夏考古》2000年第4期。

6　刘观民、徐光冀：《夏家店下层文化彩绘纹式》，《庆祝苏秉琦考古五十五年论文集》，文物出版社，1989。

7　二里头文化中已发现了和商代青铜器上饕餮纹特征一致的骨雕纹饰，骨雕编号2004VH285:8。

1. 幻觉与早期艺术

艾兰运用 *Inside the Neolithic Mind: Consciousness, Cosmos and the Realm of the Gods*[1] 一书中对人类普遍存在的神经官能性幻象机制的研究成果，结合酒器在商代礼器中的核心位置（酒一定程度上相当于致幻剂），探讨饕餮纹等青铜器纹饰的神经学基础。认为商代的饕餮纹（以及其他纹饰）在更宽泛的意义上讲是与幻觉经验相关的，它们作为连接逝者世界的意象来源而存在。[2] 曲枫也做过类似的研究。[3]

2. 知觉与早期艺术

贝格利（Bagley）曾以良渚文化的神人兽面纹、青铜器上的饕餮纹为例，探讨目纹的意义。他并不认同贡布里希在《秩序感》中对"双目"纹均具有驱邪保佑意义的判断，但同意他"普遍纹饰"（universal motif）的理解角度，即对于不同文化中普遍存在的同类纹饰，需要依靠我们先天的内在知觉才能理解。至于早期文明中常见的目纹，贝格利认为生物进化让我们生来就对目光很警惕，因为被注视的感觉有时能为我们提供至关生死的警告信息。而目纹之所以在早期艺术中被广泛地强调，是因为它们能够获取人们的注意力和想象力。[4]

3. 审美感受与早期艺术

李泽厚曾从美学角度对青铜器纹饰进行分析，认为它体现了一种神秘的威力和狞厉的美。雄健线条深沉凸出的铸造刻饰，体现了一种无限的、原始的，还不能用概念语言来表达的原始宗教的情感、观念和理想，配上沉着、坚实、稳定的器物造型，极为成功地反映了进入文明时代所必经的那个血与火的野蛮年代。[5]

由于"幻觉""知觉"方面的研究涉及心理学专业知识，笔者未有涉及，不便评述。仅就从审美感受探讨早期艺术这个方面来说，笔者认为应注意以下几个方面。第一，审美体验的个体差异。审美是种颇具个性化的认知过程，每个人因其认知背景的差异，对同一纹饰、图案的理解必然存在差异。第二，时代背景的差异。人类对自然、自我的认识有一个历时性的动态发展过程，今天的我们无论如何也无法将自己的认识还原到新石器时代的层次，无法感受那时的信仰及对万物的观念。第三，观察"原境"的差异。现在看到的早期艺术品多出土于墓葬，但这并非器物在被埋

1　Lewis-Williams, David, *Inside the Neolithic Mind: Consciousness, Cosmos and the Realm of the Gods*, W. W. NORTON, 2018.

2　〔美〕艾兰：《商代饕餮纹及相关纹饰的意义》，韩鼎译，《甲骨文与殷商史》，第313~346页。

3　曲枫：《商周青铜器纹饰的神经心理学释读》，《辽宁省博物馆馆刊》第2辑，辽海出版社，2007，第89~103页。

4　Bagley, "Interpreting Prehistoric Designs," in Paul Taylor, ed., *Iconography without Texts*, London: Warburg Institute, 2008, pp.43-68.

5　李泽厚：《美的历程》，文物出版社，1981，第37页。

藏之前的使用环境。而将器物置于博物馆中，研究者进行观察、揣摩、感受，这一环境与早期艺术品的使用环境更是有着天壤之别。

因此，通过心理学角度诠释早期艺术，应注意解释的层次问题。无可否认，我们与新石器时代的先民在大脑的生理性结构上没什么差异，在面对某些关乎认知本能的情况时，会产生相近的体验。但考虑到上述时代、个体、使用"原境"的差异，利用心理学对早期艺术的探讨应基于基础性的、普遍性的认知体验给予宽泛的认识，而不应将其具体化为某一特定的结论，如果需要进一步细化结论，应将该艺术品结合考古学语境，将其融入所属文化，进行进一步的探讨。

结　语

上文通过理论和实证相结合的模式，分析了早期艺术研究中运用考古学、古文字学、历史学、文化人类学、民族学、神话学、艺术史学、心理学等学科理论方法和相关证据时容易忽略的问题

（表 2 ）。

最后应该强调的是，当早期艺术的研究中涉及多学科证据时，应重视不同学科证据的效力优先级问题。笔者认为，应首先从考古学角度进行探讨，通过地层学、类型学确定器物的时空定位，结合相关考古证据，历时性地分析器物或纹饰的渊源与流变过程，共时性地探讨同时代不同区域文化的交流与互动；再通过出土信息讨论器物功能，结合与信仰、祭祀相关遗存的关系分析纹饰的意义。总之，首先通过考古学提供的"语境"和相关证据链来构建研究基础。[1] 当然，考古学信息不能提供研究所需的所有材料，这时可运用古文字学、历史学、文化人类学、民族学、神话学、艺术史学、心理学等学科的材料和方法予以补充。考古学和其他学科在早期艺术研究中是存在顺序和本末关系的，这也是"美术考古学"之所以划归在考古学学科门类之下的原因。如果打破器物所在证据链，忽视器物的考古学语境，挑选器物以迎合某种理论或文献，其结论是难以经得住考古证据的检验的。

1　韩鼎：《早期艺术研究中考古资料的解读问题》，《形象史学》2017 下半年。

学科	角度	问题产生的背景、内容与应对	例证
考古学	地层分析	背景：早期艺术品传承久、流通广 问题：出土地层、所属墓葬与制作年代、地域、文化可能不一致 应对：结合造型、纹饰、材质、工艺、典型器等信息综合判断文化归属	西周墓葬出土早期玉雕（图1）妇好墓器物来源复杂（图2）
	类型分析	背景：不同于一般陶器，早期艺术品常具有零星发现、数量稀少、分布复杂、精心设计、与观念关联、形式多变等特征 问题：例证较少时，类型学分析无法发挥功效。部分早期艺术的"多变性"特征使型式分析的标准混乱 应对：例证较少时可省略类型学分析；对难以确定分类标准的艺术形象，可尝试与风格学相结合	饕餮纹分类标准混乱（图3、图4）
古文字学	象形字与纹饰关系	背景：字形在不断演变 问题：用字形演变中某一阶段的形象作为"象形"的依据 应对：梳理字形发展脉络，与相关字进行形义对比	"且"（且）并非男根之形
	字义释纹	背景：文字中的"象形"元素很可能只表音 问题：将形声字视为象形字，并结合字义分析相关纹饰 应对：参阅古文字学相关论述，了解该文字的发展和性质	（凤）、（家）中的动物形元素仅表音
	字、纹同源	背景：纹饰和文字产生时代可能不同，各有其渊源 问题：如果两者渊源不同，不应用字义解释与字形相近的纹饰 应对：分别梳理两者来源，同形不一定同源	甲骨文中与红山玉龙形象无关（图5）
历史学	通过文献解读文物	背景：文献时代、性质、内容等方面的复杂性 问题：望文生义、利用文献"模糊性"、文献文物关系倒置 应对：结合语境认识文献，明确创作目的；客观分析"模糊性"；以考古证据链为本，文献为辅	九鼎传说蚩尤的多面相
	"二重证据法"	背景：对王国维所提的"二重证据法"理解有误，忽视传世文献与出土文献的内容互证的重要性 问题：将"二重证据法"改造为"传世文献"和"出土器物"间的关联，研究者主观赋予两者关系 应对："分行合击"	
文化人类学	借用西方理论诠释我国早期艺术	背景：理论不断在发展，中西方文化差异 问题：所用观点已被修正，所用理论与中国早期文明不契合 应对：重视后起理论的批判，更新知识体系。客观对待西方理论的契合性，不应挑选器物迎合理论	
	图案关联族群	背景：图案与族群（及神祇）的关系难以确定，纹饰传播有多种可能性 问题：通过族群变化解释图案变化，通过图案变化解释观念变化 应对：通过考古学探讨族群的迁徙，重视艺术品的阶级性、流通性等特征，慎用图案替代人群	不应将青铜器纹饰视为集合各氏族神祇的"泛神动物"
	图腾理论	背景：对图腾理论的理解滞后，使用"图腾"时缺乏界定 问题：各种早期动物纹饰皆被视为图腾，用动物关系解释氏族关系，擅自改造理论来解释纹饰 应对：重视中西方学界对"图腾"的反思；使用前加以界定	"鹳鱼石斧图"的理解（图6）

表 2　早期艺术研究中多学科证据常见问题汇总

			续表
学科	角度	问题产生的背景、内容与应对	例证
民族学	用民族志材料诠释早期艺术	背景：民族志材料的民族性、时代性、阶段性、区域性；观念传承的动态性、多元融合性 问题：随意使用古今中外民族志材料；将观念发展静态化、同质化；用民族志材料"烛照"文物资料存在逻辑问题 应对：重视材料的适用范围，不应剥离文物语境迎合民族志	
神话学	神话、艺术可能同源	背景：神话渊源的复杂性 问题：将神话不加甄别地视为历史事件的映射 应对：在一系列相关神话、传说群中讨论其渊源与意义，考察神话群是否具有"结构性"特征，不盲信单一神话内容	"开国大臣"传说主题 "夏代神话说"
	神话的"模糊性"	背景：神话和早期艺术都具有"模糊性"，相同的事件，不同神话内容差异大 问题：神话版本的选择会影响文物选择和解读 应对：以客观全面分析文物特征为基础，不能"利用"模糊性，更不能歪曲解释纹饰以迎合神话	"鲧化黄龙"和"鲧化黄熊"
	早期艺术形象的"神话"特征	背景：单一器物难以全面展示纹饰特征 问题：基于对单一形象的误判开展与神话的对应研究 应对：用尽可能多的相关证据讨论形象特征，是不是神话中描述形象应是结论而非前提	"珥蛇"神话与新石器时代玉雕上的人像（图7）
艺术史学	风格学形式分析	背景：风格分析重视形式而忽视意义 问题：认为青铜器纹饰是纯粹的装饰，没有意义 应对：应在更长的时段中探讨纹饰的源流发展关系，不应截取其中一段进行探讨	风格分析下"饕餮纹"的意义问题
心理学	幻觉、知觉、审美感受	背景：个体、时代、观察环境的差异对"感受"会造成影响 问题：从心理学角度讨论早期艺术的意义，难以实证 应对：在考虑到"感受"差异性的基础上，注意解释的层次	饕餮纹与幻觉；双目纹与知觉感受

两汉壁画研究的现状、困境与对策[*]

■ **练春海**（中国艺术研究院美术研究所）

　　中国古代壁画色彩艳丽、表现生动、语言丰富，其源头可以上溯到原始时期，但真正能够构成意义而不只是色块碎片的壁画到秦汉时期的出土文物中才能见到，特别是在两汉时期，我们发现了大量完整的巨幅壁画，画面气势磅礴，云气氤氲，车马络绎不绝、宴乐歌舞不休，反映了汉代物阜民丰的社会环境（图1）。汉代的壁画艺术非常成熟，几乎蕴含了后世各种绘画艺术中的主要表现技法与创作理念的基本类型，是我们研究中国传统艺术追本溯源、推陈出新的重要起点。两汉壁画墓的发掘，最早的记录不晚于19世纪末（图2）。迄今为止，已知的（含各种正式发表发掘报告、有关发掘参与者在相关文章中提及以及仅收录于图录者）发掘（含科学发掘与盗掘）的壁画墓有百余座。这些墓葬中出土的典型壁画图像，在各种美术史、文物与考古出版物中时常见到有关的介绍、引用和诠释，那些精彩的画面、恢宏的图景给观者留下了深刻的印象（图3）。但事实上，我们熟知的那些图像只是出土

图1　陕西定边郝滩汉墓出土场面宏大的西王母界神兽乐舞图

图2　现藏美国波士顿美术馆的一组五块壁画空心砖（据传系1915年出土于洛阳八里台汉墓）

壁画中的九牛一毛。多数情况下，两汉墓葬中出土的壁画我们都无缘得见，遑论对它们进行分析和讨论了。相对于汉代的画像石、画像砖而言，有关两汉壁画研究的成果总量并不多，研究的进展也比较缓慢，其中既有汉代壁画墓发现（或发掘）的总数在已知汉代墓葬中所占比例不高之故，亦有出土时的保存状况和出土后的保护条件均存在不足等方面

图3 柿园汉墓出土，疑为宫廷画师绘制的精美天顶壁画

图4 原地保存，但已基本不对外开放的内蒙古和林格尔汉墓壁画

的原因。汉代墓室壁画出土时如果保存状况不佳可能导致图像无法辨识，出土后如果保护不善则会让壁画的色彩变得黯淡、细节迅速消失，出土壁画对保存环境的要求实际上比较严苛，因此很多考古团队和发掘机构在条件不具备时往往选择回填墓葬来保护壁画（图4）。至于那些已经发掘的墓葬，因各种原因而迟迟无法发布正式的发掘报告，这同样影响学者们对壁画的研究。

汉代壁画对于我们认识中国传统艺术、文化的本质与特征而言，无疑是极为重要的，目前我们还不能对其在中国艺术史、图像史、文化史中的重要价值做全面的评估，但其包括的内容具有重要学术价值这一点已经成为学界的共识。秦汉时期是我国首次实现全国大一统的重要历史时期。这一时期，我国各民族文化之间的融合加速，并逐渐形成中华文明的典型特征。就中国传统艺术而言，这个时期也是其基本语言特征的形成期。秦汉时期，中国的艺术形式已然朝多样化方向发展，竹木玉石雕刻、漆绘彩塑、鎏金铸铜等，应有尽有。纵观这些不同材质、媒介上的形象与艺术表现手法，不难发现它们之间有着许多共同的特质，这说明它们的创作（或制作）很可能是基于一些标准的样本，即所谓的粉本（或格套）。这些粉本通常由当时公认水平较高的画师创作而成，因此，粉本具有较高的图像表现能力，粉本在当时的条件下很有可能属于一个工匠团队、手工作坊或者其他形式的丧葬服务组织或艺人团体的机密，一般不向大众公开，当然今天我们就更无缘得见这类原始材料了。因为手中有这样的粉本，一个普通的手艺人就有可能通过简单的组合、叠加，依葫芦画瓢，创作出视觉效果非常不错的画面来，一些内容乏善可陈，构图却非常饱满、形式感极其丰富的画像石（墓）便是很好的实证（图5）。在汉代众多的艺术载体中（如画像石、画像砖等），画师的线稿与最后的完成品之间其实还有一个中介角色，那就是刻工（或其他承担图像物化工作的角色），唯有壁画，它无

图 5　陕西米脂官庄汉墓出土的精美画像石刻作品

须这样的中介，可以较为真实地反映甚至直接地再现那些画师（工）的水平。因此，两汉壁画的陆续出土，为我们重返汉代的原境、了解汉代画师（工）的真实艺术水准创造了机会。

对两汉壁画深入、系统的研究其实并不多。相关的论文虽然不少，但总的来看，在研究的深度和广度上都非常有限，《壁上丹青：陕西出土壁画集》的编著者曾说："陕西汉墓壁画之系统研究目前尚处在起步阶段。此乃研究领域之欠缺，也应该是今后汉墓壁画研究之课题。而针对汉墓壁画

设计思想或是设计理念的研究，目前仍较少涉及。"[1] 该观点虽然发表于十余年前，并且所讨论的对象也仅限于陕西地区出土的墓室壁画，但迄今为止它的结论对全国范围内（甚至包含朝鲜半岛在内）出土的汉代壁画而言都是适用的，因为近年来汉代壁画的研究并没有多少实质性的进展。笔者 2011 年参加了加州大学伯克利分校举办的一个以"长安 26 年：中国的奥古斯都时代"为主题的国际学术会议，原拟对长安地区出土壁画及其研究进展做一个综述报告，但从前期所能收集到的资料来看，关中地区出土汉代壁画只有极少的一部分画面图像发表于考古发掘简报，[2] 与之相关的探讨较为有限，对于壁画中形象的辨识、意义的考察不会超出陕西（以陕北为中心）、山西（以晋西北为中心）两个地区出土汉代画像石中视觉形象的研究。因此，对它进行归纳在当时的学术背景下实际上没有什么意义，所以笔者在对关中汉代壁画做简要概述的基础上，又展开了一定程度的探索，[3] 这个尝试让笔者意识到，现阶段展开对汉代壁画艺术的系统研究已经非常必要。

综观两汉壁画的研究成果，它们大致呈现了如下几个特点。（1）对壁画图像

1　陕西省考古研究院：《壁上丹青：陕西出土壁画集》上册，科学出版社，2009，第XIV页。

2　陕西省考古研究院 2009 年出土的图录《壁上丹青：陕西出土壁画集》中仅收录一座西安地区的汉代壁画墓，对该地区出土壁画墓进行系统整理的图录要到 2017 年才出版。参见西安文物保护考古研究院《西安西汉壁画墓》，文物出版社，2017。

3　Arlen Lian（练春海），"Mural Tombs in Late Western Han Chang'an," *Chang'an 26 BCE: an Augustan Age in China*, Seattle and London: University of Washington Press, 2015, pp.131-152. 该文后译为《西汉长安墓室壁画研究综论》，内容有改动，作为会议论文被收入中国汉画学会、河南博物院编《中国汉画学会第十三届年会》（中州古籍出版社，2011，第 543~547 页）。

材料的使用非常有限。这种有限表现在两个方面，一方面，研究的焦点集中于少数较为典型的壁画墓；另一方面，在每篇文章中，尽管讨论的主题可能会涉及壁画的题材、技法等，但其实使用图片的数量有限，大多数时候那些"表现平平"的图像都被"代表"了。研究者的注意力主要集中于少数画面保存较好、细节精彩、主题丰富的墓室壁画，对于那些形象漫漶严重、画面内容与图像表现均平淡无奇的墓葬壁画则鲜有论述，甚至对新近出土的壁画材料也缺乏应有的关注（图6）。[1]（2）关于汉代壁画研究较为重要的结论与观点，多年来一直没有突破性进展，而是停留在较为陈旧的认识上。关于汉代壁画中的人物、典故、仪轨等内容的识读及对画面的构成规律、表现特点等内容的分析，学界接受度较高的观点往往集中于早年发表的一些学术成果，此后的研究往往不是乏善可陈、老调重弹，便是经不起推敲，想象胜于推理。（3）研究所使用的方法因循守旧、墨守成规。近年来，一些研究者虽然注意到了新出土的壁画材料，但囿于过时的知识结构，尚不能挖掘出新材料所具有的学术价值，而研究方法上的保守使得研究者很难突破已有的理论系统，推进对现有观点、概念的更新和升级。汉代壁画的研究长期以来一直处于瓶颈状态，在图像辨识与观念梳理等方面都没有明显的

图6　新近出土的山东金山汉墓壁画

进展。倒是在一些距离汉代壁画本体研究较远的学科领域，比如在古代天文学和古代科学技术发展史研究方面，学者们从各自的学科视角出发，利用汉代壁画中的图像资料进行相关的学术探索，取得了很多重要的学术成果，有些甚至是意想不到的新发现。通过这样的横向比较，我们发现采用新的研究方法或研究视角来考察汉代壁画非常有必要。从历史发展的脉络和文化表征形成的角度来看，可用于研究中国古代艺术的方法有很多，如文化人类学、艺术社会学、艺术考古学、图像史学

1　这种情况既有研究者方面的原因，也有考古研究部门和考古工作者方面的原因，前者对最新材料的关注度不够，后者因为能力或精力所限，对于那些图案与内容都比较普通的壁画墓往往只是在发掘简报中用简短的几句话一带而过，能够附上几幅小插图已是难得。

等，笔者曾撰写专书对采用艺术考古观念与研究方法再现古代文化的历史原境，展开古代文化问题的深入解读的方法与体系进行了系统的讨论，[1]限于篇幅，此处就不再展开说明。就两汉壁画而言，以往较为系统的研究基本上是从考古类型学角度展开的，针对特定墓葬中出土的壁画或某些类型的壁画主题所做的个案研究业已非常丰富的积累，但从艺术考古层面展开的系统性研究却难得一见，学界的认识大抵还停留在贺西林 20 年前所提交的博士学位论文上。[2]然而，从艺术与考古相结合（或交叉）的角度来审视汉代的壁画，融合了感性把握与理性推断的复合思维，既表明了对古代图像进行诠释时所需秉持的科学态度，也暗含了对图像背后所蕴藏的微妙的形式语言和复杂多变的思想观念的关注，可以说是在深入探索汉代壁画的意义与价值中，非常值得期待的研究方法之一。

汉代壁画研究与探讨的都是文博、艺术、考古等与中国古代文化关系较为密切的学科领域从业人员比较熟悉的内容，在研究材料上不易出新，研究的难度系数较高，因为无论是举证的过程还是推论的结果通常会受制于已有成果，另辟蹊径不易。在汉代壁画的研究中，主要的或者重要的问题学者们都有所涉猎，仅剩下一些较为次要的或者衍生出来的小问题或细枝末节

尚待深入研究。因此，壁画研究如果不是系统、全面的深耕，实际上很难在理论认识上取得突破。然而综合考虑新中国成立至今有关汉代壁画的研究文献迅速积累，出土的壁画图像也随着考古发掘工作的开展而有所增加，尤其是近年来有关的图录（特别是以高清照片为基础制作的图录、线描图、彩绘图等）、发掘报告的出版等因素，进行系统、深入的汉代壁画研究已然具备条件。实际上，近年来出版的为数不少的关于汉代的政治、经济、交通、制度、器物文化、工艺制度等领域的研究书籍，以及对诸如河北满城汉墓、江苏大云山汉墓（图 7）、江西南昌海昏侯墓等重要的汉代诸侯王墓进行发掘后，出土的大量珍贵文物，为汉代壁画的深入诠释提供了有力的支持，同时也推动了学界对汉代壁画的进一步研究。综合考察现有汉代壁画、画

图 7　大云山汉墓考古发掘现场

1　练春海：《重塑往昔：艺术考古的观念与方法》，社会科学文献出版社，2019。

2　参见贺西林《古墓丹青：汉代墓室壁画的发现与研究》，陕西人民美术出版社，2001。

像石、画像砖等图像，汉代漆器、青铜器、玉器、明器等器物，以及传世和出土的汉代历史和考古文献的研究成果，我们隐约可以看出汉代壁画中所表现的内容与汉代社会中流行的文化、观念、习俗之间其实存在微妙的差异与错位，如壁画所呈现的人物活动等内容表面上看起来与现实社会中人们的行为举止等都极其相似，但在本质上支撑这些图像的观念似乎源于另一套平行的信仰，这种差异与错位在以往的讨论中未见深入的展开，值得在进一步的研究中着重剖析。汉代壁画的研究除了在整体或者宏观的层面上可作研究方向的挖掘之外，具体到一个墓葬、一幅图画甚至一条线可能的含义都值得反复推敲。

提到两汉时期的壁画，人们通常会将它等同于墓室中出土的壁画。在汉代其他建筑类型尤其是地面建筑遗存中发现的壁画非常罕见，迄今为止较为明确的实例也仅见汉长安城长乐宫四号建筑遗址中清理出来的一些壁画残块（图 8），因此，研究者们通常倾向于忽略它。从理论上讲，即使汉代壁画研究把地上建筑中的壁画都囊括进去也还是存在偏颇的，因为对于某类图像的研究，不仅要研究实物形态的图像，还要研究对这类图像的文字记载。所以在探讨汉代壁画的主题、构成、形式等内容时，除了全面考察出土的汉代墓室壁画外，充分挖掘和利用文献所载，对汉代地上建筑中绘制壁画的情况做尽可能全面的讨论也是很有必要的，那将是对现有汉代壁画研究的一个重要补充。根据相关文献记录所呈现出来的特点来看，从汉代地上壁画

图 8　长乐宫建筑遗址出土壁画残块

表现的主题及其创作者、绘制场所、绘制年代、毁坏年代等若干子项加以梳理是完全有可能的。当然，因为材料所限，具体到某处宫殿或纪念性建筑中的某幅壁画时，有可能只能分析其中的几个子项，而不是全部，这种情况不可避免；同时，讨论所形成的文字也难免会出现内容碎片化的倾向，但因为有了前列几个子项的整体框架，足以将那些信息碎片相对固定地嵌入一个意义场域中，即在相应的历史时空中它们还是可以折射出意义的。至于汉代地下建筑中的壁画，由于出土实物与研究成果都较多，所以讨论的基础也比较坚实，研究时可以在前人探索的经验中继续推进，从中找到深化研究的方向和突破口。比如说类型学是考古研究的重要方法，艺术考古研究也强调对这一方法的借鉴，因此类型

学本身不是问题，但如果不考虑对材料进行分类的目的和意义，盲目地利用类型学方法进行分类，就只会让研究的对象复杂化，无助于研究的推进。就汉代墓室壁画的分类问题而言，以往的汉代墓室壁画的研究著作与论文都强调按当代行政区划来分类，这种分类实际上严重地打破了壁画与壁画之间的天然关系，但是如果考虑以壁画基底的材质作为壁画的分类依据或许会令研究别开一番天地。已有汉代墓室壁画的研究虽然也会讨论壁画的基底，但是研究者并未想到要从这个角度去观察墓室壁画，或许是因为基底通常会被上层的地仗和颜料所覆盖，与画面最终效果的呈现无关。其实基底材料的选择涉及墓葬形制、墓地周边的自然条件、死者的社会地位及其所处的社会环境，甚至墓葬制作的工艺技术水平等诸多要素，因此从基底要素来分类墓室壁画，研究有望取得进一步的突破。

在当前的学术语境中研究汉代壁画，有一个环节需要重视，那就是研究材料的去伪存真。这也是特别容易被忽视的环节。以往研究古代壁画的过程中，虽然也难免会遇到诸如此类的问题（比如关于所援引文献真伪的争议），但它们一般不会对学者们造成严重的困扰。然而，自从全球范围内公私收藏机构与个人收藏对中国古代壁画兴趣的持续上扬，与此相应的中国古代墓葬的疯狂盗掘和中国古代文物造假行

为也屡禁不止，导致汉代壁画的研究材料问题变得日益复杂，不仅有文献的版本问题、真伪问题，还有实物的造假问题，它们交织在一起，影响人们对汉代壁画的准确解读。

一般来说，古代壁画要造假难度系数比较大，极个别所谓的"出土壁画"造假行为很快就因为在其中发现了颜料或者其他构成成分与时代和地域不相吻合的情形而遭到揭穿。但也不排除如下情况的存在，比如一些绘制在大型的型砖或条砖上的壁画，用来作为基底的素砖是汉代的，但上面的图案是后人补绘的（图9）。[1] 在征集的汉代壁画（砖）出土文物中，以及通过捐赠或者拍卖渠道获得的壁画（砖）文物中，存在这类赝品的概率较高。这些文物作品经过各种渠道流入国家博物馆的收藏体系后，在某种程度上意味着其身份的洗白，成了"真品"。因此在研究过程中如果一定要使用此类"来路不明"的材料，需要非常谨慎。如果没有必要，研究时应该避免记录、援引和讨论那些未经科学发掘出土的实物材料。至于文献的真伪，这方面已经有很多文献学专家在做相关的清理、梳理与校订工作，可资参考。在汉代壁画研究的过程中，我们倘有需要使用这类材料来佐证我们的观点，要尽量使用与汉代关联最为直接和密切的一手资料和有明确出土记录的实物材料，以减少研究所走的弯路。

1　这里包括两种情形，一种是东汉以后、民国以前的仿制作品，另一种是近几十年出现的以营利为目的的伪造作品。这两种情况，我们一般不把前者视为赝品，但把它看成有时代错位情形的文物。

图9　偃师新莽墓出土壁画（有学者疑其系伪造）

　　总的来说，在汉代壁画近百年的发现、发掘及研究历程中，真正从艺术本体的意义与价值进行探索的成果还是较为罕见的。从汉代壁画的保存现状以及资料发表状况来看，推进研究的难度并不小，而系统、深入地研究汉代壁画，对于进一步加深我国各民族的文化认同感，推进华夏文明溯源，光大中国优秀传统，乃至推广丝路文明都有重要意义。就研究汉代壁画而言，如下几点具有借鉴意义。其一，在方法论上，选择具有跨学科、交叉学科性质的艺术考古学方法为主，并辅之以历史学、艺术社会学、社会心理学、文化学等研究方法的综合分析，推进汉代壁画艺术本体的研究。其二，重视历史原境的复现。在研究时，除了重视原始材料、一手材料的运用，还要充分利用这些材料来复现汉代的原始情境，在汉代人们生活的原生状态中探讨壁画的问题。其三，强调研究的整体推进。对汉代壁画的研究要在对汉代整体认识提高的基础上有序推进。加强对已有研究、相关研究的总结和借鉴，尤其是对早期中国的色彩颜料、手工艺技术等实验考古研究的成果，以及丝路壁画研究、汉代画像石、画像砖、器物文化等相关领域研究最新进展的吸收。早期文化的研究要重视对当时文化的整体认识，这点与晚期文化研究不同，时代越晚，文化研究越呈现出专门化、具体化，汉代壁画研究不必也做不到专门化，因此只有在对汉代文化整体认识的提高的基础上，才有可能推进两汉壁画研究向纵深发展。

魂瓶上飞鸟的意义：
2~4世纪江南的宗教形象*

■ **南恺时**（美国南卡罗来纳州堡垒学院） 著 **韩玄晔**（中国社会科学院大学研究生院） 译

已发现的中国最迷人、最有魅力的艺术品之一，当是通常所称的"魂瓶"。它是由四个小瓶口环绕一个大瓶口所组成的五口陶罐。这类陶罐与众不同之处在于，它们的两侧和顶部都布满了各式各样陶制的动物、人物和建筑物。更值得注意的是，已出土的200多个陶罐没有两个是完全相同的。[1] 魂瓶并没有实际的用途，只是作为明器随葬墓中。[2] 魂瓶的生产只持续了不到200年，即从东汉晚期到西晋末年。此外，发现区域局限在江南地区，范围主要在今天的江苏、浙江两省。除了物理特性外，这类陶罐非常神秘，当代鲜有文章来辨识或阐释它们的功能。我们只有借助考古学去探寻它内在的奥秘。事实上，由于缺少当时对这类陶罐的书面描写，我们甚至不知晓它们的确切名称。目前对这类陶罐的多个学术称谓，如五联罐、堆塑罐、谷仓罐以及魂瓶等，反映出学者对其用途的假设性，抑或其本质上是可供描述的。日本学者通常称其为神亭壶，意即"灵魂亭壶"。丁爱博（Albert E. Dien）先生指出，当这类陶罐第一次出现在东汉时被称为"灵"。[3] 为了方便起见，笔者将用其最常用的名字——"魂瓶"来称呼它们。

---

* 本文英文版刊载于 *Journal of Asian Studies/ Azjiske študije*, Vol. 7, No. 2, 2019。

1 有关现存魂瓶的相对完整存目，参见金子典正《三國－西晋時代の神亭壺にみる佛像と成立背景》,《佛教藝術》（297），2007，第34~42页。

2 Stanley Abe, *Ordinary Images,* Chicago: The University of Chicago Press, 2002, p.60.

3 这其中一个陶罐字迹模糊不清，但中国考古学家已将其识读为"灵"，另一个陶罐却清楚地刻有"灵"字。此处便印证了丁爱博先生的观点。参见 Albert E. Dien（丁爱博），"Developments in Funerary Practices in the Six Dynasties Period: The Duisuguan or 'Figured jar' as a Case in Point," in *Between Han and Tang: Cultural and Artistic Interaction in a Transformative Period,* ed.by Wu Hung（巫鸿）, Beijing: Cultural Relics Press, 2001, pp.510, 519-520. 然而这些似乎还不足以证明这些陶罐可以唤为"灵"。

魂瓶的烧制目的

正如这些名称术语的字面表述，大多数学者认为这些陶罐实际上是陪葬墓主的灵魂居所。众所周知，古代中国人相信，整个缩影世界可以在微小的、封闭的环境或事物内被发现或被召唤。[1]因此，人们就会轻易地相信，逝者的灵魂是会寄居在这些魂瓶中，奇迹般地再现出一个从人间延伸至天堂的理想世界。小南一郎先生认为，魂瓶顶部的五个瓶口代表着五岳，而中间更大的瓶口便象征世界的中心——昆仑山。因此，魂瓶有助于灵魂升天。[2]陶思炎先生认为，这些陶罐代表了《列子》一书中记载的五座永生之岛。[3]魂瓶分三层，其中底部一层是其主体，对应土地。工匠们经常使用爬行动物、海洋生物和鱼类等形象来雕饰魂瓶的主体，有时雕像的头部会从瓶侧的洞口处伸出（图1）。这使许多研究者相信，魂瓶的主体象征着黄泉，逝者的魂魄将会寄居于此。[4]魂瓶的中间部分与人间相应，由四根柱子与天界相连，而飞鸟恰在此间翱翔。[5]按小南一郎先生文章所述，魂瓶上的人物塑像正主持葬礼以迎逝者的灵魂进入天堂。[6]瓶身上部第三层堆塑了很多佛像，因此有些学者认为魂瓶顶部代表着佛教的天国。李刚先生认为，魂瓶中央的罐即为窣堵波，而其他四个较小的罐代表着东南西北四方的天。[7]正如谷仓罐的字面意思，其他学者认为此类魂瓶实际上是

图1 孙吴青瓷魂瓶
（宁波出土，现藏宁波博物馆。该图由南恺时先生提供）

1　关于这一观点的详细论述，参见 Rolf A. Stein, Phyllis Brooks, trans., *The World in Miniature: Container Gardens and Dwellings in Far Eastern Religious Thought,* Stanford: Stanford University Press, 1987, particularly pp.49-113。

2　小南一郎：《神亭壺と吳の文化》，《東洋學報》（65），1993，第229~230页。

3　陶思炎：《魂瓶と錢樹における佛教との道教習合》，《比較民俗研究》（8），1993，第26~29页。

4　关于这方面的研究，参见寻婧元、朱顺龙《吴晋时期堆塑罐功能探析》，《东南文化》2010年第4期。

5　仝涛：《魂瓶所反映的宇宙观念》，《南方文物》2003年第1期。

6　小南一郎：《壺型の宇宙》，《東洋學報》（61），1989，第179~181页。

7　李刚：《汉晋胡俑综述》，《东南文化》1991年第Z1期。译者注：李刚之文实际名为《汉晋胡俑发微》，下文注释改用实际篇名。

永久滋养逝者灵魂的粮仓。[1] 一些研究者认为，在魂瓶顶部的动物、人类和建筑等形象描绘的是庄园和与之相关的活动。[2] 其他研究者认为，这些魂瓶与"招魂葬"的产物有关。"招魂葬"是为安葬那些身死不得其尸的逝者灵魂而进行的仪式。[3] 换言之，这些魂瓶是用来安置中国北方流民的游魂，因为他们的尸骨是无法重获的。与上述观点截然相反的是，Stanley Abe 并不认可魂瓶的安魂功能；相反，他认为魂瓶仅是明器，主要是为了造福生者而不是死者。[4]

姑且不论魂瓶的功能如何，其最显著的特点就是每个魂瓶上都装饰有大量的动物雕像。初学者往往基于此项事实而发表论断，但也只是粗略涉及。魂瓶的功能和其上面的佛像吸引了更多的关注。但为什么工匠会在魂瓶上雕饰动物呢？而且是这些特别的动物？它们是否会随着时间的延续而改变？出土的东汉和孙吴时期的魂瓶更突出对动物的刻画，而西晋时期的魂瓶对动物的刻画相对少见。本文试图简要讨论魂瓶上出现的动物种类及其所处的位置，以及它们逐渐消失的原因。因为鸟类在魂瓶上出现数量众多且持续不断，所以笔者将其作为研究关注的重点。尽管大多数学者认为魂瓶上的飞鸟象征着逝者的灵魂，但鸟类更可能描绘的是江南的当地信仰，即飞鸟担负着播种水稻的责任。因此，它们的存在是为了给生者和逝者都带来好运。换言之，魂瓶体现了江南的民间宗教信仰，其中鸟类尤为值得注意。

魂瓶的发展趋势与发掘地点

在探讨这些动物形象之前，我们需要从时间、空间和发展的角度来讨论魂瓶的历史。公元 2 世纪，四个瓶口围绕一个中央瓶口的陶罐开始出现。学者通常把这类陶罐称为"五联罐"。最早的魂瓶并没有任

1　丁爱博先生提出五点理由来解释将这些陶罐视作粮仓以供养逝者的意义。（1）广州出土的五联罐，其设计灵感或许源自魂瓶，且罐内仍残留有水果祭品；（2）福建出土的三国时期魂瓶内残留有碳化的稻米；（3）绍兴出土的孙吴时期魂瓶上刻有"飞鹿五种"的字样。所谓"五种"大概是五类稻谷，有时被袋装葬入墓中以供养逝者；（4）江苏省南京市江宁区出土的公元 280 年烧制的魂瓶，瓶盖呈屋顶状，是上下磨盘的造型；（5）无法解释魂瓶上出现大量鸟类和老鼠的形象。详参 Albert E. Dien, "Developments in Funerary Practices in the Six Dynasties Period: The Duisuguan or 'Figured jar' as a Case in Point," in *Between Han and Tang: Cultural and Artistic Interaction in a Transformative Period*, ed. by Wu Hung （巫鸿）, pp.521-522. Stanley Abe 指出另一座江宁古墓中也出土有谷物，时间大致是公元 272~274 年。详看 Stanley Abe, *Ordinary Images*, p.78. 但应该指出，墓中少有魂瓶的出土。

2　仝涛：《从魂瓶看吴晋时期的庄园生活和丧葬礼俗》，《四川大学学报》2004 年第 2 期；Albert E. Dien, "Developments in Funerary Practices in the Six Dynasties Period: The Duisuguan or 'Figured jar' as a Case in Point," in *Between Han and Tang: Cultural and Artistic Interaction in a Transformative Period*, ed. by Wu Hung （巫鸿）, pp.522-523.

3　Ho Wai-kam（何惠鉴）, "Hun-p'ing: The Urn of the Soul," *The Bulletin of the Cleveland Museum of Art* 48, Feb. 1961, pp.32-33；Wu Hung （巫鸿）, "Buddhist Elements in Early Chinese Art, 2nd and 3rd Centuries A.D.," *Artibus Asiae* 47, No. 3-4, 1986, pp.287-290.

4　Stanley Abe, *Ordinary Images*, pp.92-93.

何装饰,时间大概在东汉的前一百年(图2)。[1] 未经修饰的五联罐在孙吴时期继续发展(图3)。然而,到了东汉中期,有爬行动物、鸟类和熊罴等形象的小型雕塑出现在主壶的壶肩上(图4)。东汉末年,工匠开始在魂瓶上添加人物形象(图5和图6)。小南一郎先生指出,早期的五联罐呈葫芦形。[2]3世纪中期,工匠开始用不同的方法给这些陶罐塑形:在陶罐的顶端,堆塑出一个水平面,并在此之上增加更多的立体造型甚至是建筑单位(图7和图8)。全涛先生指出:(1)这一创新使观赏者不再将陶罐视为一个整体,而是关注它的独特之处;(2)由于中间的罐口不再打开,每个罐口都可以变成一个建筑。[3]全涛先生所说的观点,便是五联罐演化成魂瓶的过程。

图 2　东汉五联罐

(现藏宁波博物馆。该图由南恺时先生提供)

图 3　孙吴五联罐

(江苏省南京市高淳区乡化肥厂出土,现藏镇江博物馆。该图由南恺时先生提供)

图 4　东汉五联罐上的动物塑像

(现藏上海博物馆。该图由南恺时先生提供)

1　参见全涛《五联罐和魂瓶的形态学分析》,《考古与文物》2004年第2期;小南一郎《神亭壺と東吳の文化》,第235页。

2　小南一郎:《神亭壺と東吳の文化》,第229~230页。

3　全涛:《五联罐和魂瓶的形态学分析》,《考古与文物》2004年第2期。

图 5　孙吴五联罐

（现藏南京博物院。该图由南恺时先生提供）

图 6　孙吴青釉堆塑人物罐

（浙江省金华市武义县出土，现藏上海博物馆。该图由南恺时先生提供）

图 7　孙吴绿青釉魂瓶

（绍兴道涂山出土，现藏上海博物馆。该图由南恺时先生提供）

图 8　孙吴青瓷魂瓶

（南京江宁区上坊街出土，现藏南京六朝博物馆。该图由南恺时先生提供）

他指出，五联罐和魂瓶大部分产于今浙江绍兴一带，且均属越窑。这些器型中一小部分烧制于南京周边，在 3 世纪中叶才开始出现。它们的设计深受绍兴罐的影响。

魂瓶的其他重要方面则是它的烧制年代和地理范围。菊地大先生为我们提供了最完整的魂瓶存目。他指出，有 46 个魂瓶可以确定烧制年代，或因其雕像上的铭文，抑或是在同一个墓穴中发现了已经确定年代的其他材料。最早的魂瓶可追溯到 103 年，而最晚的则来自 322 年。这些古老的魂瓶大多来自西晋，共有 27 个。数量紧随其后的是产自孙吴时期的 15 个魂瓶。菊地大先生共列出 162 个未注明时期的魂瓶。迄今为止，浙江出土数量最多，其次是江苏。还有一小部分则出自安徽、福建和江西等省。[1] 更具体地说，考古学家在浙江东北部或江苏南部发现了大量的魂瓶。[2] 这些魂瓶大多出土于形制大、藏品丰富的墓葬之中，且归属于当地的土豪大族。[3] 无论墓中的棺椁有多少，魂瓶在墓中都仅有一个。[4]

魂瓶上因时而易的动物

何种动物可以出现在魂瓶之上？动物可以分为两大类：超自然的和自然的。超自然动物有飞龙、凤凰、麒麟、铺首、天禄、朱雀、同心鸟等。自然动物则有狗、羊、熊、鼠、飞鸟、海龟、猴子、狮子、鹿、猪、鸡、蛇、蛞蝓、螃蟹、鱼和蜥蜴等多种常见生物。[5] 最早出现在东汉魂瓶上的动物形象是鱼、蜥蜴、狗、蚕、狮和熊。熊似乎是在觅食。丁爱博先生认为这些动物中的"熊"看起来更像老鼠（图9）。[6] 孙吴时期的魂瓶上大量出现动物形象。在陶罐主体的水平台上，堆塑有许多爬行类、鱼类和甲壳类动物，有趣的是，它们并没有出现在五联罐上。通常情况下，它们会朝着穿孔的壶体移动或从孔中钻出。有时猴子也会出现在这里。在堆塑台上唯一能看到的爬行动物是龟趺（背负石碑的乌龟）。

出现在堆塑台上方的常见动物分为野生和家禽两类。陶罐上方的动物通常仅有鸟类。平台上下都会出现一些瑞兽。到了

---

1 菊地大：《後漢－孫吴－西晋時期の江南地域に見られる五連罐－神亭壺について》，《明大アジア史論集》（6），2001，第32~48 页。

2 赵淑怡：《东汉六朝时期江浙地区魂瓶堆塑造型初探——以动物及佛像为列》，《语文教学通讯》2016 年第 10 期。

3 Albert E. Dien, "Developments in Funerary Practices in the Six Dynasties Period: The Duisuguan or 'Figured jar' as a Case in Point," in *Between Han and Tang: Cultural and Artistic Interaction in a Transformative Period*, ed. by Wu Hung（巫鸿），p.522.

4 Stanley Abe, *Ordinary Images,* p.91.

5 关于已知魂瓶上动物装饰的列表，参见周玫《谷仓罐动物装饰的文化内涵》，《东南文化》2000 年第 5 期。

6 Albert E.Dien, "Developments in Funerary Practices in the Six Dynasties Period: The Duisuguan or 'Figured jar' as a Case in Point," in *Between Han and Tang: Cultural and Artistic Interaction in a Transformative Period*, ed. by Wu Hung（巫鸿），p.514.

西晋，主罐上的爬行类和水生类动物逐渐被瑞兽和骑行者取代。罐子主体侧面的洞孔较之以往也日渐变少（图10）。尽管西晋魂瓶上仍有许多鸟类，但除了熊以外的其他动物基本上消失了（图11）。至于熊，它们经常被转化为建筑物的支柱（图12），并逐渐被大量的佛像和建筑元素取代（图13）。宋柏松和袁胜文两位先生绘制了一

图9　东汉五联罐上的动物特写
（现藏上海博物馆。该图由南恺时先生提供）

图10　西晋魂瓶
（浙江宁波出土，现藏宁波博物馆。该图由南恺时先生提供）

图11　西晋青瓷魂瓶
（公元294年铸造。句容市石狮村出土。该图由南恺时先生提供）

图12　西晋青瓷魂瓶
（南京甘家巷出土，现藏南京博物院。该图由南恺时先生提供）

图13　西晋红釉魂瓶
（南京出土。该图由南恺时先生提供）

张列有孙吴和西晋二朝 36 件魂瓶的样表。孙吴魂瓶上通常只有一两尊佛像，但江苏金坛唐王遗址出土的烧制于 276 年的魂瓶除外，它上面有七尊佛像。与之相比，西晋魂瓶常常出现四尊以上的佛像，南京甘家港高昌遗址出土的一件魂瓶上便有 20 尊。同样，西晋魂瓶上超自然的神兽数量也急剧增多。[1] 简言之，到了西晋，似乎除了鸟类以外其他大部分的自然动物已经失去了它们在魂瓶上的重要意义。工匠的修饰反而显示出佛教和超自然动物日渐凸显的重要性。也许这与同洛阳的频繁接触有关，毕竟在那里佛教拥有了稳定可靠的地位。

飞鸟形象的丰富

毫无疑问，无论是自然还是超自然动物，魂瓶上最常见的都是鸟类，它们要么环行在瓶顶中央，要么栖息在瓶顶五个壶嘴的边缘，凝视着瓶内，要么站在建筑的屋檐上向外瞭望。虽然丁爱博先生指出，最初魂瓶上并没出现鸟类，[2] 但之后很快几乎所有的魂瓶上，鸟类都是最显著的存在。事实上，如果魂瓶上只能有一种动物的话，那它就是飞鸟。另一个值得注意的特点是，鸟类是魂瓶上数量最多的动物，许多魂瓶上有鸟类的大量存在（图 14）。宋柏松和袁胜文二位先生分析 36 件孙吴和西晋魂瓶纹饰时发现，其中有 25 件出现了飞鸟。这 25 件魂瓶上共有飞鸟 514 只，平均每个魂瓶有 20 只。其中单个孙吴魂瓶最多有 66 只飞鸟，西晋魂瓶最多则有 58 只。西晋魂瓶上少有飞鸟纹饰，它们的数量往往比吴国的同类魂瓶少许多。[3] 25 件魂瓶里仅有一件有一只飞鸟。魂瓶上何以有众多飞鸟？

图 14　西晋魂瓶
（浙江宁波出土，现藏宁波博物馆。该图由南恺时先生提供）

1　宋柏松、袁胜文：《魏晋南北朝瓷器纹饰三题》，《中原文物》2004 年第 6 期。

2　Albert E. Dien, "Developments in Funerary Practices in the Six Dynasties Period: The Duisuguan or 'Figured jar' as a Case in Point," in *Between Han and Tang: Cultural and Artistic Interaction in a Transformative Period*, ed. by Wu Hung（巫鸿），p.514.

3　宋柏松、袁胜文：《魏晋南北朝瓷器纹饰三题》，《中原文物》2004 年第 6 期。

它们传达的是何种特殊含义？

　　学者们对魂瓶上飞鸟的出现做出了一定的解释。许多专家认为，由于飞鸟自在翱翔于天地两界，它出现在魂瓶上便能使灵魂安抵天界。例如，小南一郎先生就认为飞鸟是离逝者的灵魂。他指出，这一时期的逸事趣闻表明，在成为祖先之前，逝者的灵魂有时会变成一只鸟。为了支持这一论断，他举出著于5世纪的《后汉书》中杨震（？～124）含冤自杀的故事：

　　　　顺帝即位……朝廷咸称其
　　忠，以礼改葬于华阴潼亭，远近
　　毕至。先葬十余日，有大鸟高丈
　　余，集震丧前，俯仰悲鸣，泪下
　　沾地，葬毕，乃飞去。

小南一郎先生认为这只大鸟明显是杨震的灵魂。依附在魂瓶上的飞鸟代表着逝者的灵魂，因为它试图飞入瓶中，即祖先的居所。这就是飞鸟总是面向瓶面并通常栖息瓶嘴的原因。他指出，只有比较晚期的魂瓶会有飞鸟向外瞭望。[1]周玫先生认为，中国古代东南地区的人们对鸟类有着天然的敬仰之情。他们认为：鸟类是人最亲密的朋友，几乎不会对人类构成任何威胁；拥

有美丽的羽毛、悦耳的叫声；和人类一样日出而起，日落而息。在刀耕火种的农业实践中，鸟类同样也被珍视，鸟粪可以给农田施肥，这就是江南有所谓的鸟田的原因。魂瓶上的众多飞鸟反映了当地对鸟类的崇拜，以及时人认为需要飞鸟的帮助才能升天的信念。[2]赵淑怡先生强调说，吴越地区从新石器时代河姆渡文化开始，就长期尊崇鸟类，视其为精神存在。由于魂瓶的顶部象征着天界，魂瓶主体罐身则是逝者灵魂的暂居处，故飞向瓶顶并在此栖息的飞鸟是帮助灵魂升天的助手。[3]阙炎君和蒋远桥两位先生认为，由于西王母有三只青鸟为其取食传信，故魂瓶上纷飞向上的众鸟不仅是引领逝者灵魂前往仙界昆仑山的西王母的使者，也是不在场的西王母及仙界的替身。[4]李刚先生认为，魂瓶是受佛教思想启发而来的。他坚持认为这些鸟是鸽子，波斯人用鸽子进行远距离信息传递。他还指出，佛教的本生经记载了如来化鸽的故事。因此，鸟是佛教的象征。[5]所有的解释都耐人寻味，且具有启发性。但他们到底在多大程度上实际解释了鸟类的出现呢？

　　一个令人困惑的问题是为何魂瓶上会出现如此之多的飞鸟？如果飞鸟是逝者的

1　小南一郎：《神亭壺と東吴の文化》，第277~278页。

2　周玫：《谷仓罐动物装饰的文化内涵》，《东南文化》2000年第5期。

3　赵淑怡：《东汉六朝时期江浙地区魂瓶堆塑造型初探——以动物及佛像为列》，《语文教学通讯》2016年第10期。

4　阙炎君、蒋远桥：《吴西晋青瓷堆塑罐性质及鸟形象研究》，《文博》2007年第5期。

5　李刚：《汉晋胡俑发微》，《东南文化》1991年第Z1期。

灵魂，为何不止一只？小南一郎先生的解释是正确的，中古早期的人们相信灵魂可能会变成一只飞鸟，恰如杨震的故事中所能看到的那样。然而，正如故事所表明的，人们相信灵魂将会化作一只飞鸟。在中古早期关于孝子伯奇的故事中，他的冤魂也化作了一只飞鸟。[1]换言之，小南一郎先生的观点无法解释众多飞鸟出现的原因。同样，如果飞鸟象征信使，向逝者指明通往天界的道路，那为何它们也被发现于装饰在其他墓葬明器之上？1937年，浙江上虞出土了一个烛台，有着同样的众鸟齐飞的图纹。[2]显然，飞鸟并不会把灵魂带入烛台里。同样，在南京出土的272年的孙吴青瓷堆塑飞鸟楼阙灶，也装饰有常见于魂瓶上带有翱翔于楼阁之上的飞鸟的图纹（图15-1、图15-2）。显而易见，这些装饰图纹并不是魂瓶所固有的，也可能不代表西王母或魂魄升天。那么，这些飞鸟图纹究竟做何解释？

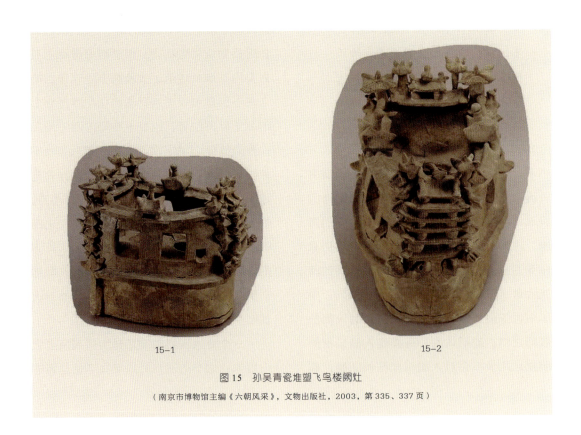

15-1　　　　　　　　　　15-2

图15　孙吴青瓷堆塑飞鸟楼阙灶

（南京市博物馆主编《六朝风采》，文物出版社，2003，第335、337页）

1　Keith N. Knapp（南恺时），*Sympathy and Severity: The Father-Son Relationship in Early Medieval China*, Extrême-Orient Extrême-Occident Hors-série, 2012, pp.129-132.

2　贺云翱：《佛教初传南方之路文物图录》，文物出版社，1993，第33、166页。

飞鸟：江南吉祥的象征

　　了解江苏南部和浙江北部地区当地有关鸟类的传统，对我们的研究可能会有所帮助。我们发现，在江南许多地区都有关于飞鸟在稻田农业中起协助作用的神话故事。因此，鸟类受到高度尊重，人们经常为其举办仪式以表达感激之意。在江南地区，对鸟类的崇拜是一个漫长悠久的历史过程，这早在河姆渡文化和良渚文化的考古遗迹中就已经显现。[1]在浙江省不同地区，学者们收集到一个传说的不同版本，在这个传说中麻雀在传播稻田农业方面起着关键作用。尽管细节不同，但传说的内容大致相同：人类诞生不久，就因缺乏食物而忍饥挨饿；稻米是诸神的食物，只有在天界才能找到；麻雀知道人类的悲惨境遇，怜悯人类，便飞向天界偷取稻米以供人间，老鼠则分发种子以助大业完成。[2]因此，这些地区的人们把麻雀视为送谷神，并用稻米来祭祀。直到20世纪50年代，一些村庄还会在农历二月十九日祭祀麻雀。每家每户都会做一盘蔬菜米饭，这种饭叫百家饭、百鸟饭，或者叫麻鸟饭，然后把它撒在屋顶或田野上，以供麻雀食用。这样做的目的是感谢麻雀的送谷之功。[3]丁爱博先

生注意到，许多早期的魂瓶装饰有通常被认为是熊的动物，但看起来更像老鼠。也许这些动物形象就是传说中帮助麻雀分发稻米的神鼠。南京六朝博物馆所藏的一件孙吴魂瓶便是以老鼠为主要特征的（图16）。

　　江南居民视麻雀为送谷神，它们也与人类的繁殖相关。江南民间俗称燕子为"麻将鸟"（麻将在吴语里意即麻雀）。在吴语中，niao 的发音是 diao，与用来表示男性生殖器官的发音相同。换言之，此种鸟被称为"阴茎"。浙江民间有祭"谷神（麻雀）送子"的习俗。行此俗者，大多是婚后多年无子女的夫妇，他们在农历二月十九日晚上，首先在圣坛前向送谷神祈

图16 孙吴魂瓶

（南京市上坊街出土，现藏南京六朝博物馆。该图由南恺时先生提供）

1　Elizabeth Childs-Johnson, "Speculations on the Religious Use and Significance of Jade Cong and Bi of the Liangzhu Culture," in Enduring Art of Jade Age China: Chinese Jades of the Late Neolithic through the Han Periods, *Throckmorton Fine Art*, 2001-2002, pp.2-16.

2　陈勤建：《中国鸟信仰：关于鸟化宇宙观的思考》，北京出版社，2003，第4~10页。

3　陈勤建：《中国鸟信仰：关于鸟化宇宙观的思考》，第14~17页。

祷。这位送谷神可能就是燕子。然后丈夫会出去找一只雄性麻雀。烹煮过后，夫妻俩又会在祭坛前磕头祈祷。最后，丈夫会吃掉麻雀。[1] 唐代医学家陈藏器（681~757）在他的《本草拾遗》中有如下的记载："冬二月食之，起阳道，令人有子。"[2] 显然，这证明了早在唐朝，麻雀就与男性生殖能力有关。

但是，江南当地关于麻雀送谷的信仰，最远能追溯到什么时候呢？江南地区的鸟类与水稻种植农业的联系可推至唐代以前。汉代文献中常提到江南地区的鸟田。这个术语似乎可以追溯至刀耕火种农业盛行的早期，人们依靠鸟类把种子播撒到地上，并使其去吃害虫。1世纪的《越绝书》告诉我们："大越海滨之民，独以鸟田……（禹）无以报民功，教民鸟田。"[3] 有人把最后一句"教民鸟田"翻译成：大禹教人民如何利用飞鸟去耕种土地。换言之，人们也可以把最后一句翻译成：大禹教人们如何通过鸟类的自然活动在无意中为农业肥田，或如何积极利用鸟类助人类耕田。[4] 东汉的《吴越春秋》也有关于鸟类积极备耕的记载："凤凰栖于树，鸾鸟巢于侧，麒麟

步于庭，百鸟佃于泽……天美禹德而劳其功，使百鸟还为民田。"[5] 这段长文强调了鸟类对江南农业的积极贡献。作者直截了当地称飞鸟为"佃"，即为人耕作田地。在揭示鸟类和大象有意帮助人们从事水稻种植的说法时，来自会稽郡（今浙江省绍兴市）的王充（27~97）为我们提供了一个很自然的解释，即为什么该地区的人们以这种方式思考：

> 实者，苍梧多象之地，会稽众鸟所居……天地之情，鸟兽之行也。
>
> 象自蹈土，鸟自食苹，土蹶草尽，若耕田状。壤靡泥易，人随种之。[6]

此处，王充指出，鸟类通过无意中吃残余旧谷而帮助了农民。他在著作中花费时间和精力在两个地方驳斥了《吴越春秋》中的观念，但也强调江南人是如何将鸟类与农业联系在一起的。

综上所述，笔者认为，魂瓶上众多飞鸟纹饰并非喻指灵魂升天。对于江南人民

---

1 陈勤建：《中国鸟信仰：关于鸟化宇宙观的思考》，第18~19页。

2 陈勤建：《中国鸟信仰：关于鸟化宇宙观的思考》，第19页。

3 刘殿爵、陈方正：《越绝书逐字索引》，台北：台湾商务印书馆，1994。

4 近年来，为了限制农药的使用，日本、中国、泰国和韩国的一些农民在稻田里用鸭子来吃杂草、昆虫和蜗牛。参见 https://www.youtube.com/watch?v=Ukdn-yH-SBc、https://www.youtube.com/watch?v=SNR_3GeUoqI。

5 刘殿爵、陈方正：《吴越春秋》，台北：台湾商务印书馆，1994。

6 刘殿爵、陈方正：《论衡逐字索引》之《书虚篇》《偶会篇》，香港：商务印书馆（香港）有限公司，1996，第48、28页。

来说，鸟类飞翔和栖息在可能盛有谷物的魂瓶壶嘴上的形象，让他们联想到自己的信仰观念，即飞鸟将谷物从天界送往人间。许多飞鸟送谷的信仰观念也表明了农产丰富。由于麻雀与生殖有关，许多飞鸟同时传达了人类生殖的观念。换言之，对江南人来说，众鸟的形象是一种吉祥的象征——多米多子。这就是为什么我们在其他文物上也会发现同样的图纹，诸如烛台和楼阙灶。

祥瑞铭文

从许多魂瓶上的题记铭文来看，它强调了魂瓶的主要功能是给后裔带来好运。出土于绍兴萧山的 260 年烧制的魂瓶上写有："永安三年时富且洋（祥）宜公卿子孙寿命长千亿万岁未见英（煐）。"[1] 另一件西晋魂瓶上的一处铭文也有类似的写法："出始宁用此 × 女 × 宜子孙作吏高迁众无稽。"[2] 其他铭文虽大多比这些短得多，但内容大同小异。这些铭文内容清楚地表明魂瓶是为了给活着的后裔带来好运。很显然，魂瓶在某种程度上安抚逝者，由此他们也将给活着的后裔带来祝福。换言之，魂瓶意味着带来好运。因而，魂瓶的形制，包括所有动物图纹，都是吉祥的符号。因此，众鸟齐飞向天界觅食等形象很可能象征着财富的延续、家族的繁荣和子孙的昌盛。

结　论

本文试图证明，魂瓶是一种内涵极其丰富且有魅力的文物，它向我们展示了江南地区 2~4 世纪的民间宗教信仰。正如许多学者的观点，魂瓶的设计很好地寄托了人们对天堂或来世的情感。瓶上众多的鸟兽引起了笔者极大的兴趣与关注。工匠把动物的图纹雕饰在魂瓶上，特别是在东汉晚期和孙吴时期表现最为明显。然后，在西晋时期，除了鸟和熊之外，动物作为装饰品放到魂瓶上的习俗基本上消失了。这表明，如果没有丰富的动物世界，东汉末年和孙吴时期的人民是无法想象美好未来的。相反，西晋魂瓶上的装饰更多由佛像和代表吉祥的动物组成，这似乎表明，他们想象的来世是一个更加奇异、更加丰富的世界。

魂瓶最显著的特征之一是工匠在上面雕饰了大量的鸟类。尽管学者们为鸟类的存在提出了许多不同的解释，但笔者认为，

1　Albert E. Dien（丁爱博），"Developments in Funerary Practices in the Six Dynasties Period: The Duisuguan or 'Figured jar' as a Case in Point," in *Between Han and Tang: Cultural and Artistic Interaction in a Transformative Period,* ed.by Wu Hung（巫鸿），pp.518-519.

2　Albert E. Dien（丁爱博），"Developments in Funerary Practices in the Six Dynasties Period: The Duisuguan or 'Figured jar' as a Case in Point," in *Between Han and Tang: Cultural and Artistic Interaction in a Transformative Period,* ed.by Wu Hung（巫鸿），pp.518-520.

最好通过观察当地信仰来解释它们的存在。江南地区早就有麻雀将天界的稻谷偷来给人类耕种的神话。因此，直到 20 世纪 50 年代，江南许多地方仍在每年农历二月祭祀，人们在祭祀仪式上给麻雀喂食。尽管我们无法将这个神话追溯到中古早期，但我们确实知道汉代典籍中也提及鸟田，认为动物有助于农民种植水稻。根据这些民间信仰，魂瓶上的众鸟很可能是江南当地的吉祥符号。墓葬明器上的众鸟则代表硕果累累、多子多孙。它们不是灵魂向导，而是好运的象征。

燕赵文化笔谈

燕下都新出土"独兽纹"瓦当及其价值*

■ 吴磬军（河北大学历史学院暨燕赵文化高等研究院）

2019 年春，河北省易县燕下都 10 号作坊遗址附近，出土了一面"独兽纹"瓦当，当面纹饰为一"独兽"，呈头右尾左侧身奔走状，扬颈回首，口张耳竖，尾上扬内卷，与首相应。"独兽"形似"虎"，整体身躯雄壮劲健，充满力量感。瓦当泥质灰陶，由范具压制而成，阳文，纹饰呈半浮雕艺术效果。当面有半周突出的窄边轮，径 17 厘米（图 1–1、图 1–2）。考古资料表明，此"独兽纹"瓦当在燕下都瓦当出土的百余年历程中属于新见，无疑增加了燕下都瓦当的一个新的纹饰种类和标本。经过对其当面内容题材、构图特征和风格气息的分析，并放在燕下都瓦当纹饰发展演变过程中做比较

研究，其应为战国晚期制品。此面"独兽纹"瓦当在燕下都瓦当中，有着怎样的地位和价值？在燕国疆域其他重要城邑遗址出土瓦当中有着怎样的文化关联？乃至与战国时期中山、齐、魏等国同类纹饰瓦当的比较研究中，有着怎样的相互影响、文化交流关系，又折射出怎样的文化崇尚呢？本文试做分析探讨。

一 "独兽纹"瓦当以其独特性增加了燕下都瓦当的一种纹饰标本

燕下都乃战国时期燕国的都城之一，

1–1 瓦当

1–2 拓片

图 1

* 本文系河北省高等学校社科研究 2020 年度基金项目"燕文化的形成与中原文化对东北边疆的经略"（项目编号：BJ2020079）研究成果。

其遗址在今河北省易县县城东南的北易水和中易水之间。考古发现，遗址范围 40 余平方公里，在战国时期各诸侯国都城中规模最大、规格最高。百余年来，在都城的宫殿、作坊、居住以及城外军事防护遗址中出土了大量瓦当。其丰富的纹饰种类、精美的制作工艺、浓郁的青铜气息、深厚的文化内涵和鲜明的地域特色，为学术界所关注，并与齐临淄、秦雍城瓦当并称为我国先秦时期三大地域瓦当。目前，就考古调查采集、发掘所获，燕下都瓦当按当面纹饰划分，就达 20 余个大类 60 余个种别，以各式不同且富细微变化的饕餮纹最为突出，涵盖了各类不同性质的建筑遗址，贯穿了从春秋早期到战国末年瓦当使用的全过程。[1]

考古资料表明，"兽纹"瓦当是燕下都纹饰瓦当中的一个重要类别，从纹饰命名上看，主要有"四兽纹"，泥质灰陶，径 15.3 厘米（图 2）；"双兽纹"，泥质灰陶，径分别为 17 厘米（图 3）和 17.3 厘米（图 4）两式。从纹饰造型特征看，有的似神兽中的龙螭，但与龙头部生角的特征又有所区别；有的兽的形象神态怪异，为现实生活中没有的兽类；有的则为现实生活中所能见到的兽类形象。总之，兽的形象、神态，以及当面气息，都流露出一种神秘、奇谲的色彩。

燕下都纹饰瓦当中，中轴对称性构图是一大特色，如上述"四兽纹"和"双兽纹"瓦当。燕下都 10 号作坊遗址新出土的"独兽纹"瓦当因为是独兽构图，在当面中表现一侧面身躯兽的形象，故不为中轴对称状态。在燕下都纹饰瓦当中，有一种"独龙纹"构图表现相同，只是身躯头尾方向相反，泥质灰陶，径 17 厘米（图 5）。

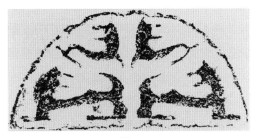

图 2

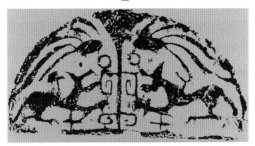

图 3

图 4

图 5

1　河北省文物研究所：《燕下都》，文物出版社，1996，第 880 页。

在目前所见燕下都瓦当中，除燕下都"独龙纹"瓦当以单体动物构成当面主体纹饰图案外，就是这面新出土的"独兽纹"瓦当了。此面"独兽纹"瓦当的出土，其价值和意义不仅在于增添了燕下都瓦当的一个新的纹饰种类和标本，还在于扩展了我们的视野和研究空间。

二 "独兽纹"瓦当与燕国同类纹饰瓦当共同折射的文化信息

据考古资料，在燕国疆域其他重要遗址发现了一些"独兽纹"瓦当。燕下都"独兽纹"瓦当与其有着怎样的文化关系和研究价值呢？现比较分析如下。

1. 天津市西青区大任庄战国遗址出土的"独兽纹"瓦当

天津市西青区大任庄战国遗址出土的瓦当中有一面"独兽纹"瓦当，发掘资料命名为"虎纹"瓦当，泥质灰陶，径16.8厘米（图6）[1]。此种纹饰是以单线在当面的半圆空间勾画出一只头左尾右的"虎"的形象，其身躯浑圆饱满，强壮劲健，身躯勾画出类似虎的斑纹。其颈上扬回首，口大张，吐舌，似在吼叫。其前肢向前平伸，后肢撑地，尾上扬内卷，尾尖再上翘，与首呼应，整体形象静中寓动，充满活力。当面空间清朗，虎的侧身主体形象凸显。

2. 天津市宝坻区石桥乡辛务屯村秦城战国遗址出的"独兽纹"瓦当

在秦城遗址的考古发掘中，共出土瓦当22件，完整者7件，其中有一件"独兽纹"瓦当，发掘资料亦称为"虎纹"瓦当，泥质灰陶，径约17厘米（图7）[2]。此种"独兽纹"瓦当，从整体兽的形象上看，亦似一只头左尾右侧身的"虎"的造型。与天津市西青区大任庄战国遗址出土的"虎纹"瓦当不同之处在于，虽然整体身躯也是曲颈回首、张口瞪目，但长尾下垂，前后足呈半立半伏状，身躯舒展，呈现出一种平静温和的状态。当面空白处饰有圆圈纹，似与主体纹饰即"虎"的形象之间存着一种内在关系。

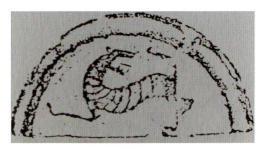

图6

图7

1　天津市文物局考古发掘队：《渤海湾西岸古文化遗址调查》，《考古》1965年第2期。

2　天津市历史博物馆考古发掘部：《宝坻秦城遗址发掘报告》，《考古学报》2001年第1期。

3. 雄安新区南阳战国遗址出土的"独兽纹"瓦当

为配合雄安新区建设，2018年，河北省文物研究所对南阳遗址进行了考古勘探与发掘。在出土的少量纹饰瓦当中，有一面完整的"独兽纹"瓦当，发掘资料称为"虎纹兽形"瓦当，并将其与中山国和齐国兽纹瓦当进行比较观察，认为其受到了中山国和齐国瓦当文化影响，为战国晚期制品。[1] 该瓦当泥质灰陶，径约16厘米（图8）。从当面整体构图看，当面上部大面积空间内饰一"虎形兽纹"，当面右端还饰有一树状纹。在当面下部底边上部，饰有两条平行凸线，中间再饰上下相对左右排列的凸三角纹，规整匀称，亦可看作一条横向三角几何纹，其含义尚不能解释。"兽形虎纹"为首右尾左，侧面身躯"虎"的造型，阳文单线勾画身躯形象，斑状纹明显突出。"虎"颈上扬回首，张口瞪目，尾向外下垂，"虎"的前肢伏地，后肢斜立撑地，形象生动。尤为夸张的是"虎"的身躯粗壮舒展，饱满雄劲，身躯头尾方向与上述两遗址出土的"独兽"形象相反，风格和气息相近。燕下都新出土"独兽纹"瓦当与之比较，虽然都属"独兽"，方向亦同，但细微处有三点不同。其一，燕下都新出土"独兽纹"瓦当中的"虎"的形象表现为整体身躯突出，呈"浮雕"效果；其二，虽皆为侧身形象，燕下都新出土"独兽纹"瓦当中"虎"的肢体表现四

图8

肢，即前后肢左右皆见且姿态不同；其三，燕下都新出土"独兽纹"瓦当中"虎"的尾部呈上扬内卷状。总之，尽管上述包括燕下都在内的四处燕国遗址出土的"独兽纹"瓦当，纹饰细微变化和表现有所不同，然其总体特征以及风格气息还是相近的。

燕下都"独兽纹"瓦当和雄安新区南阳遗址新近出土的"虎形兽纹"瓦当，增添了我们对燕国疆域同类纹饰瓦当文化关系研究新的实物资料。通过燕国这类"独兽纹"瓦当的风貌特征，而发掘所共同蕴含的历史文化信息，印证京津冀（北）在战国时期地域一体、文化一脉。

三 燕"独兽纹"瓦当与中山、齐、魏同类纹饰瓦当比较研究与价值

据考古资料，也见有战国时期的中山、齐、魏诸国"独兽纹"瓦当出土，其特征如何？燕下都新出土"独兽纹"瓦当与其

---

1 张晓峥：《2018年雄安新区南阳遗址考古工作汇报》，《河北省文物研究所2018年度考古业务汇报会·会议纪要》，石家庄，2019年1月20日。

有着怎样的文化关系和研究价值？以下亦做简要分析。

第一，在战国时期中山国灵寿故城考古发掘所获的瓦当中，有一种被命名为"乳钉鹿纹"的半圆形瓦当，泥质灰陶，径11.6厘米（图9），以及一种被命名为"乳钉兽纹"的半圆形瓦当，泥质灰陶，径分别为14.5厘米（图10）、13.5厘米（图11）、13.5厘米（图12）。它们都是以"独兽纹"为当面主体纹饰，再辅饰以乳钉纹，其"兽纹"造型特征与风格极其相似。之所以命名上有"鹿"与"兽"之别，可能是由"兽"的身躯上所饰"斑点纹"和"斜斑纹"不同所致，称"斑点纹"者为"鹿"纹，而"斜斑纹"者便被称为"兽"纹了。其构图特征是，"独兽"首右尾左，颈上扬朝斜内上方回首，瞪目张口，似在吠叫。尾向后斜向又扬起呈伸展状，前后肢斜立，"兽"身粗壮颈健。燕下都新出土"独兽纹"瓦当中"兽"的形象，与中山国"乳钉兽纹"中的"鹿"或"兽"的形象比较，前者具象而写实，使人看上去很容易想到"虎"的形象，当面没有附饰其他纹饰；而后者"兽"的造型显得抽象写意，勾画简洁奇练，使人看上去不能直接判断是"虎"，但二者之间在意蕴上的确存在着相同之处。[1]

在以往燕下都与中山灵寿故城瓦当比较研究中，着眼点多放在各自规制、形制、质地和内容题材及风格特征的比较以及各自社会背景、历史渊源和文化内涵比较研

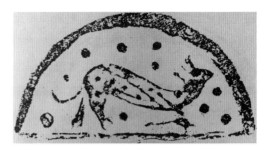

图9

图10

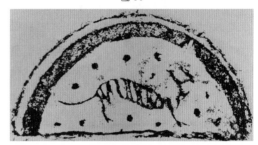

图11

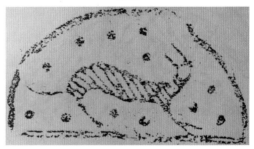

图12

究上，多从其面貌特征的不同上看其文化差异。而燕下都"独兽纹"瓦当出土后，可以将其与中山灵寿故城"乳钉鹿纹""乳钉兽纹"瓦当进行比照分析，从而发现二

1　河北省文物研究所：《战国中山灵寿城1975~1993年考古发掘报告》，文物出版社，2005，第51~52页。

者以及燕国其他遗址出土的"独兽纹"瓦当之间的相同之处，以探讨两国之间的瓦当文化交流与影响关系。

第二，在《新中国出土瓦当集录·齐临淄卷》中，载有一面山东章丘平陵城遗址出土的"独兽纹"瓦当。考古资料命名为"虎纹"，泥质灰陶，径14.7厘米（图13）。[1] 其兽形似"虎"，首左尾右，"虎"颈上扬回首，耳竖口张，与内卷上扬的"虎"尾相呼应。"虎"的身躯整体造型以单线阳文勾画而成，简练明快，"虎"的前肢伸展，后肢腾起，似呈向前奔走状。该瓦当"兽"的形象，很容易使人将其与"虎"的形象相联系，虽然与燕下都新出土"独兽纹"瓦当中"兽"形似"虎"的构图即身躯头尾方向左右相反，但其造型与意蕴有相近之处。就目前所见，"独兽纹"瓦当于燕、齐都较为稀见。根据文献记载的燕、齐关系和结合考古发现的其他纹饰类别瓦当，探讨二者时间早晚和相互影响关系，对研究燕、齐两国的文化交流具有重要的价值和意义。战国时期是中国古代瓦当发展历程中的繁荣时期，也是燕、齐两国瓦当使用的鼎盛时期，纹饰种类繁多，使用范围广泛，地域特征凸显，彼此间的影响关系也便逐渐显现出来。如齐国的"龙纹"、"山形纹"以及抽象写意的"饕餮

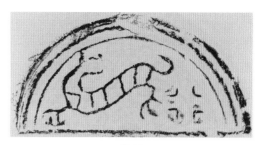

图13

纹"瓦当，显然受到了燕下都同类纹饰瓦当的影响；而燕下都乃至燕国其他遗址出土的"树木双犬纹""树木双狼纹""树木勾云纹"瓦当，显然是受到了作为齐国瓦当主题纹饰"树木纹"的影响。[2] 战国中晚期，燕、齐战事频繁，尤其是齐宣王五年（公元前316）趁燕国"子之之乱"伐燕和燕昭王二十八年（公元前284）乐毅率五国之兵伐齐，随着战争的侵略和掠夺，两国文化也不断相互渗透和影响。[3] 从燕下都新出土的"独兽纹"瓦当和山东章丘平陵城出土的"独兽纹"瓦当极其相近的风格特征看，很可能是后者受到了前者的影响，"乐毅留徇齐五岁，下齐七十余城，皆为郡县以属燕，唯独莒、即墨未服"，[4] 这是燕文化在齐地影响的一个见证。

中山国"乳钉鹿纹""乳钉兽纹"瓦当中或鹿或兽的形象与齐平陵城遗址出土的"独兽纹"瓦当中"兽"的形象，唯身躯头尾方向相反，在具体造型特征、风格和意

1　张文彬主编《新中国出土瓦当集录·齐临淄卷》，西北大学出版社，1999，第323页。

2　吴磬军：《燕下都瓦当文化考论》，河北大学出版社，2008，第170~171页。

3　杨宽：《战国史》，上海人民出版社，2003，第174、395页。

4　《史记》卷八〇《乐毅列传》，中华书局，1959，第2429页。

蕴上，确有相近似之处，或有着某种一致性。中山国与燕国南部疆域相邻，齐国与燕国疆域东南部相邻，战国时期文化交流频繁、密切，这反映在建筑装饰的瓦当上，内容题材与艺术风格则显得相同或相近。

第三，在河北省临漳邺城遗址，曾出土战国时期"独兽纹"瓦当，研究资料称之为"虎纹"瓦当。其从纹饰细微变化上看，分为二式：第一式，当面饰有高浮雕"虎纹"，头右尾左，前半身躯伏地，后半身躯耸立，回首，长尾下垂，泥质灰陶，径12厘米（图14）；第二式，内容题材与第一式相同，而当面纹饰的"虎纹"头尾方向相反，前肢伸展后再回蜷，似奔跑状，泥质灰陶，径12厘米（图15）。在"兽纹"造型与浮雕艺术效果上与燕下都"独兽纹"瓦当在风神韵致上有相似之处。以往对邺城"独兽纹"瓦当，有学者认为是"受到了燕国瓦当的影响，来自燕文化的南侵"。[1]在目前看来，由于魏国地理区位上距燕国较远，在战国时期两国的文化交流和相互影响关系上，"独兽纹"类瓦当及其所蕴含的历史文化，无疑会为我们的深入研究提供很大的启发和帮助。

图 14

图 15

总之，燕下都新出土的"独兽纹"瓦当，无论是在燕下都瓦当体系和燕国疆域内同类纹饰瓦当文化关系上，还是在与中山、齐、魏诸国的瓦当文化交流和相互影响的关系上，都具有重要的研究价值。由于瓦当为调查采集，尚缺少具体明确的文化地层关系的支撑，在时代认定上借助了考古类型学方法。由于笔者水平所限，不妥和错误之处，有待专家、学者批评指正。

1　焦智勤：《邺城瓦当分期》，《邺都学刊》2007年第2期。

北福地刻陶假面与史前傩仪 *

■ 王　菁（河北大学历史学院暨燕赵文化高等研究院） 洪　猛（河北大学历史学院暨燕赵文化高等研究院）

面具文化以多种多样的形式广泛存在于世界各地。[1] 相对而言，目前发现的中国史前时期较系统的面具资料不多。在这种背景下，北福地面具的出土颇显重要，对于探索史前面具文化具有突出的价值。[2] 北福地遗址位于河北省保定市易县，是太行山东麓北部一处重要的新石器时代中期聚落。该地点出土了完整或可复原的陶制假面以及大量假面残片，具有批量制作、形制典型的特点，北福地也因此被称为"制作面具的史前文化"。[3] 诚如《报告》所言，北福地一期批量刻陶假面面具的发现，是目前所见年代最早、保存最完整的史前面具作品，是研究史前宗教或巫术的重要新资料。所以，北福地刻陶假面除独特的艺术性备受瞩目外，[4] 各界对其功用及其所反映的社会内涵关注度颇高。

发掘者认为刻陶假面"可能是用于祭祀崇拜或巫术驱疫时的辅助神器，用来装扮神祇或祖先。并且，很有可能，当时的人们带着假面面具，到祭祀场进行祭祀活动"。有报道将面具视为祭祀时的佩戴物，称其为我国最早的原始宗教法器。[5] 近有研究在详细分类基础上推测，面具说明北福地遗址存在巫术活动，属于原始巫术活动的一种或者反映了该地区存在多神系统的

* 本文系河北省社科基金项目"白洋淀区域新石器时代文化发展与社会面貌"（项目编号：HB19KG003）研究成果。

1　〔韩〕田耕旭：《世界面具文化的功能和意义》，《浙江艺术职业学院学报》2018 年第 1 期。

2　河北省文物研究所：《北福地：易水流域史前遗址》，文物出版社，2007。本文关于北福地遗址资料信息以及发掘者的学术认识皆引自该报告，除特殊说明外，不再另注。为行文简便，文中简称《报告》。

3　佚名：《北福地文化——制作面具的史前文化》，https://baijiahao.baidu.com/s?id=1620892560291638490&wfr=spider&for=pc，2018 年 12 月 26 日。

4　尹凤奇：《史前原始艺术精品——浅析北福地陶制面具的艺术性》，《中国集体经济》2014 年第 21 期。

5　孙磊：《来自远古的神秘面具》，《燕赵都市报》2016 年 10 月 17 日。

崇拜。[1] 笔者近来对这批形制独特的面具的功用颇感兴趣，从北福地遗址材料推测面具的使用可能与房址的废弃密切相关，对其解读或有助于推进对史前傩仪的认识。需要指出的是，早在北福地面具发现之初，就有报道将其定为我国最早的陶制傩戏面具，[2] 但一直未见任何论证。本文在以往认识的基础上，结合对出土情境的分析、原始宗教的理解等，就北福地刻陶假面的使用及其所反映的史前傩仪问题略做讨论。不当之处，敬赐指正。

一　出土情境与假面使用

北福地遗址发现刻陶假面（有一件石面具）残片总数 145 件，属于北福地第一期遗存，年代约在公元前 6000~ 前 5000 年。背景信息清晰的假面残片主要出自 8 个单位，数量明确者从多到少分别是 F1（38 件）、H76（35 件）、F12（13 件）、F2（11 件）、F5（2 件）、F11（2 件）。据《报告》介绍，H52、H78 也出土了大量陶面具，但未给出这 2 个单位的具体数值。

上述 8 个出土单位中，有 5 个明确为房址。在其余 3 个灰坑中，H76 平面近方形，直壁，平底，面积较大，特征与一般灰坑不同。《报告》推测其可能为一未建造完

工的房址，所论甚是。H78 平面近椭圆形，斜直壁，平底，面积较大，但仅深 26 厘米，浅于一般灰坑，从平面图看该灰坑两壁较直，夹角亦略呈直角，这些特征与同期房址相似。H52 平面近椭圆形，斜弧壁，圜底，深 65 厘米，如是特征无疑显示其应为灰坑类遗迹。但值得注意的是，该坑似残缺，残余部分口部面积大于一般灰坑，从平面图看两壁很直，夹角呈直角，坑内有很深的灰褐色填土，填土表层距坑开口深不足 20 厘米，堆积大量陶面具、直腹盆与支脚残片等。该遗迹最后的情形很可能是利用原先的坑穴进行加工形成新的用途。可见，出土刻陶假面的 3 个灰坑不会是一般性的灰坑，至少在与大型假面一同呈现时很有可能是作为房子类居所使用的。由此看来，北福地遗址刻陶假面的存在背景具有较强的一致性，当与房子类居所有着密切的关联。

北福地遗址刻陶假面残片数量多，但完整或可复原的仅 12 件，根据其形制大小可分为两类，一类是高度 20 厘米左右的大型面具，另一类是高度 15 厘米以下的小型面具。二者不仅在形制上有差异，在功能上可能也有所不同，大型面具便于佩戴，用于祭祀活动的角色扮演；小型面具较大者可能具有大型面具的功能，较小者或更多起到一种装饰作用或在祭祀场地充作"法器"。[3] 大型面具在有关礼仪活动中

1　崔银芝：《北福地遗址陶刻面具新识》，《黄河·黄土·黄种人》2017 年第 20 期。

2　佚名：《河北易县发现我国最早陶制傩戏面具》，http://news.cri.cn/gb/3821/2005/06/22/1385@593611.htm，2005 年 6 月 22 日。

3　崔银芝：《北福地遗址陶刻面具新识》，《黄河·黄土·黄种人》2017 年第 20 期。

具有核心作用，对它们的讨论成为理解面具功用的关键。

完整或基本完整的大型面具共有 5 件，分别出自 F1、F2、F12、H76、H78。也就是说，面具残片最集中分布的几个单位，从目前资料看多数有且仅有一件大型面具。有关单位可能是集合了大型面具与若干假面残片，个别单位还包含一些小型较完整假面。这一情况表明，那些大型假面并不是被随意废弃在房址等单位中的，因为常态下自然废弃堆积中遗物的构成通常具有较大随机性。北福地遗址大型假面在每一个单位中的唯一性，属于其特殊性质的一种重要体现。

通过考察与刻陶假面共存的遗物的情况，也能够发现一些有规律的现象。

先看与刻陶假面共存的石器情况。北福地一期出土石器主要包括各类石制品、砺石块、石料、细石器等。通过对《报告》第 299 页表中列出的有明确数据的代表性单位出土石器进行统计学分析，可得到如下结果（图 1）。

如图 1 所示，北福地一期房址出土石器逸出箱外的离群值又称异常值，表明该数值与其他数据相比差异比较大。通过判断各组物品的数据可以看出，离群点和最大值均出自 F1、F2、F12、H76 等几个集中出土大型假面的单位，即这些单位的物品数量远远多于其他单位。这种高度离群的情况表明有关单位遗物数量已远超北福地一期遗迹的一般数值。《报告》认为，F1、F2 大量出土的石制品，性质相似，可能是专门的石制品制造场所。但由图 1 可知，出土石器异常数

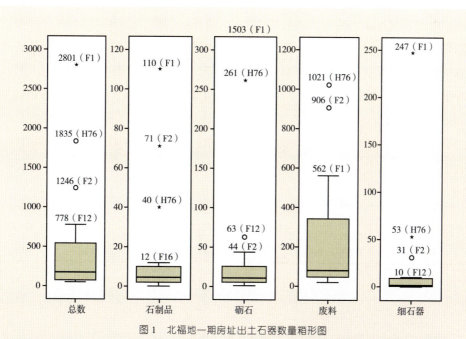

图 1　北福地一期房址出土石器数量箱形图

注：最上方的线段表示除异常值外数据的最大值，最下方的线段表示最小值，其中箱顶和箱底分别表示上四分位数和下四分位数，箱图中间的粗线段表示中位数。箱外的○和★分别表示样本数据中的一般异常值和偏激异常值。砺石组由于 F1 数值远超过箱体，影响观测的最小刻度，因此予以剔除并标识于图外。

据的情况不仅见于这两座房址，F12、H76同样存在，[1] 并且"房址灰坑中的石器大多为使用程度很高的残缺品、废品，使用痕迹粗糙"，也有悖于很多石器加工场"生产工具大多没有使用痕迹"的情况。[2]

再看与刻陶假面共存的陶器情况。由表1可知，出土陶器残片数量最多的几个房址均为有大型面具者，其中，即便是出土陶片相对较少的F2，陶片数量比没有假面出土的F7所出土陶片多倍。然而，北福地房址虽出土了大量陶片，可拼对复原的却极少，仅6个单位的陶片可复原，复原陶器最多者仅3件，复原率很低。有研究对新石器时代赵宝沟遗址房址的陶器复原情况进行过分析，复原率低者为7%，高者达100%，平均复原率在30%~40%，[3]远远高于北福地一期遗存。这启示我们：北福地房址尤其是出土大型面具房址内的大量陶片或许并不是完整器被废弃后在自然状态下损坏的，而更像是人为地将残损的陶片抛入这些房址中留下的。

居室内的出土情况可进一步将认识推向深入。根据《报告》的文字描述和图像资料能够了解到北福地一期房址居住面遗物的情况。由表1可知，F7居住面遗物较多，东南角集中堆积直腹盆、支脚等，这很可能代表了房屋废弃时的原始状态，而多数房址居住面上分布的遗物非常少，大部分只零星散布若干砾石块，表明在房屋废弃之前很可能已经将室内的器物基本搬离了。值得注意的是F2、F12两座房址，在几乎将室内的陶器、石器等搬空的情况下，却分别在居住面上留下了一件大型刻陶面具。至于出土大型假面的另外3个单位F1、H76、H78，《报告》指出H78填土底部堆积大量陶面具等，假面也很有可能出在地面上，并且H78平面图上明确画有面具残片；H76未标明所出假面出土位置，但《报告》在列举填土包含物时并未提及假面，不知假面是否也出在了地面上；F1假面出自填土，但该房址假面有一些特殊，如大型假面边缘并未完

表1　北福地一期房址出土陶器统计

陶器残片（件）	455	374	219	193	100	73	66	59	35	32	23	17	16	15	2
复原陶器（件）	1	2	3	2	2		2								
居住面遗物		砾石	猪面具1 直腹盆1 砾石块	人面具1 砾石	东南角集中堆积直腹盆等	砾石		砾石		砾石	砾石	磨盘 石坠 砾石	砾石	烧土块 石块	砾石
单位	H76	F1	F12	F2	F7	F16	F5	F13	F6	F11	F10	F8	F9	F15	F3

1　仅在石制品这一组中，F12为8件，略低于该组上限值12件（F16）。

2　广西壮族自治区文物工作队：《广西百色市革新桥新石器时代遗址》，《考古》2003年第12期。

3　陈淑卿：《赵宝沟聚落结构的微观考察》，《考古与文物》2003年第4期。

成穿孔、小型假面形体也较大等，较完整假面呈组合现象，假面使用方式或有一定差异。此外，H52假面残片较多，不排除当时有大型假面存在，所出假面残片有的宽近15厘米可佐证这一点。如前文所述，其假面出在灰褐色填土表层，亦可视为出自特定的地面上。由此可见，北福地一期大型面具很有可能一般情况下是摆放在房子类居所地面上的，并非随意弃置。《报告》据H52、H78的情况，亦指出"人们有意的集中埋藏，或许反映了即使对假面面具废弃的残片也珍重处理的理念"。

通常情况下将大型面具摆放在房屋居住面上，显然是北福地人一种刻意的行为，或许是佩戴假面在室内外举行某种礼仪活动后有意识留下的。而房址内大量的陶片、石制品多出土于填土中，很有可能是房屋废弃后被倾倒在此处的。一般情况下，房址居住面上遗存的分布状态反映的是房屋废弃时的情形，房址填土堆积的形成时间则或短或长，可能是房屋倾倒时墙壁、屋顶坍塌形成，也可能是房屋废弃后在人力或自然力的作用下堆积而成。房屋坍塌有可能是即刻推倒，这种情境下填土内的遗物与居住面上的遗物在废弃时间上的差异可以忽略不计；也存在房屋废弃较长一段时间以后才坍塌的情况，这时坍塌堆积中遗物的年代往往会晚于居住面上遗留的器物。从北福地一期出土面具的房址居住面

与填土内发现的堆积、遗物来看，二者似没有明显的时间差距，现有迹象显示房屋地穴被填埋的时间与居住面上留下面具的时间应该不会相隔太远，或许是一连贯的行为过程。据此推测，该遗址有关房址的废弃过程可能是：佩戴假面在室内外举行仪式后将面具刻意留在了居住面上，接下来推倒四壁及房屋有关设施，将废弃石制品、陶片以及一些小型假面或假面残片倾倒入倒塌堆积物之中，并逐渐将房址地穴填满。这种情形下，刻陶假面自然与房址的弃置具有密切联系。从某种程度上说，假面的使用似乎是北福地聚落房屋废弃仪式的一部分。未有大型假面放置居住面的房址，其仪式过程可能要简洁一些。

北福地一期房址从房屋朝向来看，主要可分为两类。第一类是以F10、F15为代表的正向房屋，门道统一向南，平面近似正方形或长方形，房屋面积相对要小一些。第二类是以F2、F12为代表的偏向房屋，门道多向东南，平面多近似正方形，房屋面积普遍要大一些。可能是房址或在废弃时作为房子类性质处理过的H76、H78、H52，从现有迹象观察也呈现斜向，形态特征与第二类相若。巧合的是，北福地一期集中出土刻陶假面的单位皆属于第二类（图2）。很明显，如若刻陶假面能够与北福地房址废弃仪式相关联，则这种仪式可能仅限于第二类单位而言。[1]

1　需要指出的是，《报告》第129~130页有一件小型假面残片，编号为F15:1，而第41页详述F15出土遗物以及第273页列举F15出土物时却均未提及有假面残片。本文暂以后者为是。如若该假面的确出自F15，因其仅有一件小型假面，其情形可能与出土少量刻陶作品的第二期遗迹单位或地层等相似，多半属于早期物品的遗留或早期文化传统的延续，背后指代的社会含义应已大相径庭了。

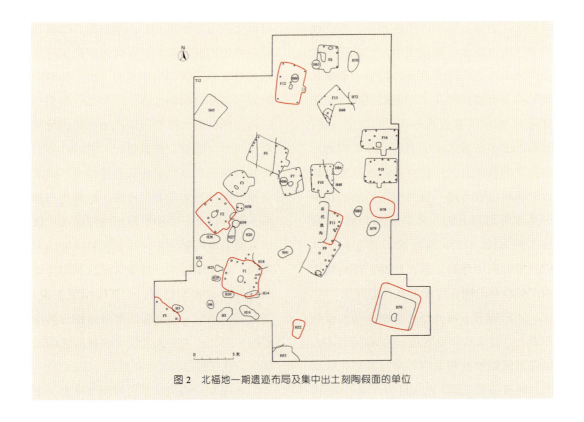

图 2 北福地一期遗迹布局及集中出土刻陶假面的单位

从发掘区域看，第二类单位几乎遍布整个发掘区域。除出土面具的单位外，东南向房屋还有 F6、F9、F13 等。这些房址都遭到晚期堆积的严重破坏，其原所包含的遗物已不知其详，它们是否当初也包含刻陶假面甚或大型假面就不得而知了。此外，F5、F11 出土假面残片较少，亦未见大型假面，也不排除与遭受了较大破坏或未发掘完整、仅清理局部有关。这类单位之间存在叠压打破关系，比如 F11 打破了 F9，或许表明其延续了较长时间。由此可见，在这一类型房屋中，在房屋废弃时使用面具很可能是一种非常普遍的行为。与之相反，面具残片在偏东北区域的南北向房屋中几乎没有发现。因出土陶器整体器形变化不大，暂无法对房址进行更细致的分期。《报告》指出，最西侧一排 F1、F2、F3、F5、F12、F6 这 6 座可能略早于其他 8 座，F7、F15 等正向房屋年代相对较晚。据此推测，在北福地聚落房屋废弃时使用假面的仪式或并不是自始至终都存在的，而是以 F2 为代表的偏向房屋普遍在废弃时举行了假面仪式。另外，偏向房址中，如前文所论，较早的 F9（可能还包括 F6、F13）是否有假面也不清楚。总体来看，流行假面仪式的偏向房屋的废弃可能是陆续的，也可能是瘟疫或灾害等引起的集体搬迁，至正向房屋盛行的阶段，这种废弃仪式就几乎不见了。

二 刻陶假面所反映的傩仪

北福地遗址除发现集中分布的房址外，还发现一处祭祀场遗迹。《报告》认为北福地刻陶假面可能用于祭祀场的祭祀仪式，以装扮神祇或祖先。然而，在面具集中出土的房址或灰坑内，遗物大部分为使用程度很高的残缺品或废品，完整的陶器很少。与此同时，北福地祭祀场所出遗物"似经认真选择、个体基本完整无缺损"，除精致的陶器、石器外，还有一些高档器物，但未见任何假面甚至假面残片。两者都是对器物的集中掩埋行为，但是模式似乎全然不同，祭祀场有意识地择取精品，当是有崇拜、供奉、祈求性质的祭祀行为，而与祭祀场器物的高度精致截然不同，刻陶假面多是用残破陶片加工而成、制作粗糙，结合其共出的大部分为使用程度很高的石器、废料以及破损的陶片，更像是某种具有丢弃意味的行为。

这两种模式代表了不同的目的取向，祭祀场模式是为了得到、获取，房址或灰坑模式是为了驱逐、躲避。在生产力较低下的史前时期，趋利避害是人类生存最基本的法则，获得需要的与驱逐有害的几乎构成了先民最重要的两类社会活动。在宗教行为上可能前者表现为为了获取食物、神力或神灵祖先庇佑的巫术活动，后者则表现为驱逐畏惧对象的傩术。傩原为"难"，文字记载最早见于《周礼》，《周礼·夏官·方相氏》中记载："方相氏掌蒙熊皮，黄金四目，玄衣朱裳，执戈扬盾，帅百隶而时难（傩），以索室驱疫。"[1] 难意为灾祸，祸患。杨堃先生进一步指出"惟因驱之不得其方，故疫患终不得止，驱之又来，永远无效，此傩之所以终训为难也"，[2] 可见最初傩是与驱灾避祸紧密联系在一起的。对《周礼》中的傩术，东汉郑玄注云："冒熊皮者，以惊驱疫疠之鬼，如今魌头也。魌头，犹言假头。"在商代甲骨文中，鬼字的构成上从"田"，可能寓意面具，象征鬼头，下从"人"。陈梦家先生考证认为，方相本是恶鬼，他所驱的方良也是恶鬼，方相之驱方良实际上是一种同类相克、以鬼驱鬼的方法。[3] 有学者指出，"所谓鬼的含义，是指蒙上鬼头的人，人们认为戴上死者的鬼头，即模拟死者本人"。[4] 可见，在驱灾避祸的傩术当中，假面的作用在于扮鬼。

与傩术不同，巫术的目的常常是获得性的。《说文解字》中认为巫"以舞降神者也"。[5]《楚语》中将巫解释为"古者民之精

1 （汉）郑玄注，（唐）贾公彦疏《周礼注疏》，中华书局，1980，第946页。

2 杨堃：《灶神考》，《杨堃民族研究文集》，人民出版社，1991，第162~209页。

3 陈梦家：《商代的神话与巫术》，《燕京学报》1936年第20期。

4 池田末利：《中國古代宗教史研究——制度と思想》，东海大学出版会，1981，第182页。

5 （汉）许慎撰，（宋）徐铉校定《说文解字》，中华书局，2003，第100页。

爽不携二者……如是则神明降之。在男曰觋，在女曰巫"。[1] 巫师是人神沟通的使者，而通神的法器也被认为是具有"神性"的，这一特殊属性决定了其材质、工艺或形制上的稀有性与珍贵性，常常是被珍藏而不能随意丢弃的。比如多贡人（Dogon）将面具视作祖先神的化身，会对面具进行血祭来保证它的活性和功效，以便能向其祝祷请愿。[2] 又如存在于我国很多民间祭祀仪式中的"开箱"仪式，扮演神的面具日常被封存于"神柜"内，在祭祀日当天举行请神仪式才能开箱取出。[3] 由此，我们可以看到，傩祭与巫祭二者在最初可能存在明确的区分。汪毅夫先生指出，"上古傩祭具有驱鬼的意义，驱鬼与娱神、驱鬼之礼与娱神之戏是相对的，傩祭在发展过程中经历了从'刑'到'礼'的改造，将驱鬼变为礼送、变冷遇为优待"，[4] 这一转变的过程使巫与傩之间的差异最终弱化，以致今天我们将与神灵鬼怪相关的作法仪式统称为巫术或巫傩。但作为古礼的巫与傩，在目的上有着本质不同，前者为了获得而降神，后者为了驱逐而恐吓，在表现形式上，巫是神性的、崇拜的、"优待的"，傩是厌弃的、畏惧的、"冷遇的"，从北福地假面制作的粗糙程度以及共出的多是废弃陶、石器来看，后一种倾向似乎更为明显。

在此基础上再来具体分析北福地遗址刻陶假面的形象。在形象可辨的十余件假面中，三件为疑似动物形象，余者皆似人面（图 3）。动物假面中两件为大型面具，一件为猪面形象，"面目狰狞恐怖，双眼凶光，颇似猫科动物"。另一件似为猴面。两件大型面具均着意刻画出了动物张嘴龇牙的形象，似在表现其发怒的状态。猪面具在嘴部两侧刻意做出了两个圆窝，在新石器时代普遍存在拔取野猪牙齿的情况，由此推测假面可能表现的是野猪。猴面嘴部缺失，似怒目圆睁（图 3-1~图 3-3）。人面形象则形象各异，整体看来情态似有两类，一类双目微睁，口部略张，似在表现人空虚疲弱之态，特别是图 3-7 双眼下垂，仿佛一位垂暮老人；另一类则双目圆睁，或龇牙或张大口，有的面容扭曲，似有惊恐、痛苦之感（图 3-4~图 3-11）。但无论哪种表情，都与庄重威严、刻画精致的英雄或神祇的形象（如红山"女神"、良渚神人等）相去甚远，结合前文的分析，更大的可能性是这些假面表现的是死者的灵魂，他们或虚弱无力或痛苦不堪，因而体现出不同的表情差异。

至此，或可尝试解读假面使用的过程。英国人类学者弗雷泽在探究原始信仰观念时曾提出著名的"相似律"，即"同类相

1　（汉）郑玄注，（唐）贾公彦疏《周礼注疏》，第 423 页。

2　Ladislas Segy, *Masks of Black Africa*, Dover Publications，1976，p.26.

3　帅学剑:《安顺地戏》，文化艺术出版社，2012，第 148 页。

4　汪毅夫:《傩：游戏与舞蹈——〈闽台历史社会与民俗文化〉之一节》，《东南学术》2000 年第 4 期。

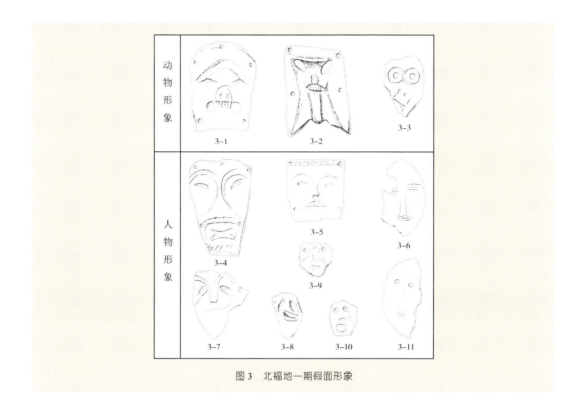

图 3　北福地一期假面形象

生”或果必同因，"巫师"通过模仿就能实现任何他想做的事。[1] 在"同类相生"思维模式的引导下，让自己扮演的"对象"做出某种行为，按照"相似律"的原则就能向对象施加影响。那些大型假面可能象征着骚扰人们的恶灵或者鬼怪，人戴上面具扮演作祟的鬼，那些小型假面或许象征被恶鬼骚扰的人类或其他，在作法时作为辅助道具。当扮演仪式结束后，假面被留置在室内，然后把房屋推倒填埋将其囚禁，意在摆脱厄运。与此同时，小型假面和制作假面产生的残片、陶石器等被一并埋入。

余　论

上文在以往认识的基础上，通过对出土情境的剖析，认为北福地遗址出土的刻陶假面与房屋废弃仪式具有较强的关联，结合对比祭祀场现象和对原始宗教的理解、面具特征的分析，从而推测这种独特的废弃仪式很可能属于史前傩仪的一种，这种仪式将北福地刻陶假面与具体原始宗教内容联系在一起。文中内容涉及的刻陶假面类象征物、史前房屋废弃、原始傩仪等都是颇为独特的文化现象。在史前假面发现

1　〔英〕詹姆斯·乔治·弗雷泽：《金枝》，徐育新等译，大众文艺出版社，1998，第13页。

史上，像北福地一期遗存所见数量之多、保存之完整者较为少见，尤其是其年代之早，显示了重要价值。面具是古今中外较为普遍的文化现象，代表着十分繁复的精神信仰体系。由于缺乏知识背景，对史前时期面具功能的解读存在较大困境。以北福地面具为例，以往的探索都有很多可取之处。就可凭依的材料而言，出土情境是最有力的证据。通过对出土单位、共存物等多方面缀联思索，或许更能够接近认识北福地面具之功能。

史前房址废弃现象在田野考古中常见，以往发掘和研究工作对此还注意不够。王仁湘先生对史前捐弃房屋风俗做过系统思考，探讨了烧毁、捣毁、废弃等几种捐弃房屋方式，有意废弃的居址遗迹主要有陈设有序的用具、居住面放置生活用品等现象。[1] 本文借由刻陶面具功用探讨的房屋废弃，主要是仪式性的，所涉废弃房屋基本上搬光了物品。史前房址废弃无论是呈现状态还是背后理念都非常复杂，这要求我们在田野考古和研究中要充分注意一些细微之处。

原始宗教具有极为丰富的文化内涵。本文从考古现象出发，结合学界以往提出的一些支撑性认识，将北福地刻陶假面与史前傩仪相对应，进而引发了关于傩术与巫术的新思考。由于北福地一期遗存年代距七八千年，本文认识若有可取之处的话，对于早期傩术等问题的理解或有一定的启示作用。由上文提及的汪毅夫先生等的研究来看，傩术含义有着明显的时间变化，这也提示我们要以变迁的视角来看待一些宗教或者礼仪内容。

1　王仁湘：《史前捐弃房屋风俗的再研究》，《中原文物》2001 年第 6 期。

辽代出土备茶图初探

■ **衣长春**（河北大学历史学院暨燕赵文化高等研究院）　**汤艳杰**（河北大学宋史研究中心）

墓葬壁画的样式，对于展现一个时代文化的面貌具有一定作用。文化政策的提倡是一种客观存在，但真正地成为社会、民众的普遍日常需要一定的时间。相比于官方文献记载，壁画形象更能反映文化的社会普遍性、民众自发性，从而反应社会文化的真实面貌。本文研究的备茶图主要指墓葬壁画中出现的"备茶、奉茶、用茶"等与茶相关的图画形象。根据目前出土资料分析，备茶图题材最早出现在墓葬壁画中的时间为唐代，但数量较少。会同元年（938），石敬瑭将燕京及雁门以北区域献给辽，从此"燕云十六州"作为地理概念出现，主要包括今天的山西东部地区、河北北部地区、内蒙古东南部地区、北京、天津地区。从辽代出土备茶图的整体情况看，燕云地区出土的备茶图数量多，形式丰富，具有鲜明的时空特征和样式差异。本文拟以辽代燕云地区出土备茶图作为重点研究对象，并结合其他地区出土备茶图进行相关讨论。

一 备茶图起源及考古发现

（一）备茶图的起源

根据目前河北平山出土的唐代壁画来看，[1] 备茶图在唐代已经出现在墓葬壁画中，但还属于个例。唐代出土的备茶图与辽代墓葬备茶图的关系也有待更多新资料验证。

备茶图在辽宋之时兴起，应该与茶的祭祀功能具有一定联系。《南齐书·武帝本纪》记载，永明十一年七月萧赜临终下诏曰："我灵上慎勿以牲为祭，唯设饼、茶饮、干饭、酒脯而已。天下贵贱，咸同此制。"[2] 此后，以茶饭为祭品成为定制。关于凶礼奠茶相关记载出现于宋金家礼、礼志中，例如"设酒架于东阶上，别置桌子于

1　韩金秋、樊书海：《河北平山王母村唐代崔氏墓发掘简报》，《文物》2019 年第 6 期。

2　《南齐书》卷三《武帝本纪》，中华书局，1972，第 62 页。

其东，设酒注一、斝酒盏一、盘一、受胙盘一、匕一、巾一、茶合、茶筅、茶盏、托盐碟、醋瓶于其上。火炉、汤瓶、香匙、火著于西阶上……"；[1] 又如"宣徽使、太常卿导皇帝进就褥位，再拜，上香、茶、酒，作乐，三斝酒，乐止"。[2] 可见，茶酒此时被广泛运用于祭礼之中。由于茶成为祭奠中重要的组成部分，所以与备茶相关的壁画题材也应具有一定的祭奠意义。

此外，备茶图的出现还应与墓主人日常生活和壁画创作因素相关。在墓葬壁画创作的环节中，画家依照原有的家居、侍者、庖厨等其他题材，结合墓主人生前的生活方式或当时较为流行的生活风尚，进行了粉本的创新和改造。粉本亦有可能与传世画作之间存在借鉴关系。唐代出现的《萧翼赚兰亭图》中的茶题材较为典型，对辽代备茶图的出现或产生了一定的借鉴作用。

综上，备茶图的出现应是以茶的祭祀功能为基础。画家结合一定的生活风尚与墓主人的志趣信仰、生活方式进行创作，加之地域、文化政策因素的影响，使备茶图日益丰富。

（二）辽代备茶图出土概况

根据目前考古发现，辽宋金时期出土备茶图的墓葬有27座。其中辽墓16座，主要集中分布在今河北北部、山西东部、内蒙古地区；宋墓4座，分布于河南地区；金墓5座，分布于山西、山东地区；另外还有2座时代判定在辽金时期，分布在河北宣化地区。根据以上数据可知，辽宋金时期燕云地区出土备茶图数量大约占总数量的50%。[3]

1. 内蒙古地区出土辽代备茶图

内蒙古巴林右旗辽大安三年（1087）耶律弘世墓（图1），[4] 西耳室甬道北侧，表现为一名汉装男性侍者，头戴黑巾，身穿红色圆领长袍，双手端着盏托、茶盏。

内蒙古巴林左旗滴水壶辽墓（图2），[5] 位于墓室南壁，三位侍者准备为主人上茶，右侧侍者双手端着托盏，面向中间点茶的侍者，帷帐后一侍者，露出半个身子。

1　（宋）朱熹：《家礼》卷五，《影印文渊阁四库全书》第142册，北京出版社，2012，第572页。

2　《金史》卷三二《礼志五》，中华书局，1977，第778页。

3　目前出土辽金时期备茶图的墓葬有27座。内蒙古巴林右旗索布日嘎苏木辽庆陵陪葬墓耶律弘世墓；内蒙古库伦旗七号辽墓；内蒙古巴林左旗滴水壶辽墓；内蒙古敖汉旗南塔乡下湾子M1、M5；河南登封市黑山沟村李守贵墓；河南荥阳市槐西村宋墓；安阳小南海壁画墓；林州市李家庄宋代壁画墓；辽宁叶茂台M16肖义墓；山西汾阳金墓M5；山东高唐金代虞寅墓；山西汾阳东龙观村金代家族墓M5。其中燕云地区有：河北宣化下八里M7（张文藻）；河北宣化下八里M10（张匡正）；河北宣化下八里M4（韩师训）；河北宣化下八里M1（张世卿）；河北宣化下八里M5（张世古）；河北宣化下八里M2（张恭诱）；山西大同市纸箱厂辽墓；山西大同南关辽墓；山西大同徐龟墓；山西朔州市市政府工地辽墓；北京市石景山八角村金代赵励墓；山西大同东风里辽代壁画墓；河北宣化辽金壁画墓；河北张家口宣化辽金壁画墓。

4　徐光冀主编《中国出土壁画全集·内蒙古卷》，科学出版社，2012，第109页。

5　王未想：《内蒙古巴林左旗滴水壶辽代壁画墓》，《考古》1999年第8期。

图 1　内蒙古巴林右旗索布日嘎苏木辽庆陵陪葬
墓耶律弘世墓西耳室甬道北侧奉茶图
（徐光冀主编《中国出土壁画全集·内蒙古卷》，
科学出版社，2012，第 109 页）

图 2　内蒙古巴林左旗滴水壶辽墓室南壁点茶图
（徐光冀主编《中国出土壁画全集·内蒙古卷》，第 137 页）

内蒙古敖汉旗南塔子乡下湾子 M1，[1] 位于墓室东壁壁画中（图 3），墓主人居中而坐，桌上摆放托盏，桌前站立一侍女，双手捧着温碗，内有注子，恭候侍奉。[2]

内蒙古敖汉旗南塔子乡下湾子 M5，[3] 位于墓室西壁，画中有四位侍者，其中一位手捧盏托，内置黄色茶盏，画中有三足火盆，内置两个黄色执壶（图 4）。

2. 河北宣化地区出土辽代备茶图

河北宣化下八里辽大安九年张文藻墓（M7），为一座双室墓，壁画分布于前后

墓室，其前室东壁绘有"童嬉图"（图 5），"由八个人物和有关茶道的道具组成……在这四人中间放置茶碾、朱漆盘，盘内有锯子、毛刷和茶砖，茶炉上坐一执壶，炉前有一曲柄团扇"。[4] 其墓葬后室东壁绘有文房四宝、仙鹤花卉和一位捧茶的侍女。

河北宣化下八里辽大安九年张匡正墓（M10），为双室墓，壁画分布在前、后室的壁面上，前室东壁的茶道图（图 6）描绘了茶道程序的主要活动，"基本上由五个不同装束，不同性别年龄的人物组成……从

1　徐光冀主编《中国出土壁画全集·内蒙古卷》，第 215 页。

2　侍女手中捧着的更像是花型托盘，从视觉看此托盘比温碗要浅。

3　徐光冀主编《中国出土壁画全集·内蒙古卷》，第 219 页。

4　郑绍宗：《河北宣化辽张文藻壁画墓发掘简报》，《文物》1996 年第 9 期。

图 3　内蒙古敖汉旗南塔子乡下湾子 M1 墓室东壁奉茶图

（徐光冀主编《中国出土壁画全集·内蒙古卷》，第 215 页）

图 4　内蒙古敖汉旗南塔子乡下湾子 M5 墓室西壁奉茶进酒图

（徐光冀主编《中国出土壁画全集·内蒙古卷》，第 219 页）

图 5　河北宣化下八里辽墓 M7（张文藻墓）墓葬前室东壁童嬉图

（徐光冀主编《中国出土壁画全集·河北卷》，第 141 页）

图 6　河北宣化下八里辽墓 M10（张匡正墓）前室东壁备茶图（局部）

（徐光冀主编《中国出土壁画全集·河北卷》，第 143 页）

碾茶、吹炉、点茶、送茶以及茶道程序上各种活动都真实的表现出来"。[1]

河北宣化下八里辽天庆元年（1111）韩师训墓（M4），[2]为砖室双室墓，壁画保存状况完好，主要绘制在前室、后室，其后室东南壁绘有红色桌子，四位妇人，其中有妇人双手托盘，盘中置碗的形象（图7）；东北壁绘有经卷、佛珠、香炉等物。

河北宣化下八里辽天庆六年张世卿墓（M1），[3]后室东壁的备经图中（图8），绘有两名侍者正在准备诵读佛经的场面，桌上放置《金刚般若经》与《常清静经》，另有茶盏、香炉、净瓶等物；后室西壁绘有备茶图（图9），两位侍者在备茶，一人左手持黑托白盏，右手拿茶匙，另一人左手扶着桌面，右手持汤瓶，准备点茶，桌下绘有炭盆，内置汤瓶。

河北宣化下八里辽天庆七年张世古墓（M5），为双室墓，前室后室皆绘有壁画，其后室"西南壁由三女侍组成，是为墓主人准备点茶的场面。一老妪持团扇作指点，另二人一持盂，一托盏。中为方桌，上摆满茶具，桌前地面上一炭盆，内煨一白色带盖汤瓶（执壶）"（图10）。[4]

河北宣化下八里辽天庆七年张恭诱墓（M2），[5]墓葬类型为砖室单室墓，墓中壁画保存完整，墓室有6幅壁画，其东南壁

图7 河北宣化下八里辽墓M4（韩师训墓）后室东南壁备茶图

（徐光冀主编《中国出土壁画全集·河北卷》，第161页）

图8 河北宣化下八里辽墓M1（张世卿墓）后室东壁备经图

（徐光冀主编《中国出土壁画全集·河北卷》，第170页）

图9 河北宣化下八里辽墓M1（张世卿墓）后室西壁备茶图

（徐光冀主编《中国出土壁画全集·河北卷》，第175页）

1 河北省文物研究所等：《宣化辽代壁画墓群》，《文物春秋》1995年第2期。

2 刘海文、颜诚：《河北宣化下八里辽韩师训墓》，《文物》1992年第6期。

3 郑绍宗：《河北宣化辽壁画墓发掘简报》，《文物》1975年第8期。

4 河北省文物研究所等：《宣化辽代壁画墓群》，《文物春秋》1995年第2期。

5 陶宗冶、刘仲羽、赵欣：《河北宣化下八里辽金壁画墓》，《文物》1990年第10期。

绘有红色木桌，桌上绘有白色花瓶、香炉、经箱等物品，有一侍吏，戴黑色幞头，穿蓝色圆领袍，左手托盂；其身后一位妇人，双手捧盘，盘内有两杯（图11）；墓室西南壁，绘有红色木桌，桌上绘有碟、碗、托等茶具，桌旁一位侍童，头束双髻，身着浅蓝色开胯袍，手执一把曲柄团扇，躬身扇火，侍童旁边为一架三足火炉，上置汤瓶（图12）。

3.山西地区出土辽代备茶图

山西朔州市市政府工地辽墓，[1] 在墓室南壁绘有一人在风炉旁煎汤，桌后两人分别持茶斗、盏托，桌上置托盏、茶碾，两名侍女正在点茶，旁边站立着一位捧茶盏的女童（图13）。

山西大同市纸箱厂辽墓，[2] 在墓室东南

壁，绘有一方桌，上有茶盏，一位侍女跪坐，右手持物，面前似有火盆，在备汤，其右侧站立两侍女，一个端着大碗、一个捧着盘（图14）。

山西大同东风里辽代壁画墓，[3] 其北壁壁画的起居图（图15），正中绘有一张寝床，寝床左右各站立男、女侍从三名。左侧侍从第一个人，右手握长毛刷，左手端一带柄碗；第二人左手持绿色团扇，右臂搭着浣巾，右手背放在第一位侍女的带柄碗上，似乎在感试水温；第三人身着右衽窄袖衫（似为僧侣服饰），左手抬起，伸出食指，右手执经卷。右侧侍从第一人左手捧唾盂，右手抬至胸前；第二人左手执拂尘；第三人似为女性，双手捧托盏。

图10　河北宣化下八里辽墓M5（张世古墓）后室西南壁备茶图

（徐光冀主编《中国出土壁画全集·河北卷》，第184页）

图11　河北宣化下八里辽墓M2（张恭诱墓）东南壁备经图

（陶宗冶、刘仲羽、赵欣：《河北宣化下八里辽金壁画墓》，《文物》1990年第10期）

图12　河北宣化下八里辽墓M2（张恭诱墓）西南壁备茶图

（陶宗冶、刘仲羽、赵欣：《河北宣化下八里辽金壁画墓》，《文物》1990年第10期）

1　徐光冀主编《中国出土壁画全集·山西卷》，第136页。

2　徐光冀主编《中国出土壁画全集·山西卷》，第129页。

3　刘俊喜等：《山西大同东风里辽代壁画墓发掘简报》，《文物》2013年第10期。

图 13 山西朔州市市政府工地辽墓南壁备茶图
（徐光冀主编《中国出土壁画全集·山西卷》，第 136 页）

图 14 山西大同市纸箱厂辽墓墓室东南壁备茶图
（徐光冀主编《中国出土壁画全集·山西卷》，第 129 页）

图 15 山西大同东风里辽代壁画墓北壁起居图
（刘俊喜等：《山西大同东风里辽代壁画墓发掘简报》，《文物》2013 年第 10 期）

二 辽代备茶图的特征与传播

根据上文的考古发现统计，辽代备茶图的分布集中在燕云地区，即今河北宣化地区、山西大同地区。此外，内蒙古东北部地区、河南与辽宁地区有一定数量分布。辽代备茶图虽出现于同一时代，但在传播过程中产生了明显的特征差异。

李清泉曾对宣化辽墓中散乐图、备茶图进行解读，认为两种壁画题材与民间祭祀仪式有密切关系，两种题材共同组成了礼仪性的虚拟空间。[1] 从辽代墓室壁画中备茶图的空间组合看，其功能侧重点不一。在通过备茶图反映丧葬礼仪时，有的偏重于还原墓主人生前生活状态，有的则表现了祭奠的礼仪传统，还有的融入了佛教宗教信仰。随着时间与空间的改变，备茶图的表现形式与功能均有一定的变化。

（一）辽代备茶图特征

根据目前发现的辽代备茶图样式，可以看到内蒙古地区的备茶图在构图上相对简单，多为"奉茶"场景，画面人数多为1~4人。在墓室壁画的题材组合方面，备茶图的组合题材多数为"进酒图"与"献食图"。可见，辽代内蒙古东北部地区的备茶图主要体现出了与酒、食相似的生活功能。其出现在墓葬壁画中的意义应与酒、食相似，主要体现了墓主生前的生活状态。

河北宣化下八里辽墓中的备茶图属于河北地区墓葬备茶图的典型代表。宣化辽墓中的备茶图主要集中在准备茶的阶段，重点刻画"备汤""碾茶""奉茶"的过程，出现人物数量为3~8人。虽然宣化辽墓墓群在时间上相隔不久，但在大安九年到天庆七年短短24年的时间里，宣化辽墓中的备茶图位置就从墓葬的前室转移到了后室，相应的壁画组合题材也出现了变化。

袁泉主要依据宣化辽墓M7（张文藻墓）、M10（张匡正墓）的备茶图布局，认为宣化辽墓"备茶题材具有两套空间位置和组图模式关系：一组位于墓室前室，画面强调'备'的过程……另一组位于墓室后室，强调'荐献'……后室壁画表现的前室备茶图的隐含后续发展，二者存在一种前后相继的时间逻辑"。[2] 如果说备茶图与散乐图组合代表了一种祭奠意义，并且同时存在两套空间位置，那么张文藻、张匡正墓葬中的壁画便属于这样的范式。但是结合之后宣化辽墓M1、M4、M5备茶图布局观察：从宣化辽墓M7（张文藻墓）前室东壁"童嬉图"、M10（张匡正墓）前室东壁的备茶图到之后的M1（张世卿墓）后室西壁备茶图、M4（韩师训墓）后室东南壁备茶图、M5（张世古墓）后室西南壁备茶图，会看到M1、M4、M5相比于M7、M10，备茶图的前后室时间相

1 李清泉：《宣化辽墓壁画散乐图与备茶图的礼仪功能》，《故宫博物院院刊》2005年第3期。

2 袁泉：《宣化辽墓"备茶题材"考》，《华夏考古》2006年第1期。

继的关系消失，而出现了明显的空间位置变化——从前室转移到了后室。墓室壁画的题材组合上，张文藻、张匡正墓葬壁画的备茶图均位于墓葬的前室，且与散乐图相对，墓葬后室均有侍者、文房、仙鹤。而位于墓葬后室的备茶图多与备酒图同时出现，有的又存在于备经图中。可见，在宣化辽墓的备茶图位置变化的同时，组合题材也相应地出现了变化。

山西地区辽代墓葬壁画中备茶图主要发现于山西大同、朔州地区，构图较为生动，画面人数为 4~7 人，"备茶"场面的刻画较为细致。备茶图的组合题材主要有"伎乐""备酒""祭奠""侍者"等。相比其他地区，山西地区的备茶图题材组合多了一些"祭奠"的意味。如山西朔州市市政府工地的辽墓出现了"祭奠图"。[1]山西大同东风里辽墓的墓室北壁壁画[2]同样表现着一定的"祭奠"意义，在墓室北壁的起居图中，共六人——两女四男，三人一组分为两侧，画面有人持拂尘、盂、托盏等物。同时，此墓葬壁画中绘有动物吉祥图案，例如鹿、仙鹤、龟等，还包括压胜的钱币、斧子等。整个墓室的绘画都具有一定的"祭奠"氛围。

（二）辽代备茶图的传播发展

通过目前已有的关于辽代墓葬壁画分期的研究，[3]并结合备茶图样式进行分析，可知备茶图出现于辽朝晚期。文中研究的备茶图多数出土于带有纪年的墓葬。而没有纪年的墓葬，本文通过壁画分期的相关研究，依据发掘简报的分期结论，分别对无纪年的备茶图进行分期说明。

内蒙古巴林左旗滴水壶墓葬简报认为，该墓葬年代应在辽中期之后，[4]所以备茶图在墓葬中出现的时间应该在辽墓晚期的早段，与耶律弘世墓葬时间相似，所以两者的备茶图应该早于宣化地区；文中山西朔州地区、大同地区的三幅备茶图较为相似，所以出现时间应该十分接近。而其中两个墓葬出土了出行图，根据已有的辽代壁画分期研究可知，"大同辽墓壁画早期不见出行图，晚期有出行图而无归来图"。[5]据此可以判定，本文研究的山西朔州地区、大同地区的备茶图应均属于辽朝晚期，并且三者与宣化地区后期的样式相近。因此，山西地区辽代出土的备茶图相比于内蒙古地区、河北宣化地区时代较晚。通过类型对比与分期研究，可知辽代备茶图出现先后顺序应为：内蒙古地区—河北宣化地

1 徐光冀主编《中国出土壁画全集·山西卷》，第135页。

2 刘俊喜等：《山西大同东风里辽代壁画墓发掘简报》，《文物》2013年第10期。

3 杨星宇：《辽代墓葬壁画的分期研究》，刘宁、张力主编《辽金历史与考古国际学术研讨会论文集》（上），辽宁教育出版社，2012，第51页。

4 王末想：《内蒙古巴林左旗滴水壶辽代壁画墓》，《考古》1999年第8期。

5 王银田：《大同辽代壁画墓刍议》，《北方文物》1994年第2期。

区一山西地区。从地域角度看，三者均有各自的特征。内蒙古地区样式简单，主要为奉茶场面；河北宣化地区备茶图经历了从前室到后室的演变过程。辽大安九年的张文藻、张匡正墓葬均为前室，描绘的备茶场面较为细致，主要有茶碾、茶炉等相关器具；到辽天庆六年张世卿、辽天庆七年的张世古墓葬中，备茶图就出现在了墓葬后室，描绘场景不再出现茶碾，保留茶炉，且出现备经图备茶图融合的现象；山西地区备茶图多描绘茶炉、汤瓶、茶盏，多与祭奠图组合出现。

墓葬壁画的使用在某种程度上受经济与社会地位等因素的制约，属于一部分人采用的墓葬装饰，但是大量的墓葬壁画在一定程度上反映着文化现象。正如李清泉所说："当时的散乐与饮茶文化，已经以一种'礼'的方式进入了辽代普通富庶汉人的墓葬，成为死者来世享乐生活的永久象征"。[1] "以茶为祭"是祭奠礼仪中的一个重要环节，备茶图则是表现"以茶为祭"的一种较为特殊的形式。

内蒙古备茶图的简单样式，或许是因为本身地域文化特征较重，壁画题材多为狩猎、放牧，所以备茶图并不是壁画题材的主流。河北宣化下八里辽墓的备茶图在吸取内蒙古地区备茶图样式之后，融入了自身的佛教信仰并发生位置变化，形成了独属于该地区的辽墓备茶图特征；山西地区备茶图吸收了河北宣化地区备茶图样式，

但其表现的核心思想以儒家礼仪为主，具有河北地区与中原地区的双重文化特征。

河南地区备茶图题材多数存在于庖厨和侍奉题材中，与河北地区、山西地区、内蒙古地区备茶图相比，缺乏题材的独立性，而且目前考古发现的带有庖厨图与侍奉图的宋代墓葬多为宋代晚期墓葬。从墓葬分期可以看到，河南地区与内蒙古地区几乎同时出现了较为简单的侍者进茶样式。但内蒙古地区同时也出现了较为细致的备茶图，与河北地区、山西地区的备茶图具有很大的相似性，因此三者备茶图应该属于同一样式系统。

三　辽代备茶图差异及原因

根据前文提到的辽代纪年墓葬分析，从辽大安三年到辽天庆七年这 30 年的时间中，辽宁、内蒙古东北部、河北宣化、山西地区都出现了备茶图壁画题材。可知备茶图在辽代的一个集中时间段内流行，使用范围较大。同时，受统治阶层文化政策因素、地域因素影响，备茶图也表现出明显的区域文化差异。同时，文化政策因素的影响力在一定程度上是以地域因素为前提条件的。辽代备茶图样式的差异是在地域因素与文化政策因素的交叉影响下产生的。

（一）辽代备茶图差异

内蒙古地区备茶图出现时间早，形式

1　李清泉：《宣化辽墓壁画散乐图与备茶图样式的礼仪功能》，《故宫博物院院刊》2005 年第 3 期。

较为简单,但具有一定数量,说明辽朝提倡文化的自由交流程度较高。根据目前的资料看,辽代备茶图在族属方面,可以确信墓主为契丹人的有耶律弘世、肖义。另外,内蒙古巴林左旗滴水壶辽墓虽族属不清,但疑似契丹贵族墓葬,时间约为辽代晚期。其出土备茶图虽有人物数量差异,但整体呈现的样式较为简单,主要表现为奉茶,并且多与进食图、奉酒图一起出现,表现的生活气息较为浓重。壁画中的备茶图主要为简单的写实手法,将墓主生前的生活状态"复制"到了墓葬壁画中,或者更多地体现了后世"事死如事生"的心理。这也许从另一个侧面说明,此时此地的饮茶习惯同样较为简单。内蒙古备茶图数量多,反映了辽朝的安抚政策对文化交流的积极影响,促进了民族文化的交融。

河北地区因处在辽政权的中心区域,受到的文化政策影响最为明显。在简单的备茶图样式基础上,根据自身饮茶习俗,添加了细致的器具与备茶环节。并且由于辽政权倡导佛教,而在备茶图中增加了佛教信仰元素,形成了宣化备茶图将祭奠祖先与佛教信仰融为一体的独特样式。宣化备茶图随着时间的推移产生了空间位置的转移。笔者认为,这样的位置转移主要体现了备茶图功能的偏重性变化,从而加重了备茶图的"荐献"功能。而且备茶图样式中佛教元素的融入,体现出墓主人生前信仰的同时,也是对墓主"供养"的表现。说明宣化辽墓的备茶图已经从一种简单的墓葬程式发展到了以"供养"为主要功能的祭奠题材。宣化备茶图从简单程式化学习到样式与位置的变化,展现了宣化备茶图从样式到功能均有结合自身生活而出现的创新发展。

相比河北地区备茶图具有的佛教信仰,山西备茶图偏重于儒家祭奠礼仪。山西地区距离中原地区较近,该地区备茶图在借鉴宣化备茶图样式的同时,其思想主要表现儒家祭奠礼仪,与中原的礼仪相近。这与中原王朝倡导的以儒家思想为内核的文化政策有密切联系。山西地区的备茶图及其组合题材,具有"虚实结合"的特点,墓中壁画将墓主生前的生活情景与后世的祭奠思想相结合,使得该地区的备茶图更具有特殊的意味,既还原了墓主生前生活状态,又增添了祭祀祈福的意象。河北与山西地区备茶图虽然在功能上有一定的差别,但是在备茶图表现的过程上较为相近,这从另一个侧面说明两地区的饮茶方式较为一致,文化交流较为频繁。

(二)辽代备茶图形成差异的原因
1. 文化政策因素

导致备茶图样式差异的文化政策因素主要包含两个方面。一是辽朝出于安抚目的而实行崇佛政策,文化环境较为自由,促进了族属之间的交流互动。所以辽朝文化政策最为突出的地方就在于佛教因素浓厚,茶、佛习俗融合程度高。二是宋朝中原地区虽然推崇儒释道三教合一,但是其核心依旧是儒家礼仪传统,对祖先的祭奠思想体现得较重。

辽朝是以崇佛著称的一个朝代。佛教对辽朝的政治、经济、文化、社会等方面产生了深刻的影响。辽朝上层统治者为了更好地进行统治，需要借助信仰，在心理层面安抚民众。倡导佛教、加强族属文化交流是其安抚政策的主要表现。佛教最早传入辽境临潢为辽太祖六年（912），在耶律阿保机讨伐渤海部时，"以所获僧崇文等五十人归西楼（临潢府），建天雄寺以居之"。[1] 之后辽朝不断将汉人俘掠至临潢府，使得此地多族属聚集，文化交流密切。从此，辽的文化政策辐射范围不断扩大到河北地区、山西地区。之后"在辽国许多地区，建立了孔子庙及佛教、道教的寺观，尤其以佛寺见多"。[2] 辽代燕云地区的备茶图是丧葬"礼"文化中的重要组成，随着时间、地域的变化，备茶图的表现形式与文化内涵也发生了变化。"中国历史上改朝换代屡屡发生，但其文化系统从未中断，作为其重要组成部分的礼制也在不断发展。"[3] 所以辽代备茶图的变化，除了在思想信仰上有一定的改变，也体现出少数民族政权统治方式的变化。虽然北方少数民族也具有自身的信仰，但是建立政权后未像中原王朝一样将神权、祖权、政权进行结合。为了达到巩固统治的目的，只是将"礼制"简化成了原始的意义，即祭祀，同时融入了佛教信仰。即便辽统治时期提倡佛儒并举，但是其内核崇佛胜于崇儒，所以崇佛属于辽安抚政策中最为突出的现象。河北宣化地区备茶图中浓厚的佛教因素充分体现了辽朝的崇佛政策。

从心理层面讲，"将孝悌等伦理道德规范与外化的对祖先的祭祀活动融为一体，使人们的人性意识、血缘感情、宗教心理有机地结合在一起，无须如何玄奥的信仰体系，便得到了理性的与神秘性的双重满足"；[4] 同时，"一旦儒者得到权利的些许尊重，特别是在儒家所企盼与认同的文化秩序得以全面确立的情况下，那种激烈的民族主义情感，终于可以抚平和消解了"。[5] 辽代统治者将中原的儒家思想作为一种手段，将"礼"做了"嫁接"处理，通过佛、儒信仰在心理层面进行安抚。在这样的安抚政策之下，其统治地区的现实生活与丧葬习俗都会受到一定程度的影响，从而反映出一定的文化政策因素。宣化地区体现崇佛政策最为明显。内蒙古地区契丹人的饮茶习俗和最早运用备茶图的行为，反映出民族文化的交流融合。山西地区备茶图即使表现儒家思想较重，但是在备茶图的样式应用上依旧与宣化地区相似，一定程度上体现出了辽朝的文化政策影响。辽朝崇佛与族属文化自由交流的安抚政策，充

1 《辽史》卷一《太祖纪上》，中华书局，1974，第6页。

2 符海朝：《辽金元时期北方汉人上层民族心理研究》，中国社会科学出版社，2006，第87页。

3 高崇文：《古礼足征：礼制文化的考古学研究》，上海古籍出版社，2017，"序言"。

4 侯杰、范丽珠：《世俗与神圣——中国民众宗教意识》，天津人民出版社，2001，第226页。

5 葛兆光：《中国思想史》第2卷，复旦大学出版社，2001，第286页。

分地体现在了内蒙古地区、宣化地区、山西地区备茶图之中。因为地域因素影响，备茶图又具有样式上的差异。

2. 地域因素

地域因素是文化政策因素的前提基础。各地区备茶图对于文化政策的反应，都一定程度上受到地域因素影响。燕云地区备茶图的传播，直接反映出地域因素的重要性。从内蒙古地区传播至宣化地区再到山西地区，这样渐序的传播方式主要依靠地域因素。备茶图样式传播借鉴的过程体现出了地域因素的文化特质。河北宣化地区借鉴内蒙古备茶图样式的同时，改变了内蒙古地区简单的壁画样式，形成"祭奠"与"供养"并且融合佛教信仰的功能。山西地区备茶图在受到河北宣化备茶图样式影响后，其思想表现主要以儒家祭奠礼仪为主。文化在传播的过程中，也因为地域因素不断进行文化的剥离、融合、创新。所以地域因素对于备茶图的传播发展来讲，具有重要意义。

山西地区备茶图因地域因素，一直具有一定的文化稳定性。宣化地区与山西地区的不同文化传统，导致了壁画样式的差异性。山西地区处在中原地区与河北地区之间。相较于宣化浓重的佛教因素，山西地区备茶图在思想主题方面，更多地体现了中原儒家文化的礼仪传统。因为与儒家思想相比，佛教思想属于后来者，儒家文化属于较早的思想信仰，即使政权更迭，但是其文化内核依然保留着中原传统。这充分体现出山西地区因为地缘因素，产生了较为稳定的地域文化，一定程度上甚至压制了文化政策因素。所以地域因素对备茶图的传播发展与差异都发挥着不可替代的作用。

地域因素制约文化政策因素。内蒙古地区与河北地区，就是因为所处地域在辽政权的中心区域，地缘较为封闭，所以受到辽的文化政策影响更重。相比于山西地区，其受辽政权统治程度更深，对于辽的崇佛政策、民族文化交流展现得更为充分。所以对于民族文化的融合接受较快，因此内蒙古地区率先出现备茶图，河北地区因地域因素受到内蒙古备茶图样式影响，结合自身生活场景、信仰进行了备茶图样式创新。纵观内蒙古、河北、山西地区备茶图样式，内蒙古与河北地区受到文化政策影响较重，主要原因在于其地理位置处于辽统治中心。山西地区因为地处辽宋统治交界地带，其备茶图受地域影响超过了文化政策因素的影响，所以山西地区备茶图样式呈现地域性和政策性的复合特征。

结　语

从备茶图由内蒙古地区—河北宣化地区—山西地区的发展与传播过程看来，内蒙古地区简单的备茶图样式对于河北宣化地区的样式来说具有一定启发性。其后宣化地区备茶图结合自身饮茶的习俗，进行了样式上的创新，增加了较为繁复的备茶程序。宣化地区备茶图，在墓葬中的位置也出现了变化。与此同时，样式也多融入"备经图"，表现出备茶图从样式到内涵都发生了转变，不仅融入了墓主人自身的佛教信仰，也折射出对墓主人的供奉之意。所以宣化地区备茶图是对内蒙古地区备茶图样式、功能的创新。

山西地区备茶图从类型学分析角度看，受到了宣化地区晚段样式的影响，但依旧融入了自身的文化因素，表现的侍者较多，多与祭奠图组合出现，从而更多意义上展现了祭奠，表现的中原文化气息较重。辽代山西地区备茶图受到了河北地区样式与中原地区思想礼制的双重影响。从这样的双重特征中可以看到，即使辽境与宋境都提倡儒释道三教合一，但辽境思想核心更加偏重于佛教，而宋境的思想核心则是偏重于儒家礼制。

辽代河北宣化地区备茶图佛教气息浓厚，山西地区备茶图中原气息较重，都与文化政策具有一定的联系，而文化政策响应的程度又受到地域因素的制约。可见文化政策因素与地域因素对于文化面貌的影响是交叉作用的。

金代墓葬中的备茶图相比于辽代，无论是分布区域还是数量都相对萎缩。金代主要出土备茶图的有：山西大同徐龟墓[1]（图 16）、山西汾阳东龙观村金代家

族墓 M5[2]（图 17）、山西汾阳金墓 M5[3]（图 18）、北京市石景山八角村赵励墓[4]（图 19）、山东高唐金代虞寅墓[5]（图 20、图 21），均绘有"奉茶"的题材。壁画出现时间段为皇统三年（1143）至承安二年（1197），大约处在金代早中期。此外，河北宣化地区还出土了时代模糊的辽金时段备茶图。[6]金代墓葬中的"备茶图样式"相比于辽代发现数量较少，主要发现于北京、

图 16 山西大同徐龟墓东壁奉茶图

（徐光冀主编《中国出土壁画全集·山西卷》，第 148 页）

1 大同市博物馆：《山西大同市金代徐龟墓》，《考古》2004 年第 9 期。

2 王俊、畅红霞：《2008 年山西汾阳东龙观宋金墓地发掘简报》，《文物》2010 年第 2 期。

3 马昇、段沛庭等：《山西汾阳金墓发掘简报》，《文物》1991 年第 12 期。

4 王清林：《石景山八角村金赵励墓墓志与壁画》，《北京文物与考古》第 5 辑，北京市文物保护协会，2002。

5 聊城地区博物馆：《山东高唐金代虞寅墓发掘简报》，《文物》1982 年第 1 期。

6 刘海文、王继红、寇振宏等：《河北宣化辽金壁画墓发掘简报》，《文物》2014 年第 3 期；刘海文、王继红、寇振宏：《河北张家口宣化辽金壁画墓发掘简报》，《文物》2015 年第 3 期。

图 17　山西汾阳东龙观村金代家族墓 M5 东北壁 "茶酒位"

（徐光冀主编《中国出土壁画全集·山西卷》，第 166 页）

图 18　山西汾阳金墓 M5 西壁

（徐光冀主编《中国出土壁画全集·山西卷》，第 182 页）

图 19　北京市石景山八角村赵励墓东北壁备茶图

（徐光冀主编《中国出土壁画全集·北京江苏卷》，第 45 页）

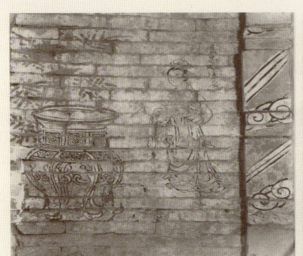

图 20 山东高唐金代虞寅墓东壁"仕女图"　　　图 21 山东高唐金代虞寅墓北壁"捧茶传膳图"
（徐光冀主编《中国出土壁画全集·山东卷》，第82页）　　（徐光冀主编《中国出土壁画全集·山东卷》，第83页）

山西大同、汾阳地区，画面人数为1~8人，主要表现"点茶""奉茶"场景，壁画组合主要有"备宴图""散乐图"等，目前发现的金代备茶图样式中已经不见辽代的"备汤""碾茶"等场景。综合金代备茶图样式与壁画组合题材看，金代的备茶图表现的生活化场景较重。仅有赵励墓、东龙观村M5的备茶图与辽代宣化备茶图样式具有一定的相似性，其他表现为简单对坐形象与侍者形象。从目前的资料看，金代备茶图是辽代备茶图样式的惯性前冲，但程度极其微弱且具有明显的时空断性。

三

文本与图像

麒麟与玄武：北宫象的文化史考察*

■ 熊　钿（复旦大学历史学系）

一　制造灵兽：麒麟神化史
及北宫象的麒麟时代

　　虽在战国文献中，玄武已与苍龙、白虎、朱雀并列作为星宫四灵出现，但在早期遗迹中，却发现玄武位置上曾出现过疑似神鹿的形象。[1] 这里需要指出的是，作为方位配属意义的四灵，具有共生关系，若单独出现或与方位无涉，则应作普通灵兽看待。濮阳西水坡遗址 45 号墓中的龙虎蚌塑图因与"左青龙、右白虎"方位相合，

备受学界瞩目，李学勤将此作为四象起源的证据。[2] 在距该墓南 20 米处另有一组蚌塑图常被忽略，其中便有一鹿。[3] 另，内蒙古敖汉旗小山遗址出土陶尊的纹饰上有一只奔鹿绘于流云间（图 1）。[4] 对这些图像意义的解释虽仍有争议，但至少说明将鹿作为一种文化元素可追溯至远古时代。

　　明确将鹿形与龙、虎、朱雀并列作为四灵的较早例证见于公元前 8 世纪前后虢国墓中的一面铜镜上（图 2），龙、虎、雀、鹿正好对应东、西、南、北四方。[5] 战国早

*　本文为贵州省 2020 年度哲学社会科学规划国学单列课题"出土文献所见早期月令类典籍生成与流布研究"（项目编号：20GZGX24）的阶段性成果。

1　冯时曾注意到这一现象，具体论述详参冯时《中国天文考古学》，中国社会科学出版社，2010。

2　濮阳市文物工作队等：《濮阳西水坡遗址试掘简报》，《中原文物》1988 年第 1 期；《濮阳西水坡遗址发掘简报》，《华夏考古》1988 年第 1 期；濮阳市文物工作队等：《河南濮阳西水坡遗址发掘简报》，《文物》1988 年第 3 期；李学勤：《西水坡"龙虎墓"与四象的起源》，《走出疑古时代》（修订本），辽宁大学出版社，1997，第 142~149 页。

3　濮阳西水坡遗址考古队：《1988 年河南濮阳西水坡遗址发掘简报》，《考古》1989 年第 12 期。

4　中国社会科学院考古研究所内蒙古工作队：《内蒙古敖汉旗小山遗址》，《考古》1987 年第 6 期。

5　中国科学院考古研究所：《上村岭虢国墓地》，科学出版社，1959，第 27 页。

期曾侯乙墓漆箱二十八宿星图的北宫立面
亦呈两鹿相对之状（图3）。[1]可见在星宫
四灵最终确定前，可能存在以鹿作为北宫
之象的时代。但仅有考古材料还不足以推
论，如若这一假设成立，文献中应可寻得
蛛丝马迹。

　　检索先秦文献，尚未发现将鹿神化且
与其他三灵并列构成星官体系的记载。《仪
礼·乡射礼》载"凡侯：天子熊侯，白
质；诸侯麋侯，赤质；大夫布侯，画以虎
豹；士布侯，画以鹿豕"，[2]以侯正中所绘
动物图像为例，射侯的形制自天子至士分
别为熊、麋、虎豹和鹿豕。又如《吕氏春
秋·士容》："齐有善相狗者，其邻假以买
取鼠之狗，期年乃得之，曰：'是良狗也。'
其邻畜之数年，而不取鼠，以告相者。相
者曰：'此良狗也。其志在獐麋豕鹿，不在
鼠。欲其取鼠也则桎之。'"[3]两则材料均以鹿
与豕对举，仅说明鹿在先秦是较为常见的
普通动物，并无神化迹象，其被作为"禄"
和吉祥长寿的象征应自汉代始，汉画像石
中常绘鹿、猴之形，因谐音代指爵禄、封
侯之意不证自明。魏晋南北朝至隋唐时期，
以"鹿"代"禄"是被广泛认可的常识，
大量文献中均有相关书写，在此仅举二例
略加说明。《南史》"始士瞻梦得一积鹿皮，
从而数之，有十一领。及觉，喜曰：'鹿者

图1　小山遗址陶尊纹饰

图2　虢国墓铜镜四灵象图

图3　曾侯乙漆箱北宫立面

1　中国社会科学院考古研究所：《曾侯乙墓》，文物出版社，1989，第354~356页。有学者认为这一箱身绘的是鸟形，代表
　　南宫，因对面全黑无图，代表能见龙、虎、雀三象时，北宫玄武在地平线之下看不见，具体论述见黄见中等《擂鼓台一号
　　墓天文图像考论》，《华中师范学院学报》1982年第4期。

2　（汉）郑玄注，（唐）贾公彦疏《仪礼注疏》，（清）阮元校刻《十三经注疏》，中华书局，1980，第1010页。

3　许维遹：《吕氏春秋集释》卷二六《士容论》，中华书局，2009，第676页。

禄也，吾当居十一禄乎？'自其仕进所莅已久，及除二郡，心恶之，遇疾不肯疗"；[1]类似由梦鹿而联想到爵禄的典型叙述还见于《安禄山事迹》注中所记，史思明亦梦逐鹿事，并见鹿死水干之状，左右伶人听说此梦后，相谓曰："鹿者，禄也；水者，命也。禄与命俱尽矣。"[2]对文献简单梳理便可发现将鹿作为一种隐喻文化符号应该晚于战国这一事实，且无法将其与星宫、方位等建立联系。反观西水坡及小山遗址中鹿形的性质，或许如先秦文献所证，只是因其常见而被抽象为文化元素用以装饰墓葬或器物。故前将虢国铜镜及曾侯乙漆箱四象图中的北宫之象指认为鹿恐有不确之处，笔者推断应为麒麟，原因有三：（1）先秦史料中并无将鹿作为灵兽的惯例，但有神化麒麟的迹象；（2）因鹿与"麒麟"外形类似，易形讹；（3）麒麟虽不在后世公认星宫四灵之列，却有配属中宫之说，与四象关系密切。冯时亦持麒麟之论，[3]但其并未具体解释将麒麟作为灵兽的知识背景，亦未分析随后玄武进入星宫四灵体系、麒麟转配中央的文化史意义。

著名"西狩获麟"的典故可作为麒麟神化之佳例，事见鲁哀公十四年：

十有四年，春，西狩获麟。何以书？记异也。何异尔？非中国之兽也。然则孰狩之？薪采者也。薪采者，则微者也，曷为以狩言之？大之也。曷为大之？为获麟大之也。曷为为获麟大之？麟者，仁兽也。有王者则至，无王者则不至。有以告者，曰："有麕而角者。"孔子曰："孰为来哉！孰为来哉！"反袂拭面，涕沾袍。颜渊死，子曰："噫！天丧予！"子路死，子曰："噫！天祝予！"西狩获麟，孔子曰："吾道穷矣。"[4]

其中谓麒麟为仁兽，圣帝明王时代才会现世，可见其为太平之符，《诗经》中亦有《麟之趾》篇赞颂其君子气度。关于麒麟的外形特征，《史记·孝武本纪》载"其明年，郊雍，获一角兽，若麃然。有司曰：'陛下肃祗郊祀，上帝报享，锡一角兽，盖麟云'"，集解引韦昭注"楚人谓麋为麃"，麃即麋鹿。[5]《说文》："麒，仁兽也，麋身，牛尾，一角"，"麟，大牝鹿也。"《艺文类聚》引《说苑》："麒麟，麋身牛尾，圆顶

1 《南史》卷五五《吉士瞻传》，中华书局，1975，第1363~1364页。

2 （唐）姚汝能：《安禄山事迹》卷下，曾贻芬点校，中华书局，2006，第111页。

3 除冯时外，另注意到麒麟曾作为北宫之象的，还有徐昭峰、杨弃《"玄武"析论》，《辽宁师范大学学报》2014年第1期。

4 （汉）何休注，（唐）徐彦疏《春秋公羊传注疏》，（清）阮元校刻《十三经注疏》，第2352~2353页。

5 《史记》卷一二《孝武本纪》，中华书局，1982，第457~458页。

一角。"据此可大致推断麒麟形似鹿，独角。[1] 再观虢国铜镜及曾侯乙墓漆箱上的四象图，前者鹿头部分泐损严重不易辨认，但后者北宫鹿形头上均为独角，当为麒麟无疑。正因其与鹿在外形上相近，不少学者将汉画像石中的麒麟错认为鹿。[2]

现存先秦文献中对麒麟的记载屈指可数，但在后世文献中所记先秦麒麟之事反而较多，这种现象借用顾颉刚之语，或可解释为"层累构建的文化史"。从沈约《宋书·符瑞中》所记麒麟现世之事始于汉武帝，[3] 推测麒麟作为灵兽的起始时间不会太早。我们不妨将"西狩获麟"故事作为其神化史的起点，虽有些冒险，却为追寻麒麟文化的推演脉络找到一个入口。麒麟被孔子推举为灵兽，再加之儒学在汉代的正统地位，其作为盛世祥瑞逐步定型，《史记·封禅书》记齐桓公欲封禅，管仲曰："今凤皇麒麟不来，嘉谷不生，而蓬蒿藜莠茂，鸱枭数至，而欲封禅，毋乃不可乎？"[4] 此段不见于现存先秦文献，不知其史料来源。管仲以麒麟不至规劝齐桓公罢封禅正是因其作为盛世象征，这一细节书写极可能是麒麟神化后附会窜入。东晋王嘉《拾遗记·周灵王》中记载了另一版本"西狩获麟"的故事：

> 夫子未生时，有麟吐玉书于阙里人家，文云："水精之子，系衰周而素王。"故二龙绕室，五星降庭。征在贤明，知为神异，乃以绣绂系麟角，信宿而麟去。相者云："夫子系殷汤，水德而素王。"至敬王之末，鲁定公二十四年，鲁人锄商田于大泽，得麟，以示夫子，系角之绂，尚犹在焉。夫子知命之将终，乃抱麟解绂，涕泗滂沱。且麟出之时，乃解绂之岁，垂百年矣。[5]

上述传说以《春秋》中孔子泣麟部分为原型，增添不少神怪细节，显然为后世编造，但从孔子生前"麟吐玉书"至命终前"抱麟解绂"，以麒麟贯穿孔子一生，亦能证明孔子与麒麟的紧密联系。

据上推测麒麟神化起始时间的下限约在春秋中晚期，稍晚于虢国墓的考古断代的下限（公元前 655 年），[6] 前已提及目

1　孙机先生曾经对麒麟形象做过细致研究，可参其文《麒麟与长颈鹿》，原载《文物丛谈》，后收入氏著《从历史中醒来：孙机谈中国古文物》，三联书店，2016，第 38~44 页。

2　具体研究详参谢辰《略论汉代的麒麟形象》，《中原文物》2011 年第 5 期。

3　《宋书》卷二八《符瑞中》，中华书局，1974，第 791~792 页。

4　《史记》卷二八《封禅书》，第 1638 页。

5　（晋）王嘉撰，（南朝梁）萧绮录，齐治平校注《拾遗记校注》，中华书局，1981，第 70~71 页。

6　中国科学院考古研究所：《上村岭虢国墓地》，第 49 页。

前所知最早将麒麟与其他三灵并列的情况见于虢国墓出土铜镜，若这种并列关系尚不能完全证明星宫四灵体系已经确立的事实，那么曾侯乙漆箱盖上同时绘有四象和二十八宿图，则可以肯定最迟于战国早期，已经存有较为成型的四象星宫体系。该盖面中央是一篆文粗体的"斗"字，周围绕有二十八宿之名，按顺时针方向较容易识别有：角、氐、方、心、尾、箕、斗、牵牛、虚、西萦、东萦、圭、娄女、胃、矛、参、东井、酉、七星、翼等。就二十八宿与星宫四灵生成先后问题学界多有争议，[1]陈遵妫据二十八宿中宿名由来如角、心、尾宿等即指龙角、龙心、龙尾等判断古人应已先设四灵，后才在此基础上细划二十八宿，[2]目前考古材料中四灵出现时间早于二十八宿亦是有利的证据支撑，当然古人对星体观测和认知的历史要远早于此。虢国墓铜镜上四灵并列出现，虽作为装饰用，但因四灵与四方完美对应，至少说明当时将四灵与方位建立联系的做法较为流行，曾侯乙墓中完备的四灵星宫体系实可追溯至此。虽然我们无法获知麒麟开始作为北宫象的确切时间，不过推测这与其被神化为灵兽是分不开的，应该不会晚于春秋时代。

　　也许是历史惯性，抑或是知识传播的时地差使然，即使在玄武正式确立为北宫象后，麒麟作为北宫象仍在某些地区延续了较长时间。冯时注意到洛阳西汉中期卜千秋壁画墓中同时绘有双龙、白虎、朱雀和两只麒麟（图4），考古报告中将麒麟定为二枭羊，描述前者似麒麟而无角，后者独角身似羊，[3]恐不确。《史记·司马相如列传》中引赋"射游枭，栎蜚虡"，郭璞注："枭，枭羊也。似人，长唇，反踵，被发，食人。"显然文图不符。麒麟与苍龙均有两只，应表雌雄之意。[4]《史记》同卷中咏诵至麒麟时，张揖注："雄曰麒，雌曰麟。"郭璞注："麒似麟而无角。"可见麒为雄，头生一角，麟为雌而无角，这与发掘简报中描述的情况吻合。将麒麟成对排列的形式也可与曾侯乙漆箱北立面双麒麟之形相印证。再看高台地埂坡M4墓道壁画的一幅祥瑞图（图5），中间是一条后爪曲跪、前爪捧盘献物的龙，两边为带长翼、形似鹿的神兽，现高台博物馆展示有高清图片，不过随附的介绍文字并未说明此二神兽为

1　如高鲁认为中国天文学发展分三个阶段，第一阶段为草创时代，三垣之制成立；第二阶段为演进时代，环天星宿分为四维；第三阶段为求备时代，创立四兽以资补充的同时创立了二十八宿。具体论述参高鲁《星象统笺》，中研院天文研究所专刊第二号，1933，第1页。

2　陈遵妫：《中国天文学史》，中国社会科学出版社，2010，第224页。

3　洛阳博物馆：《洛阳西汉卜千秋壁画墓发掘简报》，《文物》1977年第6期。

4　卜千秋墓考古报告中将麒麟定为枭羊，冯时认为有误，应为麒麟，参看冯时《中国天文考古学》，第429页。孙作云仍沿用考古报告中的说法，认为二枭羊与双龙均表雌雄，见孙作云《洛阳西汉卜千秋墓壁画考释》，《文物》1977年第6期。

图 4　卜千秋墓墓顶壁画线描图

图 5　高台地埂坡 M4 墓道壁画祥瑞图 （笔者摄）

注：因考古报告中提供的原图未加处理不易看清，故在此使用笔者所拍照片。余欣教授组织的考察队于 2018 年 11 月 20~26 日及 12 月 12~16 日分两次前往甘肃、宁夏考察，文中笔者所摄图片均为考察过程中所得。

何。[1] 稍微仔细观察不难发现居右的神兽头上有一肉角，左边神兽则无，通过郭璞注及卜千秋墓中提供的例证，可判断此处当为麒麟无误。

新疆民丰县尼雅遗址 1 号墓地 8 号墓的"五星出东方利中国"锦自出土以来便受到学界广泛关注。据研究，其性质应该与天文占验有关，[2] 锦面上麒麟、青龙、白虎、朱雀共同出现（图 6），[3] 正说明麒麟与四象间的密切关联。一般认为织锦出自中

原王朝，此种中原向西域进行文化辐射的文化史现象也不应忽视。

南京将军山 M12 西晋墓中的出土材料同样值得关注。据发掘简报，该墓画像砖分为四种：第一种为四神砖，两侧面为青龙、白虎，两端面为朱雀、玄武；第二种为带有纪年文字的三神砖，上朱雀，下玄武，右白虎，左为反书铭文；第三种砖两侧面为青龙、白虎，两端面为朱雀、麒麟；第四种与第三种的图案和组合方式基本相

1　《2007 中国重要考古发现》一书中载有高台地埂坡 M4 的考古报告并附彩图，此壁画位于墓葬前室前壁，考古报告中仅粗略以"三神兽"称之，具体参见《甘肃高台地埂坡魏晋墓》，《2007 中国重要考古发现》，文物出版社，2008，第 84~91 页。

2　于志勇：《新疆尼雅出土"五星出东方利中国"彩锦织文初析》，《西域研究》1996 年第 3 期。

3　新疆文物考古研究所：《新疆民丰县尼雅遗址 95MNI 号墓地 M8 发掘简报》，《文物》2000 年第 1 期。

图 6 "五星出东方利中国"锦

同，只是麒麟有较明显的差别。[1] 第三和第四种砖中麒麟与朱雀相对，是麒麟明确作为北宫象的有力证据。

除上述例证，还可找到麒麟与玄武（关于玄武形象的讨论，具体参见本文第三部分）同时作为北宫象的材料。如 2003 年陕西定边县郝滩东汉壁画墓中的二十八宿图，[2] 与《史记·天官书》记载基本相符。我们知道虚、危、室、壁等星宿均属北宫，有趣的是，此处虚宿、危宿绘两只麒麟，室宿、壁宿绘玄武。类似的例子还见于北魏元晖墓志，英国艺术史学者杰西卡·罗森在《莲与龙：中国纹饰》一书中引用了该墓志四神纹饰的拓片（图 7），其认为图片表示的是四神和鹿。[3] 从拓片看，第一格、第二格、第四格中分别为单一龙、虎、雀形，但第三格中出现了两种神兽，一为龟

图 7 北魏元晖墓志四神纹饰

蛇相缠的玄武，另一便为形似鹿但为独角的麒麟。

玄武与麒麟作为北宫象的情况在同一墓葬中出现，既是星宫麒麟文化的余波，又体现了新旧文化间交替、共生的复杂关

1　南京市博物馆、南京市江宁区博物馆：《南京将军山西晋墓发掘简报》，《文物》2008 年第 3 期。

2　陕西省考古研究所等：《陕西定边县郝滩发现东汉壁画墓》，《考古与文物》2004 年第 5 期。

3　〔英〕杰西卡·罗森：《莲与龙：中国纹饰》，张平译，上海书画出版社，2019，第 94 页。此条材料承蒙林志鹏教授的提示，谨致谢忱。

系。让人不禁再一次追问：玄武何以进入四灵星宫体系，又为何会取代麒麟呢？

二 玄武代麟：北宫象玄武的 确立与麒麟的失落

目前所见文献中星宫四灵几乎均以青龙、白虎、朱雀、玄武称之，以致研究者在讨论四象问题时直接默认这一先入为主的知识架构。首先需要厘清的是，四象、二十八宿等星象概念创立时间前后不一，其初成、发展演变与最终确立之间需加以区分，若仅以事物发展的最终结果作为今日研究之起点，恐会遗漏许多关键的文化史信息。如上节所论，四象观念形成较早，图像材料很大程度上弥补了古代早期文献的缺失，并提示我们在玄武之前存在一个北宫象的麒麟时代。但在秦汉星象体系确立的关键时期，玄武以后来居上的强大姿态代替麒麟成为北宫之象，这一转变背后蕴含的文化动因值得深究。

在古代天文学篇目中，明确将玄武作为北宫之象的，目前最早可追溯至西汉初《淮南子·天文训》：

> 何谓五星？东方木也，其帝太皞，其佐句芒，执规而治春。其神为岁星，其兽苍龙，其音角，其日甲乙。南方火也，其帝炎帝，其佐朱明，执衡而治夏。其神为荧惑，其兽朱鸟，其音徵，其日丙丁。中央土也，其帝黄帝，其佐后土，执绳而制四方。其神为镇星，其兽黄龙，其音宫，其日戊己。西方金也，其帝少昊，其佐蓐收，执矩而治秋。其神为太白，其兽白虎，其音商，其日庚辛。北方水也，其帝颛顼，其佐玄冥，执权而治冬。其神为辰星，其兽玄武，其音羽，其日壬癸。[1]

此段言五星有五方、五行、五帝、五佐、五神、五兽、五音等，体系完备，另有几点信息需引起重视：（1）以五兽配五方，类同五帝、五佐、五神，均是从已有的知识体系中取材，或与星象本身并无太大关联，只为完成配属关系，应与秦汉流行阴阳五行学说有关；（2）为与五行相配，在四宫之外多一中宫，配属灵兽为黄龙，此处麒麟不在五灵之列；（3）《淮南子·天文训》较《史记·天官书》成书早，但二者对各宫配属灵兽的记载有别，或源于不同的知识系统。

《史记·天官书》：

> 中宫天极星，其一明者，太一常居也……东宫苍龙，房、心……南宫朱鸟，权、衡……西宫咸池，曰天五潢……参为白

---

1 何宁：《淮南子集释》卷三《天文训》，中华书局，1998，第183~188页。

虎……北宫玄武，虚、危。[1]

四宫与二十八宿的配合基本确立，东方七宿（苍龙）：角、亢、氐、房、心、尾、箕；南方七宿（朱雀）：井、鬼、柳、星、张、翼、轸；西方七宿（咸池）：奎、娄、胃、昴、毕、觜、参；北方七宿（玄武）：斗、牛、女、虚、危、室、壁。不过司马迁对西宫的记录体例与另三宫明显不合，或因该部分书写基于较古的材料来源。张守节正义"觜三星，参三星，外四星为实沈，于辰在申，魏之分野，为白虎形也"，可见虎最初仅作为觜、参两宿的小象，因其在古代授象观时活动中起到了重要作用，被视作整个西宫之形。[2] 从《史记》记载看，除北宫外，其余多少能与配属灵兽的形象建立联系，要么整个星宫七宿构成一形，如苍龙、朱鸟，特别在南宫一节中提到"柳为鸟注……七星，颈……张，素……翼为羽翮"，据注解"鸟注"为鸟喙，"素"为"嗉"，是咽喉下受食之处，均为鸟体的一部分；要么将主宿星象提升代表一宫，如白虎，却并未留下玄武形象产生原因的任何线索。

行笔至此，是时抛出核心问题：古人何以选择龙、虎、鸟、龟（蛇）作为四象

之原型？《淮南子》和《史记》分别提示了思考四象起源问题的不同路径。前者直接取用大众熟知的灵兽配属四方，与星象本身无涉；后者则立足星象。

这两种路径的交织至今延续。如张衡《灵宪》：

> 星也者，体生于地，精成于天，列居错峙，各有迾属。紫宫为皇极之居，太微为五帝之廷。明堂之房，大角有席，天市有坐。苍龙连蜷于左，白虎猛据于右，朱雀奋翼于前，灵龟圈首于后，黄神轩辕于中。六扰既畜，而狼蚖鱼鳖罔有不具。在野象物，在朝象官，在人象事，于是备矣。[3]

古代的星官，从天帝到农丈人、从战场到市场，其命名与布局均具有明显的社会化倾向，实际是将山川百物和人间百业搬于天际。司马贞认为"五宫"乃"五官"之误，"天文有五官。官者，星官也。星座有尊卑，若人之官曹列位，故曰天官"。[4] 实际上天官与天宫的概念有着本质区别，为适应星占需要，将星座模拟成以宫廷为中心的人间组织，即天官；而天宫是对星

1　《史记》卷二七《天官书》，第1539~1565页。

2　相关论述详参冯时《中国天文考古学》，第421~424页。

3　《后汉书》志第十《天文上》，中华书局，1965，第3216页。

4　《史记》卷二七《天官书》，第1539页。

群的划分，侧重区域、方位之意。[1]张衡"在野象物，在朝象官，在人象事"是就星官言之，但又言苍龙、白虎、朱雀、玄武为四方星宫配属，其来源应与星官相类，均取材自古代神话、历史典故、社会制度等。

另，孔颖达《尚书·尧典正义》：

> 四方皆有七宿，各成一形。东方成龙形，西方成虎形，皆南首而北尾。南方成鸟形，北方成龟形，皆西首而东尾。[2]

此处以一象贯通七宿，龙、虎、鸟、龟为星宿组合所成之形，虽与司马迁认为白虎从主宿星象产生有别，但其思考逻辑都立足于星象本身。

当今学者在解释四象起源时，亦不出上述两条思考路径。如陈久金认为其与华夏族群的图腾崇拜有关，[3]实际上，其是脱离了星象本身，从文化史角度进行探源；陈遵妫主张四象是原始的识星系统，认为"古人详察星象形势，以其仿佛类似何物，即以其物来命名，或合数星为一象，或合众象为一形，形象既定，就作为仰观星象的根据"；冯时亦从星象角度进行

阐释。[4]

其实这两种路径并非对立。笔者以为，四象的生成首先应是为完成灵兽与方位的配属需要，此时起作用的是原有的知识基础，并不需要对星象进行真正的观察；后人为附会灵兽形象，自然而然地将星象与灵兽进行联想，此时星象的作用便得以显现。但因原本星宫四灵与星象本身无关，所以后人建构的联想并非十全十美，这就解释了《天官书》中有的是整个星宫成一灵兽形（东宫、南宫），有的是星宫中的某些星宿构成灵兽形（西宫），有的星宫则并不能与灵兽形象之间建立联系（北宫）的原因。

不少学者在解释天文历法时，单纯从农业上的观星授时方面入手，虽无大谬，但未免有求之过深的嫌疑。其实指导农业生产并不需要复杂的星象知识，古人对星象的兴趣，大多还是基于其在星占学上的意义。[5]这一点在《史记·天官书》、《汉书·天文志》及后代史书天文志部分可得印证，在这些文献记录中涉及星象描述时往往会伴随有星占之语。沿此思路，既然古人对星象探究的主要动机在于占卜，那么为四星宫配属灵兽时会不会也受占卜知识的影响呢？

1　陈遵妫认为"星宫"为"星官"之误，参见氏著《中国天文学史》，第 177 页。

2　（汉）孔安国传，（唐）孔颖达等正义《尚书正义》，（清）阮元校刻《十三经注疏》，第 121 页。

3　陈久金：《华夏族群的图腾崇拜与四象概念的形成》，《自然科学史研究》1992 年第 1 期。

4　陈遵妫：《中国天文学史》，第 189 页；冯时：《中国天文考古学》，第 373~374 页。

5　江晓原：《古代历法：科学为伪科学服务吗》，氏著《科学外史》，上海人民出版社，2017，第 34~37 页。

再看星宫四灵，龙、虎、鸟、龟，无一不与占卜有关。关于龙的起源问题学界分歧较大，[1] 但都不可否认龙具有上天下地入深渊的神秘属性，这种神秘性与巫术、占卜所追求的天人沟通相契合。另，龟用于占卜之事已属常识也不必赘述，在此稍论鸟、虎与占卜的关系。

鸟占，亦名鸟情占，是据鸟的飞鸣占卜休咎的方法。据刘保贞对《周易》中相关卦爻辞的释证，先秦鸟占可分为飞行类鸟占、鸣叫类鸟占和出没行动类鸟占三种。[2] 刘毓庆对《诗经》中鸟类兴象的起源与意义做出分析，揭示了其与远古鸟情占卜之间的联系。[3] 这一传统直到隋唐仍作为重要知识在国家政治生活中不可或缺。[4]《隋书·经籍志》收录诸多鸟情占著作，包括：《战斗风角鸟情》三卷、《风角鸟情》一卷（翼氏撰）、《风角鸟情》二卷、《鸟情占》一卷（王乔撰）、《鸟情逆占》一卷、《鸟情书》二卷、《鸟情杂占禽兽语》一卷、《占鸟情》二卷、《六情诀》一卷（王琛撰）、《六情鸟音内秘》一卷（焦氏撰）等。《北史·耿询传》曾记隋朝太史丞耿询以鸟情占著称，著录《鸟情占》一卷行于

世，此书《旧唐书·经籍志》有载。[5] 另《天地瑞祥志》卷一八《禽总载》，《开元占经》卷一一五《鸟休征》、《鸟咎征》及敦煌出土 P.3888《鸟情占》等也汇载了鸟情占的有关内容。归义军时期的敦煌为建立合法性论述，广泛运用各种谶纬和祥瑞进行缘饰，其中就包括鸟情占。[6] 可见，以鸟进行占卜的做法源自先秦，作为重要的知识门类被后世反复记录、研究、利用。

相较而言，虎卜出现在现存文献中的年代偏晚。《颜氏家训·书证》载："狐之为兽，又多猜疑，故听河冰无流水声，然后敢渡。今俗云：'狐疑，虎卜。'则其义也。"王利器案《说郛》本李淳风《感应经》、《北户录》卷二及《太平御览》卷七二六、卷八九二引西晋张华《博物志》："虎知冲破，又能画地卜。今人有画物上下者，推其奇偶，谓之虎卜。"今《博物志》佚失此文。[7] 古人认为虎具有灵性，能预知吉凶，事前让其在地上作画，可利用所画痕迹作为占卜的依据。但仅从文献来看，我们尚不清楚虎卜产生的确切时代及其流行程度如何，据最早记载虎卜内容的《博物志》书写时代为西晋判断，开始以虎

1　吉成名：《龙崇拜起源研究述评》，《中国史研究动态》1997 年第 12 期。

2　刘保贞：《〈周易〉鸟占类卦爻辞释证》，《周易研究》2007 年第 4 期。

3　刘毓庆：《〈诗经〉鸟类兴象与上古鸟占巫术》，《文艺研究》2001 年第 3 期。

4　孙英刚：《神文时代：谶纬、术数与中古政治研究》，上海古籍出版社，2015，第 224~230 页。

5　《北史》卷八九《耿询传》，中华书局，1974，第 2951 页；《旧唐书》卷四七《经籍志下》，中华书局，1975，第 2043 页。

6　余欣：《符瑞与地方政权的合法性构建：归义军时期敦煌瑞应考》，《中华文史论丛》2010 年第 4 期。

7　王利器：《颜氏家训集解》，中华书局，1993，第 424、427 页。

占卜的时间下限不会晚于这一时期。前述《史记·天官书》中将虎仅作为西宫觜、参两宿的小象，冯时研究认为以白虎配属西宫并辖七宿完整形式的出现，不会超过东汉，在此之前找不到白虎与西宫七宿相配的任何线索。[1]这固然可以利用四象生成的第一种路径即星宫灵兽与星象本身最初并无直接联系加以解释，那么又是什么原因促成了虎形与西宫七宿最终完成匹配？想必正是虎与占卜之间的关联成为促成该结果的重要因素，不过这一推测仍需更多的史料证据。

笔者不厌其烦地进行上述看似与主题无关的推测、论证，意在说明两点。第一，星宫四灵的产生源于既有的知识传统，与星象本身无涉，将星宿所成之形、星宿名与所属灵兽之形建立联系应属后世附会，故从星象角度解释玄武成为北宫之象的原因恐是缘木求鱼。第二，四象体系的确立过程非常复杂，以龙、虎、鸟、龟配属星宫也由多种合力促成，但因星象与占卜关系密切，在思考为何选择某种特定灵兽配属

星宫时不应忽视这一知识社会背景。

如此，玄武取代麒麟进入四象体系便有了较为合理的解释。首先，这并非因古人对星象的观察发生了变化，而是基于文化意涵上的自然选择。如上节论述，麒麟神化并配属北宫约在西周东周之交，但对龟的崇拜十分古老，如大汶口文化墓地、河南淅川下王岗仰韶一期墓地、四川巫山大溪和江苏武进圩墩墓地等均发现用龟随葬的现象。另河南舞阳贾湖二期墓葬中发现的龟甲不仅经剖分、修治、钻孔，还有一些刻画符号，年代约在7700年前。[2]安徽含山凌家滩遗址出土的玉龟中夹有类似式图的玉片，[3]引发学者多种猜测。[4]不过龟甲施灼作为占卜相对较晚，最初可能是对骨卜的模仿，商代和西周龟卜与骨卜并行，二者或各有渊源。基德炜（David N. Keightley）曾提出"南龟北骨"之说；[5]李零研究认为东周时"卜"已主要限于龟卜；葛兆光将龟策预言作为春秋战国时代的一般知识，大到战争胜负、迁都利弊，小到娶妻合适与否，都要通过占卜来预测。[6]此

---

1 冯时:《中国天文考古学》，第421页。

2 河南省文物研究所:《河南舞阳贾湖新石器时代遗址第二至六次发掘简报》，《文物》1989年第1期。

3 安徽省文物考古研究所:《安徽含山凌家滩新石器时代墓地发掘简报》，《文物》1989年第4期。

4 具体研究参见陈久金、张敬国《含山出土玉片图形试考》，《文物》1989年第4期；俞伟超《含山凌家滩玉器和考古学中研究精神领域的问题》，《文物研究》第5辑，黄山书社，1989；饶宗颐《未有文字以前表示方位和数理关系的玉版》，《文物研究》第6辑，黄山书社，1990；陈剩勇《东南地区：夏文化的萌生与崛起》，《东南文化》1991年第1期；李零《中国方术正考》，中华书局，2006，第45~46页。

5 David N. Keightley, *Sources of Shang History*, University of California Press, 1978, p.7.

6 李零:《中国方术正考》，第47页；葛兆光:《中国思想史》第1卷，复旦大学出版社，2013，第68~74页。

外，褚少孙补《史记·龟策列传》中记"其卜必北向，龟甲必尺二寸"，[1] 龟、北方的这种联系恰为玄武、北宫相配合提供了知识上的依据。

再者，玄武之所以能替代麒麟，是否因二者有某些共性呢？《春秋》中鲁宣公十二年在论及武功问题时，楚子曰：

> 非尔所知也。夫文，止戈为武。武王克商，作《颂》曰："载戢干戈，载櫜弓矢。我求懿德，肆于时夏，允王保之。"[2]

"武"由止、戈二字合成，"戢，藏也；櫜，韬也"，古人以为拥兵器而不用、换世道安宁为"武"，在这个层面上，龟与麒麟均有"武"义。《春秋繁露·服制像》：

> 天地之生万物也以养人，故其可适者以养身体，其可威者以为容服，礼之所为兴也。剑之在左，青龙之象也。刀之在右，白虎之象也。韨之在前，赤乌之象也。冠之在首，玄武之象也。四者，人之盛饰也。夫能通古今，

别然不然，乃能服此也。盖玄武者，貌之最严有威者也，其像在后，其服反居首，武之至而不用矣。[3]

古书中"用"与"害"多互误，所谓"武之至而不用"指的是龟甲用以御侮而不害物之义，《礼记正义》亦有"玄武，龟也，龟有甲，能御侮用也"的类似表述。但仍不清楚为何古人不直接用玄龟而要称玄武，也许正因玄武本就不是单一形象，故不能用某一具体动物名来指称。即便如此，文献中尚未找到将龟蛇合体称为"武"的切实依据。在此，笔者倾向于将"武"理解为一类具有"止戈"之义的灵兽，麒麟亦可归入其中。《春秋公羊传注疏》何注："《广雅》云'麟，狼额肉角'，故此注云而戴肉。云设武备而不为害，所以为仁也者，欲道中央之畜，而传得谓之仁兽之义。"[4] 对麒麟"武"之内涵阐发最为详尽的，可参宋代严粲《诗缉》：

> 有足者易踢，唯麟之足可以踢而不踢。有额者易抵，唯麟之额可以抵而不抵。有角者易触，

1　《史记》卷一二八《龟策列传》，第3934页。

2　（晋）杜预集解，（唐）孔颖达等正义《春秋左传正义》，（清）阮元校刻《十三经注疏》，第1882页。

3　（清）苏舆：《春秋繁露义证》，钟哲点校，中华书局，1992，第151~153页。

4　（汉）何休解诂，（唐）徐彦疏《春秋公羊传注疏》，（清）阮元校刻《十三经注疏》，第2352页。

唯麟之角可以触而不触。[1]

可见在"武"的意义上，龟与麒麟二者的共性显而易见。在探讨龟代替麒麟成为北宫象的原因时，这种文化上的类同也是需要加以考虑的一个方面。

前引《淮南子·天文训》，为配合五行，在四象之外增设黄龙配属中宫。不过从史料记载来看，黄龙与麒麟都是配属中宫的灵兽。《礼记·礼运》中有"麟、凤、龟、龙谓之四灵"一句，后世对其注解极其繁复，大都从星宫四灵角度加以理解。正如笔者此前提出，除非四灵与方位配属，否则只应作为普通灵兽看待，故这里的解释未免多余，却意外提示了关于麒麟配属中央的线索。"《公羊》说麟，木精，《左氏》说麟，中央轩辕大角之兽，陈钦说麟是西方毛虫。许慎谨按：《礼运》云麟、凤、龟、龙谓之四灵。龙，东方也。虎，西方也。凤，南方也。龟，北方也。麟，中央也。"[2] 四灵取象四时、四方，五灵取象五行，在龟取代麒麟成为北宫象的同时，麒麟转配中央。黄龙与麒麟一起配属中央的记载，见于西晋崔豹《古今注》：

> 信幡，古之徽号也，所以题表官号，以为符信，故谓信幡。乘舆则画为白虎，取其义而有威

信之德也。魏朝有青龙幡、朱鸟幡、玄武幡、白虎幡、黄龙幡五，以诏四方。东方郡国以青龙幡，南方郡国以朱鸟幡，西方郡国以白虎幡，北方郡国以玄武幡，朝廷畿内以黄龙幡，亦以麒麟幡。[3]

这里不同方位郡国的信幡上绘有相对应的灵兽，朝廷畿内即为中央，用以黄龙幡或麒麟幡，正是二者作为中央配属灵兽的明证。

总而言之，通过考古出土的图像资料，我们发现在四象正式确立前，有一个麒麟作为北宫之象的时代，且星宫四灵与实际星象最初应无直接关联，而是基于当时已有的灵兽知识传统进行方位配属。古人对星象的观察主要用于占卜，这是选择配属灵兽时的社会知识背景，再加之龟与麒麟在"武"之义上的共性，促成秦汉之际即四象体系确立的关键时期，龟得以取代麒麟配属北宫。又因推演五行需要，在四灵之外增设中宫，麒麟作为一多出的灵兽，便自然地与中宫建立起联系。在此笔者仍需赘言的是，四灵形象的确立并非同时完成，而是经过了历史上长时间的完善、论证和被接受，理解这种过程的复杂性比简单回答是什么、为什么更有意义。

1 （宋）严粲：《诗缉》，台北：广文书局，1978。

2 （汉）郑玄注，（唐）孔颖达等正义《礼记正义》，（清）阮元校刻《十三经注疏》，第1425页。

3 （晋）崔豹撰，牟华林校笺《〈古今注〉校笺》，线装书局，2015，第16页。

三 龟蛇合体：玄武形象及其接受史

青龙、白虎、朱雀、玄武四灵，前三者形象明确，基本无太大争议，但究竟何为玄武，单从字面看无从得知，一般认为是龟蛇合体。西汉出土的多件文物上绘有龟蛇合体的玄武之形，如在景帝阳陵和武帝茂陵均出土一批绘有四灵纹样的条砖或空心砖，其中玄武纹条砖上便呈龟蛇交尾状（图8）。[1] 另，时代约为西汉中期稍晚的太原尖草坪汉墓中有四神铜炉一座，炉身四周镂以四灵，玄武亦为龟蛇合体的姿态。[2] 据黄佩贤粗略统计，出土的类似铜炉有三十余件。[3] 西安交通大学西汉壁画墓星象图中，虚宿、危宿相连成一龟形，其中央绘有一小蛇（图9）。[4] 又，《尚书考灵曜》有"二十八宿，天元气万物之精也。北方斗、牛、女、虚、危、室、壁七宿，其形如龟蛇，曰'后玄武'"的记载，[5] 明确表明玄武形如龟蛇。

敦煌佛爷庙湾魏晋墓出土一组彩绘四象砖，虽暂时不太清楚四象砖在墓中具体所处位置，不过推测应嵌于墓壁东南西北

四方，其中代表北宫的玄武呈现龟蛇合体之态（图10）。从西汉至魏晋，这一龟蛇组合形式在瓦当及墓葬壁画上反复出现，具有明显的社会共约性。以上或单从实物、或单从文字史料说明了玄武为龟蛇之形，邳州市燕子埠的东汉彭城相缪宇墓中有一组四象画像石，位于该墓东壁南侧第四格，

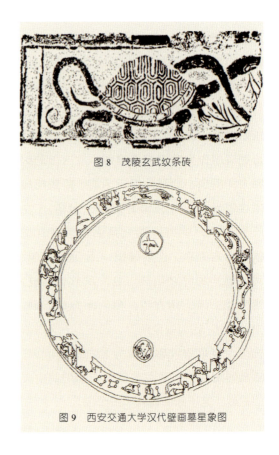

图8 茂陵玄武纹条砖

图9 西安交通大学汉代壁画墓星象图

1 马永赢、王保平：《走进汉阳陵》，文物出版社，2001，第56页；王志杰、朱捷元：《汉茂陵及其陪葬冢附近新发现的重要文物》，《文物》1976年第7期。

2 山西省博物馆：《太原市尖草坪汉墓》，《考古》1985年第6期。

3 黄佩贤：《汉代北方的动物神形象》，《中国汉画学会第九届年会论文集》，中国社会出版社，2004，第68页。

4 陕西省考古研究所、西安交通大学：《西安交通大学西汉壁画墓》，西安交通大学出版社，1991，第25页。

5 〔日〕安居香山、中村璋八辑《纬书集成》上册，河北人民出版社，1994，第366页。

青龙、朱鸟、玄武等均有榜题，"玄武"二字的左方为龟蛇交缠之态（图11），图文互证，弥补了单一证据链之不足。[1] 需要特别指出的是，在这一画像石上方刻有瑞兽（图12），左为背上站一只瑞鸟的羊，标注为"福德羊"；右为一形似鹿独角的神兽，榜题"骐骥"，不仅完全符合此前我们论述的关于麒麟的形象，而且麒麟与四灵共同出现，亦可作为麒麟与四象关系密切之旁证。

不过，无论是在出土文物还是在文献中都能找到单独以龟作为北宫象的例子，可见古人对玄武的理解不一。如山西平陆县枣园村汉墓的藻井上绘有三大幅苍龙、白虎和玄武图像，其中玄武位于后壁上端，有龟无蛇（图13）。[2] 又据于洁《汉代四灵

图10　敦煌佛爷庙湾魏晋墓玄武图　（笔者摄）

图11　东汉缪宇墓玄武图

图12　东汉缪宇墓麒麟图

1　南京博物院、邳县文化馆：《东汉彭城相缪宇墓》，《文物》1984年第8期。

2　山西省文物管理委员会：《山西平陆枣园村壁画汉墓》，《考古》1959年第9期。

肖形印图形研究》一文中提供的四灵印图片，所绘玄武均为单一的龟形（图 14）。

《周礼·考工记》载：

> 龙旗九斿，以象大火也。鸟旟七斿，以象鹑火也。熊旗六斿，以象伐也。龟蛇四斿，以象营室也。[1]

郑玄注"大火，苍龙宿之心"，"鹑

图 13　枣园村汉墓玄武图

火，朱鸟宿之柳"，"伐属白虎宿"，"营室，玄武宿"。可见此处用大火、鹑火、伐、营室指代东宫、南宫、西宫、北宫，其中龟蛇即为后世较为公认的玄武形象。因《周礼》中原《冬官》篇佚缺，河间献王刘德取《考工记》补入，故有今《周礼·考工记》。关于《考工记》成书年代，学界意见不一，影响最大的为郭沫若"春秋末年说"。[2] 从学者论证看，《考工记》似涵盖从西周至西汉不同时期的内容，应是成于众手或历代增补所致。然引文中"龙旗""鸟旟""熊旗"均是单一动物后接旗名，孙诒让《周礼正义》引王引之云"经文本作'龟旟四斿'，今作'龟蛇'者，涉注文误也"，当从。类似的记载还见于《周礼·司常》：

> 日月为常，交龙为旗，通帛为旝，杂帛为物，熊虎为旗，鸟隼为旟，龟蛇为旞，全羽为旞，

图 14　汉代四灵肖形印

（于洁：《汉代四灵肖形印图形研究》，《常州工学院学报》第 36 卷第 3 期，2018）

1　（汉）郑玄注，（唐）贾公彦疏《周礼注疏》，（清）阮元校刻《十三经注疏》，第 914 页。

2　李秋芳：《20 世纪〈考工记〉研究综述》，《中国史研究动态》2004 年第 5 期。

析羽为旌。[1]

在此仅以交（蛟）龙、熊虎、鸟隼、龟蛇四组物象分饰不同等级之旗，各组内部间并无组合之义，故不能当作龟蛇合体的实例。

因青龙、白虎、朱雀均为单一动物，玄武应亦为单一形象，笔者提出"武"可作为概念代指一类动物，可备一说。但仍有未解疑问：为何其余均是形象明确的动物，而"玄武"却作为一个概念出现呢？其实我们大可不必太纠结于玄武究竟是什么这一问题上，龟蛇合体的形象之所以能被古人接受，乃基于一种"日用而不知"的知识背景。对于这一合体的生成，学界有不同的解释，大致归纳有以下几种观点。

（1）从星象解。按理玄武至少应含虚、危两宿，经观察龟形很容易由该两宿结合产生，不过蛇形似乎另有来源，冯时认为蛇可能与营室北方的螣蛇星座有关。[2]陈遵妫指出龟蛇结合当源于南斗北方的天鳖和营室北方的螣蛇。[3]高鲁《星象统笺》所绘玄武图中，虚、危、女、牛四宿连成龟形，

斗、室、壁三宿连成蛇形。[4]虽然三位学者对龟蛇形象产生于哪些星座没有统一看法，但都是基于星象进行阐释。不过，正如笔者前已论及，星宫四灵应源于灵兽系统，与星象本身无关，且螣蛇星座在史书中无载，亦非北宫主宿，该观点尚待商榷。

（2）从生殖崇拜解。茱莉安露（Annette L. Juliano）指出在中国民间传说中，所有龟均为雌性，且要与蛇结合来繁殖。[5]马绛（John S. Major）同意龟蛇合体表现出一种强烈的生殖崇拜并与阴阳特性相吻合的观点，但认为缺乏可靠史料支持所有龟为雄性、蛇为雌性的说法。他进一步强调，在中国天文学中事物的阴阳属性并不绝对。[6]不过，《玉篇》中确有"龟天性无雄，以虵为雄也"的记载，虵即蛇，这或许可以佐证茱莉安露的观点并修正马绛的部分看法。龟蛇合体源于生殖崇拜的主张亦可在道教文献中找到依据，如《周易参同契》所载"关关雎鸠，在河之洲，窈窕淑女，君子好逑。雄不独处，雌不孤居。玄武龟蛇，蟠虬相扶，以明牝牡，意当相须"即为一例。

（3）从长生、升天信仰解。孙作云认

1　（汉）郑玄注，（唐）贾公彦疏《周礼注疏》，（清）阮元校刻《十三经注疏》，第826页。

2　冯时：《中国天文考古学》，第432页。

3　陈遵妫：《中国天文学史》，第187页。

4　高鲁：《星象统笺》，第7页。

5　Annette L. Juliano, *Teng-Hsien An Important Six Dynasties Tomb*, Ascoma:Artibus Asiac, 1980, p.37.

6　John S. Major, *Essays on the "Huainanzi" and other Topics in Early Chinese Intellectual History*, Albany: State University of New York Press, 1995, p.8.

为玄武为单一龟形，并表示玄武和蛇均是升天信仰的伴随之物，通过《楚辞》"召玄武而奔属""玄武步兮水母"等句论以古人升天须有神龟侍卫等。[1]《庄子·知北游》："吾闻楚有神龟，死已三千岁矣。"《韩非子·难势篇》："飞龙乘云，螣蛇游雾。云罢雾霁，而龙蛇同矣！"《春秋繁露》："蛇，寿可千岁期。"又，曹操《龟虽寿》云"神龟虽寿，犹有竟时。螣蛇乘雾，终为土灰。老骥伏枥，志在千里"，其中神龟与螣蛇相对，一方面神龟寓意长寿，另一方面螣蛇又有腾云驾雾、化龙升天之义。虽然二者与长生、升天信仰间的密切关联不可否认，但仍未实际解决龟蛇合体的原因。

（4）从族群图腾崇拜解。陈久金主张龟蛇是夏民族的图腾，其合体形式源于熙、修两个氏族集团长期保持联姻制度的结果。[2]孙作云亦从图腾崇拜角度加以解释，认为在玄武图像出现之前，相关神话及其名称即已被载于《山海经》和《楚辞》中，"玄武"可能是龟氏族人对图腾龟所做的避讳，而《山海经·海外北经》中描述的北方禺疆便为玄武的最早期形象。[3]从图腾崇拜加以解释的路径虽有一定道理，但多为推测，又有迂回和过度阐释之嫌。首先，玄武是为避讳一说难以成立，"为尊者讳，为亲者讳，为贤者讳"乃古人避讳的基本原则，为族群图腾避讳不仅不合规范且无其他例证加以支持。此外，陈久金将四灵起源全部归结于族群图腾，又有将问题简单化的倾向。

（5）从兵阴阳角度解。倪润安考证商和西周流行左、中、右三军"三阵式"，从春秋中后期起后军力量逐渐增强，蛇善攻、龟善守的特性符合后军攻守需求，遂以龟蛇合体作为后军的标志。他进一步提出，天象学和兵阴阳学间相互作用，共同促成了四灵方位的配属。[4]以兵阴阳学解释龟蛇合体有一定道理，且玄武之"武"字从字面看也似乎与作战有关，不过，这仍无法解释龟蛇二者必须相缠交尾的原因。善攻、善守是对整个行军作战的要求，若单以后军龟蛇表示，则很难说明其他三象在战争中所具备的功能与内涵。作战时用四灵军旗，应只是对星宫四灵的化用以表方位。

综合上述观点，笔者倾向龟蛇这一合体形式与古人对雌雄所代表的阴阳理解有关。探讨某一文化元素之所以生成、流传，应将其放置于思想脉络和当时整体的社会文化、知识背景的架构中。葛兆光在《中国思想史》中论述春秋战国时代的一般知识与思想时，强调历算与星占、龟卜、仪

1　孙作云：《长沙马王堆一号汉墓出土画幡考释》，《考古》1973 年第 1 期。

2　陈久金：《华夏族群的图腾崇拜与四象概念的形成》，《自然科学史研究》1992 年第 1 期。

3　孙作云：《敦煌画中的神怪画》，《考古》1960 年第 6 期。

4　倪润安：《论两汉四灵的源流》，《中原文物》1999 年第 1 期。

式之操持等知识在社会上广泛使用并拥有普遍有效性。[1] 而这些具体的知识和技术实则根植于一套完整且精巧的观念体系，这一体系以阴阳五行为基础，涵盖天、地、人之间互动关系，并对天道运行、人间秩序和社会规范产生深刻影响。首先，需注意到五行与四象体系的构建完成几乎在同一时期。据《礼记·月令》、《吕氏春秋》及《淮南子·时则训》、《淮南子·天文训》中的相关记载，可发现五行与方位、季节、颜色、灵兽等结合而成为一个圆融自洽的体系，详见表1。

表 1　五行与动物分类关联情况

动物种类	五行	季节	方位	颜色
鳞	木	春	东	青
羽	火	夏	南	赤
倮	土	季夏	中	黄
毛	金	秋	西	白
介	水	冬	北	黑

高诱注"鳞，鱼属也，龙为之长"，"羽虫，凤为之长"，"倮虫，麒麟为之长"，"毛虫之属，而虎为之长"，"介虫，龟为之长"。[2] 青龙配属东宫，为鳞虫；朱雀配属南宫，为羽虫；白虎配属西宫，为毛虫；前文中曾提及麒麟从北宫转配中宫，麒麟即属倮虫。同理，玄武配属北宫，应为介虫。龟为介虫无疑义，但蛇一般作为鳞虫，若此则作为龟蛇合体的玄武与表1呈现的内容便有抵牾之处。这一细微的矛盾点表明，虽然四方天宫取象与五行的联系十分显著，但龟蛇合体形象恰非源自五行，而是阴阳之说。

阴阳是古人思考世界的基本方式，陈梦家曾指出商人就有"上下天土对立之观念，是为阴阳二极之张本"。[3]《尚书·周官》"立太师、太傅、太保，兹惟三公，论道经邦，燮理阴阳"，把天地视为阴阳的对应物。又，《国语·越语》中亦有"因阴阳之恒，顺天地之常"的记载。在古人意识中，阴阳不仅是宇宙的两大基本因子，也是包含世间所有对立存在的总概念。而龟蛇合体正是顺应了这种阴阳调和观，前引《玉篇》《周易参同契》即为从两性角度论证。又，《梦溪笔谈》载：

> 六气，六家以配六神。所谓青龙者，东方厥阴之气，其性仁、其神化、其色青、其形长、其虫鳞，兼是数者，唯龙而青者可以体之，然未必有是物也。其他取象皆如是。唯北方有二，曰玄武，太阳水之气也；曰螣蛇，少阳相火之气也。其在于人为肾，

1　葛兆光：《中国思想史》第1卷，第68~70页。

2　前四条引自许维遹《吕氏春秋集释》，第5、83、133、155页，但对孟冬其虫介的注解仅有"介，甲也，象冬闭固，皮漫胡也"一句，按前文体例应脱漏"介虫龟为之长"句，据《淮南子》注可证，见何宁《淮南子集释》，第421页。

3　陈梦家：《古文字中之商周祭祀》，《陈梦家学术论文集》，中华书局，2016，第22~26页。

肾亦二，左为太阳水，右为少阳相火，火降而息水，火腾而为雨露，以滋五脏，上下相交，此坎离之交以为否泰者也，故肾为寿命之藏。[1]

这里"玄武"与"腾蛇"并列，表明作者将玄武视为单一龟形，而用阴阳解释龟蛇合体的成因，并将天象与人体对应，更进一步说明了古人在气化宇宙观背景下，以阴阳解释万物的模式。龟蛇构成的玄武形能被古人理所当然地接受，正是源于这一基本而深刻的知识背景。

另一个有趣的发现是，除麒麟与玄武外，在一些明确表现北宫象的文物上出现了其他"标新立异"的图像。如河北省满城中山靖王刘胜与其妻窦绾的合葬墓中，出土一件铸有四灵纹饰的镀银青铜博山熏炉，炉身四周依次透铸有龙、凤、虎和骆驼图案，其排列次序显示了它们具有方位意义。[2]骆驼并非源自中原本土，而是从西北地区经由丝绸之路传入，以骆驼代表北方的例子十分罕见，可能正因骆驼与北方的密切关联，使之成为北方的象征。又如河南永城柿园梁王墓主室顶部绘有一组巨幅四灵图，分别为青龙、朱雀、白虎和白虬，此处便是用白虬代替玄武作为北方神兽。[3]这些例子提示了一个关于"确定

知识"与"溢出知识"间的互动关系。受笛卡尔对知识确定性追求的启发，笔者提出"确定知识"这一概念，不过二者在范围和意义上均有明显区别。笛卡尔针对怀疑论者提出的"确定知识"在哲学层面具有认识论意义；而本文"确定知识"的含义指的是在知识社会史领域中被知识精英阶层创造或归纳、被统治者认可并赋予权威、传世经典文献有载且具有社会公约性的知识，青龙、白虎、朱雀、玄武这组四象即属这一范畴。所谓"溢出知识"则与"确定知识"相对，它们溢出于确定知识体系之外并具有强烈个性化表达的特征。对"确定知识"及"溢出知识"间关系的探究，显示了文化和知识的生成与发展具有相当的弹性空间，具有多元而复杂的面向。

天水博物馆藏有一块定名为"四神图"的画像砖（图15），时间断代为东汉。其中龙与雀容易辨认。与雀相对的龟双臂张开，姿势夸张，造型奇特，形似蛤蟆，与龙相对的图案残缺不全，不过从遗留部分来看是虎的可能不大，且大角羊取代麒麟被置于画像砖的中部。无论是奔放的龟形还是用大角羊象征中宫，都具有典型而浓厚的北方文化特征。再如骆驼城苦水口1号魏晋墓出土的朱雀玄武图彩绘砖（图16），以红、黑两色绘一仰首、高冠、

1　（宋）沈括：《梦溪笔谈》，施适校点，上海古籍出版社，2015，第50页。

2　中国社会科学院考古研究所：《满城汉墓发掘报告》上册，文物出版社，1980，第253~257页。

3　郑清森：《永城汉墓壁画揭取记》，《文物天地》1996年第4期。

长尾的大鸟，背伏一龟，左绘云气，这一构图灵感显然也源自当地民众对四象的认知，并根据自身理解将这些文化元素进行了自由组合。

"溢出知识"并非"确定知识"的否定和反叛，而是创新和发展，如果把"确定知识"作为文化主动脉的话，那么旁溢于主流知识之外的"溢出知识"则可看作"文化的毛细管"。福柯（Michel Foucault）的一大贡献在于其不仅关注权力在公开大场面上的表现，也注意到权力在微小、隐秘空间中的作用，王汎森在此基础上提炼归纳出"权力的毛细管作用"这一说法。[1]文化亦然，大众对"确定知识"

图 15　天水博物馆藏四神图画像砖　（笔者摄）

图 16　骆驼城苦水口 1 号墓朱雀玄武图彩绘砖　（笔者摄）

接受的时地和程度均有差别，根据当地文化特色，在对知识有了充分理解后对其进行适当改造，一方面说明了知识流布广、活性高；另一方面，被改造后的知识能够真正融入当地社会并进一步促进其传播。"确定知识"若真呈现一种确定不移、边界分明的闭合状态，注定会是一潭死水，"溢出知识"作为"文化的毛细管"，正是文化生命力的体现。

《太平广记》中载有一则有趣的材料，摘录如下：

> 殿中侍御史杜昕常使岭外，至康州，驿骑思止，白曰："请避毒物。"于是见大蛇截道南出，长数丈，玄武后追之。道南有大松树，蛇升高枝盘绕，垂头下视玄武。玄武自树下仰其鼻，鼻中出两道碧烟，直冲蛇头，蛇遂裂而死，坠于树下。[2]

作者将蛇和玄武分开表述说明二者不同，并还有敌对之义。若将玄武当作龟，按理追击速度应该不敌行动灵活的大蛇，且从驿骑所言判断该玄武为"毒物"，亦与之前我们对玄武的认知有差，但这个立异的故事为后人对玄武形象的探索提供了更多想象的空间。再如陈淳《北溪字义》：

1　王汎森：《权力的毛细管作用：清代的思想、学术与心态》（修订版），"序论"，台北：联经出版事业股份有限公司，2014。

2　《太平广记》卷四五七，中华书局，1961，第 3742 页。

世俗事真武，呼为真圣，只
是北方玄武神。真宗尚道教，避
圣祖讳，改玄为真。北方玄武乃
龟蛇之属，后人不晓其义，画真
武作一人散发握剑，足踏龟蛇，
竟传道教中某代某人修行如此。[1]

道教兴起后将四象纳入其中，玄武成为道
教北方神，为避讳改称真武。陈淳为南宋
时人，世人不知玄武之义，以为是一散发
之人手握利剑、足踏龟蛇的形象，甚至为
道教修行者所效法。玄武文化发展延续两
千余年，从单一龟或龟蛇合体到道教北方
神，直至今日仍有余绪，广西壮族现还保
留着以玄武作"念咒恩爱符"的传统（图
17）。[2] 作为文化的遗存，这一将玄武视成
男女恩爱象征的做法，正说明了这一合体
的产生由来有自。

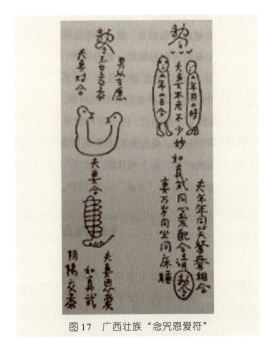

图 17　广西壮族"念咒恩爱符"

余　论

本文以作为星宫四灵之一的玄武为研
究对象，利用较为零散的考古及文献材料
分别从前玄武时代（麒麟作为北宫象的时
代）、玄武代麟、龟蛇合体三个方面进行探
讨，力图构建一个微观知识社会史的丰富
面貌。无论最终是否成功，在写作过程中，
笔者都力图在以下两个方面做出尝试。

一是打破学科内部边界，还原一个多
元互动的历史原境。政治、文化、地理、
天文、伦理、生死观本是相互连接、不可
分割的统一整体，因学科内部专业方向细
分，造成研究者"偏安一隅"，流失了诸多
精彩的历史细节。对一个时代的历史图景
的深入探察，有助于真正把握该时代的节
奏和脉动，并在具体问题的研究上找到接
近真实的答案。

二是充分且平等地利用图像和文字材
料。这里强调"平等"是因目前大多历史
研究者仍将图像作为文献的补充，图像和
文献的地位有别。图像本身也有逻辑，以
本文写作为例，出土的图像资料和文物弥

1　（宋）陈淳：《北溪字义》，中华书局，1983，第64页。

2　这一例子见于王小盾《四神：起源与体系形成》，上海人民出版社，2008，第165页。

补了先秦史料不足，作为直接证据构建了一个鲜为人知的文化史断面：麒麟曾作为北宫之象。另，图像、器物本身的生动性和丰富性具有文献材料无可比拟的优势，为我们展现了同一时代不同地区及同一地区不同时代文化主流与暗流交汇互动的精彩态势，亦勾勒出知识生成与流变、被接受的历史轨迹。

图像、出土文物和史料都是历史研究的证据，是思想表达的基本方式。不过正如彼得·伯克在《图像证史》中所指，将图像当作历史证据来使用，但也要警惕其中潜在的陷阱，比如是否存在对图像的过分解读，如何看待"特异性"与谱系建构之间的关系等。以传统文本为主要研究对象的历史学家与艺术史工作者如何在基于各自学科立场上尽量避免"以图证史"与"以史证图"两种倾向仍需建设性反思。所谓的"以图证史"其实是将图像作为另一种文本，以往学界对器物的研究常囿于物质文化史或艺术史的范畴，因而要努力超越文本性与物质性，从知识—信仰—制度整体上思考图像和器物在历史语境中的意义。[1]

以北宫象为中心做一项知识社会史个案考察，从某种意义上而言，笔者的这种尝试类似于"知识考古"，为解释之便，笔者提出"确定—溢出"论，将无法直接解释的现象归入"溢出知识"一类，虽看到了知识呈现的多元性，实则仍是对问题的简单化处理。现存材料所能呈现的文化史或知识社会史有时并非完全连续，甚至是断裂的，福柯在《知识考古学》中写道：

不连续的概念是一个悖论的概念：因为它既是研究的工具，又是研究的对象，它确定自己成为其结果的领域。因为它可以使各种领域个体化，而人们却只能在它们的对比中建立这种不连续性。总之，因为它可能不仅是出现在历史学家话语中的概念，而是历史学家们私下假设的概念。……这种不连续的位移无疑是新历史的最基本的特征之一：从障碍到实践中；介入到历史学家的话语中，它在这一话语中不再充当应该抑制的外界必然性的角色，而是起着人们使用的行动概念的作用；并且借助于由此产生的符号的倒置，它不再是阅读历史作品中的消极面（历史的反面、它的失败、它的能力的局限），而是成为积极因素。这个积极因素决定着自己的对象，并

1　余欣：《物质性·仪式性·艺术表现：中古中国佛教籍经具的博物学解读》，"复旦大学中古中国研究前沿讲座之三十九"，上海，2017 年 9 月 7 日。

使得对它的分析更为有效。[1]

看到历史的"不连续"及"断裂",既是对整体史研究及以"后见之明"构建历史脉络行为的警惕,也是对历史复杂性的深刻理解。同样,笔者不得不承认知识史研究过程中的困难之处,不仅要关注时间和空间,而且仍需要对以下问题做进一步思考:知识生成、演变与接受过程之间是否存在断裂,知识的地方化与去地方化的关系为何,知识的隐藏、摧毁和抛弃又是如何展开的,等等。

1 〔法〕米歇尔·福柯:《知识考古学》,谢强、马月译,三联书店,2007,第9页。

织妇何太忙
——汉画纺织图中的女性角色

■ 宫颖慧（南开大学历史学院）

汉代画像材料中的纺织图集中发现于鲁南、苏北、皖北地区，四川地区也有所发现。这些纺织图的创作年代均为东汉时期。目前大多数"纺织题材"汉画像石被收录在《中国画像石全集》[1]、《山东汉画像石选集》[2]、《滕州汉代祠堂画像石》[3]等图录类书籍中。大多数学者认为"纺织题材"画像石反映的是当时真实的社会生活。例如，李锦山将"纺织图"归入社会生活类图像，认为其与表现庖厨、冶铁、农耕等

画面的画像石属于同一类。[4] 尤振尧从徐淮地区出土的几幅"纺织题材"画像石中反映的纺织技术、生产工具、织物种类以及劳动组织形式等方面来探讨该地区的农业生产情况。[5] 有的研究通过"纺织题材"画像石来考察汉代的纺织工具，有的研究还进一步探讨当时的纺织技术及纺织业发展情况。例如宋伯胤和黎忠义、夏鼐以及赵丰等人先后利用"纺织题材"画像石中的织机图像研究当时的织机构造，并进行

1　《中国画像石全集1·山东画像石》收录了2块"纺织题材"汉画像石的基本信息，参见中国画像石全集编辑委员会编《中国画像石全集1·山东画像石》，山东美术出版社、河南美术出版社，2000，第5、29页；《中国画像石全集2·山东画像石》收录了4块"纺织题材"画像石的基本信息，参见中国画像石全集编辑委员会编《中国画像石全集2·山东画像石》，第155~156、160、208页；《中国画像石全集4·江苏安徽浙江画像石》收录了6块"纺织题材"汉画像石的基本信息，参见中国画像石全集编辑委员会编《中国画像石全集4·江苏安徽浙江画像石》，第33、64~65、115、132、138页；《中国画像石全集7·四川画像石》收录了1块"纺织题材"画像石的基本信息，参见中国画像石全集编辑委员会编《中国画像石全集7·四川画像石》，第38页。

2　《山东汉画像石选集》收录了5块"纺织题材"画像石的基本信息，参见山东省博物馆、山东省文物考古研究所编《山东汉画像石选集》，齐鲁书社，1982，图版第96、113、119、138、152页。

3　《滕州汉代祠堂画像石》收录了7块"纺织题材"汉画像石的基本信息，参见滕州市政协文史委编《滕州汉代祠堂画像石》，中国文史出版社，2007，第6、16、28、39、47、52、87页。

4　李锦山：《鲁南汉画像石研究》，知识产权出版社，2007，第57~65页。

5　尤振尧：《从画象石刻〈纺织图〉看汉代徐淮地区农业生产状况》，《古今农业》1990年第1期。

复原设计；刘兴林利用"纺织题材"汉画像石研究汉代的纺线和绕线工具。[1] 孙毓棠、吴文祺等人在利用汉画像石讨论汉代的织机构造和纺织过程的基础上，进一步探究了当时手工业的发展状况。[2] 这些研究成果使得我们对汉代织机构造、纺织技术以及纺织业发展情况的认识越来越清晰。以上两个方面的研究都是在将"纺织图"归为反映社会生活类图像的基础上进行的。笔者认为，"纺织题材"汉画像石不是对真实纺织场景的简单反映，而是通过各种符号组合来营造一个"女性空间"，程式化地表达了理想女性所应该扮演的角色。因此要想了解这类画像石的文化内涵，就应当准确理解其中的女性角色所体现的文化意义，这就必须首先对其构图元素及其组合形式进行分析，了解其中所内含的观念之生成和建构的文化机制。

一 单个女子纺织图中的女性角色

纺织工具与女子形象是构成汉画像石纺织图像的核心要素，只有同时具备了这两点才能被称为纺织图。不同的空间位置可能会赋予同一题材画像石不同的内涵。诚如邢义田先生所言："讨论格套和创作变化之间的关系，还须注意到构成格套的单位和同一题材画像在整个建筑中的位置。"[3] 只有在纺织图所处的空间环境中对其含义进行分析，才能真正地明了其中刻画的女性角色。因此在分析构图元素组合的同时要注意空间特点。

迄今为止，由单个女子和单架纺织工具组成的纺织图只在祠堂画像石上发现了两幅（图1、图4）。黄家岭纺织图（图1）发现于祠堂后壁中部。它的出现，首先反映出当时"女"与"织"二者之间已经紧密结合，"织"成为女性身份和角色的标志。文献中"夫男耕女绩，天下之大业也""妻者……经理蚕织，垂统传重，其为

图1 滕州黄家岭纺织图大图

（山东省博物馆、山东省文物考古研究所编《山东汉画像石选集》，图版第152页）

1 宋伯胤、黎忠义：《从汉画像石探索汉代织机构造》，《文物》1962年第3期；夏鼐：《我国古代蚕、桑、丝、绸的历史》，《考古》1972年第2期；赵丰：《汉代踏板织机的复原研究》，《文物》1996年第5期；刘兴林：《汉代的纺线和绕线工具》，《四川文物》2008年第4期。

2 孙毓棠：《战国秦汉时代纺织业技术的进步》，《历史研究》1963年第3期；吴文祺：《从山东汉画像石图象看汉代手工业》，《中原文物》1991年第3期。

3 邢义田：《汉碑、汉画和石工的关系》，《故宫文物月刊》（台北）第14卷第4期，1996，第44~58页。

恩笃勤至矣"等记载均将纺织视为女性的
"天职"。[1] 班昭所著的《女戒》称"专心纺
绩,不好戏笑,洁齐酒食,以奉宾客,是
谓妇功",[2] 明确地将纺绩定位为妇功之首。
女子从事纺织产出的布匹可以满足家庭基
本的生活需要,当有盈余时,还可以参与
到市场流通之中,为家庭带来收入。它是
家庭经济的重要组成部分。汉代人将女子
纺织的图像雕刻在祠堂上,表达了对女性
应当承担的经济角色的期待。

其次,黄家岭祠堂纺织图与武库、水
榭等图像相伴出现,这种构图模式并非个
例。滕州龙阳店纺织图、滕州西户口纺织
图等多幅画像石中均有类似画面出现(图
2、图3),是该地区祠堂后壁画像石中较
为常见的组合之一。[3] 这种模式展现出该地
区对当时两性角色的刻画。石工将"纺织
图""武库图"固定化格式化之后,赋予
其新的内涵——以纺织来象征女子的身份,
以武库来象征男子的身份。二者各司其业,
各有其职。"纺织图"对女性角色的建构并
非单独完成,而是建立在其与"武库图"
中男性角色互补的基础之上。女性角色中
的阴柔特质在与男性角色的对立中、与水
榭图像的共存中得到了淋漓尽致的体现。

除此之外,从事纺织工作可以对女性

图 2　滕州龙阳店纺织图

(中国画像石全集编辑委员会编《中国画像石全集 2·山东
画像石》,第 155 页)

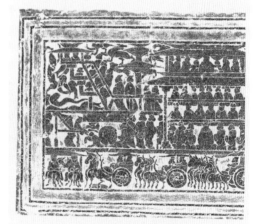

图 3　滕州西户口纺织图

(中国画像石全集编辑委员会编《中国画像石全集 2·山东
画像石》,第 208 页)

1　王利器校注《盐铁论校注》,中华书局,1992,第 172 页;(汉)应劭撰,王利器校注《风俗通义校注》,中华书局,
　　1981,第 142 页。

2　《后汉书》卷八四《列女传》,中华书局,1965,第 2789 页。

3　陈秀慧认为滕州地区祠堂具有自己的地域子传统,其中以滕州—桑村样式最为典型。纺织图、武库是年代较晚的滕州—桑
　　村样式中共有的题材。参见陈秀慧《滕州祠堂画像石空间配置复原及其地域子传统(下)》,朱青生主编《中国汉画研究》
　　第 4 卷,广西师范大学出版社,2011,第 248~266 页。

的道德起到净化作用。文献记载中的纺织活动常常是女性安于贫困、品行高洁的象征。例如楚接舆妻"……戴纴器，变名易姓而远徙，莫知所之"；[1] 白公之妻"守寡纺绩，吴王美之，聘以金璧，妻操固行，虽死不易，君子大之，美其嘉绩"；[2] 鲁秋洁妇"采桑力作，纺绩织纴，以供衣食，奉二亲，养夫子"；[3] 梁鸿妻与夫"……深隐，耕耘织作，以供衣食"。[4] 这里的纺织活动既是谋生的手段，更是一种证明自己品德的方式。儒家思想认为纺织是女性取得"清闲贞静，守节整齐，行己有耻，动静有法"[5] 德行的必要条件。从这个角度来讲，祠堂上的纺织图体现了对女性良好品质的要求和期待。

以上内容是对黄家岭女性纺织画像基本含义的分析。而孝山堂纺织图位于祠堂隔梁的底面，它属于信立祥先生划分出的天上世界。该横梁画像石的全貌是底面绘有日、月、北斗、河鼓（牛郎）、牵牛（牛宿）、织女星宿，其中织女星宿下配有一女子坐于织机上纺织的图像。织机、女子、星象等元素共同构成一幅"牵牛织女"主题纺织图（图4）。这一主题纺织图明显有其文本或民间传说原型。

在睡虎地秦简《日书》甲种中，有两简明确提到牵牛和织女的故事。分别是155简正面文字"戊申、己酉，牵牛以取织女，不果，三弃"，[6] 以及第三简"戊申、己酉，牵牛以取织女而不果。不出三岁，弃若亡"。[7] 赵奎夫认为简文表明在先秦时期牵牛织女已是夫妻关系。[8]《文选》李善

图4　长清孝山堂纺织图大图

（傅惜华、陈志农、陈沛箴：《山东汉画像石汇编》，山东画报出版社，2012，第23页）

1　张涛：《列女传译注》，山东大学出版社，1990，第82页。

2　张涛：《列女传译注》，第153页。

3　张涛：《列女传译注》，第186页。

4　张涛：《列女传译注》，第337页。

5　《后汉书》卷八四《列女传》，第2789页。

6　睡虎地秦墓竹简整理小组：《睡虎地秦墓竹简》，文物出版社，2001，第206页。

7　睡虎地秦墓竹简整理小组：《睡虎地秦墓竹简》，第208页。

8　赵奎夫：《由秦简〈日书〉看牛女传说在先秦时代的面貌》，《清华大学学报》2012年第4期。

注引《天官星占》云："牵牛，一名天鼓。不与织女直者，天下阴阳不合。"再引曹植《九咏注》："牵牛为夫，织女为妇……七月七日，乃得一会。"[1]《开元占经》引《黄帝占》云："牵牛不与织女直者，天下阴阳不合。"[2]星象学上将牵牛星和织女星与阴阳结合起来，运用"天人感应"思想将其对应到人间反映男耕女织的阴阳互补关系，同时也凸显了女性纺织的神圣性。

画像中织女星宿表现为一女子正在织机上织作，直接将织女星宿人格化。这种刻画方式与文献记载中织女的神性相符合。[3]将纺织画像刻画在天象图之中，意味着将女子纺织上升到了天道的高度，天是高高在上的，无所不能的，天的意志人们必须毕恭毕敬地遵循。从这个意义上来说，孝山堂纺织图中透露出纺织成为女子的义务，是女子所必须遵守的上天赋予的职责。

牵牛织女神话的另一位主角牵牛的拟人形象并未出现在画像石上，但这并不影响我们对该画像石另一含义的判断。同主题的陕西省靖边县杨桥畔渠树壕墓中壁画对织女和牵牛的刻画极为生动。织女星由三角形的星座相连，织女在其下方端坐于织机之旁。牵牛星三星一字相连，牛郎跪坐在其下，手牵一头白色公牛（图5），[4]体现出强烈的男耕女织色彩。这说明两汉时期耕种和纺织是普通家庭赖以维持生计的手段。妻子从事纺织活动，与丈夫共同承担家庭经济的运转。这体现出了妻子相夫的角色，她要以纺织的方式，减轻丈夫的经济负担，满足家庭日常开销。

总之，在汉代人心中，女性专心纺绩才能拥有一系列的高洁品行，而只有拥有了美好的品德，才能扮演好社会赋予她的角色。从事纺织活动是女子扮演好其他社会角色的前提。因此汉画纺织图并不是日常纺织活动的再现，而是将其符号化之后，

图5　陕西渠树壕壁画墓纺织图（墓室壁画）
（徐光冀主编《中国出土壁画全集·陕西卷上》，第48页）

1　（三国魏）曹植：《洛神赋》，（南朝梁）萧统编，（唐）李善注《昭明文选》卷一九，中华书局，1977年影印本，第271页。

2　（唐）瞿昙悉达：《开元占经》卷六一《牵牛占二》，岳麓书社，1994，第620页。

3　《山海经》载："又东五十五里曰宣山，沧水出焉，东南流注于视水，其中多蛟，其上有桑焉，大五十尺，其枝四衢，其叶大尺余，赤理黄花青柎，名曰帝女之桑。"参见袁珂译注《山海经全译》，贵州人民出版社，1997，第171页。王孝廉在《牵牛织女的传说》一文中写道："依郭璞注此桑所以名为帝女之桑是由于'帝女主桑'的缘故，也就是说司桑的女神是帝女。"他认为帝女就是织女，织女是桑蚕神兼纺织神，织女星宿名称与古代女子以纺织为业有关。参见王孝廉《中国的神话与传说》，台北：联经出版事业公司，1977，第178~185页。

4　徐光冀主编《中国出土壁画全集·陕西卷上》，科学出版社，2012，第48页。

转变为一个教谕故事，谆谆教诲女性主动扮演一个具有优秀品质的家庭内部的经济角色和相夫角色。

二　多个女子纺织图中的女性角色

在单个女子纺织图之外，还存在着一种由多个女子、多种纺织工具组成的群体纺织的景象。我们把这种类型的纺织图称为"纺织群像"主题。该主题纺织图在反映上述两种女性角色之外，还具有其他含义，而这种特殊意义要在对其所处的空间位置及与其他题材图像的排列组合的分析中才能呈现。不同的分布位置的"纺织群像"纺织图表达女性角色的侧重点略有差异。目前发现的"纺织群像"多出现在祠堂画像石上，只有徐州地区发现有墓葬纺织图一石。画像所处的位置往往会决定其功能和意义。因此，有必要分别对祠堂"纺织群像"和墓室"纺织群像"进行分析。

祠堂"纺织群像"主题纺织图在地域上分布于现滕州、徐州、宿州地区。它们均采用浅浮雕的雕刻技法，但在雕刻风格和内容上有所差异，显示出不同的地域子传统。徐州地区祠堂"纺织群像"与宿州地区较为类似，可以视为一个分区，暂且将该区图像命名为 AⅠ 型"纺织群像"（图6-1~图6-6）。滕州地区与之稍有不同，故将其命名为 AⅡ 型（图8-1~图8-5）。

AⅠ 型"纺织群像"的最大特点在于画面中心女性被刻画得特别高大，与两边纺织女子的体型明显不同。信立祥认为"双层楼阁是墓地中祠堂一类的祭祀性建筑，楼阁下层的拜祭对象分别是祠主和他的在世子孙，楼阁二层正面端坐的妇女是祠主的妻妾"。[1]AⅠ 型"纺织群像"虽然位于阁楼一层而非二层，但这并不影响我们对图中织女身份的判断。诚如信立祥所言，画中女子的身份当是墓主人的妻妾，而位于画面中间，体型最大的女性应为墓主人的妻子。由此我们可以看出 AⅠ 型"纺织群像"在对单个女性纺织符号进行组合的同时，赋予了这些女性不同的身份。妻子位于整幅画像最主要的位置，主导着纺织工作的进行。家内其他女性要在妻子的指挥下进行共同劳动。墓主人的妻子是家内经济活动的组织者和领导者，其余女性是家内经济活动的参与者。此纺织图借助各种纺织工具符号，刻画出人们心目中理想的家庭内女性之间的关系和分工。

AⅠ 型"纺织群像"的第二个特点在于它与建筑的特殊关系。上文在分析单独女子纺织图时已经提到其中所蕴含的道德价值。以建筑为边界的"纺织群像"画像石就是一个以女性为主体的密闭空间。以保存较为完好的宿州褚兰胡元壬祠堂后壁画像石为例（图7-1）。中心楼阁包括楼上楼下两个部分。建筑的上层属于男主人，他在那里接受来访宾客的祭拜；建筑物下

1　信立祥：《汉画像石综合研究》，文物出版社，2000，第101~102页。

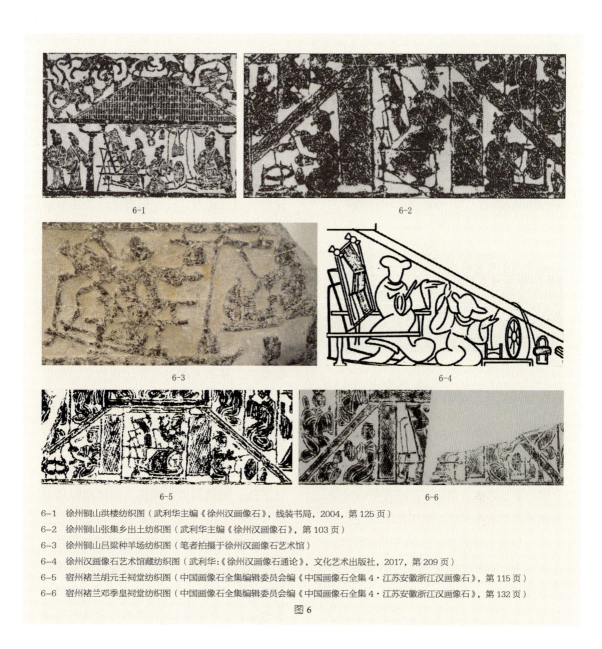

6-1　徐州铜山洪楼纺织图（武利华主编《徐州汉画像石》，线装书局，2004，第 125 页）
6-2　徐州铜山张集乡出土纺织图（武利华主编《徐州汉画像石》，第 103 页）
6-3　徐州铜山吕梁种羊场纺织图（笔者拍摄于徐州汉画像石艺术馆）
6-4　徐州汉画像石艺术馆藏纺织图（武利华：《徐州汉画像石通论》，文化艺术出版社，2017，第 209 页）
6-5　宿州褚兰胡元壬祠堂纺织图（中国画像石全集编辑委员会编《中国画像石全集 4·江苏安徽浙江汉画像石》，第 115 页）
6-6　宿州褚兰邓季皇祠堂纺织图（中国画像石全集编辑委员会编《中国画像石全集 4·江苏安徽浙江汉画像石》，第 132 页）

图 6

层属于女主人，她被希望在这里组织家内纺织活动。建筑分隔出一个纯然女性的空间，在这里她可以不与丈夫之外的其他男性接触，获得身体上的纯洁性，从而扮演起"洁妇"的角色，更加符合儒家思想对女性的要求。建筑的这种特殊作用，在江苏铜山洪楼纺织图中得到了更加清晰的体现（图 7-2）。祠堂后壁双层的中心楼阁在洪楼纺织图中变成了两座并列的建筑。右侧建筑中男墓主人正在与来访宾客一起欣赏建筑之外的歌舞杂技，男主人虽然身处建筑之内，但是他的关注点和活动是外向的；另一栋建筑中的女墓主人正在络架前调丝。虽然乐舞表演与女主人只有一柱

7-1

7-2

7-1　宿州褚兰胡元壬祠堂纺织图大图（中国画像石全集编辑委员会编《中国画像石全集4·江苏安徽浙江汉画像石》，第115页）

7-2　徐州铜山洪楼纺织图大图（武利华主编《徐州汉画像石》，第125页）

图7

之隔，但她的坐姿和目光并没有看向表演，而是看向了正在从事纺织工作的两位女子。三位纺织的女性的姿态反映了她们的关注点在室内。男女之间的内外秩序通过他们的肢体语言跃然呈现。建筑作为有形的界限保护女性不受外来侵犯，并将女性的各种角色限定于家内。

分布于滕州地区的 AⅡ型"纺织群像"大多无建筑边界（图8-1~图8-4）。没有刻画建筑并不意味着外部对女性的限制消失，而可能是有形的建筑已经变为内在

的自我道德约束，不再需要外部规范。当然这种构图方式并不是绝对的，在滕州宏道院纺织图上（图8-5），我们仍可见到建筑的残影。我们可以看出建筑的存在与否并不影响对女性扮演"洁妇"角色的要求。

结合 AⅡ型"纺织群像"与其他题材画像石组合来看。没有刻画建筑的该型画像石下层均为车马出行图（图9）。信立祥认为，配置在祠堂后壁"祠主受祭图"下方的车马出行图像表现的是祠主为接受子孙祭祀，从地下世界赴墓地祠堂途中的场面。[1] 按照信立祥的看法，"纺织群像"主题画像石下层车马行进的目的地明显是中心楼阁。墓主人的车马在门楼停止，那里有专门的侍卫在恭候他们，接着在仆从带领下，经过摆满了武器的前院，男墓主人到达了中心楼阁接受来访宾客的祭拜。而女墓主人的旅程还未结束，后院才是她的目的地。祠堂后壁中间高大的楼阁阻挡了男性来访者的视线，而女性来访者则拥有进入后院的资格，和生前那样相伴纺织。纺织画面中没有将女主人的身形刻画得特别庞大，而是让她隐藏在众多女性之间。图像要突出的并不是居于主人地位的墓主妻子在家庭内部分工中的地位，而是所有女性对纺织活动的参与，强调纺织本身对女性角色的重要性。例如西汉昭、宣时大臣张安世贵为公侯，食邑万户，"身衣弋绨，夫人自纺绩"。[2] 中郎将杨恽"身率妻

1　信立祥：《汉代画像中的车马出行图考》，《东南文化》1999年第1期。

2　《汉书》卷五九《张汤传》，中华书局，1962，第3652页。

8-1

8-2

8-3　　　　　　　　　　8-4　　　　　　　　　　8-5

8-1　滕州龙阳店纺织图（中国画像石全集编辑委员会编《中国画像石全集 2·山东画像石》，第 156 页）
8-2　滕州市滨湖镇三山村纺织图（滕州市政协文史委编《滕州汉代祠堂画像石》，第 6 页）
8-3、8-4　滕州汉画像石馆藏纺织图（笔者拍摄于滕州汉画像石馆）
8-5　滕州宏道院纺织图（傅惜华、陈志农、陈沛箴:《山东汉画像石汇编》，第 9 页）

图 8

子，戮力耕桑。灌园治产，以给公上”。[1]
这都表明纺织是社会各阶层女子的共同职
任。对于不需要以纺织为生的富家女性来
说，纺织活动可以让她们体会到劳动人民
的辛苦，从而保持勤俭的美德；同时这也
是她们彰显自己品质的重要手段，通过这
种具有象征意义的活动，她们主动自我修

饰，自我规训，成就自己的社会角色。将
这种礼仪刻画在画像石上，表明了整个社
会对女性角色的共同期待。

　　B 型“纺织群像”目前只在徐州地区
的汉代墓葬中发现一幅（图 10）。位于墓
室之中的汉画像石，存在于地下的封闭空
间之中，它已经不是为生者服务的观赏性

1　《汉书》卷六六《杨恽传》，第 3895 页。

图 9　滕州龙阳店纺织图大图

（中国画像石全集编辑委员会编《中国画像石全集 2·山东画像石》，第 156 页）

图 10　邳州白山崮子纺织图

（武利华主编《徐州汉画像石》，第 102 页）

图画，而是为墓葬内部死者服务的象征性图像。墓葬中的纺织图就是为了满足墓主人的需要才存在的。墓主人的需求总的来说可以归纳为两方面：其一是在地下世界继续生活，其二是继续追寻自己的升仙梦想。因此墓室纺织图不外乎为这二者服务。只要断定了纺织图的性质，女性在其中扮演的角色就不言自明了。

邳州白山崮子纺织图被刻画在前室北壁的东面画像石的第一层，表现的是后室中女性纺织的画面。此石共有三层，第二层表现的是女子歌舞奏乐的场景，第三层刻画了车马出行图。该画像石中没有任何与升仙有关的符号。因此推断这幅纺织图是对生前纺织活动的一种模拟。汉代有"事死如事生"的观点，墓葬因此有宅第化的倾向。墓葬画像石上纺织的女性、从事娱乐活动的女性以及车马都是为了满足墓主人继续生活而存在的。这说明地下和世间有着同样的家庭结构与生活理想。

三　刻画儿童符号的纺织图中的女性角色

汉画纺织图中常常还会出现儿童的形象。根据儿童形象的不同，可分为 A、B 两型。A 型儿童年纪较大，可以站立于织机旁边。B 型儿童年纪较小，尚在襁褓中或匍匐于地。陈长虹曾推测纺织图中儿童的形象源于孟子。这有一定的根据。纺织图像中的 A 型儿童以孟母教子故事中的孟子为原型，但在石工传抄过程中，其身份逐渐模糊，成为一般儿童的象征符号。B型儿童图像尚未达到孟母教子故事中孟子的年纪。因此其原型并非孟子，而是年龄较小的幼儿。由 A 型或 B 型儿童符号加上单纯的女子纺织画面就组成了不同类型的"慈母"主题纺织图。

"慈母"主题 A 型纺织图中除了教子情景之外还有其他纺织女性的存在，这种差异可能与当地的石工团体有关（图 11-1~图 11-5）。邢义田认为："一些有名的师傅，各方争相礼聘，不仅可能自主创作，甚至可能带动流行，建立典范，形成传统。"[1]制造滕州地区画像石的石工团体可能受到了"孟母教子"故事的影响，在创作时，他们并没有完全按照文献中记载的故事进行刻画，而是将"孟母教子"主题与滕州地区十分流行的"纺织群像"主题结合起来，将母亲与幼子的交流融入纺织的过程中，借此展现母亲的责任。两汉时期断织故事并非孟母的专利，乐羊子之妻也以断织劝诫乐羊子不可放弃学业。[2]图像和文字资料中的织机已经不仅仅是一种纺织工具，其中更是蕴含了道德价值，母亲的慈与妻子的贤正是通过对织机的刻画和描述来展现的。通过对织机的刻画，要求母亲承担起教育者的角色。

"慈母"主题 A 型纺织图大部分被刻画在祠堂画像石上。上文已经提到祠堂画像石具有较为浓厚的劝诫意味，将体现母

亲职责的图像刻画在祠堂上，精心劝诫家族中的女性时刻谨记自己的角色。它们与其他文献记载中的断织故事一起督促妇女成为能干的妻子、丈夫合适的助手以及孩子们智慧的母亲。

"慈母"主题 B 型纺织图中的儿童年龄明显更小，"孟母教子"故事中的孟子年龄再小也不会是一个尚在襁褓中的婴儿（图 12-1、图 12-2）。这两幅画像石已经与"孟母教子"故事有较大的差异。画面突出的已经不是母亲对儿子的教化，而是母亲在纺织的同时也要哺育婴儿，强调的是主妇纺织与育儿的双重义务。属于 B 型"慈母"主题纺织图的贾汪区青山泉纺织图画像石（图 12-1）下层刻建筑，有二人坐于榻上，旁边有卸下的马车。建筑图像将纺织活动与交际活动分成了两个部分，纺织是在建筑之后进行的。男子在前堂与来访的宾客交谈，女子在后室纺织，照顾婴儿，体现了"男子居外，女子居内"的夫妇之礼。B 型纺织图都被刻画在墓葬画像石上，墓葬画像石着重表现的是逝者曾经拥有过或者希望过上的生活，这是当时人们共同期盼的理想生活。建筑将内外隔成不同的生活领域，女性在家内领域中扮演妻子、母亲的角色，而男子则可以从事家外领域的交际活动。这幅画像石形象地反映出了当时社会对男女两性扮演角色的规范和期望。

1　邢义田：《汉碑、汉画和石工的关系》，第 44~58 页。

2　《后汉书》卷八四《列女传》，第 2791~2793 页。

11-1　滕州西户口村纺织图（中国画像石全集编辑委员会编《中国画像石全集2·山东画像石》，第208页）

11-2　滕州羊庄镇后台村纺织图（滕州市政协文史委编《滕州汉代祠堂画像石》，第87页）

11-3　滕州造纸厂纺织图（李锦山：《鲁南汉画像石研究》，知识产权出版社，2007，第81页）

11-4　滕州龙阳店纺织图（中国画像石全集编辑委员会编《中国画像石全集2·山东画像石》，第155页）

11-5　徐州汉画像石艺术馆藏纺织图（笔者拍摄于徐州汉画像石艺术馆）

图11

　　无论A型还是B型慈母类纺织图，其中的女性扮演的都是家内教育者的角色，它们着重表达的都是当时人心中的为母之道——宜子孙。"宜子孙"是当时人们的普遍愿望。刘向在《列女传·母仪传序》中提到"行为仪表，言则中义。胎养子孙，以渐教化"。[1]女性的价值很大一部分体现在其扮演母亲角色时对子女的教化。这种

1　张涛：《列女传译注》，第1页。

12-1   12-2

12-1 徐州贾汪区青山泉纺织图（武利华：《徐州汉画像石图像解读》，河海大学出版社，2015，第82页）
12-2 沛县留城收集纺织图（夏亨廉、林正同主编《汉代农业画像砖》，中国农业出版社，1996，第53页）
图12

教化始于孕期，母亲在怀孕期间，要重视胎教；[1] 在子女幼儿时期，母亲要做到宽仁慈惠，温良恭敬，慎而寡言；[2] 长大之后男子活动的中心是闺阁之外，父亲所发挥的功能便慢慢增长，但是他的母亲还会对他某些行为进行规劝。《列女传》一书中记载的齐田稷母劝诫已经做官的田稷子不要收受贿赂，[3] 山东嘉祥武氏祠榆母画像石反映了母亲对成年男子的教导。[4] 这两则事例都反映了即使在男子成年之后，母亲依然可以对其进行教育。当然母教并不是一无所求的，滕州西户口村纺织图就刻画出了母教的目的之一（图11-1）。该画像石纺车上方刻画了飞鸟，"雀"和"爵"在古汉语中可以相通假。有的画像石同时刻画猴子形象（图8-1），寓意为"封侯拜爵"。此类画像石反映了优秀的母教可以帮助孩子取得高官厚禄，体现出母亲对子孙未来的

---

1 刘向在《周室三母》中如是说："古者妇人妊子，寝不侧，坐不边，立不跸，不食邪味，割不正不食，席不正不坐，目不视于邪色，耳不听于淫声，夜则令瞽诵诗，道正事。如此，则生子形容端正，才德必过人矣。故妊子之时，必慎所感，感于善则善，感于恶则恶。人生而肖万物者，皆其母感于物，故形音肖之。"引自张涛《列女传译注》，第14页。

2 张涛：《列女传译注》，第191页。

3 张涛：《列女传译注》，第49~50页。原文如下："齐田稷子之母也。田稷子相齐，受下吏之货金百镒，以遗其母。母曰：'子为相三年矣，禄未尝多若此也。岂修士大夫之费哉？安所得此？'对曰：'诚受之于下。'其母曰：'吾闻士修身洁行，不为苟得。竭情尽实，不行诈伪，非义之事，不计于心，非理之利，不入于家，言行若一，情貌相副。今君设官以待子，厚禄以奉子，言行则可以报君。夫为人臣而事其君，犹为人子而事其父也，尽力竭能，忠信不欺，务在效忠，必死奉命，廉洁公正，故遂而无患。今子反是，远忠矣。夫为人臣不忠，是为人子不孝也。不义之财，非吾有也，不孝之子，非吾子也。子起。'田稷子惭而出，反其金，自归罪于宣王，请就诛焉。宣王闻之，大赏其母之义，遂舍稷子之罪，复其相位，而以公金赐母。君子谓稷母廉而有化。诗曰：'彼君子兮，不素餐兮。'无功而食禄，不为也，况于受金乎？"

4 《汉代武氏墓群石刻研究》云："伯榆伤亲年老，气力稍衰，笞之不痛，心怀楚悲。"参见蒋英炬、吴文祺《汉代武氏墓群石刻研究》，人民美术出版社，2013，第88页。《太平御览》卷六四九引《说苑》云："韩伯瑜有过，其母笞之，泣。其母问曰：'他日笞之未尝泣，今何泣？'对曰：'他日瑜得之常痛，今母力之衰，笞不痛，是以泣之。'"参见（宋）李昉等编《太平御览》，中华书局，1960，第2905页上。

深切关心。

汉代将母亲教训儿子的故事记在书籍中、刻在画像石上，反映出当时对这种行为的认同和提倡。"慈母"主题纺织题材汉画像石将当时人们心目中期待的母亲典范塑造成一个宜子孙的教育者形象。当然对婴儿的哺育也是母亲的重要职责，不过随着婴儿年龄的增长，其关注的目标逐渐转移到精神层面——重视对孩子道德价值观念的培育。

四 刻画成年男子符号的纺织图中的女性角色

上文提到，纺织图营造出的是一个纯然女性的空间。但这个空间并不排除拥有丈夫或儿子身份的男子。我们现在按照身份的不同将其中的成年男子符号分为两个类型。A 型成年男子形象以曾子为原型，是拥有儿子身份的男子。B 型是扮演丈夫角色的男子。不同类型成年男子的加入使得纺织图中的女性角色发生相应的改变。

A 型成年男子符号与单纯女子纺织图像共同构成"孝子"主题纺织图。根据武梁祠纺织图的"曾子质孝，以通神明，贯感神祇，著号来方，后世凯式，（以正）抚

纲"[1]的榜题，我们可以断定孝子的身份就是曾子。此外类似构图的"孝子"主题纺织图还见于江苏泗洪曹庙纺织图[2]、江苏徐州邳州炮车镇纺织图[3]。其中武梁祠"孝子"主题纺织图被刻画在祠堂上，江苏地区该主题的两幅纺织图分布在墓室中。我们仍然根据他们所处空间位置的不同，将武梁祠纺织图定为"孝子"主题 AⅠ型（图13），江苏地区纺织图定为"孝子"主题 AⅡ型（图14、图15）。

上文提到母亲的培养目标之一是可帮助子孙取得高官厚禄。AⅠ型"孝子"主题纺织图则反映了母亲作为教育者的另一种培养目标——像曾子一样的孝子。"孝子是父亲投入的资本从事旨在维护家族共同

图 13 武梁祠纺织图

（中国画像石全集编辑委员会编《中国画像石全集 1·山东画像石》，第 29 页）

1　巫鸿：《武梁祠——中国古代画像艺术的思想性》，三联书店，2006，第 199 页。

2　尤振尧：《江苏泗洪曹庙东汉画像石》，《文物》1986 年第 4 期。

3　武利华主编《徐州汉画像石》，第 101 页。

体的效益之生产的，成就并维护父亲的名声，从而光宗耀祖，这是孝子毕生奉行的义务。"[1] 被刻画在祠堂上的"孝子"纺织图反映了先人对子孙品德的要求。汉代的画像石、碑刻题记、铜镜铭文等多有"宜子孙"字样出现，无不表现了先人对子孙后代的殷切希望。[2] 为了实现这种愿望，汉人借助各种手段培养孝子，母教就是其中之一。通过各种经典对母亲角色进行规划和定义，再将其刻画在各种材质的媒介上并于全社会范围内大力宣传，通过各种手段强化女性对这种角色的认同。画像石上的孝子图承载的就是这种社会功能。

与"慈母"主题纺织图中母亲付出者的形象不同，曾母作为一位年长的母亲，是孝行的享受者。"资于事父以事母，而爱同"，说明作为孝养父亲的延伸，对于子女来说孝养母亲同样重要。[3] "昔者明王事父孝，故事天明；事母孝，故事地察"，[4] 对母亲的孝敬是子女必须担当的，天经地义，这不仅是一种德行，也是一种能力。随着已生育女性年龄的增长，其在家内的角色会逐渐发生变化。过去为家族绵延所做的一系列贡献，使得她们有资格享受子孙后

代的孝行。在家族中男性家长去世之后，她们甚至可以扮演"家族大家长"的角色，但即使由少妇变为年高德劭的长者，她们仍然要力所能及地从事纺织活动。这也可以与文献记载相印证："公父文伯之母纺绩不解，文伯谏焉。其母曰：'古者王后亲织玄紞。公侯之夫人，加之纮綖。卿之内子为大带。命妇成祭服。列士之妻，加之以朝服。自庶士已下，各衣其夫。社而赋事，烝而献功，男女纺绩，愆则有辟。圣王之制也。今我寡也，尔又在下位。朝夕恪勤，犹恐忘先人之业，况有怠惰，其何以避辟？'"[5] 这表明纺织伴随着一个女子的终生，是社会对所有女性的普遍要求。即使她已经年长，为家族的繁衍做出了贡献，家族也不需要她纺织带来的经济收入，但她仍"以织绩为公事"，"休之非礼"。"孝子"主题画像石中女子纺织的道德价值远大于经济价值。

AⅡ型"孝子"主题纺织图均出土于徐州地区。江苏泗洪曹庙纺织图位于整幅画像石的第二层（图14）。画像石的第一层刻画了迎宾场景，第三层是庖厨图，第四层是祭拜图。虽然有界限将这四幅画像

1　李宪堂：《由成身到成人：论儒家身体观的宗教性》，《人文杂志》2011年第3期。

2　四川西昌市泸山出土铭文砖上刻"宜子孙长大吉利"，参见高文主编《中国巴蜀新发现汉代画像砖》，四川美术出版社，2016，第142页；重庆市巫山县出土铭文砖上刻"五铢，宜子富贵"，参见高文主编《中国巴蜀新发现汉代画像砖》，第153页；汉灵帝光和四年（181）所立《校官碑》上言"子子孙孙，卑尔炽昌"，参见李强《秦汉刻石选译》，文物出版社，2009，第352页；汉灵帝中平三年（186）所立《张迁碑》上言"干禄无疆，子子孙孙"，参见李强《秦汉刻石选译》，第385页。汉代宜子孙镜上常有"长宜子孙"的铭文。

3　（清）孙希旦：《礼记集解》卷六一《丧服四制》，中华书局，1989，第1470页。

4　（清）吴隆元：《孝经三本管窥》，清康熙乾隆间朱文端公藏书本，第23页。

5　（清）陈士珂：《孔子家语疏证》卷九，湖北丛书本，第397页。

分开，但它们之间并不是全然独立的。我们可以尝试着对这幅画像做出相应的解读。第一层迎宾图中来访人物行进的终点是第四层祭拜图，他们要到这里对墓主人进行祭拜。家庭中的所有女性则在第二、三层"专心纺绩""洁齐酒食""以供宾客"。这与《女戒》中对女性的角色要求相符合。"曾母投杼"故事的加入使画像石中的女性角色更为丰富。这幅画像石的第二、三层几乎是对汉人心目中理想女性角色的一种整合。这些女性既是家庭财富的创造者、家内活动的主要参与者、品德高尚的洁妇、丈夫的辅佐者，也是培养出优秀后代的教育者。当时的男性无不期盼家族中能够出现这种女性，即使生前未能实现这个愿望，死后也要将理想的女性角色刻在画像石上，让她们陪伴自己在地下世界，获得永久的幸福。

徐州地区发现的另一幅"孝子图"位于邳州炮车镇墓室的墓窗石的上层，表现的是通过墓窗可以看到墓室内纺织的情景（图15）。与纺织图同时出现有双龙缠绕、力士举桥、羽人取仙药等神仙祥瑞题材图像。画像石边界的云纹营造了一种仙界的氛围。位于整幅画像石最顶端的"孝子"主题纺织图像自然不可能是对真实纺织场景的简单重复。墓主人将"孝子图像"刻画在墓室中极有可能是为了满足自己与古圣先贤同列的愿望，彰显美好的孝德。孝感天地，以通神明，孝子图像可能也暗含了墓主人希望通过孝行升仙的期许。因此墓室中"孝子图"中的女性角色更多地起到配合墓主人行孝的作用。她作为一种符号存在的本身，就

图14 江苏泗洪曹庙纺织图大图

（尤振尧：《江苏泗洪曹庙东汉画像石》，《文物》1986年第4期）

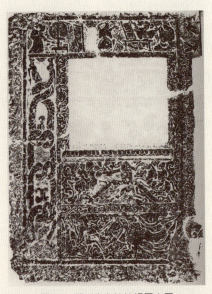

图15 邳州炮车镇纺织图大图

（武利华主编《徐州汉画像石》，第101页）

是子孙后代孝行的证明。

B 型男子符号与纺织女子构成的图像称为"男女接吻"纺织图（图 16-1~ 图 16-3）。"男女接吻"纺织图与汉代十分流行的房中术有关，以接吻这个瞬间动作指代整个过程。[1]

男女接吻动作与纺织活动结合在一起，首先表明了房中术活动进行的场所是内室，这里是女性的空间，她通常在这里进行纺织活动。男子需要进入这个家内的私密空间，才能与女性亲密。该主题纺织图表明织机旁被认为是男女接触的合适场所。房中术在汉代人的心目中可以调谐夫妇，它教导了男女之间如何保持和谐的性关系。只有夫妇的感情融洽才能"长宜子孙"，从而达到"七子九孙居中央"的目的。这体现的是儒家思想中对房中术的看法，优生和得子是房中术题内应有之义。宿州灵璧县九顶镇纺织图（图 16-1）中的襁褓就很好地反映了这一思想，体现了当时人们对子孙繁衍的强烈渴望。宿州萧县纺织图（图 16-2）上除了织机旁正在和男子亲密的女子之外，画面右侧还有一位摇纺车的女子。男女主人正在进行一种极为私密的活动，她却可以在旁边无所顾忌地回头而视。画面中摇纺车的女子的身份极为特殊，她极有可能是男主人公的姜氏。平日里她既要同女主人一同从事纺织工作，也需要侍候家内的男女主人。

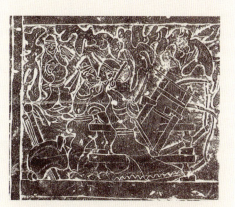

16-1

16-2

16-3

16-1　宿州灵璧县九顶镇纺织图（中国画像石全集编辑委员会编《中国画像石全集 4·江苏安徽浙江画像石》，第 138 页）

16-2　宿州萧县纺织图（刘辉：《汉画解读》，文化艺术出版社，2006，第 134 页）

16-3　徐州汉文化景区藏纺织图（武利华：《徐州汉画像石通论》，第 209 页）

图 16

1　《笑道论》中"男女交接之道，四目两舌正对"，表明画像石中刻画的男女接吻画面是房中术的重要组成部分。参见（唐）释道宣：《广弘明集》卷九，四部丛刊本，第 30 页背。

五　纺织图中女性角色形成的
　　文化机制和社会背景

纺织图中对女性角色做出的种种规定和期待并不是偶然的，它是符合"当时占统治地位的儒家礼制和宇宙观念"[1]的。天人合一的大一统宇宙观使人成为体现某种固定意义的象征性存在，始于西汉的儒学的社会化将画像石那种近乎笨拙的角色化描绘成为大众喜闻乐见的艺术形式。儒家思想从天道及国家政治制度、法律规范、经济活动、国家政策、思想文化、生育观念等层面，对女性角色做出了符合当时人们理想的规定。这种对女性角色的规定自然地反映了与人们日常生活密切相关的画像石上。本文的研究主题就是汉朝对女性角色建构的典型案例。这种对女性角色的建构在当时有其广泛的社会背景，依托于一个深邃的社会文化生产机制。

"不绩其麻、市也婆娑"。[2]在《诗经》中就已经有这样的观点："不绩其麻"的女人不是正常的"良家妇女"。可以想见当时应该有一些女性不从事纺织工作，在家外活动。"妇无公事、休其蚕织"[3]对于女性干预内帏之外事物而造成混乱的"女祸论"记忆深植于汉代官僚士大夫的记忆之中：

夫妻之际，王事纲纪，安危之机，圣王所致慎也。昔舜饬正二女，以崇至德；楚庄忍绝丹姬，以成伯功；幽王惑于褒姒，周德降亡；鲁桓胁于齐女，社稷以倾。诚修后宫之政，明尊卑之序，贵者不得嫉妒专宠，以绝骄嫚之端，抑褒、阎之乱，贱者咸得秩进，各得厥职，以广继嗣之统，息白华之怨，后宫亲属，饶之以财，勿与政事，以远皇父之类，损妻党之权，未有闺门治而天下乱者也。[4]

"纺织""持家""相夫""教子"，是汉代社会关于理想女性角色的共识。对女性角色做出规定并通过国家表彰以及教化等等手段推行这些规定，在当时的儒家学者们看来是十分必要的。他们根据"天道人伦"的本然勾勒出心目中理想的女性形象，然后通过"抓典型、树样板"，通过随时随地的形象化宣传，使这种女性理想深入人心。刘向《列女传》是这一行为的集大成者。他将一系列历史上的女性人物根据其特点加以归类，整合出她们所具有的符合当时人们期望的美好品质，并将这视为当今女性的奋斗目标而大力宣扬。部分纺织题材汉画像石能在《列女传》中找到它的故事蓝本。因此，这部分纺织图无疑受到了儒学社会化的影响。

1　信立祥：《汉画像石综合研究》，第 60 页。

2　程俊英：《诗经注析》，中华书局，1991，第 366 页。

3　程俊英：《诗经注析》，第 924 页。

4　《汉书》卷八五《谷永杜邺传》，第 3446 页。

除了有故事蓝本的纺织图之外，还有一些纺织图是不同地区的画工根据当地的地域子传统，将女性、织机与其他不同的符号组合到一起形成的。这部分纺织图并非凭空形成，也受到了儒家思想的影响。"《礼》为适妻杖，重于宗也。妻者，既齐于己，澄漠酒礼，以养姑舅，契阔中馈，经理蚕织，垂统传重，其为恩笃勤至矣。"[1]这是当时儒家礼法对女性行为的要求。"纺织题材"汉画像石明显受到了这一思想的影响，将儒学对女性的要求变为一幅幅画像，满足人们对她们的角色期待。纺织工具成为践行女性人生理想的重要工具，家内空间则成为实现其人生价值的唯一环境。女与织紧密结合为理想女性形象塑造提供了社会大众喜闻乐见的套式。

汉画纺织图特别重视对女子居内"相夫"角色的建构，是因为时人认为夫妇之道是维护天道和社会秩序的发端。《礼记》有言："敬慎重正，而后亲之，礼之大体，而所以成男女之别，而立夫妇之义也。男女有别，而后夫妇有义，夫妇有义，而后父子有亲，父子有亲，而后君臣有正，故曰昏礼者礼之本也。"[2]儒家思想中，"夫妇有义"的一个重要方面就是按照性别特点对男女进行职能划分和角色确认，要求双方以礼相待，以实现基于天道的社会秩序的稳固与和谐。汉儒强调"礼始于谨夫妇，为宫室辨外内，男子居外，女子居内，深宫固门，阍寺守之，男不入女不出"，[3]被划分后的男女两性要在空间上进行隔离，亲密的场所要有严格的限制。因此，两性分工是"夫妇有义"的另一个方面。"农夫蚤出暮入，耕稼树艺，多聚叔粟，此其分事也；妇人夙兴夜寐，纺绩织纴，多治麻丝葛绪捆布縿，此其分事也。"[4]"农夫寒耕暑耘，力归于上，女勤于缉绩徽织，功归于府者。"[5]这些都强调了男耕女织的重要性。女子居于家内纺织，发挥自己的经济价值，辅佐自己的丈夫，教育后代是儒家礼法的当然要求。因为"礼"是天道的"节文"，女子居内"纺织"，扮演家内经济角色和相夫角色就有了天然的规定性。

汉画纺织图对女性角色的规定的另一个重要特点是站在家族的立场之上规定和确认女性的意义。女性作为一个个体的权利泯然不见，只有当她和丈夫、儿子一起面对家族整体时，她的人生价值才能够得以呈现。因为在天人同构的大一统的世界中，女性只是在构成天道的阴阳两极中处于从属性的一极，其个体存在的意义完全归系于家族整体的延续和发展上。因此汉

1 （汉）应劭撰，王利器校注《风俗通义校注》，第142页。

2 （汉）郑玄注，（唐）孔颖达疏《礼记正义》卷六一《昏义》，（清）阮元校刻《十三经注疏》，清嘉庆刻本，第3648页。

3 （汉）郑玄注，（唐）孔颖达疏《礼记正义》卷二八《内则》，（清）阮元校刻《十三经注疏》，第3181页。

4 （清）孙诒让：《墨子闲诂》，孙启治点校，中华书局，2001，第258页。

5 （清）黎翔凤：《管子校注》，梁运华整理，中华书局，2004，第1241页。

画像石纺织图中对母亲角色的定义都是站在家族的立场之上进行的，个人存在的价值最终是为了家族血脉的延续。她将"子孙"生产视为自己的责任，展现出对多子的热切渴望。女性通过纺织扮演的经济角色，可以为家族创造经济价值，而足够的经济实力可以确保家族得到更好的延续；纺织带给女性一系列高洁的品质，可以帮助她扮演其他社会角色，尤其是拥有这种品质的女性能够为家族教育出更好的后代；纺织在空间上将女性与外界隔离开，使女性获得身体上的纯洁性，保证家族后代血脉的纯正。做到了这些的女性，也会受到子孙后代孝的回馈，享受家族整体赋予的权利。

通过以上对纺织图中各种女子角色以及形成这种角色的文化机制和社会背景的分析，我们可以发现，汉画像石纺织图中对女性角色的建构其实就是通过规定女性的社会角色来限制她们的行为，将女性统筹为维护天道秩序、增进家族福祉的重要资源。无论墓主人生前家中是否存在这种女性，他们希望在其死后可借助画像石这种手段使自己或者子孙拥有能够完美扮演这些角色的女性。总之，画像石中的女性纺织图主要不是对现实生活场景的描绘和欣赏，而是对女性之角色价值的期待与宣扬。

新出土《赵自慎暨妻阎氏墓志》疏证*

■ **卢亚辉**（中国社会科学院考古研究所）

引 言

唐太宗贞观初年，西突厥连年内战，西域形势骤变，各绿洲王国纷纷向唐朝臣服，甚至举族迁居内地。随着河西走廊的打通和唐朝势力向西域逐渐渗透，地处河西通道以南的吐谷浑政权就成了唐朝进一步发展与西域关系的主要障碍。贞观八年（634）至九年，唐朝发动了讨伐吐谷浑的战争，最终吐谷浑正式成为唐朝的属部。[1]此次战役后，吐谷浑渐衰，至高宗时，吐蕃逐居吐谷浑故地。[2]在传统的南北农牧分立局面中，走出高原的吐蕃人和冲出沙漠的大食人，成为亚洲大陆上全新的、举足轻重的政治力量，影响着 7 世纪中叶迄 8 世纪末亚洲大陆的政治发展。[3]这次战争意义深远，其导火线则是吐谷浑拘留唐朝行人赵德楷。赵氏事迹，文献记载甚少，幸运的是新近出土的赵自慎暨妻阎氏墓志、赵超宗妻王氏墓志，为深入了解赵德楷家族谱系、唐平定吐谷浑战争，甚至观察赫连勃勃攻占关中之役，提供了新的材料。

一 《赵自慎暨妻阎氏墓志》相关情况

唐开耀二年（682）《赵自慎暨妻阎氏墓志》（以下简称《赵自慎墓志》），见于 2014 年出版的《西安碑林博物馆新藏墓志续编》一书。该书收录了 2007～2012 年西安碑林博物馆新入藏的墓志，为首次公开刊布的金石资料，其中唐代墓志占绝大多数，极具文献和学术研究价值，如收录

* 感谢匿名审稿专家提出的宝贵修改意见，谨致谢忱。

1 吴玉贵：《突厥汗国与隋唐关系史研究》，商务印书馆，2017，第 274～278 页。

2 《新唐书》卷二二一《吐谷浑传》，中华书局，1975，第 6227 页。

3 王小甫：《唐、吐蕃、大食政治关系史》，中国人民大学出版社，2009，第 1～2 页。

的郭子仪、韦应物家族成员墓志等。[1]

从已公布的《赵自慎墓志》的拓片和录文内容来看，并非伪造。[2]已有学者利用此方墓志中保存的唐代刺史相关史料对《唐刺史考全编》相关内容加以增订。[3]然《赵自慎墓志》的学术意义仍有待进一步发掘。

赵自慎墓志出土于西安市长安区，2012年10月12日入藏西安碑林博物馆，志石长宽均为59厘米，厚12厘米，志石四侧饰花卉、瑞兽图案（图1），志文39行，满行40字，楷书，有方界格，未见志盖，[4]或已佚失。

现谨移《西安碑林博物馆新藏墓志续编》中赵自慎墓志录文如下，录文改动部分，以脚注形式标出。

图1　赵自慎墓志拓片

（笔者据《西安碑林博物馆新藏墓志续编》第176页图片改绘）

大唐故太仆主薄赵府君墓志铭并序 /

公讳自慎，字惟恭，陇西天水人也。自郊电萦枢，祥瑶贯月，系昌基而锡衍，派鸿胄而延祉。周穷辙迹，□龙 / 驷以分封；晋绍元勋，启龟爻而受瑞。亦有冥

符友悌，性与忠贞，司徒揖其令德，天子称其长者。综金籯而 / 讲艺，擅响儒林；坐玉帐以沉谋，驯声武列。是知英贤继踵，故无俟于半千；轩盖分华，事有兼乎七叶。

高祖 / 仲懿，魏龙骧将军、秦州刺史。庆表衔珠，荣优露冕。图形屈庙，共思延笃之能；酌酒羌庭，重睹然〔诺〕之操[5]。

1　西安碑林博物馆:《西安碑林博物馆新藏墓志续编》，陕西师范大学出版总社有限公司，2014。

2　西安碑林博物馆:《西安碑林博物馆新藏墓志续编》，第176～179页。关于墓志真伪的判断标准，参见罗新《新见北齐〈丰洛墓志〉考释》，殷宪主编《北朝史研究——中国魏晋南北朝史国际学术讨论会论文集》，商务印书馆，2004，第165～183页；后以《新见北齐薛丰洛墓志考释》为题，收入氏著《王化与山险：中古边裔论集》，北京大学出版社，2019，第357~371页。

3　曾涧:《〈唐刺史考全编〉增订（二）》，《淮北职业技术学院学报》2016年第1期。

4　西安碑林博物馆:《西安碑林博物馆新藏墓志续编》，第176～179页。

5　重睹然诺之操：原录文作"重睹然□之操"。

曾／祖翌，周顺硖二州刺史、司空正上大夫、隋陕冀二州刺史、尚书右仆射、大将军、金城郡开国公。

祖正，□雍／州从事、秘书郎。并拂雾翔鳞，培风耸翮：槐庭翊化，台鼎所以增晖；兰署优贤，朱紫由其不杂。希二南而仰／止，政洽留棠；总四海之仪形，名高主射。

考德楷，皇朝议大夫、尚舍奉御、殿中丞，赠使持节陈州诸军／事、陈州刺史。璇华内湛，冰芒外彻，□骇邻于夕照，耿冲斗于宵氛。瑞启谯龙，奉当涂之潜德；符分竹虎，备／哀荣之缛礼。

公即使君之少子也，袭庆高门，蕴灵闲气：少而至学，弥深括羽之资；幼即知仁，遽渐芝兰之／化。戏唯俎豆，动必威仪。暂款何颙，童襟许其王佐；试寻元礼，龀岁惊其逸才。洎乎日就有成，年登弱冠，宫／宇弥旷，涯岸斯远。九苞五色，锵锵闻中律之音；一日千里，昂昂挺逸群之态。加以天姿孝睦，性唯贞敏。有／通人之弘量，践君子之至途。悦礼敦诗，雅兼于郊谷；多闻博洽，孤迈于刘歆。岂唯汉代颜生，抑亦吴门季／子。寻调补舒王文

学，道光蕴玉，价重藏珠。托乘西园，蹑应刘之绝唱；曳裾东菀，嗣邹马之清尘：故得宠预／赏田，荣均置醴。俄补陇州司仓参军事，励清白以趋官，总廉能而肃事，具位资其准的，时论由其籍甚。广／汉之钦贤佐，空颁诏书；豫章之遇高人，但知悬榻。奇姿张日，既延誉于丹幨；逸响闻天，遽流晖于紫／禁。

仪凤二年（677），诏授朝议郎行太仆主簿，汉崇左御，周重夏官。八监务繁，中阳擅名于陈万；三珪任剧，／典午推会于郭展。公才遵下位，即阐嘉声[1]。誉出元僚之表，绩著列曹之最。奸讹以之屏迹，纠摘所以无亏。／令问独高，恩荣再缛。

永隆二年（681），敕授原州诸牧监副使。苏子卿之俊伟，近牧移中；李孟节之英／贤，唯可橐下。岂若袄兼六苑，任总五丞，高视良乐之才，独尽权奇之妙。明而能理，不取未央之责；有而弗／矜，遽俟镇南之诮。陈力就列，居职有功。

开耀二年，再计至身见阙庭，为父抗表论功，诏赠陈州刺史，／又许还君五品。悲夫。富贵在天，青诏犹藏于禁阙；死生

---

1 声，原录文作"肇"。

有命，白日已封于佳城。泣下琼瑰，声伯之占 / 无爽；岁临辰巳，康成之谶有征。以其年二月十一日寝疾，终于乾封县宣义里之私第，春秋五十有五。

惟 / 公道光莹玉，质喻浑金，括众善而为舆，总多能而成器。子骞之德，资之以孝友；冉求之艺，文之以礼乐，词 / 倾翰菀，漱六义之菁华；辩控言河，核九流之腴润。运银钩[1]于彩札，艳夺芝花；縠星羽于瑂弧，妙穿杨叶。加 / 以观爻酌损，率礼明谦，不趋名利之途，高蹈市朝之逸。泉石留玩，烟霞入赏，丝竹综周郎之技，弋钓叶姜 / 叟之怀：四驿承郊，郑庄遵其爱客；十日开宴，陆贾惭其待士。允所谓彬彬识业，文质相优，倩倩衿神，珪璋 / 比德者矣。方冀辅仁有与，行跻玉铉之荣；积善无征，不验金壶之术。呜呼[2]哀哉。

夫人河南阎氏，隋通议大 / 夫敏之孙，皇扶、丹二州刺史[3]永吉之女也，去总章元年（668）九

月廿一日终于私第，春秋卅有六。夫人琼 / 娥授彩，宝婺搞精，循礼度于中闱，践言容于内范。待年卿族，声流入咏之鲂；主馈鼎门，誉洽倾梧之凤。齐 / 眉展庆，既谐好于瑟琴；缄玉兴嗟，遂凄凉于蕈月。雌鸾已逝，遽空飞鹊之台；雄剑难留，终赴沉龙之水。即 / 以其年三月廿八日同窆于明堂县之少陵原，礼也。百龄倏忽，生平已矣。风筵月榭，长无北海之樽；白马 / 素车，空掩山阳之泗。呜呼[4]哀哉。

嗣子嵩、崇、岩[5]等，并趋庭奉训，断织延慈。仰风树以兢魂，俯寒泉而摽虑，思 / 昭景列，永播徽猷。敢勒美于玄扃，式题芳于翠琰，其词曰：/

逖矣洪源，猗欤峻趾。系顼疏胄，臣周锡履。颂美将军，章留御史。象贤弈代，谋孙继祉。其一

降生才彦，珪璋令 / 德。导礼无亏，践言有则。誉芳兰桂，思该儒墨。恺悌君子，其仪

1　银钩，原录文作"银钧"。唐代欧阳询《用笔论》云"刚则铁画，媚若银钩"，参见栾保群主编《书论汇要》上册，故宫出版社，2014，第85页。志文"运银钩于彩札，艳夺芝花；縠星羽于瑂弧，妙穿杨叶"一句说的是墓主文武双全。

2　呜呼，原录文作"呜哮"。

3　刺史，原录文作"判史"。

4　呜呼，原录文作"呜哮"。

5　岩，原录文作"严"。岩、严二字繁体相近，原录文有误。

不忒。其二

濯缨观国，束发登贤。望华
棘寺，声飞/玭筵。汉守悬榻，
荆王赐田。垂云未矫，控地行
翮[1]。其三

鸿陆方渐，骥途犹蹋。载
仁纡青，先悲瘗玉。山阳笛响，
薛/城琴曲。共阅人代，同惊
天促。其四

灵爻献吉，瑞羽标埏，英
贤万化，白日三千。洛北松槚，
邢西墓田。伤哉两剑，/永没
重泉。其五

二 《赵自慎墓志》涉及相关问题

（一）赵自慎的家族谱系

《西安碑林博物馆新藏墓志续编》一
书录文将赵自慎的家族谱系复原为赵仲
懿—赵昺—赵正—赵德楷—赵自慎。因
部分志文泐蚀，导致赵自慎祖的名讳不
全，原录文对赵自慎家族谱系复原存在
一定错误，幸运的是《元和姓纂》中有
关赵德楷家族的记载（表1）[2]可补录文
之阙。

表1 《元和姓纂》与《赵自慎墓志》所见赵氏家族谱系

世系	《元和姓纂》	《赵自慎墓志》
高祖	赵仲懿 尚书左丞	赵仲懿 魏龙骧将军、秦州刺史
曾祖	赵昺 金城公、右仆射、冀州刺史	赵昺 周顺硖二州刺史、司空正上大夫、隋陕冀二州刺史、尚书右仆射、大将军、金城郡开国公
祖	赵正臣	赵正 □雍州从事、秘书郎
父	赵德楷 殿中丞	赵德楷 皇朝议大夫、尚舍奉御、殿中丞、赠使持节陈州诸军事、陈州刺史
子		赵自慎

《元和姓纂》有关赵德楷家族的记载虽
然简略，但从赵昺的官、爵和家族成员的名
字来看，《元和姓纂》中的赵德楷家族，必
然与赵自慎墓志中的家族是同一家族。可知
赵自慎的祖父为赵正臣。依《元和姓纂》与
墓志文格式，《赵自慎墓志》中的"祖正，
□雍/州从事"一句中"雍州从事"前当为
朝代名，"祖正"后似缺一"臣"字。

另赵仲懿父赵超宗及夫人王氏的墓志
也已出土，结合永平元年（508）赵超宗墓
志[3]、大统二年（536）赵超宗妻王氏墓志[4]，
可简要制出赵德楷、赵自慎家族谱系如下
（图2）。

1　翮，原录文作"翱"。若为"翱"字，与此句用韵不符，且从拓片来看当作"翮"字。

2　（唐）林宝：《元和姓纂》，岑仲勉校记，郁贤皓、陶敏整理，孙望审订，中华书局，1994，第1002～1003页。

3　西安碑林博物馆：《西安碑林博物馆新藏墓志汇编》，线装书局，2007，第7~8页。

4　西安碑林博物馆：《西安碑林博物馆新藏墓志汇编》，第24~26页。

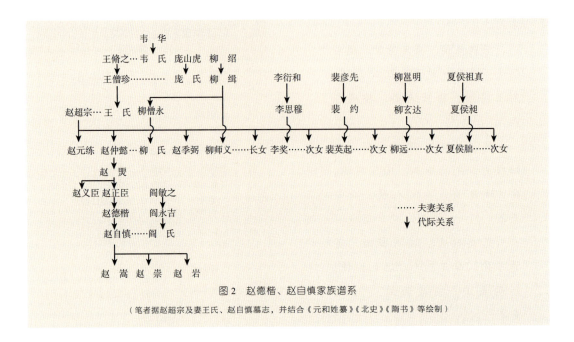

图 2 赵德楷、赵自慎家族谱系
（笔者据赵超宗及妻王氏、赵自慎墓志，并结合《元和姓纂》《北史》《隋书》等绘制）

（二）赵自慎曾祖赵煚

赵自慎曾祖赵煚，《北史》卷七五、《隋书》卷四六有传，[1] 著有《战略》二十六卷。[2] 杨坚称帝，赵煚奉皇帝玺绶，因此功勋进位大将军，赐爵金城郡公，拜相州刺史。后任冀州刺史时，针对冀州俗薄、市井多奸诈现象，赵煚制作铜斗铁尺，置之于肆，百姓便之。上（隋文帝）闻而嘉焉，颁告天下，以为常法，[3] 赵煚于隋初为统一度量衡做出一定贡献。《赵自慎墓志》言及"曾祖煚，周顺硖二州刺史、司空正上大夫、隋陕冀二州刺史、尚书右仆射、大将军、金城郡开国公"，其中司空正上大

夫不易理解。结合上下文来看，司空正上大夫当是赵煚在北周时所任官职。从《隋书·赵煚传》中可知赵煚未有任官或追赠司空的记载，正上大夫亦未见诸史料记载。从本传所言其仕途履历来看，北周时赵煚曾任天官司会、御正上大夫、大宗伯等，故推测《赵自慎墓志》言及的"司空正上大夫"当是"司会、御正上大夫"之误。天官府下设有司会、御正等职，见于记载。《通典》卷三九《职官》"秩品四·后周官品·正五命"天官府有"天官：司会、宗师、左宫伯、御正、御伯、主膳、太府、计部等中大夫"。[4] 北周明帝以"御正任总

---

1 《北史》卷七五《赵煚传》，中华书局，1974，第 2563~2565 页；《隋书》卷四六《赵煚传》，中华书局，1973，第 1249~1251 页。

2 《隋书》卷三四《经籍志》，第 1015 页。

3 《北史》卷七五《赵煚传》，第 2563~2565 页。

4 （唐）杜佑：《通典》卷三九《职官二一》，王文锦、王永兴、刘俊文等点校，中华书局，1988，第 1066 页。

丝纶，更崇其秩为上大夫"。[1] 故赵㬎在北周武帝时期得以任职御正上大夫。

赵㬎卒于冀州刺史任上，其子赵义臣嗣。炀帝即位，赵义臣追随汉王杨谅起兵，兵败被诛。赵自慎祖赵正臣应当也受一定牵连，只是《赵自慎墓志》隐晦不书。赵正臣、赵自慎家族得以重新发展，极有可能是隋唐鼎革提供之际遇，赵德楷家族可能参与李唐建国，其朝议大夫文散官的身份，可能是隋末动荡之际，李渊对前来诣军者节级所授之官。[2]

（三）赵自慎与父赵德楷

文献中有关赵德楷的事迹记载甚少，主要有以下几条。

1. 正史记载唐贞观年间平定吐谷浑战争中的行人赵德楷

贞观八年十一月丁亥（12月5日），吐谷浑进攻唐凉州。唐朝应在吐谷浑进攻凉州后不久，派遣使者赵德楷出使吐谷浑，而同年十一月己丑（12月16日），却传来吐谷浑扣押唐朝行人赵德楷的信息，太宗于此日下诏大举讨伐吐谷浑。[3] 短短半月不到，李唐政府已动员好军队。同年十二月辛丑（12月29日）唐太宗命特进李靖、兵部尚书侯君集、刑部尚书任城王李道宗、

凉州都督李大亮等为大总管，各率师分道以讨吐谷浑。贞观九年五月，李靖等平吐谷浑于西海之上，擒获吐谷浑王慕容伏允，立其子慕容顺光为西平郡王，后贞观九年十二月慕容顺光为部下所弑，立其子诺曷钵，统领吐谷浑部族。[4] 李唐迅速平定吐谷浑，可以说巩固了京师长安西部的防卫，也为吐蕃的崛起创造了条件，甚至对以后东北亚政治局势的走向产生了一定的影响。然而这场胜利的背后，一同出使吐谷浑被扣押的唐朝行人赵德楷与安附国却有着不同的命运，安氏得到褒奖，赵氏却在这场战争中似乎被遗忘了。

2. 安附国神道碑中的赵德楷

赵德楷的事迹，亦见于唐人李至远所撰的《唐维州刺史安侯神道碑》：

> 侯讳附国，其先出自安息，以国为姓……侯祖乌唤，为颉利吐发，番中官品，称为第二……父胐汗……贞观初，率所部五千余入朝，诏置维州，即以胐汗为刺史，拜左武卫将军，累授左卫右监门卫二大将军，封定襄郡公……（侯）以贞观四年与父俱诣阙下，时年一十有八，太宗见

1　《周书》卷三二《申徽传》，中华书局，1971，第557页。

2　（唐）温大雅：《大唐创业起居注》，上海古籍出版社，1983，第29页；卢亚辉：《墓葬所见唐建国元从及其后裔》，包伟民、刘后滨主编《唐宋历史评论》第四辑，社会科学文献出版社，2018，第106~138页。

3　《资治通鉴》卷一九四，中华书局，1956，第6018页。

4　《旧唐书》卷三《太宗本纪》，中华书局，1975，第44~46页。

而异之，即擢为左领军府左郎将。寻令与鸿胪丞赵德楷论旨于吐谷浑。虏安鸩鸠之巢，敢恃螳螂之斧。旅拒成命，逼迫行人，遇困加威胁，举步逢艰阻。侯以命有所系，静以体之，节不可失，贞以守之。虽弦矢屡移，而铁石无改。既而加兵一荡，凶氛四彻，竟获全归。金以为苏武郑众，不独高于前代矣。玺书叹述，迁本府中郎将，赉布帛五百段，又加秩为忠武将军行本职。[1]

由李至远的撰文可知，安附国在贞观初，随父率领所部五千余归附唐朝，其祖乌唤，为颉利吐发，则安附国极有可能是粟特人，其随鸿胪丞赵德楷出使吐谷浑，可能是因为拥有语言优势，正如贞观元年突厥来寇便桥，唐太宗率精兵出讨，颉利遣使，唐太宗独自将安元寿一人于帐内自卫一样。[2]在唐军攻破吐谷浑之后，安附国得以生还。赵德楷出使吐谷浑的功绩似乎直到开耀二年才被李唐政府肯定。

通过赵自慎的墓志可知，永隆二年时，赵德楷的少子赵自慎，被敕授原州诸牧监副使。到开耀二年的时候，因为上计考核来到长安，为其父赵德楷上表论功，朝廷诏赠赵德楷使持节陈州诸军事、陈州刺史，那么赵自慎为其父上表所论的是何功呢？可从赵德楷的仕宦迁转中得出一丝痕迹。

赵德楷，所任官职有鸿胪丞、朝议大夫、尚舍奉御、殿中丞。其中鸿胪丞，从六品上阶的文职事官；[3]朝议大夫，正五品下阶的文散官；尚舍奉御，从五品上阶的文职事官；[4]殿中丞，从五品上阶的文职事官。[5]因殿中监掌天子服御，殿中监下设殿中监1员，殿中少监2员，殿中丞2人等，总领尚食、尚药、尚衣、尚舍、尚乘、尚辇六局，[6]按照官员正常的升迁顺序，职事官应是从鸿胪丞迁尚舍奉御升迁至殿中丞，此时与其从五品上阶的文职事官相对应的是正五品下阶的文散官朝议大夫。而赵德楷由从六品上的鸿胪丞迁至从五品上的尚舍奉御，属于正常的升迁，并非因其出使吐谷浑的功劳，所以才有后来其少子赵自慎于开耀二年上表朝廷，为赵德楷论功，得以诏赠陈州刺史。而赵德楷

1 （清）董诰编《全唐文》卷四三五，中华书局，1983，第4434～4436页。

2 周绍良、赵超主编：《唐代墓志汇编续集》，上海古籍出版社，2001，第271～272页。

3 《旧唐书》卷四四《职官志三》，第1885页。

4 《旧唐书》卷四二《职官志一》，第1795页。

5 《旧唐书》卷四二《职官志一》，第1795页。

6 《旧唐书》卷四四《职官志三》，第1863～1864页。

最大的功绩莫过于贞观十一年出使吐谷浑，因陈州属于上州，[1] 故陈州刺史当属从三品，只是逝世的赵德楷已无法感受赠官所带来的荣耀。这里需要注意的是，调露二年（680）二月十八日，安附国终于洛阳，永隆二年二月二十三日，葬于雍州长安县孝悌乡之原，而赵自慎为其父赵德楷抗表论功则恰恰是在安附国去世后不久，似乎提醒我们应注意唐初贞观年间赵德楷与安附国出使吐谷浑时二人之间的微妙关系。

（四）赫连勃勃攻占关中之役

据上文梳理的赵自慎家族谱系，于此对刘义真失守长安、赫连勃勃攻占关中事迹做相关探讨。吕思勉在探讨赫连勃勃攻陷关中时有以下论断：

> 宋武代晋，在当日，业已势如振槁，即无关、洛之绩，岂虑无成？苟其急于图篡，平司马休之后，径篡可矣，何必多伐秦一举？武帝之于异己，虽云肆意翦除，亦特其庸中佼佼者耳，反侧之子必尚多。刘穆之死，后路无所付托，设有窃发，得不更诒大局之忧？欲攘外者必先安内，则武帝之南归，亦不得訾其专为私计心也。义真虽云年少，留西之精兵良将，不为不多。王镇恶之死，事在正月十四日（应为十五），而勃勃之图长安，仍历三时而后克，可见兵力实非不足。长安之陷，其关键，全在王修之死。义真之信谗，庸非始料所及，此尤不容苟责者也。[2]

即吕思勉认为刘义真听信谗言，导致王修死亡，是赫连勃勃攻陷关中的关键所在。吕氏所论，确为灼见，然囿于当时出土材料，未能具体展开。

由上文赵自慎家族谱系图可知，赵超宗妻王氏祖是王脩之，王脩之婆韦华之女，韦华为后秦尚书左仆射、兖州刺史。[3] 考虑到"六朝天师道信徒之以'之'字为名者颇多，'之'字在其名中，乃代表其宗教信仰之意……东汉及六朝人依公羊春秋讥二名之义，习用单名。故'之'字非特专之真名，可以不避讳，亦可省略"，[4] 可知王脩之亦可作王脩，即王修。

王脩，"字叔治，京兆灞城人也。初

1　《旧唐书》卷三八《地理志一》，第 1436～1437 页。

2　吕思勉：《两晋南北朝史·两晋卷》，华中科技大学出版社，2016，第 243 页。

3　西安碑林博物馆：《西安碑林博物馆新藏墓志汇编》，第 24～26 页。

4　陈寅恪：《崔浩与寇谦之》，《陈寅恪集·金明馆丛稿初编》，三联书店，2009，第 120～158 页，尤其是第 121 页的相关论述。

南渡见桓玄,玄知之,谓曰:'君平世吏部郎才。'"。[1] 作为刘裕太尉府谘议参军,王脩追随刘裕北伐关中。刘裕灭姚秦后,王脩娶韦华之女,源于韦华作为雍州望族,是左右该地区政治走向的一支重要力量。[2] 刘裕利用同为京兆人士的王脩与韦华之女联姻,以收人望,巩固关中形势,故刘裕留其子刘义真镇守关中,义真为雍州刺史,王脩为其长史[3]、韦华为雍州别驾[4]。从刘裕对刘义真的人事安排上亦可看出韦华家族具备了影响三辅地区政治走向的能力。[5]

只是刘义真听信谗言,错杀韦华之婿王脩,导致在赫连勃勃兵临长安时,"雍州别驾韦华奔夏",[6] 投靠赫连勃勃。韦华投奔后,不出一月,赫连勃勃便攻克长安,刘裕对关中的经营毁于一旦。赫连勃勃攻陷长安的关键在于王脩之死,诚如吕氏所论。王脩死后,在三辅地区左右政治走向的韦华家族投奔赫连氏,加速赫连氏攻占长安的步伐,则是背后更深层次的原因。

结　论

通过以上对《赵自慎墓志》的研究,结合赵超宗及妻王氏墓志,可得出以下结论。

(1)赵自慎祖为赵正臣,为隋冀州刺史赵昊之子。赵自慎父赵德楷,为唐贞观年间平定吐谷浑战争中的行人赵德楷。赵德楷与安附国一同出使吐谷浑。安附国去世后不久,开耀二年赵自慎为其父在吐谷浑战争中的付出抗表论功,唐廷诏赠赵德楷使持节陈州诸军事、陈州刺史。唐初贞观年间赵德楷与安附国出使吐谷浑时二人之关系微妙,值得进一步研究。

(2)刘裕攻占关中后,任命子义真为雍州刺史,镇守关中,同时利用王脩与韦华之女的联姻,任命王脩为长史、韦华为雍州别驾,辅佐义真的同时,对能够左右关中政治走向的韦华家族加以笼络,巩固关中形势。只是因刘义真错杀韦华婿王脩,导致韦华投奔赫连氏,赫连勃勃攻占长安,刘裕对长安的经营毁于一旦。

1　《宋书》卷六一《庐陵孝献王义真传》,中华书局,1974,第1634页。

2　黄桢:《韦华考——南北纷争下的个体生命与家族记忆》,中国中古史研究编委会《中国中古史研究》第6卷,中西书局,2018,第59~82页。

3　《宋书》卷六一《庐陵孝献王义真传》,第1634页。

4　《资治通鉴》卷一一八,第3720页。

5　黄桢:《韦华考——南北纷争下的个体生命与家族记忆》,中国中古史研究编委会《中国中古史研究》第6卷,第70页。

6　《资治通鉴》卷一一八,第3720页。

杨柳、净瓶：
观音与太乙救苦天尊之关系研究*

■ **赵雅辞**（南京师范大学美术学院）

杨柳、净瓶是佛教的观音与道教的太乙救苦天尊共同的法器。为何杨柳和净瓶成为佛道两教重要神祇共同持有的法器，其中的原因值得探讨。

萧登福先生认为是佛教受到道教的影响：观音手持的杨柳与净瓶是道教的太乙救苦天尊有以启之。论据之一在于佛教的观音在隋代才持有杨柳与净瓶，而六朝时期的道教典籍中，太乙救苦天尊就已持有杨柳与净瓶。[1]

但是，佛教中的观音持有杨柳与净瓶，并非从隋代开始。魏晋时期，就已出现观音手持杨柳与净瓶的金铜佛像。换言之，因佛教观音持杨柳与净瓶图像出现的时间要远远早于隋代，所以，萧登福先生的道

教影响佛教的说法未必准确。刘科先生持相反的观点，认为未必是道教的太乙救苦天尊造型影响佛教的观音。[2]

鉴于学界对于观音与太乙救苦天尊的关系颇有分歧，本文以杨柳与净瓶为中心，以图像为基准，结合文献材料，对究竟是佛影响道还是道影响佛，抑或是佛道相互影响进行探讨。

一　基于杨柳、净瓶的观音与太乙救苦天尊图像分类

（一）杨柳、净瓶与观音

杨柳、净瓶与观音的图像早在东魏兴

---

* 本文写作中，多次求教萧登福教授，萧教授及时耐心给予帮助，并提供资料，谨致谢忱。当然，文责自负。又，根据笔者提供的图像资料，萧教授在邮件中对其著作《道教地狱教主：太乙救苦天尊》第二篇第二章做出调整。

1　详见萧登福《道教地狱教主：太乙救苦天尊》，台北：新文丰出版社，2006，第247页。

2　笔者就此问题电邮请教萧登福先生，萧先生表示，魏晋时期的观音持杨柳与净瓶的造像，"此造型本和早期观音、弥勒塑像造型有别，无法用此来证明此造型不是受中土影响而来"。萧先生的看法与笔者有别。另，刘科先生和笔者持同样观点，详见刘科《太乙救苦天尊图像研究》，《宗教学研究》2014年第1期。

和元年（539）或北齐天统二年（566）就已经出现。[1] 此种图像的大量出现，是从隋代开始的（图1）。根据身份的不同，观音可分为杨柳观音、千手千眼观音、水月观音、白衣观音，这些观音皆持有杨柳与净瓶。

（1）杨柳观音。三十三观音之一，杨柳与净瓶是其标准法器。图2 EO.1218为敦煌出土的雕版画，左侧榜题为"大慈大悲救苦观世音菩萨"，下侧题有："谯郡开国侯曹元忠雕此，即极奉为城隍安泰，阖郡康宁，东西之道路开通，南北之凶渠顺化，励疾消散，刁斗藏音，随喜见闻，俱沾福佑。于时大晋开运四年丁未岁七月十五日纪。"观音呈立姿于莲台上，天衣飘扬，下着长裙，左手下垂持净瓶，右手上举杨柳枝。图3 EO.1230榜题为空白，但从主尊一手持杨柳枝，一手持净瓶，可以判断出是杨柳观音，观音结跏趺坐于莲台上，下方有左右男女供养人。敦煌出土有多幅杨柳观音像，创作时间多在晚唐五代至宋初。

（2）千手千眼观音。千手千眼观音法器众多，杨柳、净瓶是其中的两件。图4 MG.17659和图5为五代宋时期的图像，一个为立姿，一个为坐姿。值得一提的是，图4的左下角为水月观音，亦持有杨柳与净瓶，下文将详细论述。

（3）水月观音。此类图像和前两类最大的不同在于观音的坐姿和背景，水月观音往往置身于补怛洛伽山中，身后为圆形大背光，呈游戏坐。如图4左下角和图6所示，水月观音呈游戏坐，身后是补怛洛伽山，图6的背景还有竹林。

（4）白衣观音。顾名思义，白衣观音即身着白衣的观音，如图6、图7所示，观音一袭白衣，手持杨柳和净瓶，下方跪拜有供养人。这些图像创作于五代时期。

以上四类观音，创作年代始于魏晋，大量创作始于隋代。敦煌出土大量的此类绢画，证明了手持杨柳与净瓶的观音图像甚为兴盛。

（二）杨柳、净瓶与太乙救苦天尊

学界研究表明，现存最早的太乙救苦天尊像出现在唐代，即四川安岳玄妙观第61龛救苦天尊乘九龙像（图8、图9）。主尊太乙救苦天尊立于莲座上，碑文显示此像造于唐天宝七载（748），碑文中有"救苦天尊乘九龙"的字样，[2] 但图片台座下方已毁，未见"九龙"。再者，主尊的前臂已毁，但根据毁坏的双臂切面为向前延伸，疑似主尊原手中有持物，应该就是杨柳与净瓶。又，图10为白云观藏清代太乙救苦天尊像，天尊坐骑为九头狮子，一手持净瓶，一手持杨柳枝，该画为白云观水陆画。

手持杨柳、净瓶的救苦天尊，相较于手持杨柳、净瓶的观音图像，数量稀少，

1　详参李慧君《杨柳依依——早期杨柳枝观音铜像的风格与工艺演变》，《文物鉴定与鉴赏》2018年第9期。

2　刘科：《太乙救苦天尊图像研究》，《宗教学研究》2014年第1期。

图1 常聪造铜鎏金观世音像

（故宫博物院网站，https://www.dpm.org.
cn/collection/sculpture/234682.html）

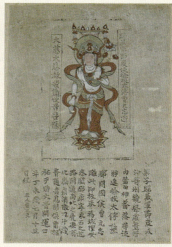

图2 EO.1218

（法国吉美博物馆藏，由黄征教授提供
资料图）

图3 EO.1230

（法国吉美博物馆藏，由黄征教授
提供资料图）

图4 MG.17659

（法国吉美博物馆藏，由
黄征教授提供资料图）

图5 铜鎏金千手千眼观音像

（故宫博物院网站，https://
www.dpm.org.cn/collection/
sculpture/229369.html）

图6 MG.17775 局部

（法国吉美博物馆藏，由黄征教授提供资料图）

图7 白衣观音像页

（故宫博物院网站，https://www.dpm.org.cn/
collection/paint/230775.html）

图8 救苦天尊乘九龙

（萧易：《知·道》，广西师范大学
出版社，2018，第88页）

图9 救苦天尊乘九龙白描

（萧易：《知·道》，第88页）

图 10　太乙救苦天尊

（张继禹：《中国道教神仙造像大系》，五洲传播出版社，2012，第 88 页）

这与道教"大象无形"的观念有关。除了上述两例，在山东惠民县博物馆和永乐宫三清殿也有发现，[1] 时间皆在唐代以后，远远晚于上文中的观音图像。

二　杨柳和净瓶与观音、太乙救苦天尊

从上文图像中可以发现，杨柳、净瓶是观音与太乙救苦天尊共同的法器。造型上，两者持杨柳与净瓶孰先孰后？神格上，杨柳与净瓶救苦、驱邪的含义孰先孰后？这是本部分需要解决的问题。

（一）观音持杨柳、净瓶的造型早于太乙救苦天尊

通过上文图像的分析，我们可以得知：观音持杨柳、净瓶的造像，至迟在北齐时期就已出现，而现存的太乙救苦天尊持杨柳和净瓶的图像，唐代始现。

学界认为，隋唐之前出现的观音持杨柳净瓶图像之净瓶，乃是源自印度梵天、婆罗门行者、弥勒持净瓶的惯例，"观音手持净瓶的图像早就存在于印度早期尤其是笈多王朝以来的佛教美术之中"。[2] 可见，观音手持净瓶源自印度佛教，而非中土。

从文献记载来看，也是观音持杨柳、净瓶要早于太乙救苦天尊。东晋竺难提译《请观音消伏毒害陀罗尼咒经》曰："而时毗舍离人，即具杨枝净水，授予观世音菩萨。"[3] 可见，毗舍离人以杨枝净水迎请观音，这和印度以杨枝净水待客的习俗有关，详见下文。需要特别指出的是，这里的杨枝并非中国本土图像中出现的柳枝，而是树枝，是中土将其误读为柳树枝，才会出现观音手持柳树枝而不是其他树枝的造型，下文还将详细论述。由此可以看出，至少在中国东晋时，人们已经知道印度以杨枝

1　详参刘科《太乙救苦天尊图像研究》，《宗教学研究》2014 年第 1 期。

2　史忠平、马莉：《莫高窟唐代观音画像中的净瓶造型探析》，《中国国家博物馆馆刊》2015 年第 1 期。

3　（东晋）竺难提译《请观音消伏毒害陀罗尼咒经》，《大正新修大藏经》第 20 册，台北：新文丰出版社，1994，第 34 页。

与净水迎请、供奉观世音菩萨。又，唐三昧苏嚩罗译《千光眼观自在菩萨秘密法经》，提到千臂观音的其中四十手的持物，其中包括了杨柳手、军持手，军持即是净瓶。

道教作法，也常用柳枝与净水迎请天尊，应是学自佛教以柳枝和净水迎请观音。《太上赤文洞神三箓》载："行持法式。夜半子时，静室中用剑二口，画地二丈三尺，桑柴灰为界，柳枝四十九茎，灯七盏，香炉七个，琴二张，弓一张，箭二只，笔砚二付，新毡二领，长五尺，白粥一碗，果子及时着五七个，净水二碗，各依位铺设了，启请元始天尊乘光降临于位就座……"[1] 这里用杨柳枝四十九茎、净水碗迎请、供奉元始天尊。

约出于唐宋间的《太一救苦护身妙经》，最早记载了太乙救苦天尊的人格化形象："尊告太一曰：汝行愿慈悲，众生受苦。依汝行愿，分身救之。童子喜笑，再拜而退。众仙观见童子化一天尊，足蹑莲花，圆光照耀，手执柳枝净水，九头狮子左右从随，乘空而去。"[2] 太乙救苦天尊可以

有多种化身，其中，化身童子时，其形象手执"柳枝净水"，和佛教观音的持物一致。"于是，天尊告老君曰：此圣最尊最贵，最圣最灵。每月三九日，多降人间。常于净室中，焚香礼拜，柳枝净水，时花药苗，如法供养，自然寿满一百二十，五福常臻，八难远离。切忌灶下灰烬，石榴秽物，此为不洁，勿令触之。"[3] 该经中，也是用柳枝净水供养太乙救苦天尊，时间晚于上文提及的《请观音消伏毒害陀罗尼咒经》。该经明确指出了唐宋之际太乙救苦天尊手持"柳枝净水"的形象，也说明了供奉太乙救苦天尊需要柳枝与净水，和东晋佛典以杨柳净瓶供奉观音的做法一致。

明代道教斋醮音乐中，也唱到太乙救苦天尊持杨柳、净瓶的形象。如《下水船》："救苦天尊妙难求，身披霞衣累劫修。五色祥云生足下，九头狮子道前游。盂中甘露时常洒，手内杨柳不计秋。"[4]《晚皈依》："九色莲花，作慈航之彼岸，一枝杨柳，开甘露之法门。九千九万亿，同名同圣号，幢幡宝盖，接引导师，大慈大悲，循声赴感，太乙救苦天尊。"[5]《大救苦引》："绿柳甘露洒幽

1　（南朝齐、梁）陶弘景集，（唐）李淳风注《太上赤文洞神三箓》，张继禹主编《中华道藏》第 32 册，华夏出版社，2004，第 514 页。

2　撰人不详：《太一救苦护身妙经》，《中华道藏》第 4 册，第 326 页。承蒙萧登福先生邮件告知，此经应撰于南北朝时期（详参萧登福《正统道藏总目提要》0351 提要条，台北：新文丰出版社，第 359~362 页）。但笔者认为，即使此经撰于南北朝，时间也要晚于东晋竺难提译《请观音消伏毒害陀罗尼咒经》，该经最早提到观音持杨柳与净瓶，正文中已经提及。故应是道教学自佛教。

3　撰人不详：《太一救苦护身妙经》，《中华道藏》第 4 册，第 326 页。

4　张高澄主编《全真正韵集》，社会科学文献出版社，2018，第 38 页。

5　张高澄主编《全真正韵集》，第 44 页。

关，普赦地狱诸罪。"[1] 可以想见，太乙救苦天尊手持杨柳与净瓶的形象深入民间。

由此可知，从图像出现的时间先后来看，是佛教在道教之前出现了以杨柳和净瓶水供奉观音的记载与观音持杨柳和净瓶的造型的图像。佛教图像一般严格依据经典创作，可以推断出，北齐出现的持杨柳和净瓶的观音像是依据经典来创作的，这自然可以推断出，佛教首先创作了持杨柳和净瓶的观音像，道教紧随其后，出现了持杨柳与净瓶或盂的太乙救苦天尊像。

虽然观音持有杨柳与净瓶的时间早于太乙救苦天尊，但在神格上，太乙救苦天尊持有杨柳与净瓶驱邪治病，影响到了观音。

（二）道教最先赋予杨柳与净瓶救苦、驱邪的功能

观音持杨柳与净瓶的造型在时间上早于太乙救苦天尊，从图像和文献记载来看，应无异议。但是，唐代开始的观音持杨柳和净瓶的含义与印度不同；同时，基于中国本土的习俗，也赋予了杨柳与净瓶其他的含义。[2]

众所周知，佛教在中国的传播是一个逐渐本土化的过程，也就是说，年代越早，它就越接近于印度佛教。观音所持的杨柳与净瓶同样如此。对于印度来说，杨柳与

净瓶，更多的是用于生活。唐以前，观音手持净瓶和杨柳，其含义也应更贴近生活；唐以后，观音手持的杨柳和净瓶的含义逐渐和中国本土道教融合。

唐义净在《南海寄归内法传》卷一"清晨嚼嚼齿木"章中，详细论述了印度杨柳的品种和用法。[3]

> 每日旦朝，须嚼齿木。揩齿刮舌，务令如法。盥漱清净，方行敬礼。若其不然，受礼礼他，悉皆得罪。其齿木者，梵云惮哆家瑟诧。惮哆译之为齿，家瑟诧即是其木。长十二指，短不减八指，大如小指。一头缓须熟嚼，良久净刷牙关……

> 或可大木破用，或可小条截为。近山庄者，则柞条葛蔓为先；处平畴者，乃楮、桃、槐、柳随意。预收备拟，无令阙乏。湿者即须他授，干者许自执持。少壮者任取嚼之，耆宿者乃椎头使碎。其木条以苦涩辛辣者为佳，嚼头成絮者为最。粗胡叶根，极为精 也即苍耳根，并截 取入地二寸。坚齿口香，消食去癊。用之半月，口气顿除；牙疼齿愈，三旬即愈……

> 然而牙根宿秽，积久成坚，

1　张高澄主编《全真正韵集》，第 205 页。

2　详参萧登福《道教地狱教主：太乙救苦天尊》，第 241~249 页。

3　（唐）义净：《南海寄归内法传》，华涛释译，东方出版社，2018，第 62~63 页。

刮之命近。若汤净漱,更不腐败,自至终身。牙疼西国迥无,良为嚼其齿木。岂容不识齿木,名作杨枝?西国柳树全稀,译者辄传斯号。佛齿木树实非杨柳,那烂陀寺目自亲观。既不取信于他,闻者亦无劳致惑。检《涅槃经》梵本云嚼齿木时矣。亦有用细柳条,或五或六,全嚼口内,不解漱除。或有吞汁,将为痧病。求清洁而返秽,冀去疾而招疴。或有斯亦不知,非在论限。然五天法俗,嚼齿木自是恒事。

从义净的论述可以得知两个要点:第一,印度的杨柳实非中国的柳树,而是桃树、槐树之类的树枝,中土人士以讹传讹,竟成杨柳树,杨柳纸条细小,不耐咀嚼,理应无法作为齿木,义净在《大唐西域求法高僧传》卷上也记载"根本殿西有佛齿木树非是杨柳",[1]可见,中土理解的杨柳,并非印度的柳树;第二,杨柳在印度是作为日常洁具存在的,似无其他用处。

净瓶和杨柳一样,也是作为洁具存在的。《南海寄归内法传》卷一《水分两瓶》[2]:

凡水分净触,瓶有二枚。净者咸用瓦瓷,触者任兼铜铁。净拟非时饮用,触乃便利所须。净则净手方持,必须安着净处。触乃触手随执,可于触处置之。唯斯净瓶及新净器所盛之水,非时合饮。余器盛者,名为时水。中前受饮,即是无愆;若于午后,饮便有过。

其作瓶法,盖须连口,顶出尖台,可高两指,上通小穴,粗如铜箸。饮水可在此中。傍边则别开圆孔。拥口令上,竖高两指,孔如钱许,添水宜于此处。可受二三升,小成无用。斯之二穴,恐虫尘入,或可着盖,或以竹木,或将布叶而裹塞之。彼有梵僧,取制而造……

印度僧人使用的瓶有净、触二种,制作材质不同,作用也不同。净瓶水日常饮用,触瓶水洗手。印度僧人托钵乞食至施主家,食用完毕后,会奉上齿木和净水:"然后施主授齿木,供净水。"[3]可见,无论净瓶还是触瓶,皆是日常用具。[4]

然而,唐以来,中土观音手持的杨柳与净瓶有了其他含义,主要体现在治病和

---

1 (唐)义净:《大唐西域求法高僧传》,《大正新修大藏经》第51册,第6页。

2 (唐)义净:《南海寄归内法传》,第52~53页。

3 (唐)义净:《南海寄归内法传》,第78页。

4 萧登福:《道教地狱教主:太乙救苦天尊》,第242页。

驱邪上。首先是治病,《千光眼观自在菩萨秘密法经》中提到千臂观音其中二臂,"左理军持瓶……右智杨柳枝",[1] 可见军持即净瓶象征"理",杨柳枝象征"智",如果说这"理""智"还在佛教范畴,那么,同一经所提"若欲消除身上众病者,当修杨柳枝药法,其药王观自在像,相好庄严如前所说,唯右手执杨柳枝、左手当左乳上显掌"中的杨柳枝,就不再是佛教义理范畴了,显然,这里的杨柳枝是用来治病的!又,唐空基述《青色大金刚药叉辟鬼魔法》云:"诵前身咒三七反,加持其香口,入芮草杨柳柘榴汤中。应浴洗其病人灸处,传尸病止息。"[2] 这里的杨柳与净瓶水,显然也是治病之用。又,《佛说陀罗尼集经》第四《十果报印咒第十三》:"若妇人无儿欲得儿者,以五色粉作四肘坛,坛中心安十一面观世音菩萨、东方安阿弥陀佛、北方安大势至菩萨、南方安马头观世音菩萨、西方安摩醯首罗天王。取一净罐满盛净水,中著五谷。以柳枝等,塞其罐口,复以生绢,束其柳枝。"[3] 这里的杨柳和净瓶用来求子,也就是治疗生育上的疾病。

除了治病,观音的杨柳与净瓶水还有驱邪之用。唐不空译《大圣天欢喜双身毗那夜迦法》载:"若欲作法时,先以上咒咒水七遍,用洗口。并更取水咒七遍。用杨柳散洒身上即为护身。然后入持诵室中作法之所。"[4] 这里的净瓶水、杨柳枝配合咒语,可以驱邪。《佛说陀罗尼集经》中又提到"若有鬼病,以此印咒其病即差,若不差者,一百八遍咒印,念观世音菩萨,作此法者其病即差。若能日日洗手,而嚼杨枝净漱口已,着新净衣。诵咒数满一百八遍,兼念观世音菩萨名字,作此法者,观世音菩萨欢喜。又取澡罐盛满净水,以此印印咒二十一遍经一宿已,用洗手面,一切恶人及鬼神等,不能恼害"。[5] 这里的杨柳可以治鬼病,起到驱邪的作用。唐苏罗译《千光眼观自在菩萨秘密法经》:"若欲消除身上众病者,当修杨柳枝药法,其药王观自在像,相好庄严如前所说,唯右手执杨柳枝,左手当左乳上显掌,画像已,印相右手屈臂,指散垂,诵真言已摩身上。"[6] 唐地婆诃罗译《佛说七俱胝佛母心大准提陀罗尼经》:"复次有法。若有病人为鬼所著身在远处。应咒杨枝具满七遍。寄人持打即亦除差。"[7] 唐以前的佛教典籍中,杨枝和净瓶的功能仅是用来招待客人,唐代开始,多数密

1　(唐)苏罗译《千光眼观自在菩萨秘密法经》,《大正新修大藏经》第 20 册,第 122 页。

2　(唐)空基述《青色大金刚药叉辟鬼魔法》,《大正新修大藏经》第 21 册,第 100 页。

3　(唐)阿地瞿多译《佛说陀罗尼集经》第四,《大正新修大藏经》第 18 册,第 819 页。

4　(唐)不空译《大圣天欢喜双身毗那夜迦法》,任继愈主编《中华大藏经》第 66 册,中华书局,1994,第 346 页。

5　(唐)阿地瞿多译《佛说陀罗尼集经》第四,《大正新修大藏经》第 18 册,第 816 页。

6　(唐)苏罗译《千光眼观自在菩萨秘密法经》,《大正新修大藏经》第 20 册,第 122 页。

7　(唐)地婆诃罗译《佛说七俱胝佛母心大准提陀罗尼经》,《大正新修大藏经》第 20 册,第 185 页。

教典籍中，提到以净瓶水和杨柳枝治病、驱邪，且和观音联系密切。

需要说明的是，佛教之密教宗派虽是源自印度，但应注意到它所受的外来影响，尤其是中土道教的影响。这源自中印交通早在汉代就已经开始，《史记·西南夷列传》中有相关记载，两国之间的交流自不待言，这种交流也一定是双向的，而非单纯佛教影响中土。正如朱熹所言："道家有老庄书，却不知看，尽为释氏穷而用之，却去仿效释氏经教之属；譬如巨室子弟，所有珍宝悉为人盗去，却去收拾人家破瓮破釜。"朱子之言，可谓振聋发聩。密教典籍中的曼荼罗、法术、科仪、观想都有中土道教的影子。[1] 简言之，对于这些来自印土的密教典籍，应看到其受到道教影响的一面。

简而言之，唐以来，中土佛教的观音所持的杨柳与净瓶被赋予了治病驱邪的作用，这和印度将这两者当作日常用具的做法已大为不同，具体原因，需要结合中国本土事物来解释。

首先看净瓶，唐代以来观音以净瓶之水治病驱邪。而道教以净水治病驱邪，在战国时期就已出现，时间上远早于佛教。马王堆出土的《五十二病方》即有相关记载：

潬（唾）之，贲（喷）："兄父产大山，而居□谷下，□□□不而□□□□而凤鸟□□□□□□寻寻豦且贯而心。"

贲（喷）吙："伏食，父居北在，母居南止，同产三夫，为人不德。已，不已，青傅之。"

□□三潬及，取桮（杯）水歕（喷）、鼓三，曰："上有□□□□□□□□□□锐某□□□□饮之而復（覆）其桮。"[2]

可见，中国在先秦时期就已有以"喷水"，也就是净水喷洒治病驱邪的做法，这也是道士常使用的法术之一。此后，历代道士也一直延续此种做法，如《后汉书》卷一二《郭宪传》："（光武帝）建武七年，代张堪为光禄勋，从驾南郊。宪在位，忽回向东北，含酒三噀。执法奏为不敬。诏问其故。宪对曰：'齐国失火，故以此厌之。'后齐果上火灾，与郊同日。"[3] 又，《太上赤文洞神三箓·咒笔书符法》："黑杀神王力笔下万鬼，悉咒七遍，毕，喷上，然后书之，别书符与病人吃。"[4] 可见，喷净水可以

1　详参萧登福《道教与密宗》，台北：新文丰出版社，2004，"自序"，第6~7页。萧登福先生该书详细论证了佛教密宗如何受到中土道教之影响。

2　转引自萧登福《道教地狱教主：太乙救苦天尊》，第253~254页。

3　转引自萧登福《道教地狱教主：太乙救苦天尊》，第254页。

4　（南朝齐、梁）陶弘景集，（唐）李淳风注《太上赤文洞神三箓》，《中华道藏》第32册，第514页。

用来治病。甚至有用噀水法干谒公卿,《皇帝太一八门逆顺生死决》:"凡行持入梦谒贵取事,先变神,右手执剑,向天门立。执剑书金、木、水、火、土字,退一步丁字立土字上,次五步走至金字上立,噀水,念咒七遍。"[1] 净水还可以用来解秽,《云笈七签》卷四五《解秽汤方》:"凡书符,叩齿三通,三度,称合明。天帝日,闭口、闭气书之。置水碗中,以刀子左搅水三匝,想北斗七星在水中,咒曰:北斗七星之精,降临此水中,百殃之鬼,速去万里,如不去者,斩死!付西方白童子,急急如律令。咒讫,即含水喷洒,秽气都散。当喷之时,存正一真官,朱衣,头戴篆中九凤之冠,口中含水喷洒,秽亦自解。"[2] 可见,方仙术士战国时期就已开始使用净水驱邪,这与观音唐代以净瓶之水驱邪的做法相一致。从时间上来看,此处应是佛教学自道教。

其次再论杨柳。唐代开始,观音所持的杨柳才有了治病驱邪的功效,这和印度仅用杨枝招待客人的做法大相径庭。杨柳在中国一直以来就有治病之功效,和上文提及的印度仅仅以树枝用来待客有很大区别。柳树在印度很少,而在中国很常见。柳树在中国有送别、思乡之意,这体现在"昔我往矣,杨柳依依""此夜曲中闻折柳,何人不起故园情""羌笛何须怨杨柳,春风不度玉门关"等诗句中。同时,我们要注意到,柳枝在中国还是一味中药。成书于汉代的《神农本草经》记载:"赤柽木。主剥驴马血入肉毒。取以火炙熨之,亦可煮汁浸之。"[3] 柽木即柳木,其入肺、胃、心三经,具有解毒之功效,这也解释了为何佛经会出现柳枝治病的言辞。我们已经得知,杨柳和净瓶在印度为日常用具,但在中国,尤其是隋唐以后,有了驱邪和治病之意。这源于中国本土的道教和习俗。道士也常用柳枝治病。隋唐之际的药王,同时也是道士的孙思邈在《孙真人备急千金要方》卷一一中道:"柳枝浴汤,治小儿生一月至五月,乍寒乍热方:细切柳枝,煮取汁,洗儿。若渴,绞冬瓜汁服之。"[4] 在卷二一的玉屑面脂方中提到该药品需要:"三十三味,切,以酒、水各一升,合渍一宿,出之,用铜器微火煎,令水气尽,候白芷色黄,去滓,停一宿,且以柳枝搅白,乃用之。"[5] 该方中,柳枝用来搅白药物。从中医学角度来讲,柳枝学名柽柳,属于解表药物,解表药化学成分有挥发油,在其中起到挥发作用,换言之,中医的柳枝属于药物,作为道士的孙思邈用之入药。[6] 此

1　撰人不详:《皇帝太一八门逆顺生死决》,《中华道藏》第 32 册,第 509 页。

2　(宋)张君房辑《云笈七签》卷四五,《中华道藏》第 29 册,第 372~373 页。

3　(明)缪希雍:《神农本草经疏》,中医古籍出版社,2017,第 540 页。

4　(唐)孙思邈:《孙真人备急千金要方》卷一一,《中华道藏》第 22 册,第 115 页。

5　(唐)孙思邈:《孙真人备急千金要方》卷二一,《中华道藏》第 22 册,第 166 页。

6　承蒙河南中医药大学晁利芹博士告知,谨致谢忱。

外，道士还用柳枝治疗儿童丹瘤，《仙传外科集验方》卷一一："小儿十种丹瘤，许学士云：此十种丹毒，如三日不治，攻入肠胃，则不可治也。宜逐一子细辨认，依此方治之，万不失一。……五天灶丹，从两臂赤肿黄色用柳木烧灰，水调搽。"[1] 小儿丹瘤不可轻视，若拖延治疗，则病入膏肓，柳木可起到消丹瘤的作用。杨柳还可用来治疗走注气痛、牙痛，明李时珍《本草纲目》卷三五"木部"："走注气痛（身上忽有一处如被人打痛，痛处游走不定，有时觉痛和极冷）。用白酒煮杨柳白皮乘热熨痛处。……风虫牙痛。用杨柳白皮一小块含嚼，取汁渍齿根，几次即愈。又方：用柳枝一握，锉碎，加盐少许，浆水煎含，甚效。又方：柳枝（锉细）一升、大豆一升，合炒至豆熟，加清酒三升泡三天后，含漱吐涎。"杨柳煮酒外敷，可以治疗走注气痛，咀嚼杨柳枝可以治疗牙痛。[2] 又，清代医家汪昂《本草备要》："水杨柳，宣，行气血。苦、平。痘疮顶陷，浆滞不起者，用枝煎汤浴之。此因气凝血滞，或风寒外束而然，得此暖气透达，浆随暖而行，再用助气血药更效。枝：煎汁，治黄疸。"[3] 水杨柳可以通行气血，起到治疗痘疮、黄疸的作用。可见，中国本土的中医药将杨柳用于治疗多种疾病是一直以来的传统，道士也通常用其来治病，和印度仅将杨枝当作日常用具是不同的。观音的杨枝用来治病，无疑是受中土文化和道教的影响。

又，道教中，杨枝还起到驱邪的作用。宋蒋叔舆《无上黄箓大斋立成仪》："转轮圣王天尊法师左玉清诀，右策杖行持。念隐语，就灯焚幡，以柳枝净水洒之。……灵书引亡魂至沐浴所，一人以杨柳枝净水，沿路洒秽。……次高功率六职众官、执柳枝水盂、诵净天地咒、升坛旋绕、洒净归位，次禁坛如仪，次回向念善揖退。"[4]《太玄宝典》："驱邪者，有鬼神害生人，及鬼神怪物所苦，百端幻惑，可以正之也。以左手三指擎水一盏，向南念：大悲神首，赤发元神，七遍，以水用杨柳枝向邪物洒之，乃息。他人已彼苦，或洒或令饮之，乃醒焉。"[5]《仙传外科集验方》："八危证，鬼魇鬼击，房中被鬼打作声，叫唤不省。右用灶心土槌碎为末，每服二钱，新汲水调下，更挑半指甲吹入鼻中，又灸两足大拇指聚毛中三七壮。又方，用桃柳东生枝各三七寸，煎汤三盏，候温灌服。"[6] 总之，在中土看来，杨柳具有治病、驱邪之功效，而治病与驱邪也恰恰契合了观音救苦救难的神格。

1　（元）杨清叟撰，（明）赵宜真集《仙传外科集验方》卷一一，《中华道藏》第22册，第763~764页。

2　（明）李时珍：《本草纲目》卷三五，人民卫生出版社，1975，第2034页。

3　（清）汪昂：《本草备要》，郑金生整理，人民卫生出版社，2017，第179页。

4　（宋）蒋叔舆：《无上黄箓大斋立成仪》卷二五，《中华道藏》第43册，第470页。

5　撰人不详：《太玄宝典》卷下，《中华道藏》第34册，第304页。

6　（元）杨清叟撰，（明）赵宜真集《仙传外科集验方》卷一〇，《中华道藏》第22册，第750页。

受中土道教杨柳净水驱邪治病的影响，印度的观音所持的杨柳与净瓶，在中土被同样赋予了治病驱邪的功能。

由是言之，用柳枝和净水治病、驱邪，是中土自先秦两汉以来的传统。佛教的观音自唐代以来，才用柳枝与净瓶水治病、驱邪，无疑是佛教传入中国后深受道教影响所致。

结　论

上述分析试图说明的是，杨柳和净瓶作为观音与太乙救苦天尊共同的法器，两者存在着相互影响的关系。在造型上，观音持杨柳和净瓶在太乙救苦天尊之前，是佛教影响道教的关系；在神格上，道教用杨柳和净瓶驱邪治病的做法影响到了观音，是道教影响佛教的关系。

事实上，人们也总是将观音与太乙救苦天尊融合，如《焚书》[1]、《普济方》[2]曰：

> 谁无缓急，大士即是救苦天尊。(《焚书》卷四《杂述·告土地文》)
> 见一方药丸时，每念救苦天尊，救苦菩萨各一声。(《普济方》)

可见，由于观音与太乙救苦天尊都有着"救苦"、治病的神格，民众常将其相提并论。那么，两者皆持有治病与驱邪的杨柳净瓶实为情理之中。

总之，印度佛教传入中国后，与中国文化融合，并与本土宗教——道教发生融合，佛教与太乙救苦天尊的融合，即是典型个案。

1　（明）李贽：《焚书》，张建业译注，中华书局，2018，第865页。

2　转引自刘科《太乙救苦天尊图像研究》，《宗教学研究》2014年第1期。

从汉字、喃字到国语字[*]
——越南阮朝《千字文》类蒙书之发展

■ 刘怡青（陕西师范大学历史文化学院）

前　言

《千字文》作为中国重要的启蒙书之一，通过吟诵的方式，带领孩童识读文字，包括天文、自然、历史、人伦等内容，其所建构起的模式，不论是在行文体例，抑或是内容结构上，对于中国蒙学发展的影响甚深。关于《千字文》在中国的发展与影响，徐梓教授已有专篇研究，[1]理出了清晰的脉络。

《千字文》对中国影响如此深远，在书籍传播的过程中，在其他国家，特别是在汉字文化圈（如日本、韩国及越南等国）有何发展？以日本国会图书馆所公开的信息为例，日本国会图书馆除收有日本元和三年（1617）《篆图附音增广古注千字文》、庆长十一年（1606）《四体千字文》外，昭

明四年（1767）《书史千字文》、文政九年（1826）《世话千字文绘抄》亦是仿《千字文》所编辑的书籍，哈佛燕京图书馆则藏有韩国《千字文音解》，皆见《千字文》流传及影响于日韩，而《千字文》在越南的流传情况又是如何？本文以越南阮朝时期的中国《千字文》及阮朝《千字文》类蒙书为讨论重心，借此了解此类书籍的概况及中国《千字文》对于越南蒙学的影响。

一　汉字《千字文》在越南的流传

越南国家图书馆馆藏编号 R1226 的合卷资料中，收有《日用常谈》、《字学求精歌》及两个《千字文》的版本。这两本《千字文》，一是嗣德十三年（1860）季夏

* 本文为 2018 年国家社会科学基金一般项目"越南蒙学文献整理与研究"（项目编号：18BZS172），国家社会科学基金重大项目资助、国家社会科学基金重大项目滚动资助"中国童蒙文化史研究"（项目编号：16ZDA121）阶段成果。

1 相关论文可参见徐梓《传统蒙学与蒙书研究》（中国社会科学出版社，2017）一书中《〈千字文〉的流传与其影响》（第116~125 页）、《〈千字文〉的续作及其改编》（第126~134 页）二文。

摹本[1]，二是嗣德二十七年青云堂版的《字体全书》。但嗣德十三年《千字文》为书法摹本，《字体全书》《日用常谈》《字学求精歌》虽同为刻本，却在时间与版式等方面皆有所不合，故此四书合为一卷之由，或许能从此四书的内容或成书目的寻求答案，进而讨论中国《千字文》在越南的流传情况。

（一）《千字文》与科举

R1226 中摹本《千字文》以摹写褚遂良书法为主。《千字文》作为法帖时来已久，唐李绰《尚书故实》即记有王羲之孙智永禅师临《千字文》八百本散与江南诸寺之事，[2] 褚体《千字文》据宋周越《书法苑》所记原为石刻，[3] 由越南嗣德十三年的摹本足见褚体《千字文》成为法帖后流传之久及传播之远。合卷中的《字体全书》，书前有青云堂"税例小说"说明出书之目的、花费情况与售书地址等信息，其出书目的为"本堂精检字体全书一集，并纂辑诸家体法，共四十八体字，纸该二百张，以便初习"。《字体全书》在合卷中仅存三十叶，并且杂入四叶同为青云堂藏版

的《字体会通》，在书体的展示上，十叶版心作"三行真行"，内容以三言成句，以示书体重点，如"宇宙定，宁宫官"，旁有小注标注"天覆芜，上以海极覆画乎下也"。其余版心作"四行某"者，如"四行真体""四行篆体"，另有部分版心题为"《千字文》汉隶体""《千字文》真行体""《千字文》小篆体"，其书影见图 1、图 2。

虽无法见青云堂《字体全书》《字体会通》的全貌，但由这些书影可知青云堂以《千字文》为基础展示各类书体"以便初学"。故 R1226 中两种版本《千字文》实以书体摹写与示范为主。

至于《日用常谈》与《字学求精歌》二书，前者为嗣德四年同文斋藏版，据《汉喃遗产目录》所记，《日用常谈》最早成书于明命八年（1827）。[4] 作者范廷琥（1768~1839），《大南实录》记其"少嗜学，应举屡绌，遂肆力读书，多所该洽，熟典故，人皆推之"，曾任翰林院行走、翰林编修、国子监祭酒、翰林院侍讲学士，其行世著作中《日用常谈》涵括在内。[5]《日用常谈引》言此书"举日用常谈授之门人翻译训诂"为主要内容，起于天文终于虫

1　该本所摹为龙朔二年（662）褚遂良所书本，书页标题作《千字文》，梁员外散骑侍郎周兴嗣次韵"，末则题"龙朔二年孟春月褚遂良书"并有"嗣德十三年季夏御摹"。

2　（唐）李绰：《尚书故实》，《畿辅丛书》，光绪五年（1879）刊谦德堂藏板，叶 15。

3　（清）李光暎：《金石文考略》卷一二《褚河南千字文》，《文渊阁四库全书》，台北"故宫博物院"藏本，第 410 页。

4　此书中虽有题"嗣德元年孟冬月吉日新刊"，并署"祭酒范先生撰"的《日用常谈引》，但查《汉喃遗产目录》所记《日用常谈》最早成书于明命八年（1827），祭酒范先生即为范廷琥。故同文斋刻《日用常谈》时，实范廷琥已逝世许久，《日用常谈引》所署为重刻时间，非撰文时间。

5　阮朝国史馆：《大南实录》正编列传二集卷二五《范廷琥传》，庆应义塾大学言语文化研究所，1981，第 276 页。

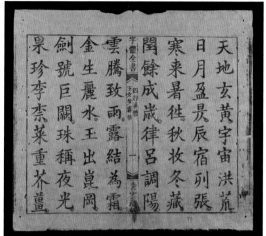

图 1 《字体全书》局部

（越南国家图书馆馆藏，馆藏编号 R1226，第 73 叶）

图 2 《字体全书》局部

（越南国家图书馆馆藏，馆藏编号 R1226，第 93 叶）

类，细分出三十二项以纳字辞，字辞下皆有喃字与小注，形式类于辞典。

成书于嗣德二十三年的《字学求精歌》，R1226 所收为青云堂嗣德二十九年刻本，青云堂《识语》记"按是集乃南定罗岸绍治辛丑科副榜杜公所辑也，此后学宁嘉阮公增订音注，片字半画，无少差讹，洵为初学便捷也"。杜公即杜辉琬，其《字学求精歌序》称：

> 明命年间试法字画茂密，当辰（时）士子莫不留心，或俗或讹鲜有不知。及后规式日疏，真草随用，余亦以六书八法不切事，口不言字三十余年矣。今试场榜揭用字真精，小子茫然如在云雾中，无人为之指南，未免帝虎乌

乌之误。余弗获已，因取经传、中举业所常用，而易涉于讹俗者，命小子编辑约为四字歌，颜曰《字学求精歌》。

《大南实录》记杜辉琬"少有文才，绍治元年（1841）会试中乙科，授翰林院检讨"，曾任永隆督学、礼部郎中、太常少卿办理户部，告疾还乡后"在家喜著作，故人多求妙墨，至今尚能传诵之者"。[1]杜辉琬为使应试学子辨识形似或易混之字，强调文字易误之部件，以四言歌谣的方式完成此书主要内容。

序言中所称"六书八法"即是汉字构成、笔法的基本原则，与杜辉琬同时的李文馥亦称越南"字画则《周礼》六书，而以钟、王为楷式"，[2]皆见此时越南以汉字

1　阮朝国史馆：《大南实录》正编列传二集卷三三《杜辉琬传》，第 384 页。

2　〔越〕李文馥：《闽行杂咏》，《越南汉文燕行文献集成》第 12 册，复旦大学出版社，2010，第 260 页。

为主要文字。R1226 中摹本《千字文》与《字体全书》以书体为主，范廷琥与杜辉琬两人所辑纂的《日用常谈》《字学求精歌》，皆是收集常用字，加注简单字义，以供后辈识别汉字为目的。由杜辉琬直言其所辑之字以"经传、中举业所常用"为主，而识字或是书体练习，为学子应试时所必备的基础能力，故此四份资料于 R1226 合并为一卷，其用意或即出于此。

（二）《千字文》与越南的启蒙教育

《千字文》作为书体的展示，在中国其来已久，最早可见于《隋书·经籍志》所收《草书千字文》与《篆书千字文》。[1] 除可作为法书外，其亦是孩童重要的启蒙读物之一，如宋项世安《项氏家说·用韵语》记"古人教童子多用韵语，如今《蒙求》《千字文》《太公家教》《三字训》之类，欲其易记也"。[2] R1226 展示出作为书体存在于越南的《千字文》，是否亦有作为蒙书存在的《千字文》？

越南文献中谈及中国蒙书作为越南启蒙读物的记载，最早见于后黎朝裴阳瓥（一作沥）景兴四十八年（1787）[3]的《裴家训孩》。裴阳瓥为后黎朝昭统元年（1787）丁未科进士，曾任"内翰供奉使员外郎"，[4] 阮朝嗣德三年子裴式坚上其著作两种，[5]《裴家训孩》即是其中之一。在序文述编纂之由时，其称"余尝居乡，见人家训孩多用周兴序（嗣）《千字文》，熟读终无所得，或易以《孝经》《小学》"。[6] 另，阮朝绍治元年辛丑科举人范望，[7] 于嗣德六年作《启童说约·序》称："余童年，先君子从俗命之，先读《三字经》及三皇诸史，次则读经传，习时举业文字，求合场规，取青紫而已。"[8] 以上记录显示，中国《千字文》《孝经》《小学》《三字经》等蒙书，直至 18、19 世纪时仍为越南民间、士人主要的启蒙教材。

《孝经》《小学》《三字经》在《汉喃遗产目录》中，有《孝经注解》《孝经释译》《孝经国音演歌》《朱子小学全编》《朱子小

1　《隋书》卷三二《经籍志》，中华书局，2015，第 942 页。另关于《千字文》作为法帖的概况，可参徐梓《〈千字文〉的流传与影响》，《传统蒙学与蒙书研究》，第 130~131 页。

2　（宋）项世安：《项氏家说》卷七，《景印文渊阁四库全书》第 706 册，台北：台湾商务印书馆，1983，第 536 页。

3　裴阳瓥《裴家训孩》序文末署"丁未春二月吉日旦，书于升龙城盛光坊塾舍"，《汉喃遗产目录》"丁未"作"Cảnh Hưng（景兴）38（1787）"，查景兴三十八年为丁酉年（1778），丁未年实为景兴四十八年，故改之。

4　《登科录》卷三"昭统元年丁未科·进士"，叶 99。

5　阮朝国史馆：《大南实录》正编第四纪卷五，"（嗣德三年）内阁承旨裴式坚进其父所著书二部。式坚父裴阳瓥，黎进士，著《乂安记》《裴家训孩》二书。一言星野地域，山川之胜，风土之宜，人物之迹，因革之由。一言天地之理，人物之生，以及我越之统纪，道统之源流。帝命儒臣评阅，藏之史馆"（庆应义塾大学言语文化研究所，1979，第 131 页）。

6　〔越〕裴阳瓥：《裴家训孩》"序"，汉喃研究院藏本，编号 A253，第 1 页。

7　《国朝乡榜录》卷二"绍治元年辛丑科·河内场"，叶 35。

8　〔越〕范望：《启童说约·序》，越南国家图书馆藏，编号 R562，第 1 页。

学略编》《三字经》《三字经释义》《三字经解音演经》等记录。关于越南蒙书的情况，耿慧玲教授指出除有原书翻刻或重刻外，另有以中国蒙书为底本经越南学者重新注释或者重编，以及越南新编蒙书三大类，[1]《三字经》《孝经》即可作为前两者的代表。至于《千字文》除见于 R1226 外，《汉喃遗产目录》记有《千字文解音》，另在《道教源流》提要中记有周兴嗣《千字文》喃译本。《千字文解音》是否即周兴嗣《千字文》喃译本？《汉喃遗产目录》中未特别注明此书的作者，仅记录版本信息，最早版本为成泰二年（1890）印本，维新三年（1909）本增注越南文，而笔者另见有维新八年（1914）文明印馆藏板的《千字文解音》，其内容并非中国《千字文》，实为绍治五年（1845）李文馥《摘字解音歌》。《摘字解音歌》如何成为《千字文解音》，以及是否受到中国《千字文》的影响？针对此问题，以下就越南《千字文》类蒙书进行探析，以明其相互关系。

二 汉字为主喃文为注的《千字文》类蒙书

当前公开的资料中，越南《千字文》类[2]蒙书主要有七种，分别为：《三千字解音》《摘字解音歌》《千字解音歌》《五千字译国语》《幼学汉字新书》《千字文解音》《三千字解释国语》。上述七种书的时间与相互关系情况见表 1。

表 1 越南《千字文》类关系

被殖民前	被殖民后
《三千字解音》	《三千字解释国语》
《摘字解音歌》	《千字解音歌》《千字文解音》
	《五千字译国语》《幼学汉字新书》

故阮朝《千字文》类蒙书以《三千字解音》与《摘字解音歌》为代表，此二书以汉字为主体，被殖民前后的差别在于：被殖民前主要以喃字作注，被殖民后主要增注越南"国语"及法语。而《三千字解音》与《摘字解音》的关系及解音方式，二书与中国《千字文》的关系又是如何呢？

（一）《三千字解音》与《摘字解音歌》先后关系

《三千字解音》成书于《摘字解音歌》之前，以明命十二年(1831)富文堂本为最早，富文堂本封面书名为《三千字解音》，内页正文部分则署《字学纂要》。又汉喃院藏 Vhv.1259 成泰二年《阳节演义》中，附有署"景兴丙申月常训郡公校订和题序，左青威吴时任同校阅"的《字学纂要三千

1 耿慧玲：《由〈启童说约〉看越南童蒙教育的改变》，《童蒙文化研究》第 2 卷，人民出版社，2017，第 203~231 页。

2 本文所称越南《千字文》类蒙书主要指模仿或扩增《千字文》，以韵文形式串联起字词，以教授孩童识别字词与传达知识为主的蒙书。

字》[1]，故《三千字解音》的前身即是吴时任的《字学纂要》。在《三千字解音》相关研究论文中，[2]由各论文引证的吴时任《字学纂要·序》可知，《字学纂要》成书不晚于景兴三十七年。但成书于后黎朝的《字学纂要》何时改名为《三千字解音》？

成书于阮朝绍治五年的李文馥《摘字解音歌》[3]，其引文称：

> 昔人有著《三千字解音》一编，逐字起韵，以平仄二声相间，不拘伦次，务取便读，其待蒙士诚厚矣。独以句韵短促，或惜其难于成咏者，簿领之暇，别为逐句，起韵演成歌诀，颜曰《摘字解音歌》，庶令童孺蒙辈行坐吟哦，因得易于记忆，倘以博览者一莞云。

以上记载，除说明李文馥以《三千字解音》为基础完成《摘字解音歌》外，以现存最早版本为明命十二年富文堂本《三千字解音》可知，《字学纂要》最晚于明命十二年改名为《三千字解音》，绍治时通称《三千字解音》。引文中对于作者部分为何以"昔人"带过？《越史通鉴纲目》对吴时任的记载，称其"后事西山朝，官兵部尚书，至嘉隆初年杖死"。[4]又《大南实录》记载中批判吴时任等"诚名教中罪人之尤者"，在嘉隆二年（1803）笞死于奉天府学堂。[5]通过阮朝史书对于吴时任的评断，《字学纂要》的改名与李文馥以"昔人"称之，其原因可想而知。

李文馥称《三千字解音》（《字学纂要》，下皆以《三千字解音》称之）"逐字起韵，以平仄二声相间"，而《字学纂要·序》言成书方式以"音注为义，义连于韵，韵分为对，该得三千字，曰《字学纂要》"。[6]《三千字解音》收有汉字三千字，体例则四字一句，两两为对，如"天地举存，子孙六三"等。为求平仄相对及字词意义相关，整体内容以统揽字词为主，并

1　参见李无未、阮氏黎蓉《越南所见汉喃国语"千字译解书"文献谱系》，《华夏文化论坛》2018年第2期，所附书影。

2　相关研究有耿慧玲《由〈启童说约〉看越南童蒙教育的改变》，《童蒙文化研究》第2卷，第203~231页；梁茂华《越南古代汉喃辞书略论》，何华珍、阮俊强主编《东亚汉籍与越南汉喃古辞书研究》，中国社会科学出版社，2017，第40~51页；杜氏碧选《以字典编写方式的越南中代汉字教科书研究》，何华诊、阮俊强主编《东亚汉籍与越南汉喃古辞书研究》，第74~99页；李无未、阮氏黎蓉《越南所见汉喃国语"千字译解书"文献谱系》，《华夏文化论坛》2018年第2期。

3　笔者所见之《摘字解音歌》与《明伦撮要歌》、《对句歌》、《四传正文集对》、《诗经集对》等书合为一卷，收于越南国家图书馆，馆藏编号R1671。其中《明伦撮要歌》李文馥作于绍治三年，全篇摘录朱熹《小学·明伦》编成六八体诗歌，以示子侄与初学者；《对句歌》则是以四言成句，以述人伦、历史、儒学等知识；《四传正文集对》署名"湖口参知正使李大人著，讳文馥号邻芝"，分别以四字、五字、六字、七字、八字、十二字、十六字摘录《四书》内容以成文；最后则为"安泰李文雅"所集的四字《诗经集对》。

4　阮朝国史馆：《越史通鉴纲目》卷四五，黎显宗景兴四十一年，台北"中央图书馆"，1969，第3946页。

5　阮朝国史馆：《大南实录》正编第一纪卷二〇，嘉隆二年，庆应义塾大学言语文化研究所，1963，第322、612页。

6　李无未、阮氏黎蓉《越南所见汉喃国语"千字译解书"文献谱系》，《华夏文化论坛》2018年第2期。

非以构成完整文意为目的。基于此，李文馥批评其"难于成咏者"，故摘出一千余字，"逐句起韵演成歌诀"以成《摘字解音歌》。在体例上一改四言体，汉字部分以"3＋4"七言的形式编成歌谣，若加上对应的喃字则成为六八体，[1] 其情况见图3。

《摘字解音歌》透过缩减、挑选《三千字解音》的用字，将意思相近或类别相近者编排在一起，如"天地云，雨风昼夜"皆属天文或自然，构成有完整意思的语句，形成属于越南的《千字文》，后则以《千字文解音》流传于越南。

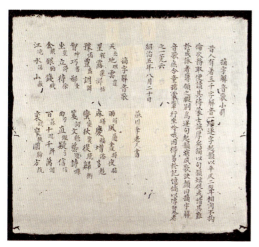

图3　越南国家图书馆藏李文馥《摘字解音歌》局部书影

（二）二书喃字"解音"的方式

此二书皆以"解音"命名，而"解音"所指为何？明严从简《殊域周咨录》称"（安南）字与中华同，而音不同"。[2] 景兴三十七年《字学纂要三千字·序》亦言"我越南文献、立国文字与中华同，而设义、解音则与中华异"。在"形"同而音不同的状况下表达汉字字义，成为《三千字解音》《摘字解音歌》成书目的之一。

吴时任序中称"音注为义，义连于韵"，故"解音"即为音注，其所采取的方式，以明命十二年富文堂本《三千字解音》为分析对象，此书汉字旁分别有喃字或汉字作注，主要方式有以下四种，每种方式占全书的数量[3]与比例，大致如下。

（1）纯以喃字作注，如"天地举存"每字分注为"丕坦拮羣"，计有1595字，占全书内容的54％。呈现出《三千字解音》所录之字，一半以上的汉字有单一喃字作对应，亦即借由喃字的识读，可对应汉字的喃音得以兼及字义的解释。

（2）以原汉字作注，如"坊庸部番"，有423字，占14％。以原汉字作注的体例来看，可知部分汉字与喃字通用。

（3）汉字注音，喃字表义，有459字，占15％。若遇同义之字，如兄、哥同义，兄有喃字注"英"，哥则注为"音向，英"，以示二字形音不同而义同；或有艰涩字，如"盘盏茧丝"中"茧"注为"音蚕，緷"，又如"猴虎坛臼"，"坛臼"二字分

1　越南歌谣形式以六八体为主，亦即上句六言，下句八言，另又有双七六八体诗歌，其中七言部分的形式即是"3+4"，《摘字解音歌》汉字采取此形式以成篇。有关六八体诗歌相关研究可参雷慧萃《浅析越南独特的诗歌体裁——六八体与双七六八体》，《东南亚纵横》2004年第8期。

2　（明）严从简：《殊域周咨录》卷六《安南》，余思黎点校，中华书局，2009，第236~237页。

3　富文堂《三千字解音》中有21字因版刻不清或残泐无法判断，故以下统计数量扣除此21字，总计2979字。

注为"音谈，姑"，"音舅，礆"，皆以同音字注明汉字读音，并由喃字表喃音及字义。

（4）以原汉字为注，上加一汉字或喃字标示类别，或纯以喃字解义，有 502 字，占 17%。除专门字辞，如天干地支"卯寅"、卦名"乾震艮坤"，分别以"干卯、干寅""卦乾、卦震、卦艮、卦坤"表示；又汉、喃字相同，但上加一字标示类别如"璋琬琏瑶"注"玉璋、玉琬、玉琏、玉瑶"，另汉字"鱼""山""氏"对应喃字分别为亇、岗、户，举凡类别其相关之汉字，作注则多加此喃字以示其类；最后则有小部分以两个以上的喃字解释汉字字义，如伏，注"鹕挹"。

以上四种方式，在《摘字解音歌》1015 字的内容中，以单一喃字注汉字为主，计有 786 字，占 77%；以原汉字作注则有 164 字，占 16%；另有 62 字以喃字标示性质、类别，如帝喃字为"希"，尧舜汤皆附上"希"以示其义，另世喃字"芪"，殷汉唐虞四字旁注"芪"。《摘字解音歌》中仅有锚、窑、掺三字以汉字注音，锚除有喃字外，另有注"音苗，铁索贯之，投水中维舟"，窑未有喃字，注为"音遥，烧瓦灶"，掺则注"音搜，寻"。

由单一喃字、汉字作注的比例来看，从《三千字解音》的 68% 到《摘字解音歌》的 93%，《摘字解音歌》除将同类或意思相近的编排为歌谣外，在选字过程中亦力求能与喃字相互对应，借由基础的汉、喃对照，让"童孺蒙辈行坐吟哦，因得易于记忆"的过程，兼及汉字与喃字的字形识得，

建立基础后再扩充到《三千字解音》中的艰涩字等。

（三）二书重复中国《千字文》之处

由前引《裴家训孩》可知《千字文》在后黎朝时仍为主要的启蒙读物之一，故《三千字解音》以四言为主的体例，即是受到中国《千字文》的影响，到李文馥编《摘字解音歌》时才改为越南六八体。除体例外，在字辞部分，中国《千字文》对于此二书是否有所影响？

比对此三书，《三千字解音》重复《千字文》有 773 字，不重复者有 227 字，而《摘字解音歌》重复《千字文》者仅有 403 字，其中 34 字为《三千字解音》不重复《千字文》的部分，《三千字解音》重复《千字文》全文 77%，而《摘字解音歌》者仅重复 40%。比对《三千字解音》《摘字解音歌》，《摘字解音歌》所录 1015 字中，有 187 字未见于《三千字解音》。可知虽《摘字解音歌》以《三千字解音》为底本，但为使"演成歌诀"，引用他字使内容得以顺理成章。以用字比例而言，二书对于《千字文》并非完全引用，若以字辞来看三书重复部分，《三千字解音》在"不拘伦次，务取便读"的情况下，以"辞"为组合单位，两两成句，字辞的组成有如"是非""吉凶""富殷"等为汉语中常见者，部分则以类相聚，如"蛇象""婶姑""伯姨""盘盏"等。故《三千字解音》重复《千字文》以"字"为单位，部分字词在重组过程中，因惯用的情况而编排在一起。

基于汉字一字多音或多义的特性，

《三千字解音》与《摘字解音歌》亦有以同字他义的方式重新组合，如"殷"，《千字文》为"周发殷汤"所指为朝代，《三千字解音》则取其"富足"之意，作"富殷勇良"，而汤字则为"汤禹府宫"，但《摘字解音歌》则又同于《千字文》之义，改为"尧舜汤，殷汉唐虞"，亦是指朝代；《千字文》"罔谈彼短，靡恃己长"所用短、长，分指人的短处与长处，在《三千字解音》《摘字解音歌》则合并为"长短"，所指为长度，"孤""寡"亦是同样的情况；又如"乐"，结合前后文，《千字文》所指为"礼乐"之乐，《三千字解音》《摘字解音歌》则为"哀乐"之乐。亦有小部分《三千字解音》用字义同《千字文》，而《摘字解音歌》则取他义，如"观"，《三千字解音》《千字文》皆为"观看"，《摘字解音歌》"临贲观，离坎乾坤"则取《易经》卦相；"陈"，《摘字解音歌》"远中近，吴宋陈梁"所指为朝代，《千字文》"陈根委翳"与《三千字解音》"莺鹊陈古"则为"老旧"之意。

《千字文》流传于越南，影响了吴时任编纂《字学纂要》(《三千字解音》)的体例，但吴书在字词、字义的编纂上，并不以《千字文》为主。特别是到李文馥编《摘字解音歌》时，从体例上的改变到减少重复《千字文》用字，加上喃字对于汉字音义上的"解音"，作为识字蒙书而言，《摘字解音歌》足以取代中国《千字文》在越南的地位，故作为蒙书的中国《千字文》少见于越南，反而作为书体之书的《千字文》多见留存。

三 新教规政策下的《千字文》类蒙书

李文馥《摘字解音歌》以《千字解音歌》《千字文解音》等书名流通，从三千字的《字学纂要》被改为《三千字解音》，《摘字解音歌》全部内容1015字，其改名之由亦与所收字数有关。至于何时改名，据《越南汉喃目录提要》所记，《千字文解音》有成泰二年与维新三年两种印本，故《摘字解音歌》最晚应于成泰二年前改名。

除以上两个版本外，另有成泰十七年国学场掌教吴低旻续解《千字解音歌》及维新八年海防河内文明印馆藏板《千字文解音》。以《千字文解音》各版本的时间来看，此时越南已被法国殖民。成泰十七年《千字解音歌》续解者吴低旻所任的国学场，据《大南典例略编·礼部》所记，即是设立于成泰八年以专教大法字话为主的"国语字学场"。"国语字学场"的设立，反映此时越南教育政策有所改变，强调"国语字"以及"大法字话"，这对于《千字文》类蒙书又有何影响？

在教育政策上，成泰十八年颁布的"学试法新义"中，规定"北圻南学法有三等，一曰幼学，二曰小学，三曰中学"，各社村童子六岁至十二岁有六十名，由各村社自行设立幼学，小学、中学则由国家设立。在幼学场规中有汉字教规与南音教规，汉字教规如下：

> 汉字教规，则用紧需等字，
> 与古来圣贤伦理格言，及安南国

史，如明君贤辅之类，地舆如山川封域之类之切要者，由均用单字略说俾幼童易知。此等教法另著《汉字》一卷，这书经由会同议院阅，依书中随字之难易、次第编辑。其伦理等语，宜择取古书中圣贤格言，间有非紧需等字，与批注烦絮者，斟酌刊去。又摘采本国方言俗语之可为劝诫，与夫古书名言并行增钉卷末，撮书中所用等汉字，集字成汇，其字之音义，均用国语字批注。[1]

此时期的汉字教学，除课本内容需经过审核外，在音义部分强调须用"国语字"加注标音。在进入小学后，除原本的汉字、南音外，又增加学习"大法字"。此外，从小学考课命题方向亦可一窥新教规对于"国语字"的重视，其考课题目有三，分别为：

（1）从汉字做出论体，或伦理古书，或南史、北史，或一题或几题；

（2）从国语字听写一题，或行文一题，及国史地舆，或格致论一题；

（3）以汉字译国语字，以国语字译汉字。

此外，如有学习法字者，其考试题目除有暗写法文外，另有"简易法文译出国语"一题。国语字的实际操作，以及在汉字与法文之间的转换，成为此时教育学子的重心。

在新教规的执行之下，原以喃字解音的《三千字解音》《摘字解音歌》，增注国语、法语及汉越音，以成泰十七年吴低旻《千字解音歌》为代表，其书序称"译为国语，字画解为大法音义，增注广东土音[2]，间有俗字、单字及舛谬字"，整体呈现出来的情况见图4、图5。

除《千字解音歌》外，维新九年《三千字解释国语》（又名《增注国语三千字解音》），其序言称：

《三千字》书之作流传已久，一字一义，叶以音韵，所以便初学之记诵也。前此注以喃文，或一字而可叶数音，未足为据。自有国语字注，而书各有字，字各有音，截然不相混乱。善哉！[3]

1　《大南典例撮略新编（礼部）》，抄本，越南国家图书馆藏，编号 R1535，叶49。

2　据复旦大学越南博士生潘青皇所言，《千字解音歌》在广东土音部分识读后为今所称"汉越音"。针对汉越音，王力《汉越语研究》一文指出："传入越南的汉语可分为三类：第一是古汉越语，这是汉字零星输入时期就有了的，我们假定它们到了唐代还在安南保存着它们的汉音，等到唐字传来，安南人被迫着学习唐音（长安音），于是白话音和文言音就有分歧了，这一种一般人不认为汉语而实际上是古代汉语的残留的字，我们称为古汉越语。第二是汉越语，这是整个系统的汉字，如果拿《切韵》系统来比较，它们是最整齐有趣的。第三是汉语越化，这本来是汉语的成分，但它们跟着越南口语变化，已经脱离了汉越语的常轨了。……汉越语只在文言里占优势，尤其在科举时代；至于在日常口语里，汉越语是没有什么势力的，同意义的两个字，往往有一个是汉越语，用于文言，另一个是从泰语或蒙语或来历不明的字，用于白话……"王力：《汉越语研究》，《岭南学报》第9卷第1期，1948，第8~9页。

3　《三千字解释国语》，柳文堂刻本，越南国家图书馆藏，编号 R1667，叶1～2。

图 4　成泰十七年吴低旻《千字文解音歌》局部书影

图 5　《千字文解音歌》注音式例

序言中所批评的"一字而可叶数音，未足为据"，即是指《三千字解音》以字作注解音的部分，故《三千字解释国语》存汉字与喃字，改以"国语"标音，亦增注"汉越音"，以别字音。

除《三千字解音》《千字文解音》增注或改注"国语"外，另有维新三年阮秉所译的《五千字译国语》，阮秉序称"今当文明日进，学界改良国语字其关切也，幸得此书，乃前人所著，其字意连络，音律贯通，颜之曰《五千字文》"。[1] 此书尚不知原撰者，所录五千字以类区分，在开说、天文、地理之后，先以人之伦理、身份、身体为首，扩及生活器具，继而自然万物，计有三十八类，在体例上加上喃字后，亦以六八体成文，如篇首"开说"首句"乘闲暇，乾坤栽培；昔字犹，观撰圆篇"即与《千字文解音》句式相同。

《五千字译国语》在存留喃字以及汉字标音的基础上，增注汉越音与越语。部分所收非以单字为单位，而以词语为主，如"栽培""氤氲"等。故《五千字译国语》类于字书与辞书综合体，使得部分句子在以辞为主的情况下，难以"3 + 4"成句，以"天文"为例，首句"月日往来移更"即少一字，下句"雨暑云，霜雪昼夜"则又回到完整句式，又如"宿晨翳霞霓雾""慧孛霹雳机枢"等句，都有相同情况。

以上三书皆是在法国殖民前已完成的《千字文》类汉字"解音"书，在喃字"解

1　《五千字译国语》，刻本，越南国家图书馆藏，编号 R1544，叶 1 ~ 2。

音"的基础上，增注拉丁文拼写的国语、汉越音及法语，以符合"汉字教规"中"国语字批注"规定并兼及法语的学习。另一在"汉字教规"下所编辑的蒙书为《幼学汉字新书》，此书维新二年由"太子少保署协办大学士杨琳、署巡抚充上审院议员段展、光禄寺少卿领按察使裴伯诚奉编辑，协办大学充北圻统史府副都督杜文心、东洋议学会同阅"。[1] 编有"字学""韵学""句学"三个学习方向，为首的单字联字课即涵括"字学"与"韵学"，体例上以四言成句，三句一组，如"天地日月，天上地下，日昼月灰"，首句将性质相近之字组合，下两句则分别解释首句各字特色与词语，计收 23 组 96 句 384 个汉字，涵括天文、自然、人体、人伦、住屋、音乐、日常生活、颜色、年月等内容，单字联字课下则为句学等课程。此书以教导汉字兼及基础常识，虽未见有增注"国语"，但通过句学课所编排的内容可知，实以灌输越南国民意识为重心。[2]

结　语

通过以上对蒙书的探析，可以归纳出越南《千字文》类蒙书的两个特点。

（1）成文形式，有依循《千字文》四言体，如《三千字解音》《幼学汉字新书》；亦有改采越南诗歌六八体成文，如《摘字解音歌》（含《千字解音歌》《千字文解音》）、《五千字译国语》。（2）以书籍内容而言，主要还是依循中国《千字文》，通过千字、三千字等形式，以诗歌方式，综合天文、人伦、自然、生活等字词教导幼童。

此类蒙书在用字词编排上，承续着《千字文》始于"天地"的架构，虽《三千字》显得杂乱无章，实则反映越南如何以汉字对应其惯用字词。《摘字解音歌》虽未承继《千字文》体例，但由其内容的"顺理成章"，以越南六八体的形式，建构出一部属于越南的汉喃双并《千字文》，除可见作者对于汉字的熟稔，亦可见中国《千字文》在成书概念上对越南的影响。

越南《千字文》类蒙书通过喃字解汉字，呈现出越南针对其语音发展出的另外一套文字系统，由汉字为主、喃字为辅成书情况来看，以汉字为主流，故《清实录》记"安南表章本用汉文，无须翻译"，[3] 足见汉字深植于越南文化中。即便法国殖民越南时在教育政策上推行"国语"，学习"国语""法文"成为基础教育的一环，使嗣德以后此类蒙书标注改变，用拉丁文拼写取代喃字，但汉字的地位在法国殖民时期仍无法被动摇。

1　《幼学汉字新书》，抄本，越南国家图书馆藏，编号 R561，叶 1。

2　如在"句学课"中即编有"我为南国人，生长南国土，饮河当思源，爱国莫忘祖。吾祖鸿庞氏，肇始泾阳王，丁皇一统后，南族帝南方，昔经北属时，就耻已难忘，况念缔造功，子孙宜自强"。

3　《高宗纯皇帝实录》卷三一五，《清实录》第 13 册，中华书局，1986，第 178 页。

《大越史记全书》的成书、雕印与版本[*]

■ 叶少飞（红河学院）

一 《大越史记全书》的形成

《大越史记全书》是越南古代最重要的历史典籍之一，是越南历史研究的基础著作。陈圣宗绍隆十五年（1272）黎文休编撰完成《大越史记》三十卷，记述自赵武帝至李昭皇时期的历史，这是越南最早见诸载籍的史著。1445年，黎仁宗命潘孚先撰写自陈太宗至明军北返时期的历史，亦名《大越史记》，又称《史记续编》。黎圣宗洪德十年（1479），史官修撰吴士连在黎文休和潘孚先两部史籍的基础上，完成《大越史记全书》十五卷，叙述自上古鸿庞氏至明军还国的历史。之后黎文休和潘孚先两书亡佚，部分内容和史论赖吴士连《大越史记全书》得以传世。1511年，史馆总裁武琼根据吴士连《大越史记全书》撰成《大越通鉴通考》二十六卷，后佚失。1514年，黎嵩根据武琼书撰成《越鉴通考总论》，这是越南古代最早的史论著作，后与《大越史记全书》合刊流传。

中兴黎朝景治三年（1665），范公著等奉执政的郑氏之命，"叨承成命，不敢以浅拙辞"，整理了吴士连《大越史记全书》十五卷，并增加了黎太宗至黎恭皇时期的历史，即后黎朝统一时期的历史，名《本纪实录》；自黎庄宗至黎神宗时期史事，即中兴黎朝的历史，名《本纪续编》。范公著等史臣重新编成《大越史记全书》二十三卷，"述为成书，锓梓颁行"。[1]

正和十八年（1697）黎僖整理前史，发现范公著书"付诸刊刻十才五六，第事未告竣，犹藏于秘阁"，在范书的基础上，又续编一卷，"其世次、凡例、年表一如

* 本文系2015年国家社会科学基金青年项目"越南古代史学研究"（项目编号：15CSS004）及2018年国家社科基金重大招标项目"越南汉喃文献整理与古代中越关系研究"（项目编号：18ZDA208）研究成果。本文写作过程中，中山大学牛军凯教授、汉喃研究院阮苏兰博士、湖北大学宗亮博士、郑州大学成思佳博士提供了相关文献资料，黄胤嘉先生查阅了日本庆应义塾大学藏各种《大越史记全书》版本，并给予建设性意见。笔者在此对诸位学者及相关单位谨致谢忱！

1 内阁官板《大越史记全书》，河内：社会科学出版社，1993年影印本，第15页。

前述","书成上进御览，遂命工刊刻，颁布天下，使从前千百年未集之事绩遍底于成"，[1] 此即正和本《大越史记全书》二十四卷。范公著为郑枏、郑柞父子倚重的股肱之臣，阳和八年（1642）"以副都将太保西郡公郑柞镇山南处，太常寺卿范公著为赞理"，[2] 自此君臣相济，黎贵惇言："推结分谊，赞成勋业，位至辅相，他人莫得比焉，君臣之缘，岂偶然哉！"[3] 1665 年，郑柞爱屋及乌，"吏部尚书范公著之子公兼由参议升任参政，朝臣以为不可，相率力争，王不悦，即命公著与黎敦查刷诸司所行事故，并被贬黜"，[4] 此即郑王暗地授权范公著打击政敌，此年亦正是范公著编《大越史记全书》之时。之后范公著王眷不衰，1668 年，"参从吏部尚书兼东阁大学士少保燕郡公范公著年老乞谢事，上慰谕眷留，公著恳请益力，上许之，加升国老太保参预朝政致仕"。1673 年，"起复参从吏部尚书兼东阁大学士国老参预朝政太保燕郡公致仕范公著入朝掌六部事，参赞机务"，"令文官入王府内阁议事，奉侍内阁自此始"。[5] 1674 年，由范公著赍金册前往册封世子郑根。1675 年，范公著去世，史书评价甚高：

十月，吏部尚书兼东阁大学士国老参预朝政掌六部事太保燕郡公范公著卒。公著为人深沉简重，行有操术，辅王于潜邸日，筹划居多，当国日久，法度屡有建明，年七十有六卒，赠太宰，赐谥忠勤。[6]

范公著位高权重，为郑氏所宠信，受命著史，自当完成，"述为成书，锓梓颁行"。在黎僖所述之中，范公著等人已经刊刻的史书如何成为"刊刻十才五六"的未完工程，尚是未解之谜。但范公著著史之后权位日隆，书成十年之后方去世，应该不会任由刊书之事中止。范公著领衔著史之事，内阁官板《大越史记全书》没有记载，黎僖著史之事则记入后来的《越史续编》：

十一月，黎僖等进国史续编实录。景治初，命宰臣范公著等续史。自庄宗至神宗，刻事未竣，王复命黎僖、阮贵德等撰集自玄

---

1 内阁官板《大越史记全书》，第 11~12 页。

2 内阁官板《大越史记全书》，第 603 页。

3 黎贵惇：《见闻小录》卷五，夏威夷大学藏抄本。

4 内阁官板《大越史记全书》，第 626 页。

5 内阁官板《大越史记全书》，第 637 页。原文缺字，据校合本《大越史记全书》本纪卷之一九补，东京大学东洋文化研究所，1986，第 997 页。

6 内阁官板《大越史记全书》，第 641 页。

宗至嘉宗，凡十三载事实，亦命曰续编。至是书成上进，遂命并刻颁行。[1]

永佑二年（1736）范公著外孙女之子黎有谋根据家藏文献撰《丞相范公年谱》，记载景治三年：

八月，奉命纂修国史续编成。先是，公以经兵燹之后，典籍散亡，启请求遗书，又奉订考国史，曰外纪，曰本纪，曰续编，分为二十三卷，至是成。

黎有谋又记录了纂修人的姓名和籍贯，位列第一的是嘉林乐道人左侍郎陈玉厚，排第二的左侍郎杨滔当为内阁官板《大越史记全书》记录的第一位纂修左侍郎杨澔（图1、图2）[2]。陈玉厚之外，黎仁杰、黎禧、吴策谕、武公平四人也不在内阁官板的纂修人员之中。[3]

作为编撰负责人，范公著家族文献记录的纂修人员应该是可信的。但是最终被内阁官板记录的人员则少于范公著年谱五人，内阁官板来自1697年的正和刻板，已是范公著撰史的32年之后，删减修撰人员可能出现在黎僖编订刻印之时。史书记载：

丞相范公年譜

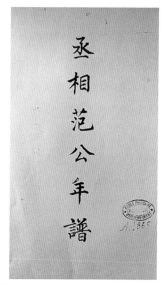

图1　汉喃研究院藏《丞相范公年谱》阮朝抄本（一）

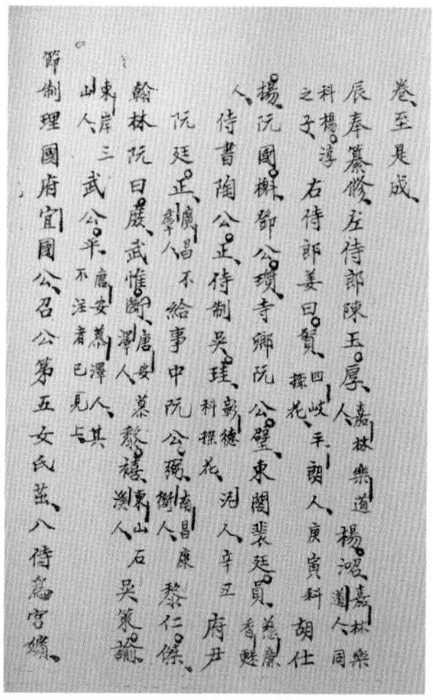
卷至是成
辰奉纂修左侍郎陳玉厚嘉林樂道人楊滔嘉林樂道人同
科楊淳之子右侍郎姜曰賛四岐平朗人庚寅科探花胡仕
揚阮國槐鄧公瓊寺卿阮公璧東閣裴廷貢慈廉香麗
人侍書陶公正侍制吳瑾彰德科探花洀人辛丑府尹
阮廷正廣昌孝人不給事中阮公瓛衛人廣昌康黎仁傑
翰林院日嚴武惟斷唐安慕澤人黎禧東山石瀨人吳策諭
東岸山人三武公平唐安慕澤人其不注者已見上
節制理國府宜國公召公第五女氏蓝八侍爲宮嬪

图2　汉喃研究院藏《丞相范公年谱》阮朝抄本（二）

参从兵部尚书莱山伯黎僖卒。僖十九登第，闲废累载，结庐西湖，以诗文自娱。既起用，深被简注，当国十年，参议帷幄，言无不

1　校合本《大越史记全书》续编卷之一，东京大学东洋文化研究所，1986，第1025页。

2　校合本《大越史记全书》卷首，东京大学东洋文化研究所，1984，第60页。

3　〔越南·中兴黎朝〕黎有谋：《丞相范公年谱》，汉喃研究院藏抄本，藏号A1368，第79~80页。

从。朝野以严见惮，性颇猜忌。尝因事黜（黄）公寘，又以私嘱致（吴）策询于死，不为公论所归。至是卒，年五十七，赠吏部尚书莱郡公。（注：东山石溪人）[1]

黎僖生于1645年，1664年19岁登第，1665年20岁，史书记载此年武公平和吴策谕为翰林院校讨。[2]《丞相范公年谱》记录的纂修人翰林黎禧写明是"东山石溪人"，黎僖在邓族家谱中则写为"追黎熙公奉修国史"。[3]"黎禧"应该就是"黎僖"，即在传抄过程中出现的讹误。景治修史之时，翰林阮曰庶、武惟断、黎禧、吴策谕、武公平五人级别最低。正和修史之时，黎僖已经贵为"特进金紫荣禄大夫参从刑部尚书知中书监莱山子"，[4]绝非刚刚登第时的翰林可比。《名臣传记·东山尚书黎僖记》记载：

黎公，石溪人也，登景治甲辰科进士，自草制辞末句云：作朕股肱耳目，未有所对，尚书何宗穆同坐，应云：保我子孙黎民。

黎大称赏，即举以贰银子赠之。黎公秉政，专事苛察，妒贤嫉能。有俗望者，必因事排摈。天下咸畏其威。时挽河尚书同在政府，以德厚称，人为之语曰：宰相黎僖天下愁悲，宰相挽河天下讴歌。有人闻空中神语曰：黎僖苛烈，理应削落。未几公死，人以为验。[5]

传记与史书对黎僖均评价不佳。以黎僖苛烈的性格，很大可能不愿意看到景治修史时自己叨陪末座，故而删掉。正和修史时，黎僖排第一，"光进慎禄大夫陪从户部右侍郎廉堂男臣阮贵德"排第二，1655年陈玉厚为"鸿胪寺卿桂林男"，[6]景治修史时为左侍郎，亦仅次于范公著。1655年之后，陈玉厚没有在史书中出现。景治修史之后的三十多年中，官场恩怨纷繁复杂，黎僖"尝因事黜（黄）公寘，又以私嘱致（吴）策询于死，不为公论所归"，《丞相范公年谱》中的纂修第一人陈玉厚以及其他三人，应该也是被黎僖删落。

正和修史阮贵德居于黎僖之后的第二

1　校合本《大越史记全书》续编卷之一，第1029页。

2　校合本《大越史记全书》本纪卷之一九，第980页。

3　《邓家谱记续编》，世界出版社，2006年影印本，第969页。

4　校合本《大越史记全书》卷首，第62页。

5　《名臣传记》，汉喃研究院藏抄本，藏号A506。

6　校合本《大越史记全书》本纪卷之一八，第955页。

图 3 河内慈廉大姥社阮贵家族祠堂收藏阮贵德画像

（（越）郑光武：《黎郑服饰》，百科辞典出版社，2008，第 207 页。Trịnh Quang Vũ, Trang phục Triệu Lê-Trịnh, Nhà xuất bản Từ điển Bách khoa, năm 2008, tr.207）

位，应该做了重要的工作，故《越史续编》记"王复命黎僖、阮贵德等撰集"，[1] 但因为编撰工作任务分配并未记载明确，故而难知黎僖和阮贵德具体做何贡献（图 3）。

黎僖所编与范公著之书究竟有何关系，是否与现存最早的《大越史记全书》版本内阁官板一致呢？《大越史记全书·凡例》最后附录了"续编凡例"[2]：

一、外纪全书，自鸿庞氏至吴使君，旧史编一集，并本纪全书自李太祖至昭皇编为一集，自陈太宗至明宗编为一集，陈宪宗至重光帝编为一集，及本纪实录，国朝圣宗淳皇帝，备载为一集，兹以其删繁，每一集分为上下二集，以便观览。

二、恭皇为权臣莫登庸弑杀，自丁亥至壬辰凡六年，无有伪号，则以次年纪之，其与莫僭则两行分注于次年之下，以尊正统，沮僭窃也。

三、庄宗自癸巳年起义，即位于行在万赖册，虽未混一中原，亦以正统书之，明其为帝胄，承大统也。

四、神宗在位二十五年，书为神宗上，其逊位六年，书在真宗纪，又复帝位十三年，书为神宗下。

黎僖在《大越史记续编序》中说："其世次、凡例、年表一如前所著述。"[3] 如此一来"续编凡例"就有可能是出自范公著的手笔，范公著所撰史书部分为《大越史记本纪续编》，作"续编凡例"亦是应有之义。第一条说"外纪全书，自鸿庞氏至吴使君，旧史编一集"外纪始于鸿庞终于吴

1　校合本《大越史记全书》续编卷之一，第 1025 页。

2　内阁官板《大越史记全书》，第 22~23 页。

3　内阁官板《大越史记全书》，第 12 页。

使君的史书，有武琼《大越通鉴通考》和范公著《大越史记全书》，因而此处的"旧史"可能指这两部书，而吴士连《大越史记全书》以"吴纪"为本纪之首。接着说"及本纪实录，国朝圣宗淳皇帝，备载为一集"，武琼之书下限到黎太祖，以"本纪实录"记述黎圣宗的史事则只有范公著《大越史记全书》，且"本纪实录"亦为范公著首创的体例，因而"凡例续编"所言"旧史"即是范公著之书。"续编凡例"的作者认为"旧史"篇章布局不合理，因而"兹以其删繁，每一集分为上下二集，以便观览"，范公著自己删削著作无须写入"凡例"之中，能够对范公著书进行删削改编的只可能是黎僖。但后面几条的内容则与范公著《大越史记续编序》所言极为接近：

> 凡所续编，其系年之下，非正统者及北朝年号，皆两行分注，与夫凡例所书一遵前史书式，皆所以尊正统而黜僭伪，举大纲而昭监戒耳。间或字义之未精，句法之未当，幸赖博洽诸君子补正之，使人知是史之作，其言政治亦古史之尚书，其寓褒贬亦鲁史之春秋，庶有补于治道，有裨于风教。[1]

这里表明范公著的"续编"也采用两行

分注的形式，并用以标明正统。因范公著所撰内容亦不在少数，很可能按照撰史惯例也编撰了"凡例"，与黎僖的"续编凡例"后几条主旨相同。因此"续编凡例"第一条和第四条应当是出自黎僖之手，其他应该出自范公著的手笔，黎僖可能有所修改。[2]

凡例中所言将"圣宗淳皇帝"拆分为两集，内阁官板中的"圣宗淳皇帝"即分为两卷，分别为"圣宗淳皇帝"和"圣宗淳皇帝下"，而内阁官板卷一八神宗皇帝之事则记为"神宗上"、"真宗纪"和"神宗下"，与"续编凡例"描述相同。可知"续编凡例"所说的"集"就是"卷"。

范公著修史之时，吴士连《大越史记全书》十五卷，武琼《大越通鉴通考》，黎朝太祖、太宗、仁宗朝的实录以及登柄《野史》等，并非一个整体，不能称为拥有统一体例的"旧史"。范公著《大越史记全书》二十三卷完成，黎僖则可以称其为"旧史"，他对篇幅巨大的"集"做了描述，并分别拆分为上、下两集。但内阁官板之中，除了陈太宗至明宗、黎朝圣宗淳皇帝分别析为两卷之外，其他"续编凡例"提及的四集拆分部分，皆与之不同。由此可证，内阁官板《大越史记全书》并非黎僖在"续编凡例"中确定的章节。

我们也可根据范公著"旧史"、"续编凡例"和内阁官板所记诸帝的情况来尝试

1　内阁官板《大越史记全书》，第15页。

2　埴山堂本《大越史记全书》中，"续编凡例"下有引田利章注文"按是例系学士范公著所识"当据黎僖之序所言，与"续编凡例"实际情况有所出入，引田利章可能意识到了第一条"外纪全书，自鸿庞氏至吴使君"是黎僖所撰，因而删去，而只留下了范公著撰写的"恭皇为权臣莫登庸弑杀"等后面三条凡例。

恢复范公著和黎僖原来的分卷和篇章布局（表1）。

表1呈现的范公著《大越史记全书》和黎僖正和本的分卷均只是推测。"陀阳王"为内阁官板目录所记，但正文则是"昭宗神皇帝"，[1]如此看来，范公著很可能是对陈朝以前的历史实行一朝一纪，如丁、

黎或者数帝合纪的方式来编撰李陈两代，而黎朝帝王则是一帝一纪一卷，神宗皇帝虽曾退位数年真宗登基，但仍设为一卷，大原则没有变化，总计23卷，与范公著序中所言相同。

黎僖鉴于范公著的一些分卷内容过多，因此将其中的六卷拆分为上、下两集，即

表1　内阁官板《大越史记全书》与范公著本、黎僖本篇章比较					
内阁官板内容	范公著旧史		黎僖正和本	内阁官板	备注
鸿庞氏至吴使君	一集	卷一	分为上、下两集	卷一、二	外纪全书卷之一至卷之五	
丁朝		卷二		卷三	本纪全书卷之一	
黎朝		卷三		卷四		
李太祖至昭皇	一集	卷四	分为上、下两集	卷五、六	本纪全书卷之二、三、四	
陈太宗至明宗	一集	卷五	分为上、下两集	卷七、八	本纪全书卷之五、六	
陈宪宗至重光帝	一集	卷六	分为上、下两集	卷九、一〇	本纪全书卷之七、八、九	
属明		卷七				
黎太祖		卷八		卷一一	本纪全书卷之一〇	
黎太宗		卷九		卷一二	本纪全书卷之一一	
黎仁宗		卷一〇		卷一三		
圣宗淳皇帝	一集	卷一一	分为上、下两集	卷一四、一五	本纪实录卷之一二、一三	
宪宗		卷一二		卷一六	本纪实录卷之一四	
肃宗		卷一三				
威穆帝		卷一四		卷一七	本纪实录卷之一五	
襄翼帝		卷一五				
陀阳王		卷一六				昭宗神皇帝
恭皇		卷一七				
庄宗		卷一八		卷一八	本纪续编卷之一六	
中宗		卷一九				
英宗		卷二〇				
世宗		卷二一		卷一九	本纪续编卷之一七	
敬宗		卷二二				
神宗，真宗，神宗	一集	卷二三	分为上、下两集	卷二〇、二一、二二	本纪续编卷之一八	
玄宗				卷二三	本纪续编卷之一九	
嘉宗				卷二四		

1　内阁官板《大越史记全书》，第503页。

两卷，也就意味着需要对其他内容进行合并。笔者结合内阁官板的合并方式，对黎僖正和本的布局进行了反推，如表1所示，应该有一定的合理性。

范公著和黎僖之书均有"外纪"和"本纪"，范公著言"述自鸿庞氏至十二使君，别为外纪"。[1] 范公著的"外纪"仅有一卷，黎僖的也不过两卷，似乎并无以"本纪"重新编卷的必要，二者很可能是"外纪"和"本纪"连续编号。内阁官板将"外纪"拆分为五卷，"本纪"则或合或拆，分为十九卷，且重新编号，打破了黎僖正和原本的编撰布局。

总体而言，范公著的分卷方式为陈朝及以前的诸帝合卷，黎朝则是一帝一纪一卷。内阁官板中除了黎圣宗是一帝一纪分二卷，黎朝其他帝王则是诸帝合卷。黎僖应该是继承了范公著的分卷方式，但拆分多出六卷，因而其他部分则需要合并。内阁官板将"外纪"由黎僖的两卷再拆分为五卷，因而其他部分即需要在黎僖的基础上再合并。应该说范公著和内阁官板分别体现了分卷与合卷的编撰方式和方法。

从史书体例和结构来看，范公著《大越史记全书》二十三卷与黎僖刊刻的《大越史记全书》二十四卷有递进传承的关系，但结构发生了改变。现存最早的内阁官板

《大越史记全书》结构亦与黎僖刊刻的正和本不同，当在后者的基础上发展而来。下面的两段引文亦可证明内阁官板《大越史记全书》有一个编撰的基础：

> 辛亥，三年（莫景历四年，明嘉靖三十年，1551）
>
> 莫使敬典等督兵，讨莫正中及范子仪于安广。逐之，获子仪，送赴京斩之，传首于明，明人不受，还之。正中奔入明国，竟死于明。（小字双行注：<u>本纪</u>云，初范子仪常欲立弘王正中为莫嗣，而莫诸宗王大臣谋立福源。正中不得立，乃与子仪作乱，入寇于明，明人多被其害。至此，明责于莫曰：藩臣无礼，容纵劫人，侵掠大国，可兴兵致讨，以免边衅。时明欲起兵来，莫氏大恐，密使小卒擒获之，斩首，使人送于明，每至其地常为瘟灾，人畜病瘴，因此明人还之。）[2]

范子仪谋立莫正中，引发莫朝继承的混乱，其失败之后劫掠中国边境，最后被明朝派大军剿灭。此事对明朝和莫朝产生了很大的冲击。中兴黎朝史书如此即轻描淡写记述其事。[3] 此处注释中的"本纪

1　内阁官板《大越史记全书》，第14页。

2　内阁官板《大越史记全书》，第533页。

3　请参看叶少飞《安南莫朝范子仪之乱与中越关系》，《元史及边疆与民族研究》第31辑，上海古籍出版社，2016，第172~184页。

云"内容，非内阁官板正文，当来自所引的"本纪"。1573 年，黎英宗因谋夺郑松专权失败被逼杀，内阁官板在史事后接着记载：

> 本纪曰：英宗起身，出自寒微，以黎氏之玄孙，为帝室之胄，赖左相郑松及诸臣僚尊立之，君临天下，图济厥难，后信任群小，自听间言，轻将神器播迁于外，害及其身甚矣。小人之言，自误人国家也如此，可不戒哉。[1]

范子仪之事"本纪云"是间接引述，即总结史文而来。英宗之事为"本纪曰"是直接引述，当为"本纪"中的原文，很可能就是"本纪"对英宗的评论原文。内阁官板对"曰"和"云"表述清晰，即在内阁官板之前尚有一部史书，"本纪"的内容和原文被引用于内阁官板之中。

范公著记述中兴黎朝的史料来源，"又参究登柄野史，及略取当时所献各遗编，述自国朝庄宗裕皇帝至神宗渊皇帝，增入国史，命曰大越史记本纪续编"。[2]黎僖则直接记述范公著撰史之事：

> 迨至我朝玄宗穆皇帝临御之初，赖弘祖阳王兴建治平，造就

学问，命宰臣范公著等，参考旧史，有如史记外纪、本纪全书、本纪实录，并依前史名例，又参究编述自国朝庄宗裕皇帝至神宗渊皇帝，增入国史，命曰本纪续编。[3]

根据范、黎二人所记，中兴黎朝修史，除"登柄《野史》"之外，仅有自己所编的正和本《大越史记全书》，黎僖本人仅编撰黎嘉宗史事一卷，庄宗至神宗八卷史事则出自范公著之手。内阁官板中的"本纪云"和"本纪曰"引文应该来自正和本《大越史记全书》的"本纪续编"，这一段历史当是范公著所编，为黎僖所继承，又以引注的形式进入内阁官板《大越史记全书》。

二 现存最早的版本：戴密微藏内阁官板《大越史记全书》

现在所知最早的《大越史记全书》刻本为内阁官板《大越史记全书》，此本刻于中兴黎朝当无疑问，但关于刊刻的具体时间，学界争论很大。内阁官板《大越史记全书》原为法国汉学家戴密微教授藏书，戴密微教授去世之后，为法国亚洲学会所藏，中越各国学者均予以深入研究（图 4）。

1　内阁官板《大越史记全书》，第 548~549 页。

2　内阁官板《大越史记全书》，第 15 页。

3　内阁官板《大越史记全书》，第 11 页。

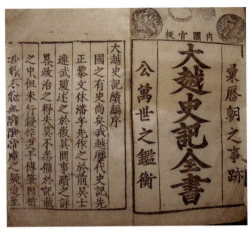

图4 法国巴黎亚洲学会图书馆藏内阁官板《大越史记全书》

1977年，陈荆和教授发表《大越史记全書の撰脩と伝本》一文，根据书中无黎皇、郑主避讳，不同来源的错页，与其他传本体例颇不相同，且全书刻本字体亦不一致，认为戴密微教授所藏内阁官板并非正和原本。[1]1984年，校合本《大越史记全书》出版之时，陈荆和教授将此文修改之后作为"解题"置于篇首。[2]1983年，潘辉黎教授（Phan Huy Lê）自法国亚洲学会带回内阁官板《大越史记全书》刻本的缩微

胶片，有"PAUL DE´MIVILLE"印章，此即陈荆和教授参校《大越史记全书》的戴密微教授藏本。潘辉黎根据"内阁"及全书没有阮朝避讳，断定此刻本即正和原刻本。[3]1988年4月16日，越南社会科学委员会（现越南社会科学翰林院）组织了一场关于内阁官板《大越史记全书》的学术会议，大会得出结论，内阁官板《大越史记全书》出自1697年的正和本《大越史记全书》，刻印年代应该在黎郑时期，具有很高的研究价值。[4]1993年，内阁官板《大越史记全书》影印出版，在封面写上"根据正和十八年刻本翻译 dịch theo bản khắc năm Chính Hòa thư 18(1697)"，潘辉黎教授在长篇序文中再次肯定内阁官板《大越史记全书》即正和原本。[5]莲田隆志支持潘辉黎内阁官板即正和原本的观点，但持论谨慎，认为应当是最接近正和本。[6]2008年，俄罗斯学者A.L.Fedorin出版专著，认为内阁官板《大越史记全书》

1 陈荆和:《大越史記全書の撰脩と伝本》,《東南アジアの歴史と文化》第7号,第3~36页。

2 陈荆和:《解题：大越史记全书的撰修与版本》,校合本《大越史记全书》,第14~46页。陈教授介绍《大越史记全书》的版本有黎朝正和十八年本、西山景盛庚申本、阮朝国子监覆刻本、引田利章校订铅活字排印本,笔者认为西山景盛庚申本实为《大越史记全书》的改编本,已经不能算作原书的刻本。陈先生参校所用诸本,戴密微本即内阁官板,天理大学图书馆本（天理本）为戴密微藏本中两种"内阁官板"刻本的一种（详见下文）,山本达郎藏甲本（山本甲本）、东洋文库本、东方文化学院东京研究所（东研本）皆为国子监；山本达郎藏别本（山本乙本）仅残存第一册,避阮朝皇帝的讳,当为国子监本,引田利章覆刻本亦为国子监版所改。

3 Phan Huy Lê（潘辉黎）, *Đại Việt sử ký Toàn thư: Tác giả-văn bản-tác phẩm*, Tạp chí Nghiên cứu Lịch sử, số 4 năm 1983, tr.9-10.

4 "内阁官板《大越史记全书》鉴定年代结果", *Kết quả giám định niên đại khắc in Nội các quan bản, bộ ĐVSKTT*, Khoa Lịch sử, trường ĐHTH, Tạp chí Nghiên cứu Lịch sử, 1988, số 5-6, tr.75.

5 Phan Huy Lê（潘辉黎）, "《大越史记全书》的作者和文本 Đại Việt sử ký Toàn thư: Tác giả-văn bản-tác phẩm"（越南语）,《大越史记全书》第1册,河内：社会科学出版社,1993,第43~50页。此文为潘氏1983年论文的修改本。

6 莲田隆志:《〈大越史記本紀続編〉研究ノート》, *Journal of Asian and African Studies*, No.66, 2003.

是 18 世纪吴时仕（1726~1780）、范阮攸等人根据前史删改雕印的教科书，名"内阁官板"是借以提高影响。[1] A.L.Fedorin 所用 SA.PD 2310 本即戴密微藏内阁官板《大越史记全书》。[2]

陈荆和教授指出，戴密微本内阁官板《大越史记全书》来自不同的版本。笔者根据史书内容的格式、版心信息以及雕刻字体，可以确定戴密微藏本总体出自两个不同的刻本。戴密微藏本序文信息如下：

> 黎僖"大越史记续编序"，版心无刻字；
>
> 范公著"大越史记续编书"、吴士连"大越史记全书外纪全书序"及"拟进大越史记全书表"、"纂修大越史记全书凡例"、"续编凡例"、"大越史记纪年目录"，版心均刻"大越史记全书"；
>
> 黎嵩"越鉴通考总论"，版心刻"越鉴通考总论"。

全书各卷卷首、版心、卷尾内容形式多有不同，版心下部为页码，如表 2 所示。

表 2 中，从各序、大越史记外纪全书卷之一至卷之五、本纪全书卷之一至卷之七，版心均刻"大越史记全书"。黎嵩《越鉴通考总论》则题原名，此文虽与《大越史记全书》有关，但并非直接联系，可能是编者根据范公著的序文编入。[3] 从外纪卷之一到本纪卷之七，版心格式完全一致，可以肯定从各序到本纪卷之七为一个版本，可称为"大越史记"本。

从大越史记本纪全书卷之八到大越史记本纪续编卷之一九，除卷之一二以外，其余诸卷版心上部分别为"越史本纪""越史实录""越史续编"，且与本卷数相同。大越史记本纪全书卷之一〇的版心按照格式当为"越史本纪"，却为"越史实录"。大越史记本纪实录卷之一一的卷尾为"大越史记通鉴续编"，仅此一处。总体而言，各卷虽略有不同，但仍在"越史"体系之内，可称"越史"本。

这两个版本不但雕刻字体和版心格式完全不同，内容形式差别也非常大。大体而言，"越史"版本中，干支年顶格刻印，正文空一格；"大越史记全书"版本干支和正文皆顶格书写，大越史记本纪实录卷之一二版心虽为"大越史记实录"，行文格式却与"大越史记全书"版本完全相同，当属同一版本。具体情况如下。

"大越史记"版本正文繁密，因此有的在顶格的干支加方框，如 丁亥，[4] 以示醒目。

1　A.L.Fedorin，谢自强（Tạ Tự Cường）译，《越南历史编撰的新资料》（Những cứ liệu mới về việc chép sử Việt Nam），Nhà xuất bản Văn hóa thông tin, 2011，第 51、105~106、172~173 页。

2　A.L.Fedorin，谢自强（Tạ Tự Cường）译，《越南历史编撰的新资料》（Những cứ liệu mới về việc chép sử Việt Nam），Nhà xuất bản Văn hóa thông tin, 2011，第 76~77 页。A.L.Fedorin 在此引用了 1988 年 4 月 16 日越南社会科学委员会（现越南社会科学翰林院）关于内阁官板《大越史记全书》学术会议的结论，可知 SA.PD 2310 本就是戴密微藏本。

3　请参看叶少飞《黎嵩〈越鉴通考总论〉的史论与史学》，《域外汉籍研究集刊》第 11 辑，中华书局，2015，第 215~236 页。

4　内阁官板《大越史记全书》，第 391 页。

卷首	版心上部	版心中部	卷尾	备注
表2　内阁官板《大越史记全书》篇章分布情况				
大越史记续编序	—	—	—	
大越史记续编书	大越史记全书	—	—	
大越史记全书外纪全书序	大越史记全书	—	—	
拟进大越史记全书表	大越史记全书	表	—	
纂修大越史记全书凡例	大越史记全书	凡例	—	
续编凡例	大越史记全书	凡例	—	
大越史记纪年目录	大越史记全书	目录	—	
越鉴通考总论	越鉴通考总论	—	—	
大越史记外纪全书卷之一	大越史记全书	鸿庞氏纪卷一 蜀纪卷一	大越史记外纪全书卷之一终	
大越史记外纪全书卷之二	大越史记全书	赵武帝纪卷二 赵文王纪卷二 赵哀王纪卷二 赵术阳王纪卷二	大越史记外纪全书卷之二终	
大越史记外纪全书卷之三	大越史记全书	属西汉纪卷三 属东汉纪卷三 士王纪卷三	大越史记外纪全书卷之三终	
大越史记外纪全书卷之四	大越史记全书	属吴晋宋齐梁纪卷四 前李纪卷四 赵越王纪卷四 后李纪卷四	大越史记外纪全书卷之四终	
大越史记外纪全书卷之五	大越史记全书	属隋唐纪卷五 属唐纪卷五 南北分争纪卷五 前吴王纪卷五 杨三哥纪卷五 后吴王纪卷五	大越史记外纪全书卷之五终	
大越史记本纪全书卷之一	大越史记全书	丁先皇纪卷一 丁废帝纪卷一 黎大行纪卷一 黎中宗纪卷一 黎卧朝纪卷一	大越史记本纪全书卷之一终	
大越史记本纪全书卷之二	大越史记全书	李太祖纪卷二 李太宗纪卷二	大越史记本纪全书卷之二终	
大越史记本纪全书卷之三	大越史记全书	李圣宗纪卷三 李仁宗纪卷三 李神宗纪卷三	大越史记本纪全书卷之三终	
大越史记本纪全书卷之四	大越史记全书	李英宗纪卷四 李高宗纪卷四 李惠宗纪卷四 李昭皇纪卷四	大越史记本纪全书卷之四终	

				续表
卷首	版心上部	版心中部	卷尾	备注
大越史记本纪全书卷之五	大越史记全书	陈太宗纪卷五 陈圣宗纪卷五 陈仁宗纪卷五	大越史记本纪全书卷之五终	
大越史记本纪全书卷之六	大越史记全书	陈英宗纪卷六 陈明宗纪卷六	大越史记本纪全书卷之六终	第 221 页岔入 卷七裕宗一页
大越史记本纪全书卷之七	大越史记全书	陈宪宗纪卷七 陈裕宗纪卷七 陈艺宗纪卷七 陈睿宗纪卷七	大越史记本纪全书卷之七终	
大越史记本纪全书卷之八	越史本纪卷八	陈废帝 陈顺宗 陈少帝 胡季 胡汉苍	大越史记本纪全书卷之八终	
大越史记本纪全书卷之九	越史本纪卷九	陈简定帝 陈重光帝 属明纪	大越史记本纪全书卷之九终	
大越史记本纪全书卷之一〇	越史实录卷之一〇	黎朝太祖纪	大越史记本纪全书卷之一〇终	
大越史记本纪实录卷之一一	越史实录卷一一	黎朝太宗 黎朝仁宗	大越史记通鉴续编卷之一一终	第 366 页后变为 黎朝仁宗纪
大越史记本纪实录卷之一二	大越史记实录	黎朝圣宗纪卷一二	大越史记本纪实录卷之一二终	卷首：圣宗淳皇 帝
大越史记本纪实录卷之一三	越史实录卷一三	黎朝圣宗	大越史记本纪实录卷之一三终	卷首：圣宗淳皇 帝下
大越史记本纪实录卷之一四	越史实录卷一四	黎朝宪宗 黎朝肃宗 黎朝威穆帝	大越史记本纪实录卷之一四终	
大越史记本纪实录卷之一五	越史实录卷一五	黎朝襄翼帝 黎朝昭宗 黎朝恭皇 莫登庸 莫登瀛	大越史记本纪实录卷之一五终	
大越史记本纪续编卷之一六	越史续编卷一六	黎朝庄宗 黎朝中宗 黎朝英宗	大越史记本纪续编卷之一六终	
大越史记本纪续编卷之一七	越史续编卷一七	黎朝世宗	大越史记本纪续编卷之一七终	
大越史记本纪续编卷之一八	越史续编卷一八	黎朝敬宗 黎朝神宗上 黎朝真宗 黎朝神宗	大越史记本纪续编卷之一八终	正文有： 神宗渊皇帝上 神宗渊皇帝下
大越史记本纪续编卷之一九	越史续编卷一九	黎朝玄宗 黎朝嘉宗	大越史记本纪续编卷之一九终毕	

大越史記本紀實錄卷之十二

○黎皇朝紀

聖宗淳皇帝 在諱思誠 又諱灝 太宗第四子也 位三十八年壽五十六而崩

莽昭陵孔○帝創製立度文物可觀拓土開疆取章陵厚真英雄才畧之主雖漢之武

帝唐之太宗莫能過矣然土之與逾於古制兄弟之義失於此所短也

其母光淑皇太后吳氏清化安定洞滂人

也初太后為婕妤祈嗣夢天帝錫以僊童

戴密微本卷之一二卷首

（内阁官板《大越史记全书》，第379页）

大越史記本紀實錄卷之十三

黎皇朝紀

聖宗淳皇帝下

癸巳洪德四年 明成化九年 春正月帝勤耕籍田群

臣耕○行郊禮○禁酒色敕旨官員及百姓等

繼今家非賓筵不酬飲妻妈犯罪不應出敢有

縱酒亂性家道不齊無媒妁之言為踰墻之態

抵罪○二月行西京拜陵廟帝乘輕舟泝濕江

拜謁西都城原廟後至江表淳茂祠堂 其堂乃聖母皇

戴密微本卷之一三卷首及正文 [1]

（内阁官板《大越史记全书》，第416页）

樂善好賢亹亹不倦宣慈太后視若己生

仁宗推爲難弟及延寗年間宜民僭位改

封帝爲嘉王仍建邸右內殿以居之未幾

大臣阮熾丁列等共以禁兵討屯般等遂

廢宜民迎帝即位時帝年十八入承大統

稱天南洞主廟號聖宗

庚辰光順元年 六月以前宜民僭稱天興二年○明天順四年春二月宜民議

府縣○有孛星見于翼分野○宜民分設六部六科

府縣州官○夏五月蚩尤尤白旗自東至西橫天散彩

戴密微本卷之一二正文

（内阁官板《大越史记全书》，第379页）

现在可以肯定，在戴密微本《大越史记全书》中，存在两个形式不同的刻本，但差异只在版心信息和正文的排列上，内容则完全相同，因此两个版本可以错乱组合为一个整体，全书的章节分篇布局基本一致，属于一个文本衍生的不同刻本。

日本庆应义塾大学斯道文库接收了法国学者加斯帕东（Emile Gaspardone）的藏书，其中有两部纸张开本不同的内阁官板《大越史记全书》刻本，笔者比较之后认定这两部刻本均与戴密微本《大越史记全书》相同，当出自同一雕版。大开本现存十册，藏号322/10（图5），用墨笔在册底书写越史数如下：

"越史一"：外纪全书卷一、卷二；

---

1 本页三幅图系笔者据内阁官板《大越史记全书》录排，非原书图版，故不列入全文图序。

"越史二"：外纪全书卷三、卷四、卷五；

"越史三"：本纪全书卷一、卷二；

"越史八"：本纪全书卷十；

"越史九"：本纪全书卷十一；

"越史十二"：本纪实录卷十四；

"越史十三"：本纪实录卷十五；

"越史十四"（分装两册）：本纪续编卷十六、卷十七；

"越史十五"：本纪续编卷一八、一九。

小开本现存四册，藏号321/4，册底用墨笔书写某帝至某帝，情况如下：

"陈自英宗之睿宗"：本纪全书卷六、卷七；

"陈自废帝之属明纪"：本纪全书卷八、卷九；

"黎太宗仁宗"：本纪实录卷一一；

"黎自宪宗至恭皇"：本纪实录卷一四、卷一五。

这两部刻本的版式内容完全一致，只是印刷纸张开本不同，应该是同一雕版不同批次的印本（图6）。

两部刻本内容均不完整，且关键的本纪卷一二和卷一三都残缺。大开本的"大越史记"本卷七和"越史"本卷八亦佚失，幸运的是小开本予以保留（图7），与戴密微本完全一致。

我们就此提出疑问：首先，加斯帕东藏两部刻本和戴密微藏一部是相同的刻本，那"大越史记"本和"越史"本是分别刻印之后形成残版，然后再拼接为一个整体进行印刷，形成了现存加斯帕东藏两部和戴密微藏一部共三部的《大越史记全书》，

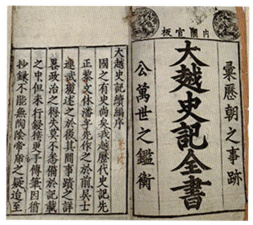

图5　庆应义塾大学斯道文库藏内阁官板《大越史记全书》藏号 322/10

图6　庆应义塾大学藏两部内阁官板《大越史记全书》不同版本的刻本比较

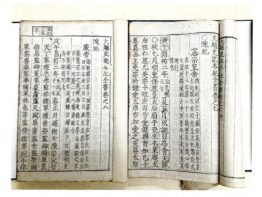

图7　庆应义塾大学斯道文库藏内阁官板《大越史记全书》藏号 321/4

但"大越史记"本和"越史"两个雕版及刻本毫无踪影；其次，是否有可能这三部《大越史记全书》刻本最初雕版的时候，就

是由不同的刻工根据设计的不同版式雕刻，但这不符合版式内容一致的原则，"大越史记"本和"越史"本刻印字体和版式差别太大，有悖于常理。现在没有更多的资料能够解决这个问题，因而仍然认定戴密微本为"大越史记"本和"越史"本的残存雕版合并拼接而来。

戴密微藏本应该是不同的雕版进行拼接的，形成一个完整的内阁官板《大越史记全书》，随后由"大越史记"版本的刻工重新刻印了一个新版，汉喃研究院藏 Vhv.2330–2336 残本即是新雕版的印本。

Vhv.2330–2336 页边常钤一枚菩提叶形藏书章，印文"康禄"上下排列于右侧，没有阮朝避讳，当完成于中兴黎朝，现存"大越史记全书本纪全书卷之一""大越史记全书本纪全书卷之二"，[1]"大越史记全书本纪全书卷之三""大越史记全书本纪全书卷之四"，[2]"大越史记全书本纪全书卷之五"，[3]"大越史记全书本纪全书卷之六""大越史记全书本纪全书卷之七"，[4]版心皆为"大越史记全书"；"大越史记本纪实录卷之十"，[5]"大越史记本纪实录卷之十一"，[6]"大

越史记本纪实录卷之十四""大越史记本纪实录卷之十五"，[7]版心皆为"越史实录"。此本仍然能够看出"越史"和"大越史记"两个版本的信息，但雕印字体前后一致，仅与戴密微藏本中的"越史"版本有细微差别，通过字体比较，可以肯定此本不是戴密微藏本中的"越史"版本。此本刷印时已经有补版及删版（图 8、图 10）的情况，如下所示。

此本重刻之时，还出现了一些错别字。这是一个最接近戴密微藏本的内阁官板《大越史记全书》版本当无疑问，具有巨大的价值。将一个拼配而成的版本重新雕版刻印，显然"越史"版本和"大越史记"版本均遭受了极大的厄运，而难有全本留存。

关于内阁官板《大越史记全书》的形成时间，除了潘辉黎认定的正和原本之外，A.L.Fedorin 明确此本为 1775 年由吴时仕等人删成，但作者并无直接证据，而是根据书中所记录的集权的情况推断而来。

吴时仕所著《越史标案》虽是史论著作，但有撰述的基础"旧史"，关于赵越王的记载可见吴时仕的主张：

1　原藏号 Vhv.2330，图书馆（Thu vien）索书号 Vhv.1729。

2　原藏号 Vhv.2331，图书馆（Thu vien）索书号 Vhv.1731。

3　原藏号 Vhv.2332，图书馆（Thu vien）索书号 Vhv.1733。

4　原藏号 Vhv.2333，图书馆（Thu vien）索书号 Vhv.1735。

5　原藏号 Vhv.2334，图书馆（Thu vien）索书号 Vhv.1737。

6　原藏号 Vhv.2335，图书馆（Thu vien）索书号 Vhv.1739。

7　原藏号 Vhv.2336，图书馆（Thu vien）索书号 Vhc.1741。

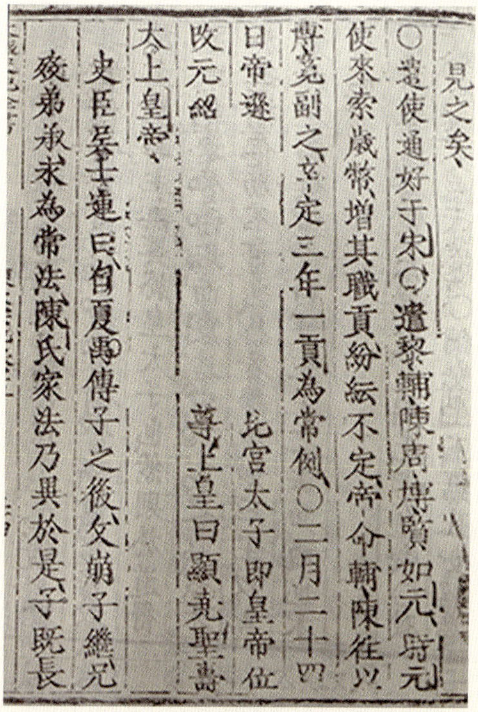

見之矣
○遣使通好于宋○遣黎輔陳周溥覽如元時元
使來索歲幣增其職貢紛紜不定帝命輔陳往以
溥覽副之乃定三年一貢為常例○二月二十四
日帝遜　　　　北宮太子即皇帝位
改元紹　　　　尊上皇曰顯堯聖壽
太上皇帝
史臣吳士連曰自夏禹傳子之後父崩子繼兄
殁弟承永為常法陳氏家法乃異於是子既長

图 8　Vhv.2332 卷五删版

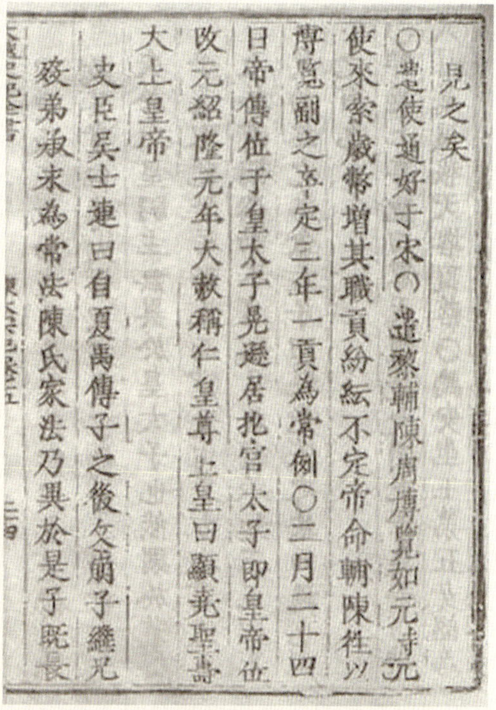

見之矣
○遣使通好于宋○遣黎輔陳周溥覽如元時元
使來索歲幣增其職貢紛紜不定帝命輔陳往以
溥覽副之乃定三年一貢為常例○二月二十四
日帝傳位于皇太子晃退居北宮太子即皇帝位
改元紹隆元年大赦稱仁皇尊上皇曰顯堯聖壽
太上皇帝
史臣吳士連曰自夏禹傳子之後父崩子繼兄
殁弟承永為常法陳氏家法乃異於是子既長

图 9　喃遗产保存会国子监本重刻补版

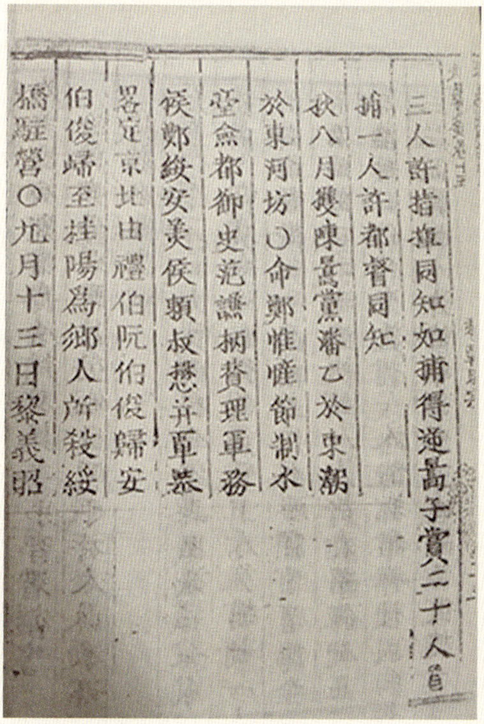

三人許指揮同知如捕得逆嵩子賞二十人首
捕一人許都督同知
秋八月獲陳嵩黨潘乙於東潮
於東河坊○命鄭惟㦃節制水
臺僉都御史范讓柄贊理軍務
侯鄭綏安美侯賴叔懋并軍隸
畧定京北由禮伯阮伯俊歸安
伯俊歸至桂陽為鄉人所殺綏
橋駐營○九月十三日黎義昭

图 10　Vhv.2336 卷一五删版

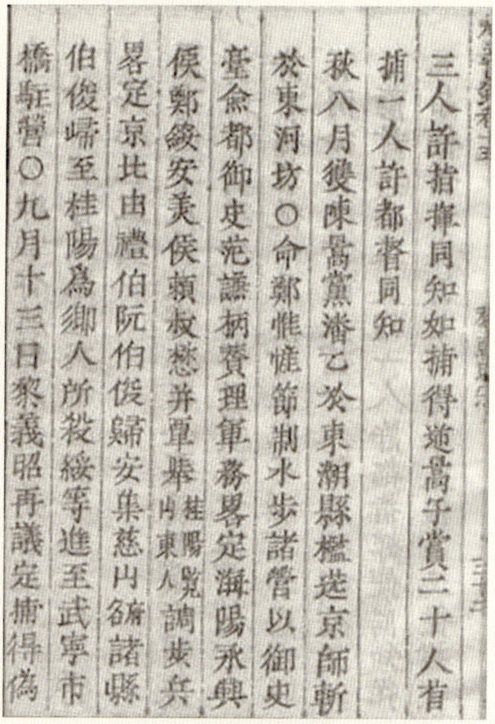

三人許指揮同知如捕得逆嵩子賞二十人首
捕一人許都督同知
秋八月獲陳嵩黨潘乙於東潮縣檻送京師斬
於東河坊○命鄭惟㦃節制水步諸營以御史
臺僉都御史范讓柄贊理軍務畧定海陽承與
侯鄭綏安美侯賴叔懋并軍隸桂陽覧內東人調步兵
畧定京北由禮伯阮伯俊歸安集慈山諸縣
伯俊歸至桂陽為鄉人所殺綏等進至武寧市
橋駐營○九月十三日黎義昭再議定捕得偽

图 11　喃遗产保存会国子监本重刻补版

按旧史以赵越王接前南帝正统，而附桃郎王，第光复南帝之臣，天宝南帝之兄，虽僻处桃江，未能掩有龙编，然于名义为顺，国其国也。仍据紫阳书法，庶几统纪不紊，而史法有所准也。[1]

李贲死后，诸将自立，内阁官板《大越史记全书》设"赵越王纪"，"赵越王 附桃郎王"，[2]吴时仕认为不当，将其调整为"桃郎王 附赵越王"。内阁官板《大越史记全书》若出自吴时仕之手，在此当有所调整。

A.L.Fedorin 直接使用了戴密微本的相关内容，但并未提及书中混搭的两种刻本并进行分析。戴密微藏内阁官板《大越史记全书》的撰定与刊版时间仍不能确定。

三 内阁官板《大越史记全书》的刻印时间推断

盛德二年（1654）中兴黎朝名臣邓训之孙邓世科曾编撰家谱，其后裔又据此重编。汉喃研究院现藏《邓家谱记续编》即邓训后裔据史书与家族谱记编撰而来。[3]《邓家谱系续编》为"显忠侯邓宁轩编辑，自甲午盛德二年至癸未景兴二十四年，并得一百八年"，即邓廷琼，时间在"皇朝景兴之二十四年（1763）岁在癸未端阳谷日"，[4]汉喃院所藏 A133 为阮朝抄本。1763 年邓廷琼编撰的《邓家谱系续编》大量采入了《大越史记全书》的内容。正治五年（1562），邓训降莫，邓廷琼注释：

昔年尊堂作家谱，查旧史编，此条书公降于莫，素所目视，经四十余年编集尚存，追黎熙公奉修国史，改书公又归于莫，不知何据？夫曰降曰归，不亦异乎？[5]

"追黎熙公奉修国史"，当为黎僖1697年编修刻印正和本《大越史记全书》，此书之前的"旧史编"，很可能就是景治三年范公著编撰的《大越史记全书》。黎僖改"降莫"为"归莫"，引起邓氏后裔极大的不满。内阁官板《大越史记全书》记载："十一月，太师回兵清华，使义郡公邓训守

1　吴时仕:《越史标案》，汉喃研究院藏抄本。

2　内阁官板《大越史记全书》，第72页。

3　关于邓氏家族的历史，请参看莲田隆志《「華麗なる一族」のつくりかた》，《環東アジア地域の歴史と「情報」》，知泉书馆，2014，第27~57页。

4　《邓家谱记续编》，第945页。

5　《邓家谱记续编》，第969页。

营。训反归于莫。"[1]

《大越史记全书》记载邓训卒于癸未光兴六年（1583）六月十八日，[2]《邓家谱系续编》则记在庚寅光兴十三年六月十八薨，下有注释："尝闻之尊堂辨曰：史臣记字，癸未六月十八日公卒……窃谓史臣记为误，府祠编为是。"[3]此处"史臣记字"当是《大越史记全书》。

乙未盛德三年郑阮大战，郑氏重臣邓世科之名不见于当时的史书记载。家谱在邓世科卒时注释："尝按国史编年，顺化起于乙未，并得是年，公已六十三岁也，凡有差扒征讨阮孽，六七年一南河之地。始复公之姓名不见于国史何哉……"[4]此即后裔对邓世科之名不见于史有所疑问。邓廷琼所言"国史编年"当亦指《大越史记全书》。

邓廷琼只见到了《大越史记全书》，因而以此结合家谱进行记载，并根据家谱对史书所载进行辩解。我们不能完全排除邓廷琼所见为正和本《大越史记全书》的可能，邓廷琼辩解的三处史事均与内阁官板《大越史记全书》内容一致，其所见到的可能就是此书，我们倾向于推断内阁官板《大越史记全书》刻印于1763年之前。同时邓廷琼也留下了关于范公著景治本《大越史记全书》的珍贵信息。

现在可以得出结论，内阁官板《大越史记全书》很大可能刻印于1763年邓廷琼

编撰《邓家谱系续编》之前。但中兴黎朝内阁官板《大越史记全书》共有三种刻本，邓廷琼所用为哪种版本则无从考证。

四　阮朝国子监板《大越史记全书》的雕印

在黎朝复国的过程中，阮淦之婿郑检逐渐获得大权，开创了郑王事业。阮淦之子阮潢1558年出镇顺化，势力不断壮大，称"阮王""阮主"。1627年，郑阮反目开战，双方征战多年，但均奉黎朝正朔，未称帝自立。黎朝、郑氏、阮氏最后都倒在西山阮朝的狂飙之下。阮朝的开创者阮福映出自南方阮主势力，1802年攻灭西山朝建国。中兴黎朝的史臣多为郑氏下属，因此扬郑抑阮，阮朝诸帝于此多有不满。明命十九年(1838)春二月，明命帝下诏收缴：

> 禁民间家藏黎史续编。谕曰：安南历代史记，就中义文事迹，尚多简略。至黎中兴以后，归郑氏，黎君徒拥虚器，故所载本纪续编各卷，都是尊郑抑黎。甚至郑人所行悖逆，亦皆曲笔赞美，冠履颠倒，莫此为甚。毕竟当辰撰辑，皆是郑之私人，非出公

1　内阁官板《大越史记全书》本纪续编卷一六，第538页。

2　内阁官板《大越史记全书》本纪续编卷一七，第554页。

3　《邓家谱记续编》，第975页。

4　《邓家谱记续编》，第1020页。

议直笔。虽原刻板片，经今散落，而士民所藏印本，岂无存者。若留此载籍，私相传看，将至陷溺人心，不得不一番收销，以为世道风俗至计。其通谕诸地方上司，遍饬辖下官吏士庶等，如有家藏黎史本纪续编，不拘印本抄本，各即送官，由上司发递到部，奏请销毁。俟后搜访故事，详加考订，命官纂修正史，刊刻颁行，用昭信笔。若敢私藏者，以藏匿妖书律罪之。[1]

黎玄宗之后的史事，中兴黎朝史臣虽有修撰，但未刊版印行。[2]黎庄宗至玄宗史事是《大越史记全书》的本纪卷一六至卷一九，与前史一同刊版刻印。阮朝朱本档案记载（图12）：

嗣德贰年拾贰月初壹日，内阁臣阮文长、臣阮俶、臣阮文丰、臣枚英俊奉上谕，兹据都察院裴柜等折请命官校正大越历代史记，付梓颁行，乡会科期，参为策问题目……前者经命讲幄儒臣撰将我越前代史记，进呈以备乙览。因念前史原本就中记载，犹有不得直笔，纰缪缺略尚多，必须大加稽考删正，方足以昭信史而示千秋，兹该院以此为言，正合朕意。着传谕右畿以北诸地方，凡士庶之家，如有私藏野史杂编，并黎中兴以后事迹者，虽其中所记间或触犯忌讳亦所

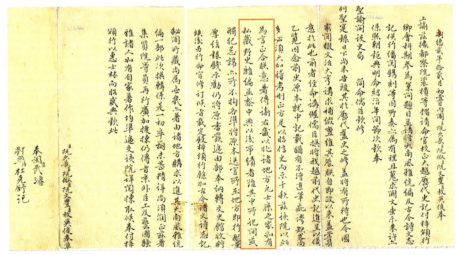

图12 越南国家第一档案馆藏阮朝朱本档案

---

1 《大南宋录》正编第二纪卷一一八九，庆应义塾大学言语文化研究所，1975，第4227页。

2 牛军凯：《〈大越史记全书〉"续编"初探》，《南洋问题研究》2015年第3期。

不拘，各准将原本送官所在地方，即行酌量厚给银钱示劝，仍将原书发递，由部奉纳，转交史馆收贮。兹后另行命官修订，候旨裁定，锓梓颁行……[1]

这道朱本中，"命官校正大越历代史记，付梓颁行，乡会科期，参为策问题目"，此"大越历代史记"即是绍治帝时集贤院撰《大越史记》，之后并未校订，而是新撰了《钦定越史通鉴纲目》。但很可能由此促成了国子监藏板《大越史记全书》的刊刻，国子监刻书确是为了士子科考所用。下面就现存国子监藏板《大越史记全书》的印本进行分析。

（一）国子监原本（喃遗产保存会本）

喃遗产保存会公布了一个原藏远东学院的刻本，[2]这一版本中的各序的版心加入了新的信息（表3）。

表3　国子监原本（喃遗产保存会本）版心信息

卷首	版心上部	版心中部	卷尾	备注
大越史记续编序	史记续编序 甲	—	—	
大越史记续编书	大越史记全书 乙	—	—	
大越史记全书外纪全书序	大越史记全书 丙	—	—	
拟进大越史记全书表	大越史记全书 丁	—	—	
纂修大越史记全书凡例	大越史记全书 戊	—	—	

续表

卷首	版心上部	版心中部	卷尾	备注
续编凡例	大越史记全书 戊	—	—	
大越史记纪年目录	大越史记全书 己	—	—	
越鉴通考总论	越鉴通考总论	—	—	

诸序之后，从外纪卷之一到本纪卷之七，版心上部均刻"大越史记全书"。但本纪卷之八到本纪卷之九刻"越史本纪"，本纪卷之一〇刻"越史实录"，卷一一亦刻"越史实录"，但本纪卷一二又为"大越史记实录"，之后直至卷之一九亦如戴密微本中的"越史"版本。

统观此本，除了诸序版心增加了信息，此本"大越史记"版本和"越史"版本的雕刻字体前后相同，各卷版心信息和卷首情况与戴密微本基本一致。但喃遗产保存会公布本的封面与社会科学出版社影印本一致，这是两个不同的版本。

汉喃研究院藏 A.3/1–4 本与喃遗产保存会本中的字体以及补版情况完全相同，但封面为"大越史记全书""国子监藏板"，并钤"秀亭"菩提叶形章、"演溪主人"方章等五枚藏书印。喃遗产保存会本亦有这五枚藏书印，钤印位置及在全书中的分布与 A.3/1–4 相同（图13、图14）。如此可见，喃遗产保存会本就是国子监本，而错将戴密微本内阁官板的封面使用于此。但 A.3/1–4 中，范公著"大越史记续编

1　越南国家第一档案馆（TTLTQGI）藏，编号 CBTN - Tự Đức tập 11, tờ 355.

2　http://www.nomfoundation.org/nom-project/History-of-Greater-Vietnam?uiLang=vn.

图 13　汉喃研究院藏 A.3 国子监藏板刻本封面

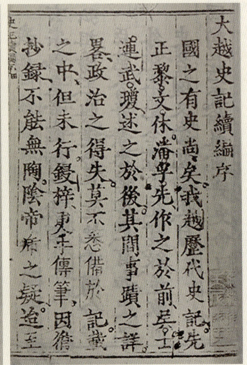

图 14　汉喃研究院藏 A.3 国子监藏板刻本序首页

书"在"凡例"之后，目录之前，应该是喃遗产保存会为与内阁官板保持一致，做了调整。

喃遗产保存会国子监本中，"種"字缺左边，仅留右边"重"；"華"字缺中间一竖；"時"字左边"日"空缺，仅余右边"寺"字；"宗"字"示"缺上面一横，明朝"崇祯"、莫朝"崇康"年号之"崇"亦缺"示"字上面一横。"種"为嘉隆帝阮福映之名，"華"为明命帝母胡氏华讳字，"宗"为绍治帝阮绵宗讳字，"時"为嗣德帝阮福时讳字。

比较之后发现，A.3/1-4 国子监本与

汉喃研究院藏中兴黎朝 Vhv.2330-2336 残本基本一致，后者没有缺少偏旁、部首的阮朝避讳，显然前者是挖改后者、补版刷印而来（图15、图16、图17）。A.3/1-4 的补版对避讳字亦以缺笔和缺部首、偏旁的形式呈现，尽量与原版保持一致。但原版之中的避讳字，偏旁和部首缺处的空隙较补版要大。可以确定，嗣德二年（1849）阮朝对中兴黎朝的原版进行挖改、增补（图9、图11），重刻删版的版面，调换封面，形成国子监藏板《大越史记全书》。

《大南实录》记载嗣德九年五月：

图15　戴密微本　　　　图16　Vhv.2336补版未挖改　　　图17　峴遗产保存会国子监本挖改本

充越史总裁潘清简等将修史事宜奏请（小字双行排印：一请印刷大越史记，原本发文稽查；一请内阁集贤撰出应需稽究诸书备考；一请派往北圻，访求私藏野史并黎中兴以后事迹及诸名家谱记、杂编）。许之。[1]

潘清简奏请印刷《大越史记》，即《大越史记全书》，明确记载为"印刷"，而非刻印，同时"原本发文稽查"，即寻访更早的刊本。嗣德二年距嗣德十年时间不远，潘清简要查找的原本当是中兴黎朝的刻本。

A.3/1–4国子监本补版甚多，且因Vhv.2330–2336亦是残本，因此我们难以确定A.3/1–4是不是嗣德二年国子监版形

成之后的第一次印刷本。观A.3/1–4有五枚藏书印，足见藏者的珍爱，很可能就是初印本。戴密微藏内阁官板拼合本、中兴黎朝重刻本、阮朝国子监挖改本如图18、图19、图20。

陈荆和先生在校订《大越史记全书》时发现"杨三哥"一节内容中，天理大学图书馆藏本中有"三哥以吴王第二子昌文为己子""当时国人皆已君三哥"，山本甲本为"三哥以吴王弟二子昌文为己子""当时国人皆以君三哥"，而其他版本皆为"三哥以吴王弟二子昌文为己子""当寺国人皆以君三哥"，此即在阮朝"时"被挖掉"日"部。[2] 现在戴密微藏本的内容与天理大学图书馆残本相同，均是"三哥以吴王第二子昌文为己子""当时国人皆已君三

1　《大南实录》正编第四纪卷一四，庆应义塾大学言语文化研究所，1979，第6000页。

2　陈荆和：《解题：大越史记全书的撰修与版本》，校合本《大越史记全书》，第43~44页。

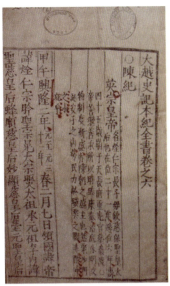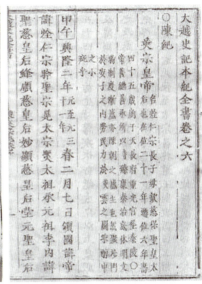

图 18　法国巴黎亚洲学会图书馆藏　　图 19　中兴黎朝 Vhv.2333 重刻本　　图 20　喃遗产保存会国子监本挖改本

哥"，[1] 据戴本重刻的 Vhv.2330-2336 没有"外纪全书"的内容，但喃遗产保存会的国子监本则是"三哥以吴王弟二子昌文为己子""当寺国人皆以君三哥"，现在看来山本甲本当为 Vhv.2330-2336 印本的残缺部分，据此推断戴本重刻之时"第"和"已"已经被误刻。[2]

（二）国子监版重刷本

现在已知嗣德二年、嗣德九年国子监藏板《大越史记全书》印刷两次，但刻本中没有刷印时间，因此不能将现存版本与印刷时间对应起来。A.3/1-4 为国子监本补版最少者，笔者所见刻本中，至少还有两次重刷，并再次补版。汉喃研究院藏 Vhv.179 有非常严重的缺版，因此补刻更多。而补版之后再重刷之时又进行补版，且有删版的情况出现，越南国家图书馆公布的残本即为此次删版的重刷本。[3]

图 21 国图藏本补版中"時"依旧刻

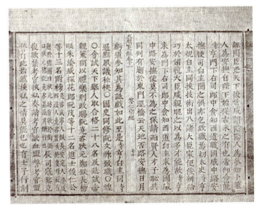

图 21　国图藏本

1　内阁官板《大越史记全书》，第 86 页。

2　庆应义塾大学斯道文库所藏两部内阁官板刻本，均做"第"和"以"，与戴密微本相同。

3　汉喃研究院藏 A2694 本与越南国家图书馆公布的藏本相同。

为"寺";但"宗"因挖去短横,原版空隙很大,补版中的"宗"虽然没有短横,但空隙很小。但刻工无意识中直接使用了阮朝的避讳,"实录"作"寔录","時司寇黎克复"刻为"辰司寇黎克复"。图22嗣遗产保存会国子监本的版面则仅是挖改避讳,没有补刻,此页汉喃研究院Vhv.179与嗣遗产保存会本相同。

国图藏本还存在删版的情况,见图23、图24。

被删改的三行,内阁官本、国子监原本、汉喃研究院Vhv.179藏本皆完整无缺,且删版中"黎朝太宗"被改为"黎明太宗"。[1]国图藏本在Vhv.179本的基础上补版更多,两次印刷之间应该间隔了一段时间。因戴密微混合本和国子监原本都有留存,所以重刷本的挖改和删减情况对史料影响不大,但对于阮朝的雕版印刷研究价值特殊。

《越南阮朝木版题目总观》介绍,位于大叻的越南第四国家档案馆尚保存有国子监藏板《大越史记全书》的雕版330块,

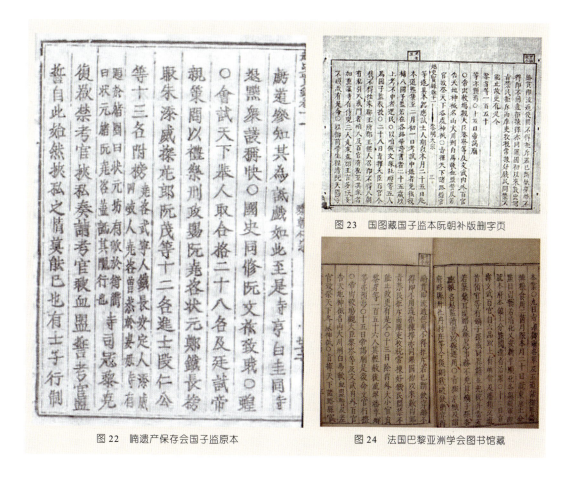

图22　嗣遗产保存会国子监原本　　图23　国图藏国子监本阮朝补版删字页

图24　法国巴黎亚洲学会图书馆藏

1　汉喃研究院藏Vhv.1499本与国图藏国子监本阮朝补版删字页相同,二者当为同次刷印。

于 2006 年重新刷印成书后，雕版封存（图
25、图 26）。[1]

在此需要介绍一个特殊的版本，即陈
荆和教授最初选择为校订底本的天理大学
藏本《大越史记全书》，这是一个拼配的版
本，庆应义塾大学藏有此本的复印本，笔
者据此呈版本情况于下。

第 1 册："大越史记本纪全书卷之一"，
中兴黎朝抄本。

第 2 册："大越史记全书本纪全书卷之
二"，中兴黎朝抄本。

第 3 册："大越史记全书本纪卷之
三""卷之四"，戴密微本中的"大越史记
全书"本。

第 4 册："大越史记本纪全书卷之
五""卷之六"，国子监本。

第 5 册："大越史记本纪全书卷之七"，
中兴黎朝抄本。

第 6 册："大越史记本纪全书卷之
八""卷之九"，"大越史记全书"本。

第 7 册："大越史记本纪全书卷之
九""卷之十"，国子监本，"卷之九"与第
六重复，版本不同。

第 8 册："大越史记本纪实录卷之
十一"，国子监本。

第 9 册："大越史记本纪实录卷之
十二"，国子监本。

第 10 册："大越史记本纪实录卷之
十三"，国子监本。

第 11 册："大越史记本纪实录卷之
十四"，国子监本。

第 12 册："大越史记本纪实录卷之
十五"，国子监本。

第 13 册："大越史记本纪续编卷之
十六""卷之十七"，国子监本。

第 14 册："大越史记本纪续编卷之

图 25　2006 年重刷本封面

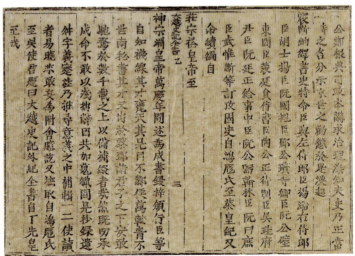

图 26　2006 年重刷本内容

1　*Mộc bản triều nguyễn đề mục tổng quan*, Trung tâm lưu trữ Quốc gia IV (Vietnam)，Nhà xuất bản Chính trị quốc gia,
2008, 365-371.

十八"，"卷之十九"，国子监本。

第 15 册："大越史记外纪全书卷之一"，
中兴黎朝抄本。

第 16 册："大越史记外纪全书卷之
二""卷之三""卷之四""卷之五"，"大越
史记全书"本。

第 1 册、第 2 册、第 5 册、第 15 册中
的中兴黎朝抄本之中无阮朝的避讳字，第
4 册、第 8~14 册中的"国子监本"则挖改
"宗"和"時"，第 6 册和第 16 册中的"大
越史记全书"本与戴密微藏本中"大越
史记全书"本的字体一致，从墨色浓淡可以
确定是同一刻版的不同印本。但天理大学
本中的"大越史记全书"本仅存六卷，且
戴密微藏"大越史记全书"均有，远少于
戴本所有，没有"越史"本的内容。

（三）引田利章覆刻本

引田利章在《反刻大越史记全书凡例》
中写道："客岁七月，参谋本部将校奉命赴
其国，知河内府事阮有度（1832~1888）
赠以此书，携归示诸余，遂有反刻之举。"
反刻在 1884 年，参谋将校获书即在上年。
陈荆和教授根据书中残留的避讳字断定此
本当为国子监本。[1] 引田利章尽量恢复了阮
朝的避讳，增加了日本学者的序和凡例，
重新设计了版心，此本是《大越史记全书》
首次在越南以外的国家和地区印行，并且
流传极广（图 27、图 28）。

图 27　哈佛大学图书馆藏引田利章翻刻本封面

图 28　广西民族大学范宏贵教授旧藏扉页

1　陈荆和：《解题：大越史记全书的撰修与版本》，校合本《大越史记全书》，第 33 页。

结　论

戴密微藏内阁官板《大越史记全书》是现存最早的刻本，与加斯帕东藏两部刻本属于同一个刻本，应该是由"大越史记"和"越史"两个不同版本的残存雕版拼接合并而成，差异只在版心信息和史文版面排布上，两个刊本内容一致，是同一文本的不同雕版，因此可以组合为一个完整的全本。"大越史记"和"越史"由谁何时雕印则不得而知。戴密微本内阁官板《大越史记全书》的章节布局与黎僖"续编凡例"所记不同，证明内阁官板并非1697年的正和原刻本。内阁官板在何时由何人编撰刻印不得而知，1763年邓廷琼在编撰家谱时曾经引用内阁官板的史料内容，应在此前即已刻印流布。

戴密微本混合成书之后，由"越史"本的刻工重新根据印本刻版，完全依照戴密微混合本的原有格式雕印，形成了新的内阁官板《大越史记全书》雕版。新的内阁官板刻版在阮朝仍然保存，并于嗣德年间挖改、补版，更换封面刷印，成为国子监藏板《大越史记全书》。国子监本刻版继续使用，但残缺严重，第一次重刷之时就已经大量补版，第二次重刷之时补版更多并进行删版，这两次重刷本现在都有保留。1884年，引田利章重刻国子监本《大越史记全书》，流传世界。

现存的《大越史记全书》各类刻本为我们呈现了内阁官板及之后的雕印情况，但从景治本到正和本再到内阁官板的形成过程，进一步的深入研究尚有待于新资料的发现。

附图　《大越史记全书》形成过程及雕印版本流变

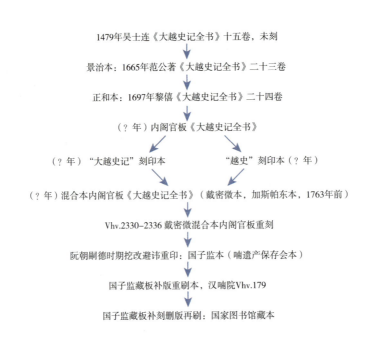

1479年吴士连《大越史记全书》十五卷，未刻

景治本：1665年范公著《大越史记全书》二十三卷

正和本：1697年黎僖《大越史记全书》二十四卷

（？年）内阁官板《大越史记全书》

（？年）"大越史记"刻印本　　　　"越史"刻印本（？年）

（？年）混合本内阁官板《大越史记全书》（戴密微本，加斯帕东本，1763年前）

Vhv.2330–2336 戴密微混合本内阁官板重刻

阮朝嗣德时期挖改避讳重印：国子监本（喃遗产保存会本）

国子监藏板补版重刷本，汉喃院Vhv.179

国子监藏板补刻删版再刷：国家图书馆藏本

图文叙事里的童年
——近代中国儿童画报的编撰特色

■ 王丽歌（周口师范学院老子暨中原文化研究中心）

近代中国报刊业的兴起与繁荣，推动了报刊种类的多样化和受众群体的专业化。专门以绘画、图片等形式传播新闻、科学知识的画报，逐渐占有一席之地，针对识字水平有限的儿童编辑出版的儿童画报，也日渐发展和繁荣。近年来，儿童画报开始走出档案馆、资料室进入研究者视野，学者们除了开展个案研究外，还立足于各自专业，从不同学科领域进行专题性分析。陈平原、陈恩黎等[1]从文化教育的视角，讨论了儿童画报与儿童观的生成、变迁等问题。郭舒然、吴潮等[2]从文献视角对三份同名的《小孩月报》之间的关系进行了考证，并着重对范约翰主编的《小孩月报》的特点进行分析和评价。傅宁、陶虹和李萌等[3]

从新闻传播史的视角探讨了中国儿童报刊产生的背景、源流与发展演变过程，以及画报的"语图互文"关系。张梅、姚苏平等[4]从文学的角度，考察了儿童期刊中图像对儿童文学产生的影响。但出于资料的限制，研究者多纠结于几种儿童画报的个案分析，如《儿童画报》《花图新报》《启蒙画报》等，而缺乏对同时代儿童画报的整体性认识，比如对"近代中国儿童画报的编撰特点是什么"这个最基本的问题仍然没有廓清。

虽然近代儿童画报从萌芽到发展，历经磨难，但仍然涌现出不少优秀作品，在教育、艺术和文化上，为近代儿童教育、文化传播、艺术传承做出了重要贡献。这

---

1 陈平原：《图像叙事与低调启蒙——晚清画报三十年（上）》，《文艺争鸣》2017 年第 4 期；陈平原：《图像叙事与低调启蒙——晚清画报三十年（下）》，《文艺争鸣》2017 年第 7 期；陈恩黎：《颠覆还是绵延？——再论〈小孩月报〉与中国儿童文化的"现代启蒙之路"》，《文艺争鸣》2016 年第 6 期。

2 郭舒然、吴潮：《〈小孩月报〉史料考辨及特色探析》，《浙江学刊》2010 年第 4 期。

3 傅宁：《中国近代儿童报刊的历史考察》，《新闻与传播研究》2006 年第 1 期；陶虹、李萌：《近代新闻画报中的"语图互文"》，《编辑之友》2018 年第 6 期。

4 张梅：《晚清五四时期儿童读物上的图像叙事》，中国社会科学出版社，2016；姚苏平：《语图叙事中的一种现代中国童年想象——论〈儿童画报（1922~1940）〉》，《文艺争鸣》2017 年第 2 期。

些画报，严格意义上来说，多是报纸和杂志的混合型。在出版周期上，它们很少每天出刊，以半月刊、月刊的形式居多，自然降低了时效性、新闻性，更多体现的是杂志的特点。在形制上，有报纸式和书册式两种，比如福州出版的《小孩月报》，依然沿袭报刊《察世俗每月统记传》的线装书本形制，而上海出版的画报，多是单行本的形式，北京的画报则是报纸式的 8 开 4 版。在办报宗旨、栏目设置、内容编辑、图像绘制、语言选择、情感主线上，既深受西方画报的影响，也带有中国本土的特征，同时贯穿着画报编撰者独有的文化情怀。

一　早期以传播西教、启迪蒙智为宗旨

中国儿童画报的创刊，开始于 1874 年由普洛母夫人（Mrs. Plumb）、胡尔巴夫人（Mrs. Hubbard）在福州创办的《小孩月报》（*The Children News*），这比中国第一份儿童日报《童子世界》（1903 年诞生于上海）早了近 30 年。之后又陆续有《小孩月报》（*The Child's Paper*，有广州嘉约翰主编、上海范约翰主编两种版本）、《孩

提画报》、《训蒙画报》、《成童画报》等儿童画报创刊，这些画报有一个共同而鲜明的特征，即都是由西方教会或者传教士组织编写。庞玲在研究美国传教士范约翰主编的《小孩月报》时，将其形容为"像是带着纯正的'西方'血统的舶来品，被传教士引入中国"。[1]之所以晚清时期传教士们热衷于在中国创办儿童画报，是因为他们把报刊作为传播福音的途径，企图从儿童着手，率先向中国孩童灌输宗教和文化知识。

《小孩月报》[2]的创办人是美国传教士范约翰，他在清心两级中学七十周年校庆的文章中道出了原因："吾长老会之初来华也，其境遇之困难，诚有过于此而无不及也。盖当时非惟无可用之传道人，即寻常教友，亦不可得，必经十载而得一人可以襄理教务，而即此一人，亦学问浅薄，未可以肩重任也。凡人达壮年而始悔罪信道者，固未尝不可为笃诚之信徒，然外教之积习既深，一旦而欲扫除纯尽，盖亦难矣。虽然工欲善其事，必先利其器，他事业，布道一端，何独不然。今教会中既不可得，则请谋某次焉。集多数之童子，使之受教会学堂之教育，则其间亦当不乏可任教之人，所以兴学之不可以一日缓也。"[3]也就是说，初期在中国传教的艰难环境，迫使传

1　庞玲:《〈小孩月报〉与晚清儿童观念变迁考论（1875~1881）》，硕士学位论文，华东师范大学，2009，第 7 页。

2　1881 年《小孩月报》更名为《月报》，1914 年更名为《开风报》。

3　范约翰:《上海清心书院滥觞记》，朱有瓛、高时良主编《中国近代学制史料》第 4 辑，华东师范大学出版社，1993，第 275 页。

教士们想到了利用编撰儿童画报的方式在中国储备宗教人才，这也就注定了中国早期的儿童画报具有明确的传播西教的任务。

像《小孩月报》《孩提画报》《训蒙画报》《成童画报》等都是由传教士及其亲属、学生编撰，在年代纪事时，多是西历和大清年号并用，并专门设有宗教栏目，以宣传西方教义，附刊评论、故事、诗词、新闻等。如范约翰等编撰的《小孩月报》，除封面上用醒目大字印有"小成孩子德，月朔报嘉音"的宗教宣传语外，还设有"圣经古史"栏目，专门选登圣经故事。从 1876 年第 13 号开始，经常在刊物尾页刊登教会曲谱诗，如第 20 号印有《福有诫守》、第 3 年第 1 卷（1877 年 5 月）有《戾日幕时》、第 3 年第 4 卷（1877 年 8 月）有《主的故事》、第 6 年第 8 卷（1880 年 12 月）有《十字架》等词谱。为了进一步扩大传教力度，从第 6 年第 1 卷（1880 年 5 月）开始，还增设"请对圣书问"栏目，针对 14 岁以下儿童开展宗教知识有奖征答活动。他们还仿效伦敦圣经会的做法，在上海也设立小孩圣经会，并于第 6 年第 6 卷中登出了招纳会员的启示：

本馆谨启
……

如有 贵门人，暨 令郎 令爱等，愿入此会而依小孩月报每月所定之圣经而诵读者，可按后所列之单，填年岁、居处、姓名，而托各西教士代致于上海管理支会事宜之代尔齐尔先生可也。[1]

除了传播宗教以外，早期儿童画报的另一个宗旨是启迪童蒙。创办画报的传教士们，来华之前的职业有教师、医生、编辑、牧师等，受西方儿童画报和中国儿童教育现状的影响，他们自然而然地将科学文化知识融于画报中。例如范约翰来中国之前是教师，纽约长老教会于上海创办学校"清心书院"后，聘请他担任院长 24 年。在谈及创办《小孩月报》的初衷时，他说："仆航海东来，客华已十余载矣。中土人情，颇能领略，华邦文艺，尚未精详。然性质虽疏，未尝学问，而裁成有志，愿启童蒙。"[2] 他认为："予以童年初基，首在器识，文艺次之，故以二者兼而行之。颜曰小孩月报志异，俾童子观之，一可渐悟天道，二可推广见闻，三可辟其灵机，四可长其文学，即成童见之，亦非无补。"[3] 有学者认为，《小孩月报》对西方医学和人体解剖知识的介绍，是范约翰编撰内容上的最大特色。[4] 该报曾连续多期开设"省身直

1　范约翰：《本馆谨启》，《小孩月报》第 6 年第 6 卷，1880 年 10 月，第 6 页。

2　范约翰：《小孩月报志异记》，《小孩月报志异》1875 年第 2 期，第 6 页。

3　范约翰：《小孩月报志异序》，《小孩月报志异》1875 年第 1 期，第 1 页。

4　郭舒然、吴潮：《〈小孩月报〉史料考辨及特色探析》，《浙江学刊》2010 年第 4 期。

掌""保身良法"栏目，以图文并茂的方式向中国儿童介绍人体器官、生理机能、卫生常识等，在几千年惯行中医文化的国度，这是令人大开眼界的。费毓龄等人曾评价说："《小孩月报》把世界各地见闻一一展现在儿童们面前，纵观上下，世界之大，资产阶级革命的成功和科学技术的迅速发展，确给人们以'眼界时新'的感觉。这种启蒙教育，完全不同于脱离现实生活，以复古尊古为目标的封建旧教育，因而具有新的生命力。"[1]

二　栏目设置多样，内容兼具新闻性和科普性

近代儿童画报作为报纸和杂志的混合体，栏目多样、内容丰富是一个不争事实。上海清心书院发行的《小孩月报》，从第3年第1卷（1877年5月）开始，每期都有8个以上栏目，并将目录清晰标注在了封面上。如第3年第2卷有鹿、省身指掌、游历笔记、宜慎其终、大花王、续天路历程、圣经古史、胎瞎寓言、狐骂葡萄、论画浅说、曲谱诗等。1900年以后，儿童画报蓬勃发展，国人创办的报纸日益增多，而且为了吸引读者、提升销售量，办报者想方设法丰富栏目，增加画报的知识性、趣味

性。1922年创办的《小朋友》画报，在创刊第1期即设有歌曲、文艺画、儿歌、故事、趣诗、笑话、滑稽画、谜语、剧本、故事诗、长篇小说、小时历史等12个栏目，以简单的形式阐述庞杂丰富的内容，专供低龄儿童阅读。同年上海商务印书馆发行的《儿童画报》，从第1期开始也仿效《小朋友》设置了歌谣、游戏、笑话、新诗、新谜语、滑稽、动物知识等栏目，既贴近儿童生活，又传播了知识，增加了阅读趣味。20世纪40年代创刊的《儿童乐园》也是如此，除设有连环漫画、游戏画、名人画传、长篇漫画、军器图说等绘图专栏外，还能不忽略画报的知识性、娱乐性功能，同时设有地理知识、生活知识、历史、笑话、游戏、故事、小工艺、诗歌、民国儿歌、卫生、看图识字等栏目。[2]

儿童画报栏目的多样化设置，使内容渐趋丰富和精细的同时，不忘传播新闻的功能。1881年上海范约翰主编的《小孩月报》更名后，其中一个较为显著的变化就是增加了新闻和时事内容，每期都有对国内或国际新闻的播报。如第7年第1卷中报道了福州的天花疫情，"福州自正月至今，天花之症，自城乡至村落，无处不有，染此患死者颇多，余为之惜焉"，[3]撰写人除了为疫死者惋惜外，还对中国医疗水平落后，许多乡村人口没有及时接种牛痘疫苗

1　费毓龄、陈祖恩:《〈小孩月报〉与中国近代启蒙教育》,《新闻研究资料》第26辑，中国社会科学出版社,1984，第219页。

2　参见上海儿童乐园社发行的《儿童乐园》1941年第4期目录。

3　闽地会报:《天花盛行》,《月报》第7年第1卷，1881年5月，第4页。

而感叹。1902 年创刊的《启蒙画报》，初期以日刊的形式，编辑并刊布国内外新闻、历史地理、历史人物、自然科学知识、民风民俗、寓言故事、风趣笑话、小说等。虽然后来由于经费不足改成半月刊，但丝毫未降低新闻的比重，反而增设了"时闻""各国新闻"等栏目。1908 年创办的《儿童教育画》，在第 1 册例言中说："本书科目甚繁，每册必抽换一二以新阅者之目。其科目计二十二门列下：修身、国文、历史、地理、算学、手工、国画、体操、动物、植物、矿物、格致、卫生、音乐、歌谣、风俗、寓言、游戏、新器械、悬赏画、中国时事、外国时事。"[1] 该期的"时事"栏目，播报了一则苏州神童的新闻："苏州有一童子姓吴名斌忠，年方五岁，能写大字。曾游南京、上海，众人见之，无不称奇。"[2] 1932 年因日军侵犯上海被迫停刊的《儿童世界》，在同年 10 月复刊并改版，虽然出版周期延长，但内容增加一倍，"每期除原有的故事、童话、小说、诗歌、剧本、劳作、自然等栏目外，新添谈话、健康、儿童新闻和各地儿童通信等栏"。[3] 新 1 号的"儿童新闻"栏目里，便报道了《义勇军进攻沈阳》《世界汽车统计》《喜马拉雅山探险》《民国以来中国经济的损失》

《爱迪生的儿子发明消除机器震动器》5 篇新闻。特别是《世界汽车统计》一则，报道了 1932 年世界总共有 35263397 辆汽车，其中美国最多，有 25986353 辆，平均每 4 人一辆，其次是法国和英国，而中国是平均 11376 人一辆，最后设问读者"你想中国有多少辆汽车"。[4] 用这种新闻加知识的形式，既对当时中国汽车拥有量过少的现状进行了对比介绍，又通过问答引发读者好奇之心，增加对儿童算术能力的练习。

三 图像由追随西方流行风尚逐渐向中国本土元素转化

图像的绘制、图片的选择与画面内容的设计是画报编辑者的主要工作，儿童画报以表象简单、道理浅明易懂为基本原则。但由于早期的儿童画报多是出自西方传教士之手，所以受西方影响较深，在制图技术与视觉形态上多追随西方的潮流和风尚，呈现出洋化观感。范约翰曾经在《小孩月报》的"论画浅说"栏目对当时中西方绘画进行了比较，"现今的画胜于古人，近来中国西学大行，各省的机器、舆图都请西国画师教授，我想此法既行，将来西国的

1　钱塘、戴克敦：《例言》，《儿童教育画》1908 年第 1 册，1908 年 12 月。

2　《时事》，《儿童教育画》1908 年第 1 册，1908 年 12 月，第 2 页。

3　徐应昶：《编辑者话》，《儿童世界》第 29 卷新 1 号，1932 年 10 月，第 104 页。

4　佚名：《世界汽车统计》，《儿童世界》第 29 卷新 1 号，1932 年 10 月，第 98 页。

画必定能于中国盛行"。[1] 该栏目还系统介绍了西洋绘画的透视原理、光学原理、色彩学、构图新法等西洋绘画理论和技法。当然，这些方法和技巧也体现在他主编的《小孩月报》《画图新报》中，"常用西方写实主义插图，配以简洁的文字，介绍各种动、植物的珍闻和有关知识"。[2] 有读者阅读完二报后，专门写信赞扬说："细观诸图，有声有色、惟妙惟肖、形容逼真，实为珍品。凡我华人得二报，开拓胸襟，而饱眼福实多。若记声机，天文台、化学器、以及圣书遗迹、古人轶事、海外形胜、巨公小像，皆得致之左右，如见其人，如曾亲历以作卧游，胜听海客谈瀛洲也。"[3]

虽然这些画报里的图像画面黑白分明，轮廓清晰明朗，有诸多优点，但图中人物及穿着，多是西洋人形象，经常出现画面与故事情节不符的尴尬情况。例如韩丛耀先生就曾指出，在《小孩月报》第4年第6卷的《田家春碓图》中，春米本来是中国传统的农作劳动，但画面中劳动的妇女和男子却是西洋人的穿着打扮。[4] 第24号（1877年4月）《农人救蛇》故事中，画面人物虽然是清朝农民形象，留着长长的辫子，却是典型的西方人面部特征，高尖挺拔的大鼻子格外显眼（图1）。后来范约翰

的中国学生参与了《小孩月报》的图画绘制，增强了中国风格，上述问题才有所改观，但在动物介绍、游历笔记、圣经古史等栏目里，图像仍然保持着西洋画法。

进入20世纪，中国报刊的图像形态渐趋由稚嫩走向成熟，儿童画报也以西方为蓝本，逐渐增加中国本土元素，中西绘图艺术走向合流。由彭翼仲、彭谷生主编的《启蒙画报》，作为国人自办的第一份儿童画报，1902年6月23日创刊时，便聘请我国著名画家刘用焌（字炳堂）绘图。他把宋人写实和元人淡雅之长与西方绘画技巧融合在一起，运用到了儿童画报中。例如1903年第2册封面是一只仙鹤站立在假山旁的树下，回头注视着窗户里两个清朝服饰打扮的孩童捧书论读的情景，意境真切，形象逼真。在中国，仙鹤被视作

图1 《农人救蛇》
（《小孩月报》第24号，1877年4月，第4页）

1 范约翰：《论画浅说》，《小孩月报》第17号，1876年9月，第2页。

2 费毓龄、陈祖恩：《〈小孩月报〉与中国近代启蒙教育》，《新闻研究资料》第26辑，第220页。

3 顾学侣：《读画图新报月报之益》，《画图新报》第11卷第10期，1891年2月，第122页。

4 徐小蛮、王福康：《中华图像文化史·插图卷》上册，中国摄影出版社，2016，第231页。

一等文禽，松鹤图又是中国传统字画中最常见的素材。1915年广学会主办的《福幼报》，现存的1918年第4卷，各期刊载的几乎都是关于宗教、耶稣的文章。如第4年第1册（1918年1月）的15幅图画中有10幅是特征鲜明的西洋画。但到第12年第4册（1926年4月）时，传教文章明显减少，18幅图画中只有3幅是特征较为明显的西洋画景。该期封面《春天到了》，展现的是长着蝴蝶翅膀的小女孩坐上枝头与鸟儿嬉戏的场面，将中西方传统元素有机融合在了一起（图2）。

其实自辛亥革命以后，西方教会所办的儿童画报发展已经式微，新创刊的儿童画报基本上是国人创办，图画的本土化观感也更加浓郁。特别是1932年日本进攻上海，"一·二八"淞沪抗战爆发后，出于爱国情怀和新闻写实的需要，儿童画报对西方图像绘画艺术追随的脚步基本停止，所出版的《我的画报》《儿童比赛画报》《儿童常识画报》《儿童良友》《小朋友画报》《儿童健康画报》《小小画报》等，其中的图片基本上是中国风格。

图2 《福幼报》第12年第4册（1926年4月）封面

四 语言灵活直白，紧随时代潮流

儿童画报虽然是以图画为主，但始终未脱离语图互文模式，因此，文字作为对图画的解释和说明，在语言选择上依然非常重要。儿童画报编撰者充分考虑到"儿童"这一读者群体识字数量不多、理解能力不强以及充满童真的特点，为了便于儿童更轻松地接受画报内容，他们采取了非常灵活的语言方式，并且紧随时代文化发展的步伐。

1874年，传教士家属普洛母夫人和胡巴尔夫人计划在福州创办儿童画报时，便充分考虑到了当地受众群体的语言阅读习惯，所以福州的《小孩月报》"特用榕腔刻成，缘教中会友不识文理者多，若诸传道较之阅读是报，则易于识悟也"。[1]为便于

---

1 《美华书局报单》，《美以美教会年录》，福州美华书局，1898，第38页。

儿童接受和理解，普洛母夫人创办的《小孩月报》（*The Children News*）特以福州方言的形式出版，并发行了 15 年之久。1918 年以前的中国，文言文仍然在文化界占有绝对地位，当时的报刊业也多是使用文言文。但在儿童画报领域，却较早使用了白话文。1875 年，范约翰在沪创办的《小孩月报》（*The Child's Paper*）发行不久，便收到了友人来信，信中对他使用文言文这种深奥的语言进行了批评。在《小孩月报志异》序语中，范约翰言："此报（指《小孩月报》）前次刊印，文理少加润饰。兹奉诸友来信，嘱余删去润饰，倘能译成官语更佳，以便小孩诵读，余亦深然之。今后浅文叙事，辞达而已，阅者谅之。"[1] 官语即北京官话，也就是白话。于是范约翰在朋友的建议下，将《小孩月报》前两期重新以白话的形式出版，并冠名为《小孩月报志异》[2]，与《小孩月报》1875 年 5 月版同时发行，从这月开始，《小孩月报》也都使用了白话文。1886 年福斯特夫人在上海创办的《孩提画报》，也是采用官话的形式出版。通俗直白的语言不仅便于儿童阅读和接受，也让文化水平不高的民众有了更多读书览报的机会。1902 年 6 月彭翼仲在北京创办的《启蒙画报》，可谓北京最早的官话画报，他在首刊中声明："本报浅说，均用官话，久阅此报，或期风气转移。"乃至多年后郭沫若先生回忆童年时，仍对《启蒙画报》的语言、文风赞不绝口，"文字异常浅显，每句之下空一字，绝对没有念不断句读的忧虑。每段记事都有插图，是一种简单的线画"。[3] 白话文句法简单，结构均衡，能更好地凸显故事的情节性和趣味性，增强感染力。

因为文言文在语法、逻辑、词汇等方面与白话文截然不同，由文言文转化为白话文写作，对于传统知识分子出身的编辑们来说，可谓增加了工作难度。光绪十七年（1891）举人姚鹏图在《论白话小说》中对白话文写作的难度进行过描述，他说："凡文义稍高之人，授以纯全白话之书，转不如文话之易阅。鄙人近年为人捉刀，作开会演说、启蒙讲义，皆用白话体裁，下笔之难，百倍于文话。其初每倩人执笔，而口授之，久之乃能搦管自书。然总不如文话之简捷易明，往往累牍连篇，笔不及挥，不过抵文话数十字、数句之用。"[4] 但这丝毫没有阻挡住画报编撰者积极迎合儿童语言习惯需要，在语言选择上与时俱进的

1　范约翰：《小孩月报志异序》，《小孩月报志异》1875 年第 1 期，第 1 页。

2　对《小孩月报志异》的版本，学界多有质疑。按照葛伯熙考证，认为《小孩月报志异》是《小孩月报》第 1 卷第 1~12 期的重写版或官话版，与 1876 年的《小孩月报》一并刊行。但谢隽晔认为，《小孩月报志异》是范约翰为了区别嘉约翰在广州编写的《小孩月报》而特意修改的名称，只发行了两期，便把名称又改回《小孩月报》了。对此两种观点，张梅认为均不正确，但因资料不全她也未明确自己的观点，可参见张梅《晚晴五四时期儿童读物上的图像叙事》，第 22~24 页。无论《小孩月报志异》究竟是何版本，它使用了官话编写，并且之后的《小孩月报》也改成官话，这点是毋庸置疑的。

3　郭沫若：《我的童年》，《郭沫若文集》（上），华夏出版社，2000，第 75 页。

4　姚鹏图：《论白话小说》，《新济南报》1904 年第 143 号。

步伐。随着新文化运动的推进，摒弃文言文，以通俗简单的白话语言向孩童讲解图画义理成了儿童画报的新风尚。

不仅如此，为了便于儿童理解、记忆，画报在选编国内外名著时，还把难记、拗口、不适合儿童口味的内容中国化了。如《儿童乐园》设有连环漫画栏目，连载一些名著故事，在第 5 期开篇，编辑就对该期的连环漫画栏目进行了说明，"连环漫画《苦儿努力记》是世界有名的文学作品，为了更加适合读者的口味，我们把它的人名、地名和情节都中国化了"。[1]

五　关注时局，国人办报带有浓烈的民族家国情怀

虽然早期的儿童画报多出自洋人之手，带有传播宗教的目的，但风雨飘摇的清王朝、剑拔弩张的国际环境，依然引起了他们对时局的关注，以及对中国前途未卜命运的思考。而中国人自主创办的画报，许多画报编撰者本身就是有识之士、社会精英，他们有意无意间把时局的发展与画报的编写、情感的灌输密切结合了起来，使画报具有了浓烈的家国情怀。

前文提到《小孩月报》更名为《月报》后增加了新闻内容，这不仅体现出了画报

新闻功能的提升，其实也反映出了编者对时局的关注。在宣统二年（1910）的《月报》中，有一则谈论世界海上航运进步的短文，"论到海军的事，各国又造了许多战舰，安置远快的炮，能在三十里外攻毁城池"，之后列数了英、美、法、德、日五国战舰数量，"中国现在也热心的预备，请问这是什么缘故呢？万国不都是说要保守和平吗？咳，世界越有进步，人心越是危险，安得人人都说和平的福音哩"。[2] 各国海军实力的扩充、战舰的增加，引起了撰稿者的注意，文章明显表露出了对未来世界和平的担忧，果不其然，四年之后，第一次世界大战爆发了。该文之后还有一则《中国的恶习》，介绍了 1907 年英国歇非尔城教会赛会上所展出的中国物品和民间恶俗，指责中国人吸食鸦片、女人缠足、男人留辫等恶习，并附评价说："岂止这几样恶俗要去吗？第一，中国要去骄傲自大的心，多受文明国的教育，不然虽是今日说立宪，明日说立宪，不过是专制的一点子变相哩"，[3] 实则是对清末新政的关注，对预备立宪的批评和讽刺。

20 世纪初期国人自主创办的儿童画报，更加回归中国现实，他们往往立意国家观念，在编撰主旨、情感议题上体现出对国家出路的探索、对民族自强的呐喊。例如中国报业先驱彭翼仲先生，出生在第二次鸦片战

1　《编者的话》，《儿童乐园》1941 年第 5 期，目录页。

2　佚名：《世界的进步》，《月报》第 35 年第 12 卷，1910 年 4 月，第 89 页。

3　佚名：《中国的恶习》，《月报》第 35 年第 12 卷，1910 年 4 月，第 90 页。

争以后，亲身经历了 1860 年以来的种种磨难，认为落后守旧、残破不堪的中国唯有维新变革才有发展出路，由此立下维新救国之志，并自己出资，五年连创三报，以求唤醒民心。他在《启蒙画报》创刊号上首推《小英雄歌》插图，并附文，"小英雄，慧且聪，风姿豪迈天骨冲。英雄本原有二事，为子当孝臣当忠"，[1] 将中国美好明天的希望寄托在孩童身上，希望孩童阅报开智，从小树立英雄之志。《启蒙画报》每册有"地舆学"或"本国地舆"栏目，绘制了全国图、分省图、军事要地、矿物图等，并配以文字对祖国河山和丰富物产进行介绍、对中国危机四伏的险境进行说明，由此激发小读者们热爱祖国、保卫祖国的信念。在"时闻"栏目里，也经常报道国土危机的新闻。如第 2 年第 3 期上半期（1903 年 10 月）有《喧宾夺主》一文，阐述了俄国从 1900 年开始对中国东三省的领土扩张情况，并介绍了普法交战时普鲁士人民同仇敌忾，誓死不降，最后终于击败法国的事例，以此鼓励读者："可见国势的强弱，全在民心。我中国四万万人，都是同种，人数之多，那一国也比不上。但愿后期的学生，人人立志，个个同心，刻苦向学，功课完的时候，限时操练身体，日日以报仇雪耻为念。我作报的人，当洗干净了笔墨，替众位学生撰纪功的碑文。"[2]

20 世纪 30 年代以后，日本对华侵略加剧，画报编辑者不断通过图文形象深刻地向中国孩童介绍前方战事情况，呼唤包括儿童在内的所有中华儿女"团结起来，抵御外辱"。1932 年日本侵略上海，突袭十九路军，这极大地刺激了国人和上海的报刊舆论界。上海商务印书馆组织出版的《儿童画报》分两页专门绘图报道"民国二十一年一月二十八日晚，日本海军陆战队攻打我国上海的闸北，我国十九路军极力抵抗！""东方图书馆也被日本人放火烧掉了"的新闻，[3] 以此激发中国儿童奋力向学、报效祖国的志向。1936 年的《儿童常识画报》，在"寓意文"栏目中，刊发了《中国的危机》一文。作者将中国比作一个香油瓶，而东面的日本就是偷油的老鼠，"它爬到瓶口，得寸进尺吸收。但是这主人却说，它吸尽瓶口不再求。老鼠将瓶口的油吸尽了，是不是还要向里探头？"[4] 既生动形象地向读报儿童展示了日本如鼠般贪婪无耻的本性，也对国民党不抵抗政策表示出强烈不满，希望国人增强忧患意识，尽快警醒。该期"国耻讲话"栏目《四年来的失地》一文则指出"我们的国家，最近是到了非常时期了，小朋友们是不是早已听到这样的话，或者在报章上看到这样的文句吗？所谓非常时期，就是非常危险的时

1　陈平原：《图像晚晴：点石斋画报之外》，东方出版社，2014，第 26 页。

2　佚名：《喧宾夺主》，《启蒙画报》第 2 年第 3 期上半期，1903 年 10 月。

3　请参见《儿童画报》1932 年新 1 号，第 1~2 页。

4　杨志成：《中国的危机》，《儿童常识画报》1936 年第 35 期，第 6 页。

期，我国近年来受着帝国主义的积极侵略和压迫，领土一天缩小一天，主权一天丧失一天，当然是到了非常危险的时期了"[1]，之后细数了从1931年9月到1935年华北自治，中国丢失了800多万方里的土地，比前清丧失的还要多150多万方里。撰文者还拿丢失的土地与各省、世界各国领土进行比较，以便于读者加深对丢失领土大小的认识。最后号召小朋友们"要起来抵抗帝国主义的侵略，要起来洗雪这最大的国耻，要起来恢复在最近四年内丧失了的国土！"[2]

结　语

综上所述，近代中国儿童画报是集时代性、知识性、新闻性、趣味性于一体的重要儿童读物，画报编撰者们冲破传统等级森严的文化壁垒，打开了中国儿童眺望世界的窗口，并逐渐呈现出了独有的发展特色：早期由洋人创办，重在传播西教；以启蒙开智为目标，推进了近代儿童教育的发展；以图文叙事为方式，引领着儿童对事物本质的探寻；以丰富的栏目和直白的语言，推动了近代儿童综合素质的提高；以时局为主线，唤起了中国儿童乃至中华民族儿女保家爱国的热情。

近代中国儿童画报的发展和编辑特点的形成过程，也是中国文化、中华精神的回归和重塑过程。而今天中国儿童的成长、中华民族的复兴，同样需要我们通过各种方式向中国儿童展示中华文化的独特魅力，把跨越时空、超越国度、富有永恒魅力、具有当代价值的文化精神弘扬起来，并一代代传承下去。[3]

1　卢嘉木：《四年来的失地》，《儿童常识画报》1936年第35期，第14页。

2　卢嘉木：《四年来的失地》，《儿童常识画报》1936年第35期，第15页。

3　关利平、王学真：《文化自信：走好中国道路的底气所在》，《光明日报》2016年12月29日。

四

器
物
与
图
像

石峁立鸟陶器源流追溯

■ **刘文强**（四川大学历史文化学院）

一 形制与出土情况

2016 年 5~12 月，陕西省考古研究院石峁考古队对石峁遗址皇城台地点进行了局部发掘，[1] 在皇城台东护墙北段的"弃置堆积"中出土了大量的骨针、卜骨、陶片等遗物，经过后期的整理拼对，考古人员于出土陶片中修复出了十几件类似陶鹰的立鸟陶器（出土位置见图 1），此类立鸟陶器残高 50~60 厘米，身体部位塑造得栩栩如生，整体呈展翅伸颈状。石峁遗址考古发掘项目负责人孙周勇先生初步认为"如此大体量的新石器时代动物造型陶塑在国内实属罕见，从造型与结构来讲，陶鹰肯定不是实用器，可能与王权或曾经在皇城台进行的宗教祭祀公共活动有关"。[2] 2018 年 2 月，孙周勇先生在《知道中国》的讲坛上也曾感慨："我们可以想

象，在这样一个固若金汤的皇城台的台体上，我们从一个很小范围内的倒塌堆积里头就发现了十余件的陶鹰，如果这个陶鹰当年放置在皇城台的某一个部位上，将是如何的壮观，如何的具有威慑力。"同是通过这个节目，我们也知道了立鸟陶器的喙部有着十分精细的朱砂涂抹。[3] 2018 年 10 月，陕西省考古研究院在《考古与文物》上首次正式刊布了石峁皇城台所出土的立鸟陶器的照片（图 2）。[4] 立足于此次公布的照片以及之前的相关信息，笔者也认为此类立鸟陶器当非实用器，虽现在尚无法判断其是否与祭祀等宗教活动有关，但若是十余件器物均是统一的此类造型（图 2、图 3），至少说明了此类非实用器的立鸟陶器在石峁人群特别是其高层人群中有着一致的形制认同。若是可以明晰石峁立鸟陶器的源流发展，或许一定程度上也可以解开对

---

1 陕西省考古研究院等：《陕西神木县石峁城址皇城台地点》，《考古》2017 年第 7 期。

2 《陕西石峁遗址发现距今 4000 年左右大型陶鹰》，《文物鉴定与鉴赏》2018 年第 6 期。

3 孙周勇：《孙周勇为您揭秘 4000 年前的皇城》，陕西电视台《知道中国》第 4 期，2018 年 2 月 5 日。

4 陕西省考古研究院史前考古研究室：《2008~2017 陕西史前考古综述》，《考古与文物》2018 年第 5 期。

图1 立鸟陶器出土地点东护墙北段位置图（东→西）

（陕西省考古研究院等：《陕西神木县石峁城址皇城台地点》，《考古》2017年第7期，图三）

图2 石峁立鸟陶器照片

（陕西省考古研究院史前考古研究室：《2008~2017陕西史前考古综述》，《考古与文物》2018年第5期，图一九）

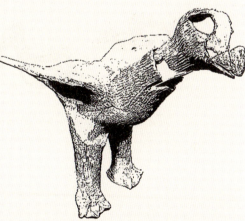

图3 石峁立鸟陶器线图

（笔者自绘）

212 / 213

立鸟陶器有着共同认同的此支石峁人群的来源和去向。有鉴于此,本文拟对石峁立鸟陶器前后的史前鸟形遗物等做一全面梳理与对比分析,以期对此类陶器本身以及石峁文化来源等相关问题的研究有所裨益。

二　早于石峁的鸟形器物及立鸟形象

石峁遗址的测年范围为距今4300~3900年,[1] 石峁立鸟陶器当然也属于这一年代范围。而史前时期,在早于石峁遗址的诸多文化中,也发现有较多鸟形器物或者带有立鸟类形象刻画或绘画的史前遗物,下文分区予以梳理。

1. 中原地区

宝鸡北首岭遗址曾出土一件彩陶壶(M52:1),肩腹处用黑彩绘画着一只水鸟,水鸟的嘴部紧衔着一条大鱼或黄鳝的尾巴,形象十分生动逼真(图4-1)。[2] 无独有偶,武功游凤出土的一件彩陶壶的同样位置亦有着鸟与鱼的构图(图4-2),不同的是,这次是夸张的鱼嘴中有个鸟首。[3] 临潼姜寨遗址亦出土有彩陶壶一件,壶的腹部和底部绘有鸟首图案(图4-3)。[4] 此三件彩陶壶均属于仰韶文化半坡类型,是中原地区目前为止发现的年代最早的鸟纹及立鸟类纹饰遗物。

除却半坡类型时期彩陶壶上的鸟纹外,仰韶文化庙底沟类型的彩陶上亦有大量的鸟形纹饰。此类鸟形纹饰大致可分为两类,

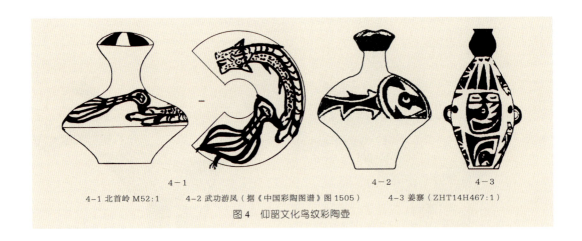

4-1 北首岭 M52:1　　4-2 武功游凤(据《中国彩陶图谱》图 1505)　　4-3 姜寨(ZHT14H467:1)

图4　仰韶文化鸟纹彩陶壶

1　邵晶:《试论石峁城址的年代及修建过程》,《考古与文物》2016年第4期。

2　中国社会科学院考古研究所编著《宝鸡北首岭》,文物出版社,1983,第102~105页。

3　张朋川:《中国彩陶图谱》,文物出版社,2005,第561页。

4　西安半坡博物馆、陕西省考古研究所等:《姜寨——新石器时代遗址发掘报告》(上),文物出版社,1988,第248页。

一类为侧面站立或飞翔的鸟形纹（图5-1~图5-5），多见于华县泉护村等遗址；一类为正面鸟形纹（图5-6~图5-10），在芮城大禹渡村、华阴西关堡、陕县庙底沟等地均有发现。此两类鸟形纹均既有写实图案，亦有逐渐演变而成的抽象鸟纹。至于其具体发展演变轨迹，已有学者对其做过系统梳理。[1]

另外，河南汝州地区曾出土较多庙底沟类型时期的大型陶缸，其中有些陶缸外腹部绘制的彩绘图案中有立鸟纹饰。阎村出土的"鹳鱼石钺图"彩陶缸便是其中最著名的一件（图6-1）。[2]此件彩陶缸的外腹部用黑彩白彩绘制有鹳鸟衔鱼及石钺两

个图案（图6-2），其中左侧鹳鸟为站立状，喙部衔着一条鱼的头部，微微后倾的身体表现出了所衔之鱼有着不小的重量，整体恰似刚从水里捉到鱼并完全叼离水面的场景；右侧描绘着一件有着华丽柄部的带柲石钺或玉钺，因史前时期的玉石钺与王权有着密不可分的关系，[3]故右侧图案亦可视为权杖一类的物品。此件陶缸上的图案虽然依旧写实，但可能已经有了重要的象征意义，[4]甚至有学者推测鹳和鱼分别代表了互相敌对的两个部族，而鹳衔鱼的图像则可能对应了鹳之一族对鱼之一族的征服或者是某次战斗的胜利。[5]汝州洪山庙遗址出土的一件陶缸外部亦有着鸟形的彩绘

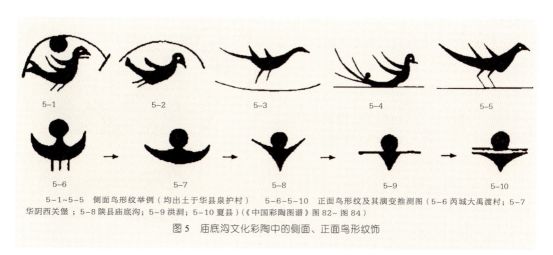

5-1~5-5　侧面鸟形纹举例（均出土于华县泉护村）　　5-6~5-10　正面鸟形纹及其演变推测图（5-6芮城大禹渡村；5-7华阴西关堡；5-8陕县庙底沟；5-9洪洞；5-10夏县）（《中国彩陶图谱》图82~图84）

图5　庙底沟文化彩陶中的侧面、正面鸟形纹饰

1　参见张朋川《中国彩陶图谱》，第158~161页。

2　临汝县文化馆：《临汝阎村新石器时代遗址调查》，《中原文物》1981年第1期。

3　林沄：《说"王"》，《考古》1965年第6期。

4　参见张绍文《原始艺术的瑰宝——记仰韶文化彩陶上的〈鹳鱼石斧图〉》，《中原文物》1981年第1期；郑杰祥《〈鹳鱼石斧图〉新论》，《中原文物》1982年第2期；范毓周《临汝阎村新石器时代遗址出土陶画〈鹳鱼石斧图〉试释》，《中原文物》1983年第3期；孙彦《"鹳鱼石斧图"题材象征意义辨析——简论丧葬绘画的起源》，《中原文物》2008年第1期。

5　严文明：《〈鹳鱼石斧图〉跋》，《文物》1981年第12期。

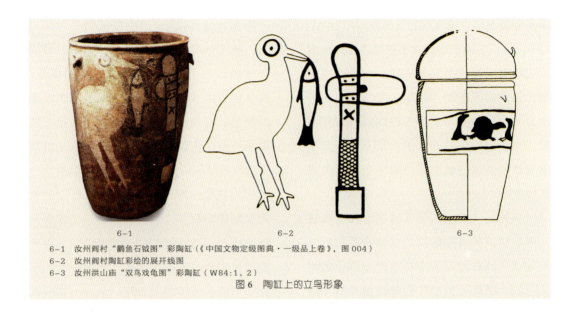

6-1　汝州阎村"鹳鱼石钺图"彩陶缸（《中国文物定级图典·一级品上卷》，图004）
6-2　汝州阎村陶缸彩绘的展开线图
6-3　汝州洪山庙"双鸟戏龟图"彩陶缸（W84:1、2）

图6　陶缸上的立鸟形象

图案（图6-3），此件的图案亦是位于彩陶缸的外腹部，图最中为一只乌龟，伸颈、张口、四趾张开作奔跑状，乌龟两侧各立一鸟，长颈、昂首、张口、两腿前倾作阻拦状，原报告称之为"双鸟戏龟图"。[1] 此类大口缸多为仰韶文化庙底沟时期的瓮棺葬具，于其上绘制鸟类纹饰伴随逝者安葬，应该不只是用于装饰。

陕西华县太平庄1958年发掘出土一件陶鹰尊（图7），亦有学者称之为陶鸮尊、鸮鼎[2]等，此件立鸟姿态陶器高36厘米左右，鹰目瞵视，威严庄重，造型浑厚质朴，[3]是一件难得的史前艺术品，兼具盛放物品的实用容器功能，既可作为实用器供人使用，又可作为献祭容器等在宗教活

图7　华县太平庄陶鹰尊
（《关于仰韶文化的若干问题》，图一二）

动中发挥作用，是中原地区目前发现的年代最早的大型鸟形陶器。此件陶鹰尊出土

1　河南省文物考古研究所：《汝州洪山庙》，中州古籍出版社，1995，第36~39页。

2　苏秉琦：《关于仰韶文化的若干问题》，《考古学报》1965年第1期。

3　安金槐主编《中国陶瓷全集》第1卷《新石器时代》，上海人民美术出版社，2000，第257页。

于仰韶文化墓葬之中，墓主是一名30~40
岁的成年女性，原报告认为鹰尊的年代属
于仰韶文化中期的庙底沟类型，[1] 亦有学者
认为其当属于仰韶文化晚期。[2]

　　华县泉护村遗址曾出土陶质鸮面
器盖一件（H1024:782，图8-1）[3]，该
遗址出土的彩陶盆上亦有若干鸮面图案
（H1008:02，图8-2）[4]。该遗址于1997年
再次发掘时出土了较多鹰、雕等猛禽类的
动物骨骼，证明了陶鹰尊、鸮面器盖等较
为写实的遗物在制作过程中应该有着相应
的实物原型参考。[5]

2. 甘青地区

　　马家窑类型彩陶图案上亦有若干鸟纹
题材，据张朋川先生梳理，可分为侧面鸟
纹与正面鸟纹两大类，只是马家窑的鸟纹
写实的不多，仅见于天水杨家坪与永登蒋
家坪等遗址（图9），其余的更多是由写实
鸟纹演化而成的抽象鸟纹。[6]

3. 东北地区

　　内蒙古敖汉旗的小山遗址[7]及南台地
遗址[8]曾出土多件尊形陶器，此类尊形器的
下腹部多有一圈刻画动物形象的纹饰，其

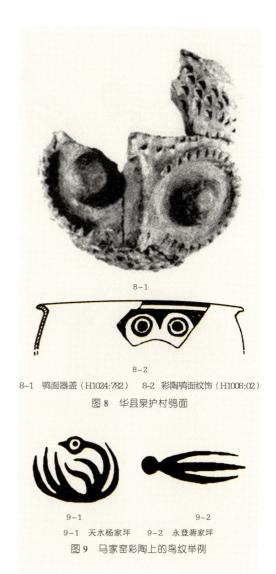

8-1

8-2

8-1　鸮面器盖（H1024:782）　8-2　彩陶鸮面纹饰（H1008:02）

图8　华县泉护村鸮面

9-1　　　　　　　　　9-2

9-1　天水杨家坪　　9-2　永登蒋家坪

图9　马家窑彩陶上的鸟纹举例

1　北京大学考古学系：《华县泉护村》，科学出版社，2003，第73~77页。

2　杨亚长：《试论华县太平庄鹰鼎的年代问题》，《文博》2015年第2期。

3　北京大学考古学系：《华县泉护村》，第39页。

4　北京大学考古学系：《华县泉护村》，第48页。

5　张玉光、王炜林等：《陕西华县泉护村遗址发现的全新世猛禽类及其意义》，《地质通报》2009年第6期。

6　参见张朋川《中国彩陶图谱》，第163页。

7　中国社会科学院考古研究所内蒙古工作队：《内蒙古敖汉旗小山遗址》，《考古》1987年第6期。

8　敖汉旗博物馆：《敖汉旗南台地赵宝沟文化遗址调查》，《内蒙古文物考古》1991年第1期。

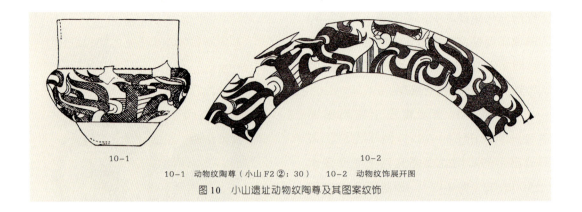

10-1　动物纹陶尊（小山 F2 ② : 30）　　10-2　动物纹饰展开图

图 10　小山遗址动物纹陶尊及其图案纹饰

图 11　红山文化鸟形玉器

（出土于牛河梁第十六地点 M4,《牛河梁遗址》, 图 90）

上鸟、鹿、野猪等刻画动物形象依稀可辨（图 10）。小山遗址及南台地遗址均属赵宝沟文化,其陶尊纹饰内的鸟纹是东北地区目前发现最早的鸟类形象。

牛河梁第十六地点四号墓曾于墓主头部位置出土鸟形玉器一件（图 11）, 此墓为十六地点的中心大墓, 鸟形玉器（原文作玉凤）出土时枕于墓主头下, 此墓还出

土玉立人、玉箍、玉镯等重要遗物。此件玉凤长 19.5 厘米,[1] 不仅尺寸较大, 也是目前在红山文化中发现的此类造型的唯一一件遗物, 应当是墓主生前比较重要的物品。

此外, 红山文化还曾出土多件玉鸮。红山玉鸮的形制、尺寸相对比较统一（图 12）, 主要出土于辽宁阜新胡头沟[2]、喀左东山嘴[3]、内蒙古巴林右旗那斯台[4] 等遗址, 目前发现的当有十件以上。此类玉鸮多呈站立状, 两翅微张或垂于两侧, 是休息或者伺机而动的静态玉鸮, 具有浓郁的区域特点。

4. 海岱地区及淮河流域

山东莒县陵阳河遗址 1979 年出土一件鸟首盖高柄杯（图 13-1）, 此件器物高 17.4 厘米,[5] 鸟首位于器盖之上, 昂首, 嘴

1　朝阳市文化局、辽宁省文物考古研究所:《牛河梁遗址》, 学苑出版社, 2004, 第 66~71 页。

2　方殿春、刘葆华:《辽宁阜新县胡头沟红山文化玉器墓的发现》,《文物》1984 年第 6 期。

3　郭大顺、张克举:《辽宁喀左县东山嘴红山文化建筑群发掘简报》,《文物》1984 年第 11 期。

4　巴林右旗博物馆:《内蒙古巴林右旗那斯台遗址调查》,《考古》1987 年第 6 期。

5　安金槐主编《中国陶瓷全集》第 1 卷《新石器时代》, 第 300 页。

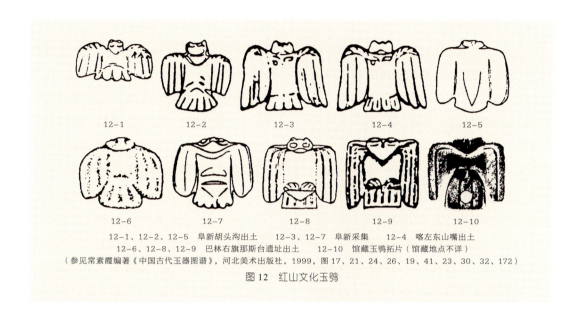

12-1、12-2、12-5 阜新胡头沟出土　　12-3、12-7 阜新采集　　12-4 喀左东山嘴出土
12-6、12-8、12-9 巴林右旗那斯台遗址出土　　12-10 馆藏玉鸮拓片（馆藏地点不详）
（参见常素霞编著《中国古代玉器图谱》，河北美术出版社，1999，图17、21、24、26、19、41、23、30、32、172）

图12　红山文化玉鸮

部微张，两眼圆突，是海岱地区比较少见的鸟类形象陶器。

蒙城尉迟寺遗址曾出土一件立鸟陶器（图13-2），陶器的顶部有一只静态的立鸟造型。[1]因此件陶器的整体造型和陵阳河遗址陶尊上的形刻符比较相似，[2]也有学者认为此件器物可能是形符号的母题或者原型。[3]

蒙城尉迟寺前后几次发掘出土有上千件大汶口文化晚期的典型陶器，[4]其陶器中还有典型的陵阳河及其周边遗址出土的"日月纹"等陶尊刻符，因此，尉迟寺遗址也属于大汶口文化的一个地方类型，或者

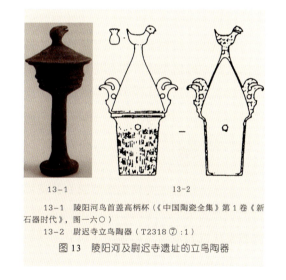

13-1 陵阳河鸟首盖高柄杯（《中国陶瓷全集》第1卷《新石器时代》，图一六〇）
13-2 尉迟寺立鸟陶器（T2318⑦:1）
图13　陵阳河及尉迟寺遗址的立鸟陶器

属于大汶口文化西走的一支人群，尉迟寺的立鸟陶器和陵阳河的鸟首盖高柄杯也均

1　中国社会科学院考古研究所等编著《蒙城尉迟寺（第二部）》，科学出版社，2007，第148~149页。
2　山东省考古所、山东省博物馆等:《山东莒县陵阳河大汶口文化墓葬发掘简报》，《史前研究》1987年第3期。
3　韩建业、杨新改:《大汶口文化的立鸟陶器和瓶形陶文》，《江汉考古》2008年第3期。
4　参见中国社会科学院考古研究所编著《蒙城尉迟寺——皖北新石器时代聚落遗存的发掘与研究》，科学出版社，2001；中国社会科学院考古研究所等编著《蒙城尉迟寺（第二部）》。

是大汶口文化的遗物。

除了大汶口文化晚期陶器上的立鸟题材外，海岱地区关于鸟类题材的遗物最为常见的是圭等玉器上的相关刻画造型。如台北"故宫博物院"馆藏玉圭（图 14-2）、天津艺术博物馆馆藏玉圭（图 14-3）的中部两面均阴刻有图案。[1] 其中一面多为鸟形图案，形制比较一致，多昂首，喙部朝天，两翅微展，双爪半抓并呈站立状。另一面则多为有介形上部及两侧飞翅的图案，这种兼具介形上部及两侧飞翅的图案在两城镇玉圭上亦有出现（图 14-1）。[2] 此类刻画及相应的玉圭当为大汶口文化与龙山文化过渡阶段以及龙山文化早中期的遗物，且刻画风格比较统一，自身特点明显，基本未受其他地区考古学文化的影响。类似的鸟形玉圭也见于山西侯马祭祀遗址，此件器物以及山西黎城的刻纹玉钺，当均属于陶寺文化的范畴。[3]

5. 长江下游区域

长江下游区域的鸟类造型遗物及遗物上的鸟形刻画相对较多，在河姆渡文化、崧泽文化以及良渚文化等诸多遗址中均有出现。

河姆渡文化傅家山遗址曾出土牙雕鸟首一件（图 15-1），[4] 因其下部已残，仅存鸟首及喙部，并其喙部具有明显的鹰嘴特点，原报告亦称之为牙雕鹰首。河姆渡遗址发掘出土鸟形遗物及有着鸟类刻画的遗物多件，其中有木质鸟形器（图 15-2）、象牙碟（鸟）形器（图 15-3）、鸟纹骨匕（图 15-4）、鸟形象牙匕形器（图 15-6）等。[5] 田螺山遗址曾出土双鸟冠形器一件（图 15-5），[6] 其双鸟与河姆渡遗址骨匕及碟形器上鸟类造型较为相似，均为两个侧面鸟首向两侧伸出、鸟的身体相接共用的造型，此类造型在河姆渡文化中较为常见。另外，河姆渡文化还出土有两件鸭形壶，此两件鸭形壶较为写实，有着明显的鸭的造型特征，[7] 可能更偏重于实用器，在此不再赘述。

崧泽文化的鸟形题材遗物主要见于陶器上。其中嘉兴曾出土一件三足鸟形盉（图 16-1），整体为一只鸟的造型，通高32 厘米，腹围 76 厘米，[8] 具备鸟首、鸟身、鸟尾、鸟足等全部鸟的部位，是长江下游地区目前发现的年代最早的以鸟的完整形

1　杜金鹏主编《临朐西朱封龙山文化玉器研究》，科学出版社，2015，第 47 页。

2　刘敦愿：《记两城镇遗址发现的两件石器》，《考古》1972 年第 4 期。

3　古方主编《中国出土玉器全集 3·山西》，科学出版社，2005，第 49 页。

4　宁波市文物考古研究所编著《傅家山——新石器时代遗址发掘报告》，科学出版社，2013，第 94 页。

5　浙江省文物考古研究所：《河姆渡——新石器时代遗址考古发掘报告》（上），文物出版社，2003，第 116、124~125、150 页。

6　孙国平：《梦回远古——从河姆渡到田螺山》，《大众考古》2013 年第 5 期。

7　梁丽君：《纹饰的秘密》，杭州出版社，2013，第 126 页。

8　陆耀华：《嘉兴市古遗址调查》，嘉兴市文化局编《崧泽·良渚文化在嘉兴》，浙江摄影出版社，2005，第 44~45 页。

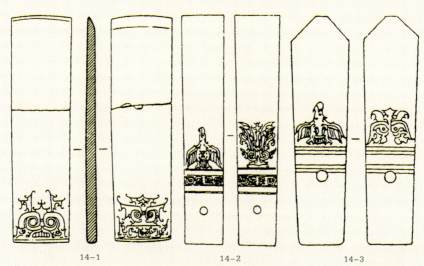

14-1　　　　　　　14-2　　　　　　　　14-3

14-1　两城镇玉圭　　14-2　台北"故宫博物院"藏玉圭　　14-3　天津艺术博物馆藏玉圭

图14　海岱文化玉圭刻画图案

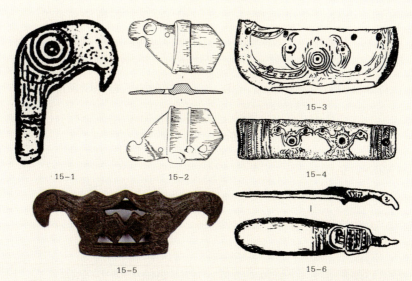

15-1　　　　　15-2　　　　　　15-3

15-4

15-5　　　　　　　　　　15-6

15-1　傅家山牙雕鸟首　　15-2　河姆渡鸟形器　　15-3　象牙碟（鸟）形器及其纹饰（河姆渡 T226 ③ B:79）
15-4　鸟纹骨匕及其刻纹（河姆渡 T21 ④：18）　　15-5　田螺山双鸟冠形器　　15-6　河姆渡鸟形象牙匕形器

图15　河姆渡文化鸟形器物及刻画举例

象为整个陶器造型的遗物。崧泽遗址 M30 曾出土一件黑陶壶，壶底部位有一只昂首立鸟的图案（图 16-2），[1] 从线图可见（图 16-3），[2] 此立鸟细颈长喙，喙部下钩，头顶有长长的羽冠，身体圆润，两腿呈站立状。身体部位内部绘有与太阳纹类似的图案。此鸟从其造型以及腹部的似太阳状纹饰来看，当有其重要的寓意。南河浜遗址墓葬中曾出土鸟形陶器三件，[3] 分别为 M11:15、M15:2 及 M59:22，高 11~15 厘米，均为将陶器的上部塑造成鸟首形象，且三件鸟首似都为鸦首（图 16-4~图 16-6）。

凌家滩遗址 1987 年、1998 年出土了大量的玉器，有两件玉器的造型具有明显的鸟类形象特征。其中玉鹰（98M29：6）出土于大墓 M29，此墓出土有 3 件玉人、12 件玉钺，另有玉戈、玉镯、玉环、陶鼎等共计 86 件（组）遗物。[4] 此件玉鹰高 3.6 厘米、宽 6.35 厘米，整体呈昂首展翅姿态，喙部下钩，两翅被制作成两个向外的猪首（图 17-1），身体部位有一圆形图案，其

内是史前东部及长江中下游流域常发现于重要物品之上的八角星纹。囿于此件玉鹰的独特形制，亦有学者称其为玉鹰猪，并认为其是江淮地区史前土著民族的神祇和图腾。[5] 另有一件鸟首玉饰（图 17-2），残高 2.4 厘米，长颈、尖喙、喙部上扬，鸟首眼部位置有一对钻的圆孔，颈部以下残缺。[6] 此外，M14 曾出土一件疑似立鸟形玉饰（图 17-3），高 6.4 厘米、宽 1.6 厘米、厚 0.2~0.4 厘米，[7] 上部两面均有砣具琢磨的圆弧痕，颇似鸟类的翅膀，下部两道圆弧痕，颇似鸟类的尾羽。此件玉饰虽不是圆柱体，但若是能确定器表确有立鸟类图案，或可为其后中原等地出现的鹰首笄形器找到源头。

另，凌家滩遗址亦出土有多件合符玉璜，玉璜的中部有榫卯结构可供拆分及组合。俞伟超先生认为，此类合符玉璜可能和部落间的联盟活动有关，并辨析出一些合符玉璜的一端为虎形，亦有一些一端为鸟形。[8] 如果这个推测成立，那么显然凌家滩这一地区有着以某种鸟类或神鸟为其图

1　梁丽君：《纹饰的秘密》，第 165 页。

2　上海市文物保管委员会：《崧泽——新石器时代遗址发掘报告》，文物出版社，1987，第 16 页。

3　浙江省文物考古研究所：《南河浜——崧泽文化遗址发掘报告》，文物出版社，2005，第 176~179 页。

4　安徽省文物考古研究所编著《凌家滩——田野考古发掘报告之一》，文物出版社，2006，第 246~259 页。

5　杨建芳：《凌家滩文化玉器四题》，《玉魂国魄——中国古代玉器与传统文化学术讨论会文集》（五），浙江古籍出版社，2012，第 6~10 页。

6　安徽省文物考古研究所编著《凌家滩——田野考古发掘报告之一》，第 27 页，彩版八。

7　安徽省文物考古研究所编著《凌家滩——田野考古发掘报告之一》，第 131~133 页。

8　参见俞伟超《凌家滩璜形玉器刍议》，安徽省文物考古研究所《凌家滩玉器》，文物出版社，2000，第 135~140 页；《凌家滩璜形玉器是结盟、联姻的信物》，安徽省文物考古研究所编《凌家滩文化研究》，文物出版社，2006，第 8~13 页。

16-1 陶三足鸟形盉（嘉兴博物馆藏） 　16-2 崧泽 M30:3 陶壶底部鸟纹 　16-3 崧泽 M30:3 陶壶底部鸟纹线图
16-4 南河浜 M11:15 鸟形罐 　16-5 南河浜 M15:2 鸟形罐 　16-6 南河浜 M59:22 鸟形器

图 16 　崧泽文化鸟形器物举例

[16-2 据《纹饰的秘密》图 4-3；16-4 据嘉兴市文化局编《嘉兴博物馆馆藏文物精品集·器物卷》（浙江摄影出版社，2007）第 60
页；16-1、16-6 据《崧泽·良渚文化在嘉兴》第 44 页图八、第 160 页图三十六]

17-1 　玉鹰（98M29:6） 　17-2 　鸟首玉饰（87T1107④:2） 　17-3 　疑似立鸟形玉饰（87M14:43）

图 17 　凌家滩遗址鸟形遗物

腾的部族存在。此外,凌家滩也出土有类似河姆渡文化的鸭形壶(87M9:56),[1]显示出两地的密切交流。

良渚文化时期,鸟类题材的刻画以及相关的造型更加广泛地出现在良渚文化的遗物之上。其中有陶器上的鸟形图案,有以鸟类形象为造型蓝本的鸟形陶器,有刻画、浮雕于玉琮、玉璧、玉钺等器物之上的鸟类造型,亦有直接制作成鸟类形象的玉鸟等。

良渚文化庙前遗址曾出土一片陶片,陶片上刻画有正在飞翔的鸟(图18-1)[2]。嘉兴双桥遗址曾出土陶鬶残片一件,其上亦刻画有飞鸟一只(图18-2)[3],飞鸟的身体部位有圆圈状纹饰,故有学者称之为飞鸟负日。[4]此两片陶片上的纹饰更多的描绘的是一种意境,似有特殊的含义。另,良渚文

化亦有部分鸟形造型陶器,[5]因其均较为写实,在此不再赘述。

除却上述刻画鸟纹陶片等,良渚文化的先民更喜欢把鸟类形象表现在玉器之上。而玉器上的鸟类造型主要表现在三个方面,一是玉琮、玉钺等器物表面的鸟形浮雕,二是玉鸟类遗物,三是多节高琮、玉璧表面的"鸟立高台"刻画图案。

鸟形浮雕主要发现于反山遗址。其中反山大墓M12出土的大型玉钺上便有神人兽面与鸟形浮雕共存玉钺一面的现象(图19-1),此件玉钺为目前良渚文化发现的最精美的玉钺,当为M12墓主的权杖。M22出土的冠状器表面两侧亦有两只浮雕飞鸟,中间有一兽面(图19-2)。反山墓地出土的多件玉琮表面兽面纹两侧亦均浮雕有两只飞鸟(图19-3),鸟首朝向

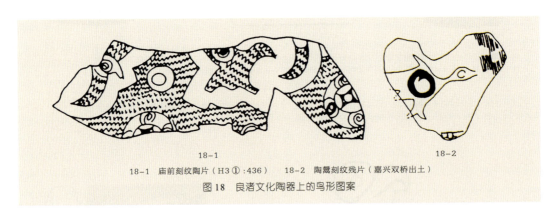

18-1　　　　　　　　　　　　　　　　　　　　　18-2

18-1　庙前刻纹陶片(H3①:436)　　18-2　陶鬶刻纹残片(嘉兴双桥出土)

图18　良渚文化陶器上的鸟形图案

1　安徽省文物考古研究所编著《凌家滩——田野考古发掘报告之一》,第106~107页。

2　浙江省文物考古研究所编《庙前》,文物出版社,2005,第237~238页。

3　浙江省文物考古研究所:《嘉兴双桥遗址发掘简报》,嘉兴市文化局编《崧泽·良渚文化在嘉兴》,第12~25页。

4　梁丽君:《纹饰的秘密》,第164~165页。

5　参见梁丽君《纹饰的秘密》,第131页。

两侧。[1] 目前反山出土的鸟形浮雕形制比较统一且具有共同的特征：出土于大墓，位于具有一定身份标志特性的重要遗物表面，与兽面纹共存。由此可见，鸟形浮雕在良渚先民的心目中当有着重要的地位。

鸟形玉器主要发现于反山、福泉山、新地里等遗址。反山遗址曾出土玉鸟多件，形制比较一致，均为双翅展开、未刻画爪部的飞翔中的鸟形象（图20-2、图20-3）。[2] 福泉山与新地里遗址的玉鸟为侧面立鸟（图20-4、图20-5），两者形制类似，唯一的区别是福泉山立鸟呈昂首状[3]，而新地里玉鸟的头部下倾[4]。台北"故宫博物院"征集有两件玉鸟，均为鸟卧高

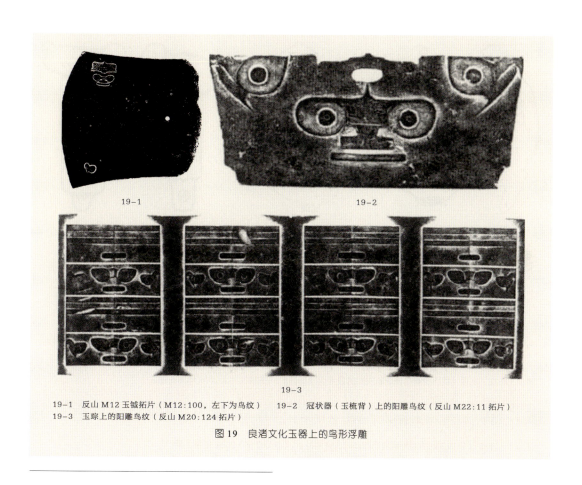

19-1　反山M12玉钺拓片（M12:100，左下为鸟纹）　　19-2　冠状器（玉梳背）上的阳雕鸟纹（反山M22:11拓片）
19-3　玉琮上的阳雕鸟纹（反山M20:124拓片）

图19　良渚文化玉器上的鸟形浮雕

1　浙江省文物考古研究所编著《反山》（上），文物出版社，2005，第65、237、280页。

2　浙江省文物考古研究所编著《反山》（上），第118、189~191页。

3　上海市文物管理委员会编著《福泉山——新石器时代遗址发掘报告》，文物出版社，2000，第94~95页。

4　浙江省文物考古研究所、桐乡市文物管理委员会编著《新地里》，文物出版社，2006，第466~467页。

柱之上（图 20-6、图 20-7）。[1] 此外，赵陵山遗址曾出土一件玉饰，玉饰的上部为一只鸟的造型（图 20-1）[2]，鸟的形态与福泉山、新地里以及台北"故宫博物院"的玉鸟较为一致。

"鸟立高台"刻符是常见于良渚文化玉琮、玉璧上的一类刻画图案。此类图案目前发现的共有 9 例，分别位于少卿山 M7 出土玉璧[3]、首都博物馆馆藏玉琮[4]、台北"故宫博物院"馆藏玉璧[5]、吉斯拉藏玉琮[6]、弗利尔艺术馆馆藏玉璧[7]、良渚博物院征集玉璧[8] 等之上。此类刻画符号上部多为一侧面"立鸟"图案，下部多呈三阶高台状（图 21）。只是吉斯拉藏玉琮刻符的上部更似正面展翅的鸟形象（图 21-7），少卿山玉璧为简化版的鸟立高台（图 21-8），以

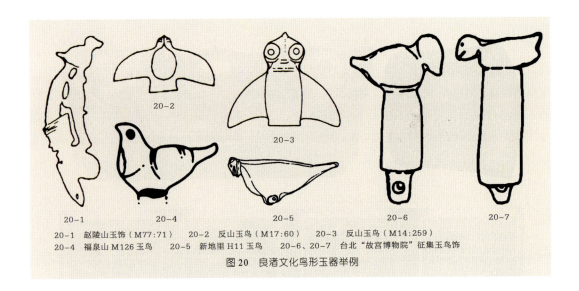

20-1 赵陵山玉饰（M77:71）　20-2 反山玉鸟（M17:60）　20-3 反山玉鸟（M14:259）
20-4 福泉山 M126 玉鸟　20-5 新地里 H11 玉鸟　20-6、20-7 台北"故宫博物院"征集玉鸟饰

图 20　良渚文化鸟形玉器举例

1　参见王华杰、左俊《昆山少卿山遗址新发现的良渚玉璧刻符》，《东南文化》2009 年第 5 期。

2　江苏省赵陵山考古队：《江苏昆山赵陵山遗址第一、二次发掘简报》，徐湖平主编《东方文明之光——良渚文化发现 60 周年纪念文集》，海南国际新闻出版中心，1996，第 18~41 页。

3　王华杰、左俊：《昆山少卿山遗址新发现的良渚玉璧刻符》，《东南文化》2009 年第 5 期。

4　古方主编《中国传世玉器全集 1 新石器时代　商　西周　春秋·战国》，科学出版社，2010，第 35 页。

5　邓淑萍：《国立故宫博物院藏新石器时代玉器图录》，台北"故宫博物院"，1992，第 218~219 页。

6　〔美〕杨晓能：《另一种古史——青铜器纹饰、图形文字与图像铭文的释读》，唐际根、孙亚冰译，三联书店，2008，第 128 页。

7　〔美〕朱莉亚·凯·默里：《新石器时代的中国玉器——谈美国佛里尔艺术馆玉器藏品》，苏文译，《东南文化》1988 年第 2 期。

8　良渚博物院编著《瑶琨美玉——良渚博物院藏良渚文化玉器精粹》，文物出版社、众志美术出版社，2011，第 364~365 页。

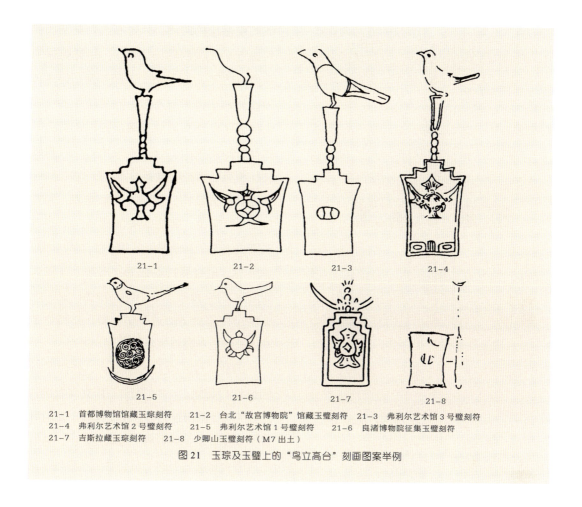

21-1　首都博物馆馆藏玉琮刻符　　21-2　台北"故宫博物院"馆藏玉璧刻符　　21-3　弗利尔艺术馆 3 号璧刻符
21-4　弗利尔艺术馆 2 号璧刻符　　21-5　弗利尔艺术馆 1 号璧刻符　　21-6　良渚博物院征集玉璧刻符
21-7　吉斯拉藏玉琮刻符　　21-8　少卿山玉璧刻符（M7 出土）

图 21　玉琮及玉璧上的"鸟立高台"刻画图案举例

及几幅三阶状台形内部的图案有所差别。总体来说，此类刻符形制相对较为统一，可统称为"鸟立高台"图案。此类图案如若拆分来看，立鸟是典型的良渚文化的造型风格，而三阶状台形遗物以及台形内的刻画又各有来源，三位一体共同组成一个"鸟立高台"复合图案，或与多个部落之间的联盟活动有关。[1]

此外，江苏溧阳曾出土一件玉圭，其正反两面均有阴刻图案，一面图案下部中间位置有一立鸟形象（图 22）。[2] 此件玉圭无论器型还是器表的刻画图案，均具有典型的海岱风格，因此该器物虽出土于长江下游地区，却应该是来自海岱地区的物品。

1　刘文强：《史前琮、璧上的"鸟立高台"刻符》，刘中玉主编《形象史学》2019 下半年，社会科学文献出版社，2019，第 28 页。

2　汪青青：《溧阳出土的良渚文化玉器珍品》，徐湖平主编《东方文明之光——良渚文化发现 60 周年纪念文集》，第 67~68 页。

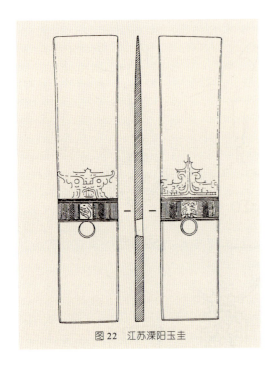

图 22　江苏溧阳玉圭

三　石峁立鸟陶器的来源分析

1. 形制分析

从目前的考古发现来看，中原、甘青、东北、海岱及长江下游地区均有早于石峁立鸟陶器的相关鸟形遗物或刻画等。然而从造型来看，东北、海岱以及甘青地区早于石峁的史前鸟形象有各自的地域特色，且均与石峁立鸟陶器的造型差别较大，不大可能存在直接的影响。因此，石峁立鸟陶器的源头只能在中原以及长江下游地区早于石峁遗址的相关文化中寻找。

从形制上来说，中原地区半坡及庙底沟时期的彩陶鸟纹与石峁立鸟陶器依然存在着较大的差距，只是到了泉护村鸮尊及

鸮面陶器盖的时候，才与石峁立鸟陶器相对接近了（但依然无飞翅），并且鸮尊的高度也达到了 36 厘米。其虽不及石峁立鸟陶器五六十厘米的高度，但从尺寸上应该也具备了制作石峁立鸟陶器这种大型鸟形陶器的技术能力。长江下游地区自河姆渡文化便有了诸多的类鸟形遗物及相关刻画，且题材极为丰富，有写实的家禽类（如鸭形壶）、鸮类，有鹰钩嘴的鹰隼类，亦有叫不上名字的神鸟一类；姿态上有站立的、静卧的，也有展开双翅的；尺寸上崧泽时期便有了高 32 厘米左右的鸟形盉。这一地区经过良渚文化的进一步发展，亦具备了制作大型立鸟陶器的经验与技术能力。

因此，仅从立鸟形制而言，长江下游地区与中原地区均有可能与石峁立鸟陶器有渊源关系。然而综合考虑出土地点、使用情景，以及放置立鸟陶器于皇城台之上，这恰与良渚文化器物上的"鸟立高台"图案十分相合。这种暗合，是一种巧合还是良渚文化史前先民的愿景描绘，现在已无法找到直接答案，但是通过石峁及其周边遗址出土遗物与良渚文化遗物的对比分析，或可能从侧面一窥此种暗合的背后原因。

2. 其他遗物比较

以石峁遗址为中心的陕北、晋北史前文化，出土有大量的玉、石器等遗物，而这些史前遗物，很多在当地仰韶文化中找不到承继关系，而更多的是源自长江下游及海岱地区的遗物。而这其中，尤以源自长江下游地区良渚文化的最多，具体如下所示。

（1）山西柳林出土的8节高琮是典型的良渚文化晚期的高琮形制（图23-1）[1]，在良渚文化寺墩（图23-7）[2]、草鞋山[3]等遗址中均有较多发现；石峁遗址出土的"玉尺形器"[4]以及新华遗址K1出土的玉铲[5]也是由典型的良渚形制高琮改制而成；芦山峁的几件玉琮[6]，除兽面纹稍有简化外，也基本保持着良渚玉琮的形制。

（2）石峁、芦山峁及新华等遗址出土的多件玉钺及玉刀、玉镯、玉环、玉璧等，均是长江下游区域最早流行的遗物。且石峁玉钺[7]的形制（图23-2）和良渚文化草鞋山（图23-8）[8]、汇观山[9]等遗址出土的玉钺完全一致。

（3）芦山峁遗址出土的V形石刀（图23-3）是典型的良渚文化V形石刀的形制，在良渚文化余家堰（图23-9）[10]、石濑村[11]等遗址中均有较多出土。

（4）石峁遗址出土有三十余件牙璋，[12]不仅数量最多，而且形制完备，演变序列清楚，在年代上也是最早，[13]因此笔者认为史前牙璋的起源地当为石峁遗址（石峁牙璋见图23-4）。不过牙璋虽开始制作于石峁遗址，然而其造型规划、物品形成的原始思路可能肇始于良渚文化，安溪玉璧上的璋形刻符可能便是良渚文化晚期良渚先

---

1 黄翠梅：《遗古·仿古·变古：商代晚期至西周初期玉琮的文化传记学研究》，成都金沙遗址博物馆等编《夏商时期玉文化国际学术研讨会论文集》，科学出版社，2018，第149~171页。

2 南京博物院：《江苏武进寺墩遗址的试掘》，《考古》1981年第3期。

3 南京博物院：《江苏吴县草鞋山遗址》，文物编辑委员会编《文物资料丛刊》（3），文物出版社，1980，第1页。

4 戴应新：《神木石峁龙山文化玉器探索》，《考古与文物》1988年第5、6期。

5 陕西省考古研究所、榆林市文物保护研究所编著《神木新华》，科学出版社，2005，第122~123页。

6 姬乃军：《延安市发现的古代玉器》，《文物》1984年第2期。

7 高崚：《陕西历史博物馆藏石峁玉器赏析》，《文博》2009年第4期。

8 南京博物院：《江苏草鞋山良渚文化墓葬》，徐湖平主编《东方文明之光——良渚文化发现60周年纪念文集》，第1~17页。

9 浙江省文物考古研究所等：《浙江余杭汇观山良渚文化祭坛与墓地发掘简报》，《文物》1997年第7期。

10 牟永抗、宋兆麟：《江浙的石犁和破土器——试论我国犁耕的起源》，《农业考古》1981年第2期。

11 朱乃诚：《良渚的蛇纹陶片和陶寺的彩绘龙盘——简论良渚文化北上中原的性质》，《东南文化》1998年第2期。

12 仅1975年戴应新先生征集到的127件玉器中就有28件牙璋（戴应新：《神木石峁龙山文化玉器》，《考古与文物》1988年第5、6期），近年考古发掘又出土多件，石峁已确认的牙璋总数当已超过30件，另据郑光《略伦牙璋》，"文革"期间，"仅高家堡农副公司就从当地群众中收购了四五百件精美的玉器，戴氏所征集到的只不过是别人收购后的剩余罢了"。（《南中国及邻近地区古文化研究》，香港中文大学出版社，1994，第9页）因此，石峁出土牙璋的实际数量可能要庞大得多。

13 海岱地区目前出土牙璋8件，多属龙山文化时期，其中大范庄遗址出土牙璋简报初定为大汶口文化晚期，后黎家芳、高广仁等学者审视后认为其应为龙山早期作品，而据最新的碳十四年代测定，龙山文化的上限在距今4300年左右，与石峁遗址的开始年代相当，因此海岱地区的牙璋从年代上不会早于石峁遗址的牙璋。

民对璋类器物的最早构思（图 23-10）。

（5）石峁遗址出土的玉戈（图 23-5）[1]，拉开了玉戈登场中原地区的序幕，不过此类物品最早发现于长江下游区域凌家滩遗址 98M29 大墓出土的两件石戈（图 23-11）。[2]

（6）石峁出土有 2 件立鸟笄形玉器（原文作玉鹰，图 23-6）[3]，此类玉器和石峁玉戈的情况类似，在中原地区具有开创性的意义，但其渊源似可追溯至凌家滩遗址的立鸟玉器（图 23-12）和良渚文化的部分锥形器。并且此类立鸟玉器的形制亦可看作"鸟立高台"的抽象表达或物化形式。同时，石峁文化中亦出土有一些玉鸟，有侧身立鸟形制，亦有展翅形制玉鸟（图 24）[4]。另石峁韩家圪旦地点发掘了一批贵族墓葬[5]，其中大墓 M1 中出土有玉鸟一件[6]，其玉鸟照片及线图虽尚未公布，但其造型当不出良渚玉鸟的形制

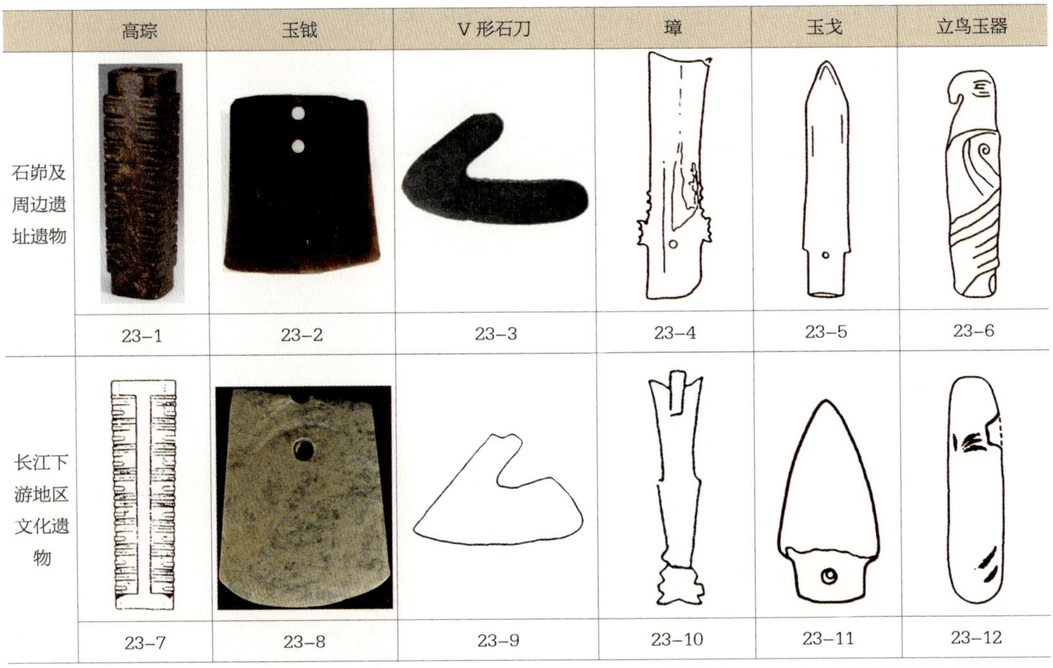

	高琮	玉钺	V形石刀	璋	玉戈	立鸟玉器
石峁及周边遗址遗物						
	23-1	23-2	23-3	23-4	23-5	23-6
长江下游地区文化遗物						
	23-7	23-8	23-9	23-10	23-11	23-12

23-1 柳林高琮　23-2 石峁玉钺（SSY:61）　23-3 芦山峁 V 形石刀　23-4 石峁牙璋（SSY:15）　23-5 石峁玉戈（SSY:121）
23-6 石峁立鸟玉器（SSY:126）　23-7 寺墩高琮（M1:6）　23-8 草鞋山玉钺（M28 出土）　23-9 余家滩 V 形石刀
23-10 安溪玉璧璋形刻符　23-11 凌家滩石戈（98M29:80）　23-12 凌家滩立鸟玉器（87M14:43）
（23-7~23-10 为良渚文化遗物；23-11、23-12 为凌家滩遗址遗物）

图 23　石峁及周边遗址遗物与长江下游地区遗物对比

1　王炜林、孙周勇：《石峁玉器的年代及相关问题》，《考古与文物》2011 年第 4 期。

2　安徽省文物考古研究所编著《凌家滩——田野考古发掘报告之一》，第 246~258 页。

3　王炜林、孙周勇：《石峁玉器的年代及相关问题》，《考古与文物》2011 年第 4 期。

4　参见杨瑞《石峁王国之石破天惊》，陕西人民出版社，2017，第 95、111 页。

5　陕西省考古研究院等：《陕西神木县石峁遗址韩家圪旦地点发掘简报》，《考古与文物》2016 年第 4 期。

6　陕西省考古研究院等编著《发现石峁古城》，文物出版社，2016，第 69 页。

24-1 侧面立鸟　　24-2 展翅玉鸟

图24　石峁文化玉鸟举例

范围。

（7）石峁皇城台出土的骨耜，是多见于长江下游地区的史前耕作工具。皇城台亦出土有扬子鳄骨板，而扬子鳄则是太湖流域仅有的动物品种。

（8）石峁遗址曾出土一件侧脸人首玉器（图25-1）[1]，此种表现侧面肖像的器物此前在中原地区基本没有，而在良渚文化中却比较常见，如赵陵山[2]及反山[3]出土的玉器上均有类似的侧脸形象（图25-2、图25-3）。

（9）近年，石峁皇城台出土了大量石雕作品，[4]其中很多石雕上的神面及兽面（如图26-1、图26-2）均可与长江下游地区良渚文化等的相关刻画进行比较（图26-6、图26-7）。王仁湘先生注意到石峁石雕中有一例人面两侧有双手呈下撑状姿势的图案（图26-3），该图案人脸左右两侧可见到由下部伸上来两个兽角。在此之前，这种神人骑兽的造型在中国史前文化中仅在良渚文化的玉器上出现过（图26-8）。石峁石雕图案中有一例神面额头佩戴有半圆形饰物（图26-4）[5]，而此类半圆形饰物较多发现于良渚文化的大墓中，佩戴方式与石峁石雕上完全一致（图26-9）[6]。另外，石峁石雕中有一例兽面（图26-5）同凌家滩出土的玉鹰翅部兽面（图26-10）亦完全一致。

1　高崚：《陕西历史博物馆藏石峁玉器赏析》，《文博》2009年第4期。

2　江苏省赵陵山考古队：《江苏昆山赵陵山遗址第一、二次发掘简报》，徐湖平主编《东方文明之光——良渚文化发现60周年纪念文集》第18~41页。

3　浙江省文物考古研究所编著《反山》（上），第154页。

4　李韵：《"考古中国"项目取得重要进展》，《光明日报》2018年12月24日，第9版。

5　王仁湘：《石峁石雕·远古神庙的踪影》，"器晤"公众号第229题，2018年12月30日。

6　王仁湘：《良渚·玉神面的疑惑》，"器晤"公众号第214题，2018年8月10日

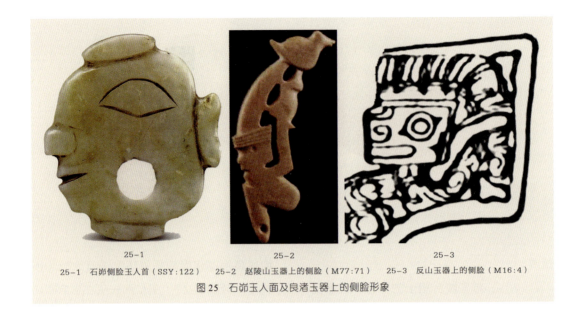

25-1　　　　　　　　　　　　25-2　　　　　　　　　　　　25-3

25-1 石峁侧脸玉人首（SSY:122）　25-2 赵陵山玉器上的侧脸（M77:71）　25-3 反山玉器上的侧脸（M16:4）

图25　石峁玉人面及良渚玉器上的侧脸形象

　　（10）石峁石城的建设需要有规划性的安排并利用大量的石料，而在城址建设中大量利用石料，良渚古城有着先例和经验。[1]

　　由以上可见，石峁及其周边遗址中确实蕴含大量来自长江下游地区的文化因素及相应遗物，而长江下游地区的良渚文化消失于距今4300年左右，石峁遗址开始于距今4300年左右，两者之间基本没有年代上的并行阶段，因此石峁的良渚文化因素及遗物不可能是源自两文化之间的交流或交换，而更可能是人群迁转所带来的文化承继。且神木新华遗址墓葬及灰坑中的人骨"与古代的东亚类群的形态距离

比较接近"、"与其后大保当汉墓接近北亚类型的人骨倾向形成强烈反差"的鉴定结果亦说明了东亚人群其时已经占领了陕北地区的新华遗址。[2]因此，石峁及其周边遗址的兴起很可能与良渚人群的迁入有关，立鸟陶器的形成亦然，但恰巧中原与长江下游地区均有崇尚鸟类的传统（中原地区相对更尊崇鸮、鹰隼类；长江下游地区则较为广泛），亦不排除良渚人群迁入陕北之后两地观念的一拍即合。此外，这种情况在外来人群融入当地族群之后也经常发生，并且会带来很好的凝聚双方人群的效果。

1　浙江省文物考古研究所：《2006~2013年良渚古城考古的主要收获》，《东南文化》2014年第2期；浙江省文物考古研究所：《杭州市良渚古城外郭的探查与美人地和扁担山的发掘》，《考古》2015年第1期；吕青、董传万等：《浙江良渚古城墙铺底垫石的特征与石源分析》，《华夏考古》2015年第2期。

2　陕西省考古研究所、榆林市文物保护研究所编著《神木新华》，第331~350、277页。

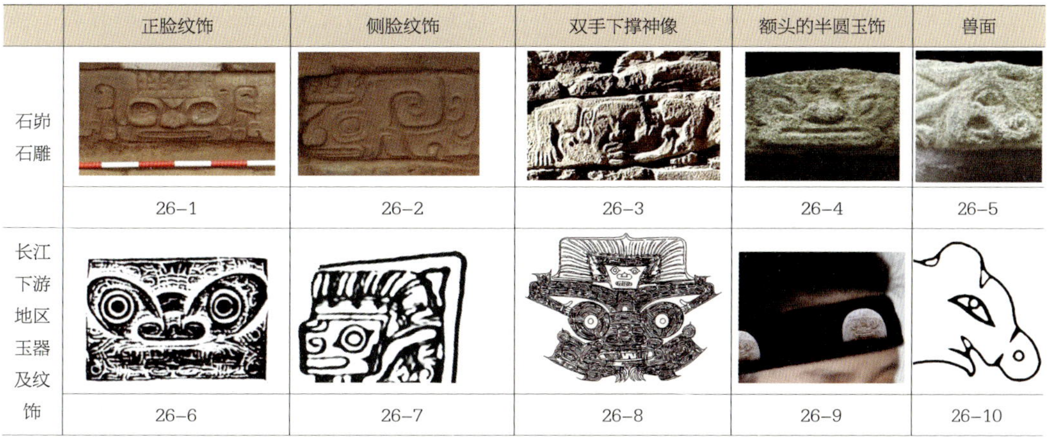

	正脸纹饰	侧脸纹饰	双手下撑神像	额头的半圆玉饰	兽面
石峁石雕	26-1	26-2	26-3	26-4	26-5
长江下游地区玉器及纹饰	26-6	26-7	26-8	26-9	26-10

26-1~26-5 石峁皇城台出土石雕图像　26-6 良渚兽面纹拓片（瑶山 M9:1-2）　26-7 反山侧脸神人纹（M16:4）
26-8 良渚神人兽面纹（M12:98）　26-9 良渚文化半圆形玉饰佩戴示意　26-10 凌家滩玉鹰翅部兽面（98M29:6）
（26-1~26-5、26-9 据王仁湘"器晤"公众号文章）

图 26　石峁石雕图案与长江下游地区玉器及纹饰对比

四　石峁立鸟陶器的流向追索

继石峁遗址之后，其他地区发现的与石峁相关的鸟形遗物以立鸟笄形玉器和鸟形陶器为主。

史前时期的立鸟笄形玉器（亦有学者称之为鹰首笄形器）定型自石峁遗址。在其之前，有凌家滩遗址出土的类似立鸟玉器的玉饰（图 27-1），也有良渚文化福泉山[1]及瑶山[2]出土的两件两侧雕刻有多重圆圈纹饰的锥形器（图 27-2、图 27-3）。良渚文化的玉锥形器表面多雕刻兽面纹饰，此两件或为由兽面纹过渡到其他纹饰的一种尝试，而倘若良渚文化外迁他地后将锥形器上的兽面纹和良渚先民崇尚而迁入地民众又接受的鸟纹结合起来，那便和石峁的立鸟笄形器形制差别不大了（图 27-4）。由于形制的相似以及上述的推测，凌家滩及良渚文化区域或为石峁立鸟笄形玉器的发源地依然存在可能。石峁立鸟笄形器形成之后，先是南下传播至了王湾三期文化区域（图 27-5）[3]，并通过王湾三期文化促成了钟祥六合[4]、荆州枣林岗[5]、澧县孙家岗[6]等

1　上海市文物管理委员会编著《福泉山——新石器时代遗址发掘报告》，第 84 页，彩版二三。

2　浙江省文物考古研究所编著《瑶山》，文物出版社，2003，第 97 页。

3　河南省文物研究所等：《禹县瓦店遗址发掘简报》，《文物》1983 年第 3 期。

4　荆州博物馆：《湖北荆门、钟祥、京山、天门四县古遗址调查》，文物编辑委员会编《文物资料丛刊》（10），文物出版社，1987，第 44 页。

5　荆州博物馆编著《石家河文化玉器》，文物出版社，2008，第 108~109 页。

6　湖南省文物考古研究所等：《澧县孙家岗新石器时代墓群发掘简报》，《文物》2000 年第 12 期。

地立鸟笄形玉器的形成（图 27-7~ 图 27-9），其后也通过王湾三期文化将此类玉器延续至二里头（图 27-6）[1]、妇好墓等夏商遗址中。

此外，石家河等地亦发现有其他鸟形玉器，如谭家岭出土的双鸟玉饰（图 28-2）[2]、罗家柏岭出土的凤首璜形器（图 28-1）[3] 等。从形制观察，此类玉器上的凤形象当非石峁文化的影响，而与海岱地区东夷文化玉器上的鸟类刻画有着较深的渊源。

目前在新砦遗址出土有一件立鸟陶器（图 29）[4]，鸟身不仅有黑彩装饰，有的身体部位还涂抹有朱砂。这是继石峁立鸟陶器之后，目前发现的唯一一件既是立鸟造型，又兼具涂抹朱砂特征的陶器，考虑到与其同属一个文化系统的瓦店亦出土有立鸟笄形玉器，可认为新砦的此件陶器和石峁立

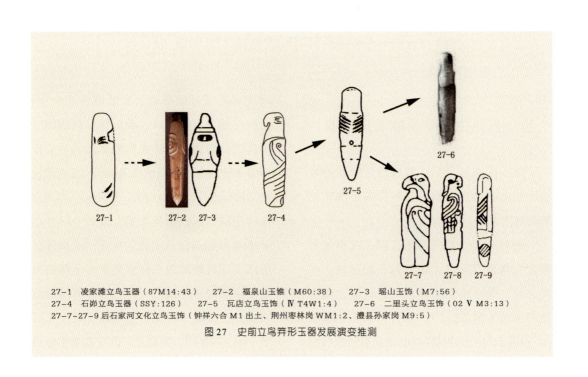

27-1 凌家滩立鸟玉器（87M14:43）　　27-2 福泉山玉锥（M60:38）　　27-3 瑶山玉饰（M7:56）
27-4 石峁立鸟玉器（SSY:126）　　27-5 瓦店立鸟玉饰（Ⅳ T4W1:4）　　27-6 二里头立鸟玉饰（02 Ⅴ M3:13）
27-7~27-9 后石家河文化立鸟玉饰（钟祥六合 M1 出土、荆州枣林岗 WM1:2、澧县孙家岗 M9:5）

图 27　史前立鸟笄形玉器发展演变推测

1　参见方燕明《禹州瓦店遗址龙山文化玉鹰形笄及相关问题》，《玉魂国魄——中国古代玉器与传统文化学术讨论会文集》（六），浙江古籍出版社，2014，第 76~83 页。

2　湖北省文物考古研究所、北京大学考古文博学院、天门市博物馆：《湖北天门石家河遗址 2014~2016 年的勘探与发掘》，《考古》2017 年第 7 期。

3　林巳奈夫：《关于石家河文化的玉器》，邓聪编《东亚玉器》第 2 册，香港中文大学出版社，1998，第 289 页，图 30.6。

4　耿广响：《试论新砦遗址出土的彩绘陶鸟》，《黄河、黄土、黄种人》2019 年第 4 期。

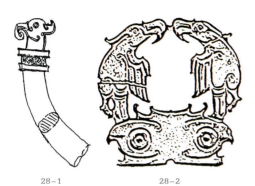

28-1　　　　　　　　28-2

28-1　凤首璜形器　　28-2　双鸟玉饰（谭家岭 W8:13）（据
简报彩图绘制）

图 28　后石家河文化鸟形玉器举例

图 29　新砦出土的朱砂涂抹立鸟陶器

30-1　　　　　　　　　　30-2

30-1　玉钺正面及下部鸟纹
30-2　玉钺侧面及上部人面

图 30　宁夏博物馆馆藏人面鸟纹玉钺

鸟陶器当有着渊源。

　　宁夏博物馆馆藏有一件刻画人面及鸟纹的玉钺，[1] 此件玉钺征集于黄土高原北部的宁夏海原县，位于石峁文化核心区的西侧，可暂归入石峁文化的范围。此件玉钺钺体一面的下部刻画有一幅生动的鸟纹图像（图 30-1），与良渚"鸟立高台"刻符的鸟纹比较一致，钺体一侧最上部阴刻一张仅有五官的人脸（图 30-2），与石峁石雕中的人面形象及部分石雕不刻脸部轮廓的做法较为相似。而此种于玉钺之上刻画神面与鸟纹的做法又同良渚反山大墓 M12 出土的玉钺如出一辙（图 19-1），且在扁平玉器的侧棱雕刻纹饰的做法亦始于良渚文化玉璧，[2] 竖向双孔形制的玉钺也似有着自长江下游西渐中原及西北等地的发展轨迹。因此，此件玉钺背后所蕴含的文化与历史信息，在一定程度上也佐证了上文关于石峁立鸟陶器来源的相关推论，又和瓦店立鸟玉饰、新砦彩绘陶鸟等一起，为寻找石峁立鸟陶器的流向提供了证据。

1　《【精品文物】新石器·人面鸟纹玉斧（宁夏博物馆）》，"考古中国"公众号，2018 年 4 月 27 日。

2　参见林巳奈夫《关于良渚文化玉器的若干问题》，《史前研究》1987 年第 1 期。

小结与余论

1. 小结

通过以上的分析可以看出，在庙底沟文化时期及其之前，鸟形遗物（包括相应的刻画等）在我国的多个区域均有分布，各个区域都有自身的显著特点，并沿着各自的区域形制分别演化，从遗物形制及彩绘（刻画）内容方面来看很少有跨区域之间的互动和交流。至良渚文化末期（相当于大汶口文化末期及与龙山文化相交阶段）开始，鸟形遗物开始跨区域地传播及演化，且主要呈现两条不同的传播与演化路径。一条是良渚式鸟形遗物的传播路线，主要表现为鸟立高台造型及立鸟陶器的传播与演变，此路线始自长江下游良渚文化区域，进而北上石峁及其周边遗址，后南下至王湾三期文化，并通过王湾三期文化辐射长江中游地区，同时又通过王湾三期文化将立鸟觚形器等传至夏商时期（图31，红色路径）；石峁立鸟陶器应该是在良渚鸟形器物等北传的过程中兼顾了当地中原人群尊崇鹰隼类的文化传统而形成。另一条是海岱式鸟形遗物的传播路线，主要表现为海岱式玉器上的鸟形刻画以及类似的玉鸟造型的西传和南布，其传播路径或可分为两个分支：一支自海岱西进至陶寺文化区域，进而通过陶寺南下至长江中游的后石家河文化区域；另一支自海岱南下直抵太湖附近的溧阳地区（图31，蓝色路径）。

图31 史前鸟形造型两线传播路线示意

石峁文化区域是目前为止发现良渚文化非实用性物品汇聚最为集中的地区。不仅有良渚文化常见的琮、璧、钺等一整套的玉礼器；还有良渚文化晚期的重器——高体玉琮；另外见之于良渚文化晚期玉璧刻符上的立鸟、璋形、"鸟立高台"等刻画也都以实物的形式出现于石峁遗址（侧面玉鸟、玉璋、立鸟觚形器）；甚至良渚文化最为典型的神人兽面纹也以类似的造型出现在皇城台石墙之上；鸟纹与神人纹共存一器的玉钺也在这一区域被发现。因此，我国江浙地区的考古学家常常会发出"良渚文化怎么就长征去了陕北石峁"[1]的感慨和疑问。

石峁立鸟陶器及其源流问题看似是一类遗物的来龙去脉问题，然则皇城台上的立鸟陶器本身便不是普通的实用物品，其

1　浙江省文物考古研究所等编著《良渚考古八十年》，文物出版社，2016，第280页。

源流背后隐含的是对此类物品有着共同认同的一支史前族群的走向印迹。我国古籍中多有"鲧封于崇"的类似记载，据陈胜勇先生考证，崇地在今天的陕北一带。[1] 而鲧之一族在文献中着墨最多的两项特点便是筑城与治水，这和石峁石城以及良渚古城、良渚水利工程等所展现的文化面貌十分符合。《竹书纪年》载，鲧"居天穆之阳"，而良渚古城正是在今天目山的南麓，若此不是一种巧合，则文献的记载便与考古学层面的呈现几乎完全一致。今学术界也有着唐尧氏初居海岱[2]、后迁晋南陶寺[3]的相关论述。如此，则由石峁立鸟溯源所追溯到的这两条史前鸟形造型的传播路线，便可串起鲧（初）居"天穆（目）之阳"、后（尧）"封鲧于崇"、"尧伐有苗"、"禹征三苗"等文献记载。或对五帝时代相关问题的研究，可以有所帮助。

2. 余论

尽管本文从石峁遗址一类小的遗物入手做了考古学方面的梳理、溯源与析流，却落脚至一个大的课题，即史前族群的跨区域迁徙问题，因此不可避免地存在仅靠石峁立鸟陶器及其相关遗物解决不了的如下疑问，特予以探讨。

（1）史前玉琮等良渚文化因素器物的传播问题。

玉琮是良渚文化中较为典型的一类遗物，依目前的考古学材料观察，其也应该是良渚文化先民首创的物品。玉琮在良渚文化中形成之后，不仅其时多见于良渚文化所在的太湖流域，后也几乎遍布中国的各个区域，[4] 是我国新石器时代末期在各支考古学文化中接受程度较高的一类玉器。但同时，我国各个区域发现的玉琮除部分依然保留良渚文化的风格外，多具有自身的形制特征，不能等同看待，也使得这一分布于全国多地的同类玉器的扩散渠道和扩散路径颇显复杂。在全国多地出土的诸多的玉琮形制之中，有两类较为典型的特殊形制玉琮有着较为明晰的扩散路径与族群印记：一类为良渚文化晚期较为常见的高体玉琮（图23-1）；另一类为在海岱文化中较为流行的片状扁薄玉琮。[5] 此两类玉琮的不同形制、不同人群背景、不同扩散路径均为玉琮类器物的扩散机制研究提供了较为理想的切入点。

笔者列举高体玉琮及扁薄玉琮的例子

1 陈胜勇：《中国第一王朝的崛起——中华文明和国家起源之谜破译》，湖南出版社，1994，第315~316页。

2 侯仰军：《海岱龙山文化与尧舜之乡考辨》，《齐鲁学刊》2006年第1期。

3 李民：《尧舜时代与陶寺遗址》，《史前研究》1985年第4期；王守春：《尧的政治中心的迁移及其意义》，《襄汾陶寺遗址研究》，科学出版社，2007，第368~375页。

4 参见李映福《良渚文化玉琮的对外传播》，四川大学考古专业编《四川大学考古专业创建三十五周年纪念文集》，四川大学出版社，1998；陈杰《良渚时期琮的流变及相关问题的探讨》，上海博物馆编《上海博物馆集刊》第9期，上海书画出版社，2002；黄建秋《良渚文化分布区以外的史前玉琮研究》，浙江省文物考古研究所编《浙江省文物考古研究所学刊》（第八辑）：纪念良渚遗址发现七十周年学术研讨会文集》，科学出版社，2006。

5 刘文强：《海岱地区史前扁琮穿臂葬俗的西传和演变》，《北方文物》2020年第6期。

是想说明，落脚至自身原生文化区以外的良渚文化以及其他文化风格的遗物均可从文化因素分析的角度追溯出不同的扩散轨迹或路径。而诸多的良渚文化风格器物及习俗，如高体玉琮、小孔玉璧、多孔玉（石）刀、V 形石刀、玉鸟、鸟兽璜、玉戈、人殉现象等，其文化因素的扩散路径依现有考古发现并不一定完全相同，却在陕北地区石峁遗址及其附近有了交集。因此，在单独观察的情况下，或许石峁文化区域也和别的出土有良渚文化风格器物的遗址没有分别，但在整体观察的情况下，则石峁文化区域已经成为继太湖流域之外良渚文化因素的最大聚点。

（2）石峁遗址的良渚式玉器是否还和良渚文化有着类似用途的问题。

在埃塞俄比亚奥莫河谷居住的 Daasanach 部落成员，往往会花较多的精力收集甚至购买旧手表，他们收集手表不是为了利用手表最为基本的计时功能，而是将其挂在头上作为一种头饰，在重大的节日或重要的场合佩戴。[1] 那么，传至陕北地区的良渚风格玉器是否会存在类似的情况呢？

客观地说，陕北地区的本土史前文化当不会和良渚文化间存在如埃塞俄比亚

Daasanach 部落及现代人群间无法沟通的技术隔阂及相应理解问题。但即便如此，石峁遗址中亦存在不同于良渚文化用玉传统的玉器出土状况，如石峁石城墙体中的玉器、新华祭祀坑中的成排玉器等。[2] 问题是，此种不同的差异程度是该归于不同用玉文化的范畴，还是归于同种玉器形制及用途的合理演变范畴？这虽然看起来似乎是一个度的小问题，却是文化演变领域的一个大问题。

相对来说，埃塞俄比亚 Daasanach 部落的案例似乎更贴近海岱先民对于良渚文化玉琮的处理方式，至少从形制上而言，海岱部分先民可能更愿意将良渚式的玉琮切割成扁薄的片状使用。而在良渚文化的内部，也存在从早期流行刻画繁缛纹饰的厚重玉琮到晚期流行简体兽面的高体玉琮的演变。且早期的玉琮有些出土时穿戴于墓主臂骨，[3] 晚期的高琮则因孔径更小不能穿戴于臂，前后亦有着用玉传统方面的差别。放在从良渚到石峁的时空范围考虑，类似的差别是否仍能置于同种玉器功用的合理演变范畴，需要谨慎考虑。但至少从石峁遗址发现的与良渚文化在筑城过程中的石料利用[4]、墓葬人殉

1　参见腾讯视频《埃塞俄比亚部落居民用啤酒瓶盖旧手表做头饰》，《全球旅游资讯》第 9 期。

2　陕西省考古研究院：《陕西神木县石峁遗址》，《考古》2013 年第 7 期；陕西省考古研究所、榆林市文物保护研究所编著《神木新华》。

3　江苏省赵陵山考古队：《江苏昆山赵陵山遗址第一、二次发掘简报》，徐湖平主编《东方文明之光——良渚文化发现 60 周年纪念文集》。

4　参见刘斌、王宁远《2006~2013 年良渚古城考古的主要收获》，徐湖平主编《东南文化》2014 年第 2 期；邵晶《试论石峁城址的年代及修建过程》，《考古与文物》2016 年第 4 期。

现象[1]等有着文化相似性的角度来看，此种可能性尚不能轻易否定。

（3）石峁墙体石雕的性质问题。

石峁皇城台的一些墙体石雕和良渚文化的神人纹、神人骑兽纹在构图及造型方面有着很大程度的相似性（图26），故良渚文化的神人兽面纹等，是目前唯一早于石峁墙体石雕相应图案的可能性源头。

但同时，石峁的墙体石雕在皇城台墙体上的排列也较为散乱，部分甚至图案倒置嵌入墙体，故王仁湘先生认为类似的石雕当为修筑皇城台时的二次使用，至于其最初的原生建筑，或为石峁遗址最初的神庙类建筑。[2]

不论是不是神庙建筑的构件，石峁石雕的图案在初次使用时，当体现着其时社会的文化内涵甚至信仰体系。从雕刻内容观察，其与良渚文化的交流是一定存在的。但也正如王仁湘先生所言："是良渚文化影响的余续，还是两地远程直接交往的遗存？……还需要深入研究。"[3]

（4）陶器与玉器等不同来源所表现的多种文化因素共存问题。

陕北地区以石峁遗址为代表的龙山晚期文化中，不仅有良渚文化等造型的外来玉器，亦有陕北、晋北、内蒙古中南部一带风格相似的老虎山文化陶器，[4]部分的石人面形象、铜器以及羊、牛等家畜，则体现了与欧亚草原的联系。[5]

史前时期的陆地考古学文化，多是存在于不同族群相互接壤的考古学文化丛体之中，因此不可避免地要和周边的考古学文化发生关系。或贸易、或婚嫁、或联盟……均可归入文化影响的大范畴，而史前时期的诸多考古学文化或重要遗址中，也都可以解析出不同来源的周边文化因素（如大河村遗址）。[6]倘若某一遗址中的外来因素不是源于周边文化，而是源自跨了较多地理单元的某个特定文化，那么其一般会具有特殊的意义。如石峁遗址的先民是否会因为喜好而跨区域到太湖流域交换或抢夺他们的玉器，若如此，为何良渚文化中未留下任何与石峁先民交换或征战的印迹？若非如此，则良渚文化先民为何跋山

1　参见上海市文物管理委员会编著《福泉山——新石器时代遗址发掘报告》；南京博物院《江苏吴县张陵山遗址发掘简报》，文物编辑委员会编《文物资料丛刊》（6），文物出版社，1982；陕西省考古研究院等《陕西神木县石峁遗址后阳湾、呼家洼地点试掘简报》，《考古》2015年第5期；陕西省考古研究院等《陕西神木县石峁遗址韩家圪旦地点发掘简报》，《考古与文物》2016年第4期。

2　王仁湘：《石峁石雕：艺术传统与历史因缘》，《中华文化论坛》2019年第6期。

3　王仁湘：《石峁石雕：艺术传统与历史因缘》，《中华文化论坛》2019年第6期。

4　田广金：《内蒙古中南部龙山时代文化遗存研究》，内蒙古文物考古研究所编《内蒙古中南部原始文化研究文集》，海洋出版社，1991。

5　韩建业：《石峁：文化坐标与文明维度》，《中华文化论坛》2019年第6期。

6　参见郑州市文物考古研究所编著《郑州大河村》，科学出版社，2001。

涉水地单向远布陕北？[1]

与周边不同族群的接触，自然使得考古学文化在具有自身特点的同时，也有着其他文化的身影，只是考古学文化对于周边文化的接受往往可以在潜移默化中进行，对于远道而来的他族文化，则需要一个稍长的时间段来接受和整合。就像鲁思·本尼迪克特在《文化模式》中说的那样："文化行为是地域性的……同样也是趋于整合的。"[2]而良渚人群及其器物的远布西北，当不会是主动或被动地长途远来以供使用老虎山文化陶器的人群所奴役，其最初或更可能是文化并存角度所体现的联盟与合作。当然，日后此一地区的话语权归属问题，即便联合之时有所协议，最终还是得交给后续发展的融合程度及各文化实力走向层面去解答。这只是站在使用老虎山文化陶器的先民是先居于该地的本土人群角度所得出的推测，若是使用老虎山文化陶器的先民并不早于良渚人群的进入，或良渚文化进入之时石峁附近仅有极少部分的本土人群，即石峁文化中的陶器因素均为良渚先民立足陕北之后与周边交流的结果，则又是另一种景象了。

（5）文化交流与文化传播问题。

文化交流，往往存在共时性与双向性，多是横向上的、空间层面的相互交流，也多能在参与交流的两种文化中找到相互交流遗留下来的交流遗物等印记。

良渚文化玉器、神人兽面刻画等远布陕北地区的现象则均为纵向上的单向传播。从时间上来说，良渚文化的年代下限约为距今4300年，而这一年代数据正好是石峁遗址的年代上限。即二文化之间几无共存关系，而更多地体现的是一前一后相互承继的先后关系。因此，石峁遗址中良渚文化因素的形成当属于文化传播的范畴，再确切一点，应当为定向人群迁徙所形成的文化传播、文化继承以及在文化整合框架下的合理演变。

（6）良渚文化迁徙的内外因问题。

距今5000年左右，面对山洪威胁，生活在天目山系南麓的良渚文化先民修筑了高低两套人工土坝的良渚水利工程系统。良渚先民的水利工程可以抵挡之前的天目山山洪，但其可达6000余万立方米的储水量以及约12.4平方公里的储水面，显然也是悬在良渚人群头上的巨大隐患，一旦溃坝，结果将是毁灭性的。[3]根据科技考古学的研究，距今4300年左右的良渚文化末期，发生了全国性的气候异常事件，显著改变了水文机制，导致当时的中国出现了北旱南涝的现象。[4]同时，这使得水利工程的维护难度会空前加剧，使得生存在坝体

---

1 目前亦未见到良渚文化物品通过方向明确的层层单向交换而落脚石峁的相关痕迹及交换证据，因此人群有目的性单向流动的可能性更大，而新华遗址的人骨鉴定结论也更支持此种观点。

2 ［美］鲁思·本尼迪克特：《文化模式》，张燕、傅铿译，浙江人民出版社，1987，第45页。

3 刘斌、王宁远、陈明辉、朱叶菲：《良渚：神王之国》，《中国文化遗产》2017年第3期；刘文强：《良渚水利工程与都江堰的比较观察》，《南方文物》（待刊）。

4 Wu Wenxiang, Liu Tungsheng, "Possible Role of the 'Holocene Event 3' on the Collapse of Neolithic Cultures around the Central Plain of China," *Quaternary International,* 2004, 117 (1):153-166.

之下的居民异常紧张而开始思考去留问题。在今 1000 平方公里范围的杭州湾盆地内，确实普遍发现了良渚文化末期厚约 1 米的洪水淤积层，[1] 或为河流洪涝、或为坝体决堤遗迹，佐证了良渚文化先民在其末期十分严峻的生存危机。

而龙山时代早期的陕北地区，在同时期来说，一方面地域辽阔而人口空间仍有较大余量，另一方面远离洪水的威胁；同时，这一地区的文化面貌相对原始，需要先进文化的进入。另外，从华县泉护村等材料也可发现，这一区域在此之前也有着与良渚文化类似的如尚鸟传统方面的文化共性。因此，从逻辑而言，若是石峁附近此前已有较多的本土人群，而良渚文化人群的进入能给当时的陕北地区带去先进的筑城及玉器制造等技术，两地族群达成合作并联合共处的可能性是较大的；若是当时的陕北地区人群稀少（从陶器角度似乎如此）[2]，几乎便是文化空地，则良渚文化先民的进入便会更加顺畅。

从良渚到石峁的迁徙问题是我国新石器时代末期的宏大课题，也是中国文明从多元状态到一体格局的关键节点，因此不可能通过石峁立鸟陶器一种遗物的简单溯源便能解决，也不可能通过本文万余字的篇幅便可完成。本文的初衷，只是通过对立鸟陶器及其相关遗物的梳理提出一种假说及可能性，此种可能性所带来的后续问题还需要不断地思考和研究，甚至是考古学新材料的出土与支持。但即便如此，通过本文的梳理，石峁立鸟陶器从良渚到石峁等地的传播路径既已跃然纸上，便不能不进行客观的梳理及初步的推测，至于相关后续问题，笔者也会在他文中予以继续阐述。

1　刘斌、王宁远、陈明辉、朱叶菲：《良渚：神王之国》，《中国文化遗产》2017 年第 3 期；张明华：《良渚文化突然消亡的原因是洪水泛滥》，《江汉考古》1998 年第 1 期。

2　参见马明志《石峁遗址文化环境初步分析——河套地区龙山时代至青铜时代的文化格局》，《中华文化论坛》2019 年第 6 期。

再释仙人龟鹤镜*
——以上海博物馆藏镜为例

■ 王惠莹（北京服装学院美术学院）

以往学者根据呈现的图像元素统称一类铜镜为仙人龟鹤镜，又因为龟与鹤自古以来被赋予长寿的隐喻，并且存在许多标准化、格套化的母题、构图乃至风格，所以学界笼统将其定义为表现长寿长生寓意的铜镜类型。[1]然而对于此类铜镜的流传衍变、图像构成元素差异、年代划分、镜中仙人究竟为哪一位尊神、这样的铜镜究竟有何功用等问题都因定义长寿这一主基调而未有学者深入探究和比较。笔者尝试从图像学以及物质文化史的角度出发，对这些问题进行探究，谨就教于方家。

从目前搜集到的铜镜实物及拓片资料来看，数量较多，年代从南宋延续至元明。镜面呈现不尽相同（图1~图3），但基本保持仙人、侍者与龟鹤的元素组合，图像模式有着内在一致性，应当存在固定的隐喻并在复杂的时空跨度内形成了统一的集体认知。本文选取一类为研究对象，详加分析（表1）。这类镜大部分发现于南方地区，镜形为菱花或圆形，镜面直径为19~25厘米，元宝形纽或圆纽。四分区布局，建构图像的元素十分固定，均为镜纽一侧坐一项负圆光的仙人，另一侧童子（侍女）立于一株植物旁，托盘进献，上有仙鹤飞舞回首，下有乌龟伏于草丛。

一 图像分析及年代判断

以上海博物馆藏铜镜为例（图1），镜纽右侧为一仙人坐于石上，仙人项负圆光，头戴如意莲花冠，上唇八字形髭，颏下有

---

* 本文系教育部服务国家特殊需求博士人才培养项目"中国传统服饰文化抢救传承与设计创新"（项目编号：NHFZ20190111）阶段性成果。

1 如《四川省出土铜镜》《湖南出土铜镜图录》《浙江出土铜镜》等铜镜集录中，将画面中存在仙人、龟、鹤元素的铜镜统称为仙人龟鹤镜或道仙龟鹤镜。参见四川省博物馆、重庆市博物馆合编《四川省出土铜镜》，文物出版社，1960，图版56~57；湖南省博物馆编《湖南出土铜镜图录》，文物出版社，1960，图版105；王世伦编《浙江出土铜镜》，文物出版社，1987，图版147。管维良先生根据题材将神仙人物故事镜分为带柄飞仙镜、仙人龟鹤镜等。参见管维良《中国铜镜史》，重庆出版社，2006，第267~276页。孔祥星等在《中国古代铜镜》中谈及仙人龟鹤镜时说："不言而喻，仙人仙鹤，不老青松、千年灵龟都含有祈祷长寿之意。"参见孔祥星、刘一曼《中国古代铜镜》，文物出版社，1984，第189页。

图1　　　　　　　　　　　　　图2　　　　　　　　　　　　　图3

图1　仙人龟鹤菱花镜（拓片）（直径21厘米，上海博物馆藏。陈燮君主编《炼形神冶，莹质良工——上海博物馆藏铜镜精品》，上海书画出版社，2005，图版126）
图2　仙人龟鹤镜（天津博物馆藏。笔者拍摄）
图3　仙人龟鹤带柄镜（局部）（江西上饶博物馆藏。笔者拍摄）

长髯，着对襟宽袖鹤氅，内着左衽褙衣。仙人头顶有三点连成的"︿"形图像。其左侧为托盘进献的侍女，着交领大袖袍，亦为左衽，梳双髻。侍女旁有一组植物图像，枝干横出。空中一只仙鹤翱翔回首，地上一只灵龟伸颈爬行。纽上方一荷叶莲花框，内铭"湖州孙家造"。对比同类铜镜，画面组成元素大体相同，但仍有一些细小的差异不容忽视，以下将详细探讨。

首先，仙人项负圆光，[1] 多戴如意莲花冠，内着交领衫，[2] 外罩鹤氅，与宋元时期典型的道教神祇形象若合符契。例如，

表1

地点	廊坊	湖州安吉	湖南省博物馆	浙江衢州	上海博物馆
尺寸（cm）	17.5	19.5	20	19.4	21
地点	丹江口	陕西宝鸡	故宫博物院	国家博物馆	常州市博物馆
尺寸（cm）	19.2	20.5	23.5	26	约20

1　许多学者依据画面主要神祇项后的圆光，对神祇地位及神祇信仰等问题有过详细讨论，将圆光视作神祇身份地位的重要标志。详见李淞《论〈八十七神仙卷〉与〈朝元仙仗图〉之原位》，《艺术探究》2007年第3期；吴秋野《〈朝元仙仗图〉与〈八十七神仙卷〉为早期全真教神系图考——兼谈二图的断代及民间宗教画为文人画归化现象》，《荣宝斋》2011年第11期。

2　笔者注意到这些铜镜中仙人交领衫左右衽问题，但因金元以降，甚至在明代均有左右衽混杂的情况，因而并不能依据交领衫左右衽判断年代。

《正统道藏》收录有一幅大型道教绘画《三才定位图》[1]，该图作者是北宋大臣、与佛道皆有深厚交涉的张商英。此图虽然是道经刻本，且有部分残缺，但由于刻版水平较高，较好地保留了绘画的原貌。灵宝天尊头戴如意莲花冠，外着宽袖袍（图4）。梁楷绘《圣祖降临图》[2]中，亦可见圣祖头戴如意莲花冠，外着袍（图5）。元代太原龙山石窟第2窟三清像所着冠服亦是如此（图6），这些都与镜中仙人形象十分类似。但是细读图像，可以发现唯丹江口博物馆藏以及廊坊征集（图7-1、图

7-2）的两面铜镜仙人冠饰与众不同。冠饰并非常见的如意莲花冠，冠饰底座更高大，隐约可见有梁支撑，其上插有两支弯折装饰物。永乐宫三清殿西山墙壁画中可见类似冠饰造型，[3]图中描绘了神仙梁冠上后簪笔，右侧插貂尾（图8），与朝廷武官所戴貂蝉冠十分类似。这样的冠饰用于道教人物最早见于永乐宫壁画，故而笔者推测，这两面镜子制作年代应是元代以降。

其次，通过比对各面镜中侍女服饰，笔者发现一些细微的差别。不少铜镜图像中侍女在裙外腰间着腹围，腹围也叫围腰。《程

图4　　　　　　　图5　　　　　　　　　　　图6

图4　北宋张商英《三才定位图》（上清天灵宝天尊头戴如意莲花冠，外着道袍，参见《道藏》第3册，第126页）
图5　南宋梁楷《圣祖降临图》（白描，纵26厘米，横74厘米，现藏美国翁万戈先生处）
图6　元代太原龙山石窟第2窟三清像 [胡文和：《中国道教石刻艺术史》（下），高等教育出版社，2004，第336页，图版109]

1　随着近年道教艺术和道藏图像研究的展开，《三才定位图》亦备受关注。参见吴羽《〈三才定位图〉考论》，《艺术史研究》第10辑，中山大学出版社，2008，第191~201页；许宜兰《道经图像研究》，巴蜀书社，2009，第33~65页；张鲁君《〈道藏〉人物图像研究》，博士学位论文，山东大学，2009，第33~57页；张鲁君、韩吉绍《〈三才定位图〉研究》，《世界宗教研究》2011年第5期；尹翠琪《〈正统道藏〉本〈三才定位图〉研究——北宋徽宗朝的道教宇宙神谱》，《台湾大学美术史研究集刊》2012年第33期。

2　需要说明的是，有学者对这幅图的名称和主尊身份及内容存在不同看法（林圣智《南宋の道教における地狱救济の図像学—傳梁楷『黄庭経図卷』考》，日本佛教艺术学会编《佛教艺术》2003年268号；翁万戈《莱溪居读梁楷〈道君像〉》，上海书画出版社，2018）。本文采用梁楷作《圣祖降临图》的观点根据景安宁《元代壁画——神仙赴会图（第二版）》（北京大学出版社，2017，第200页）。

3　王逊先生将这两位手持笏板的神仙判定为太乙的侍臣。本文对此不作讨论。见王逊《永乐宫三清殿壁画题材初探》，《文物》1963年第8期。

7-1 丹江口博物馆藏铜镜仙人冠饰（镜直径 19.2 厘米。胡文魁主编《鄂西北考古与研究》，长江出版社，2009，第 287 页，图一三〇）

7-2 廊坊征集铜镜仙人冠饰（陈卓然：《廊坊市出土的汉唐至辽金时期铜镜》，《文物世界》2002 年第 2 期）

7-3 铜镜仙人冠饰为典型如意莲花冠 [丁孟：《故宫铜镜图典》，紫禁城出版社，2014，第 200 页，图 169（局部）]

图 7

图 8　永乐宫三清殿西山墙壁画神仙戴冠

（曹彦伟主编《永乐宫壁画·朝元图》，安徽美术出版社，2013，图版 5）

史》记载："宣和之季，京师士庶竞以鹅黄为腹围，谓腰上黄。"[1] 宋代王沂孙作《庆宫春·水仙花》，咏水仙花宛如穿着围腰的窈窕女子："明玉擎金，纤罗飘带，为君起舞回雪。柔影参差，幽芳零乱，翠围腰瘦一捻。"[2] 在宋金墓葬和绘画中亦有体现，如四川华蓥安丙 3 号墓右壁舞伎（图 9-1）[3]，泸县石桥镇新屋嘴村二号墓侍女穿圆领窄袖衣和长裙，用革带束腰（图 9-2）。宋摹本《韩熙载夜宴图》中也可以找到外着围腰的舞伎（图 9-3）。就目前的图像材料来看，围腰只围于圆领窄袖袍外，故宫博物院藏的那面铜镜还可见圆领袍外加围腰的准确描绘（图 10-1），与美国弗利尔美术馆藏宋代《饮茶图》中的捧盒侍女形象几近一致（图 10-2）。但湖南省博物馆、湖州安吉以及廊坊征集的这几面铜镜图像中（图 11-1、图 11-2），侍女

1　（宋）岳珂：《桯史》卷五，中华书局，1981，第 54 页。

2　（宋）王沂孙撰，吴则虞笺注《花外集》，上海古籍出版社，1988，第 74 页。

3　四川省文物考古研究院、广安市文物管理所、华蓥市文物管理所编著《华蓥安丙墓》，文物出版社，2008，图版八〇。

9-1　　　　　　　　　　　　　9-2　　　　　　　　　　　　　9-3

9-1　四川华蓥安丙3号墓右壁舞伎（《华蓥安丙墓》，图版八〇）

9-2　泸县石桥镇新屋嘴村二号墓侍女（四川省文物考古研究所编著《泸县宋墓》，文物出版社，2004，第147页，图一五三）

9-3　宋摹本《韩熙载夜宴图》局部（袁杰主编《故宫博物院藏品大系·绘画编1晋隋唐五代》，紫禁城出版社，2008，第242页）

图9

10-1　　　　　　　　10-2　　　　　　　　11-1　　　　　　　　11-2

10-1　镜背侍女着圆领袍外加围腰［丁孟：《故宫铜镜图典》，第200页，图169（局部）］

10-2　捧盒侍女着圆领袍外加围腰（宋佚名《饮茶图》镜像局部，绢本，美国弗利尔美术馆藏。《宋画全集》第6卷第6册，浙江大学出版社，第44页，图11）

图10

11-1　镜背侍女着交领袍外加围腰（安吉县博物馆编《清质·昭明》，浙江摄影出版社，2012，第126页）

11-2　侍女着交领袍外加围腰（陈卓然：《廊坊市出土的汉唐至辽金时期铜镜》，《文物世界》2002年第2期）

图11

明显着交领袍，外加围腰，袖口也不紧窄。笔者推测这一现象应当是在铜镜翻模或是照范本磨刻时出现的图像混杂，想必在铜镜制作之时对围腰穿法已经十分陌生。基于此，可将一些出土信息不详的铜镜大致做出年代的判断，即这类镜图像生成年代必定较故宫藏镜晚，铜镜制作年代远远迟于南宋。

另外，细读上海博物馆藏仙人龟鹤菱花镜画面左侧，侍女旁边有一组植物（图12），可分辨出石、竹，但石头上面矗立的几枝是何植物呢？笔者推断应当是对枯木形态的简化处理。宋代文同与苏轼借"枯木"表现自我的清高气节、抒写生命忧怀，

图12　仙人龟鹤菱花镜背植物组合

（上海博物馆藏铜镜拓片局部）

开启了文人"枯木"作画的风尚，金代画家王庭筠继承"枯木"画法。北宋文人不求形似，"树石不取工细，意似便已"[1]的美学思想为元代"枯木"绘画兴盛以及代表画风的形成奠定了基础，元代盛熙明有言"近世喜画枯木及竹，然枯木须作霜高脱叶之状，不可作枯死木也，竹须是作竹叶"。[2]及至元代，这一题材成为文人雅士安顿苦闷、悲凉情绪的一种表达方式，文人"枯木"画发展到鼎盛，藏于北京故宫博物院的赵孟頫《古木竹石图》（图13-1）、倪瓒的《古木竹石图》（图13-2）等为传世代表作品。画面中枯树枝干遒劲怪奇，立于巨石旁，竹叶细矮丛生，颇具率性纵逸之趣。而这样的组合形式与铜镜中描绘的颇为相似，想必是在枯木竹石题材流行风尚下的有意借鉴与传抄，只不过比卷轴绘画语言更为简练和概括。在同样知识背景和语境下，会使观众产生观看图像的视觉默契和意趣。而也可能正是因着这一点改动与添加，这面本是粗鄙匠人制作、不入"大雅之堂"的铜镜满足了使用者标榜附和高洁审美趣味的心理需求。仙人龟鹤菱花镜为七瓣菱花形，就目前发现整理的铜镜来看，宋代铜镜为八瓣或六瓣菱花，七瓣极少见到。[3]结合器形及图案，笔者认为这面铜镜在延续宋代仙人龟鹤图像模式的基础上加入了时代特有元素，最早出现时间

1　（宋）米芾：《画史》，中华书局，1985，第39页。

2　（元）盛熙明：《图画考》卷五，上海商务印书馆，1935。

3　参见沈如春《湖州镜及两宋官民铸镜业的互动》，浙江省博物馆编《东方博物》第30辑，浙江大学出版社，2009，第97页；杨夏薇《宋代湖州镜的研究》，硕士学位论文，南京艺术学院，2012，第13页。

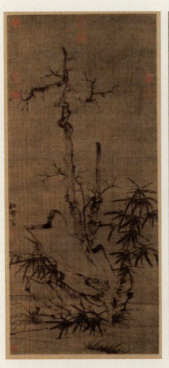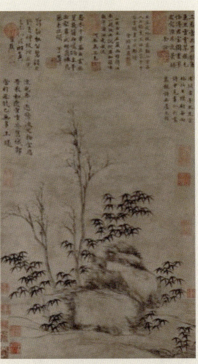

13-1　　　　　　　　　　　　　　　　　13-2

13-1　赵孟頫《古木竹石图》（绢本，纵 108.2 厘米，横 48.8 厘米，北京故宫博物院藏。
袁杰主编《故宫博物院藏品大系·绘画编 5 元》，第 90 页，图版 22）
13-2　倪瓒《古木竹石图》（纸本，纵 64.3 厘米，横 37.3 厘米，北京故宫博物院藏）

图 13

应为元代。

上海博物馆藏镜、廊坊征集铜镜以及国家博物馆藏铜镜仙人头顶均有三个圆点连线的"〰"形（图 1、表 1、图 7-2），究竟代表何意？笔者推测应当为三台星。三台星本是太微垣（位于北斗的南方）二十星座之一，由六颗星组成。[1]《史记·天官书》云："魁下六星，两两相比者，名曰三能。"[2] 古人从天人感应的理论出发，用三台星作相关联的吉凶预测。[3] 后被纳入道教，成为道教神谱中主管人生死寿夭之星神。三台星置于符中则皆呈以线相连之横列三圆圈，亦有作中间一圈略略高起者（图 14）。在道书中，三台地位日益尊贵，被进一步神化，三台之上台为虚精开德星君，中台称六淳司空星君，

1　陈遵妫：《中国天文学史》（上），上海人民出版社，2006，第 201~203 页。

2　《史记》卷二七《天官书》，中华书局，1959，第 1293 页。《集解》："苏林曰：'能音台。'"

3　江晓原：《星占学与传统文化》，上海古籍出版社，1992，第 114 页。

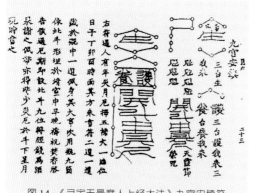

图14 《灵宝无量度人上经大法》九宫安镇符
（《道藏》第3册，第816页）

下台为曲生司禄星君。[1]《法海遗珠》卷一四："告斗求长生法，识三台法曰：'三台六星……学仙修真之士尤宜识之。每见三台六星，即便拱手存拜，密念咒曰：上台虚精，中台六淳，下台曲生，除臣死籍，注臣长生，居位高迁，列居天庭，心意开朗，耳目聪明，三魂永久，延寿千龄，上朝金阙，瞻谒玉清，乘龙驾云，位登仙乡，急急如律令。三台生我来，三台养我来，三台护我来，急急如律令。'"[2]元妙宗《太上助国救民总真秘要》卷二："上台一黄，去却不祥；中台二白，护身

镇宅；下台三青，治病除精。台星到处，大赐威灵，诛锄凶恶，敕疗群生，太上笔法，符到奉行。"[3]足见三台星神的佑护延寿作用。

以上是神符书写系统里的三台星，那么有无将星图直接与人物形象组合出现的实例呢？六朝道经《上清金阙帝君五斗三一图诀》中论及守一之道："存北斗覆头上，柄指前，如此百邪不敢干，凶炁自灭亡要诀也。"[4]济南市马家庄北齐墓葬壁画内容当为此种道法的体现：在北壁上绘墓主正襟危坐，似在修炼，两童子分立左右。头顶上方绘北斗图，象征墓主人身居北斗中央华盖之下，随斗运转，修炼成仙（图15）。宋代本命星官压胜钱中，项负圆光的本命星官头上亦有三圆点相连组成的"⌒"形（图16）。[5]本命神的概念是基于十天干与十二地支的六十种组合，一个人的生辰年份对应北斗七星中的一个星神，因此，早期道教的一个重要方面就是将本命神与北斗七星神的崇拜结合起来。[6]《太上玄灵北斗本命延生真经》："凡人性命五体，悉属本命星官之所主掌，本命神

1 龚扬民、白彬：《贵州遵义南宋杨粲墓道教因素试析》，《四川文物》2013年第4期。

2 《法海遗珠》，《道藏》第26册，文物出版社、上海书店、天津古籍出版社，1988年影印本，第802页。

3 《太上助国救民总真秘要》，《道藏》第32册，第60页。

4 《上清金阙帝君五斗三一图诀》，《道藏》第17册，第223页。

5 方称宇：《中国花钱与传统文化》，商务印书馆，2008，第260页。

6 宋代本命信仰较其前更有所发展，王室对本命信仰十分推崇，如伊佩霞在《宋徽宗》一书中提到"（道士）刘混康向徽宗提议，为徽宗生年所主的星神修建一座宫观，徽宗对本命神的仪式感兴趣的另一个标志，就是他亲自抄写《七星经》，颁赐刘混康。这是一部流行经文，全称为《太上玄灵北斗本命延生真经》，内容包括一些符咒，强调个人出生标志与出生星神之间的对应关系，并详述了在本命神的节日必须完成的仪式。早先的宋代皇帝只是在京师的道观庆祝自己的本命日，但徽宗将这一仪式扩大到全国各地的道观"。参见〔美〕伊佩霞《宋徽宗》，韩华译，广西师范大学出版社，2018，第130页。

图 15　济南市马家庄北齐墓北壁壁画墓主头顶北斗图

（韩明祥、赵镇平、仓小义：《济南市马家庄北齐墓》，《文物》1985 年第 10 期，图八）

图 16　宋代本命星官压胜钱

（直径 6.7 厘米。方称字：《中国花钱与传统文化》，第 260 页，图 182）

将、本宿星官常垂荫佑，主持人命，使保天年。"[1]宋代有供奉自己本命神者，如洪迈《夷坚丙志》卷八《无足妇人》载，京师汴梁有一士人为鬼所魅，危难之时有伟人救之，士人拜谢，伟人曰："我即子之本命神，以子平生虔心奉我，故来救护。"[2]道经《上清镇元荣灵经》还提到可以通过称诵本命星君名号以消灾避难："凡人，不问贵贱，年生大小，皆属北斗星君。记其所属星君，若有急难困厄，当呼其名，救我助我，三呼三拜止，其星辰即救之。若不记所属星君，通呼七星名，救护解之矣。此

天道大要也。"[3]平日祈禳本命星神或是危难时称诵名号可救度灾凶、化险为夷，解决和满足实际需求。这枚压胜钱的左侧有神符，笔者大致辨认出"三尸""尸鬼"等字，再联系右侧本命星官及其头上三台，应当意在祈求北斗、三台、本命星官帮助，祛除尸注之鬼以保生人平安。唐宋时期，道教对北斗大力推崇，提升北斗地位，增加北斗职能，北斗司掌人之寿命福禄，崇祠北斗可以消灾祛厄、延命致福。在这样的背景之下，北斗七星、三台星以及本命星神成为统一的信仰体系，形成了共同的集体认知。因而笔者推

1　《太上玄灵北斗本命延生真经》，《道藏》第 11 册，第 348 页。

2　（宋）洪迈：《夷坚丙志》卷八《无足妇人》，《夷坚志》，何卓点校，中华书局，1981，第 429 页。

3　《上清镇元荣灵经》，《道藏》第 18 册，第 618 页。Poul Andersen 将其定为北宋道经，参见 Kristofer Schipper and Franciscus Verellen, *The Taoist Canon: A Historical Companion to the Daozang*, The University Of Chicago Press, Chicago & London, 2005, p.951.

断镜中仙人头上的三台星就是北斗信仰的体现，包含着护佑延生的作用。

二　镜中仙人身份判断

以往学者笼统定义项负圆光者为仙人，但究竟具体指代哪位神祇？这样的仙人龟鹤组成的画面又究竟有何隐喻呢？

洛阳关林庙北宋砖室墓西北壁砖雕，上雕一人，手持一幅展开一半的立轴画，学者徐婵菲认为"上画一棵大树（极似松树），树冠上有一只展翅飞翔的鹤，树下是戴冠有头光的菩萨头像"。[1] 据考证，画面表现的应为宋代"献香杂剧"中的献画场景（图17）。所谓献香杂剧，是在庆生贺寿时表演的"道尽祝寿话，说遍吉祥语"的小戏，又称"上寿杂剧"。[2] 仔细观察立轴画面内容，仙鹤神祇形象组合出现，并且神祇冠饰与仙人龟鹤镜中冠饰极为相似，故而笔者推断贺寿画中应当不是学者认定的菩萨头像，实为道教神祇。那么在当时作为庆寿题材画作中的"主角"究竟是谁呢？

北宋初期田锡《乾明节祝圣寿》有诗曰："古字数行仙药诀，蛟绡十幅寿星图。远方拜表来朝贡，兼贺虹流电绕枢。"[3] 提到

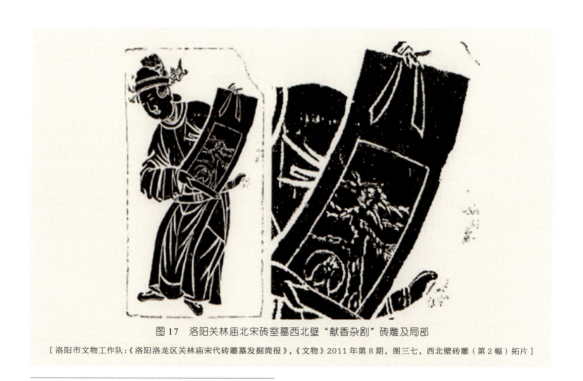

图 17　洛阳关林庙北宋砖室墓西北壁"献香杂剧"砖雕及局部

[洛阳市文物工作队：《洛阳洛龙区关林庙宋代砖雕墓发掘简报》，《文物》2011 年第 8 期，图三七，西北壁砖雕（第 2 幅）拓片]

1　徐婵菲：《洛阳关林庙宋墓人物持画杂剧雕砖考》，《中原文物》2016 年第 3 期。

2　陈志勇：《宋代杂剧名词考释》，《四川戏剧》2007 年第 3 期。

3　傅璇琮等主编《全宋诗》卷四二，北京大学出版社，1998，第 1 册，第 465 页。

了在宋太宗寿诞乾明节，臣子们纷纷进献寿星图的场景。另北宋朱彧《萍洲可谈》卷三载："近世长吏生日，寮佐画寿星为献，例只受文字，其画却回，但为礼数而已。王安礼自执政出知舒州，生日属吏为寿，或无寿星画者，但用他画轴，红绣囊缄之，必谓退回。"[1]北宋王安礼出任舒州执政，适逢生日，下属官吏敷衍了事，以其他画作充当寿星图作为贺礼。可见在北宋贺寿送寿星图的习俗蔚然成风。细检文献，寿星图实则五代已有绘制，如《益州名画录》中记载五代石恪有画作寿星图[2]，《宣和画谱》亦有西蜀画家黄荃画"寿星像三，南极老人像一，写十真人像一，秋山寿星图一"[3]等记载。

北宋毕仲游《希鲁奉议四兄生日》有云："画工画青松，惨淡千年姿。辽鹤俯不喙，下有龟如錾。丈人坐中间，白发衣帔帨。云是东方宿，来为寿者师。再拜致此图，惟兄能似之。骨强老于松，心静灵于龟。形健瘦于鹤，自与长年期。"[4]又，洪迈在《夷坚丙志》卷一四《锡盆冰花》中提到外舅公生辰"家人取常用大锡盆洗涤，倾浊水未尽，盆内凝结成冰，如雕镂者。

细视之，一寿星坐磐石上，长松覆之，一龟一鹤分立左右，宛如世所图画然"[5]。可见，有宋一代，寿星坐磐石、松树、龟鹤（鹿）成为组成寿星图必不可少的元素。这样的图像绘制模式在北宋就已出现，所以洛阳砖雕中描绘的应当就是寿星图，而铜镜镜背甚至可能就是以这样的卷轴画为粉本制作完成的。那么，作为画面主体的寿星又具体是何形象呢？

"寿星"并非实质存在的天星，《尔雅·释天》云："寿星，角亢也。"[6]它是中国古代岁星纪年，是指岁星轨迹所到的角宿与亢宿之间的天区，古代并无拜祭作为"空间名称"的"寿星"。司马迁和班固均提及"老人见，治安；不见，兵起"，汉代人把老人星的出没与否，视为判断国家安全与否的象征标准。唐代张守节在《史记正义》注释"老人见"时说："老人一星，在弧南，一曰南极，为人主占寿命长之应。见，国长命，故谓之寿昌，天下安宁；不见，人主忧也。"[7]唐玄宗时期将老人星祭祀融入君王诞辰庆典，及至宋代，《文献通考》详细记载"老人星"出现的时间和地

1 （宋）朱彧：《萍洲可谈》卷三，中华书局，1985，第33页。

2 （宋）黄修复：《益州名画录》卷中，四川人民出版社，1982，第86页。

3 美国学者方夏莲在《福禄寿民间神像考》一文中指出寿星画最早产生于唐宋期间。详见 Mary H. Fong, "The Iconography of the Popular Gods of Happiness, Emolument, and Longevity (Fu Lu Shou)," *Artibus Asiae*, Vol. 44, 1983, pp.159-199.

4 （宋）毕仲游：《西台集》卷一八，陈斌校点，中州古籍出版社，2005，第294页。

5 （宋）洪迈：《夷坚丙志》卷一四《锡盆冰花》，《夷坚志》，第484页。

6 （晋）郭璞注，（宋）邢昺疏《尔雅注疏》，《十三经注疏》（十二），中华书局，1957年影印版，第232页。

7 《史记》卷二七《天官书》，第1306~1308页。

点，对星象预兆更加关注。随着道教观念融入民间信仰，老人星实现了人格化与形象化，由星宿崇拜转变为寿神，也被称为南极仙翁。北宋晁元礼"紫府真仙，暂谪居尘世。慕道高情，照人清骨，是寿星标致"，[1] 所言及"寿星"，即为人格化的寿神。宋朝人胡纳撰写有《见闻录》："嘉祐八年冬十一月，京师有道人游卜于市。貌古体怪，饮酒无算，都人士异之。好事者潜图其状。后匠侍达帝。引见赐酒一石，饮及七斗。次日天文台奏：寿星临帝座，忽失道人所在。仁宗嘉叹久之。"[2] 南极老人成神后于宋仁宗时降世，天上的寿星也相应受到影响和感应，临近代表人间帝王的帝座星。虽然文中言及"貌古体怪"有"好事者潜图其状"，但并没有提及如明代寿星高高突起额头的典型形象特征（图 18），仍旧是以"道人"装扮接近世人。前文北宋毕仲游诗作亦提到寿星为"白发衣帔幌"，即为一白发老者着帔的道家装扮，足见，宋朝或较之更早的南极形象为典型道教神仙形象，与明以后的南极仙翁像有着很大差异。

浙江德清县乾元山吴奥南宋墓出土一尊青白釉塑像（图 19）。人物束发戴如意冠，身着道袍，头部大小与常人无异，半眯着眼，双眼微吊，右手拿如意，安坐于座具上，身旁一只鹿回首翘望。嘴角两侧和下颚中间各镂有孔眼，推测应当是为了塑像烧制完成后安插更为逼真的胡须而特别设计预留，只不过胡须腐朽不可得见。1975 年江西鄱阳县南宋咸淳四年（1268）墓中也出土类似坐像（图 20）。笔者推测这类塑像表现的应当就是宋代南极仙翁形象。而这样的形象与本文着重探讨的"仙人龟鹤镜"中主体人物形象若合符契。故而笔者推断这类镜中仙人就是指代南极仙翁无疑。

三　仙人龟鹤镜功能区分

魏晋以降，席地而坐逐渐被登榻而坐所替代。及至宋代，椅子、凳子等高坐具使用更为普遍，陆游《老学庵笔记》曾云："今尤有高镜台，盖施床则与人面适平也。"[3] 整个起居生活视角的升高导致镜台本身较之前增高，甚至被放置于一个更高的水平面上。而铜镜的放置和使用方式也随之发生了改变。宋代镜台一类如白沙宋墓壁画中绘的镜架（图 21-1）[4]，《云笈七签》中亦绘有类似镜台图（图 21-2）[5]，铜镜

1　周振甫主编《唐诗宋词元曲全集》第 2 册，黄山书社，1980，第 481 页。

2　（宋）胡纳：《见闻录》，转引自（清）陈梦雷编《古今图书集成·神异典》卷一七，中华书局，1934 年影印版。

3　（宋）陆游：《老学庵笔记》，李剑雄、刘德权点校，中华书局，1979，第 47 页。

4　宿白：《白沙宋墓》，文物出版社，2002，图版六。

5　《云笈七签》卷七二，《道藏》第 22 册，第 504 页。

图 18　　　　　　　　　图 19　　　　　　　　图 20

图 18　明代南极老人形象［明吕纪《南极老人像轴》绢本设色，纵 217 厘米，横 114.2 厘米，故宫博物院藏］
图 19　南宋浙江德清县乾元山吴奥墓出土青白釉塑像（高 25 厘米。施兰：《德清出土的宋元时期瓷器》，《东方博物》2009 年第 2 期，图二）
图 20　南宋江西鄱阳县咸淳四年墓出土青白釉塑像（高 26 厘米。江西博物馆编《江西省博物馆藏文物精华》，文物出版社，2007，第 58 页，图四〇）

由绳或带系住镜纽固定于镜架之上；还有一类为靠背椅式 [1]，即将铜镜斜靠于镜台上（图 22）。但不管采用何种置镜方式，必定会对镜背造成遮挡，所以并不存在使用者和处于那个空间中的人对于镜背装饰的观赏。而在铜镜不使用时，也不会成为一件奢侈品陈列展示，一般是被包裹保护好放回奁具中，或是直接放回镜箱。既然如此，这样的仙人龟鹤图案究竟有何意义，是否能用于日常照面？

宋人如何看待神仙、如何对待神像，这一问题直接关系到普通百姓是否会将项负圆光的仙人铜镜用于日常梳洗照面。《夷坚志补卷》记有一卖豆小儿对吕洞宾塑像十分恭敬，"一日，瞻视叹息间，象忽微动，引手招之，持一钱买豆，儿不取钱，悉以畚中豆与之。象有喜色，以红药一粒授焉，使吞服，即觉恍惚如醉。还家，索纸笔作文章，词翰皆美，至于天文地理，无所不通，不茹烟火食，唯饮酒啖枣，如

21-1　白沙宋墓壁画所绘镜架与镜
（《白沙宋墓》，图版六）

21-2　《云笈七签》镜台与镜
（《道藏》第22册，第504页）

图22　铜镜靠于镜台上

[宋王诜《绣栊晓镜图》（局部），绢本，纵24.2厘米，横25厘米，台北"故宫博物院"藏。刘玉成主编《中国人物名画鉴赏》第1卷，九州出版社，2002，第106页]

图21

是岁余"。[1] 该儿童因为每天虔诚朝拜吕洞宾的神像，终于得到仙人所赐的"仙药"。又《睽车志》记载，程迥供奉一个五六寸的玉真娘子神像，"乃一美妇，仅长五六寸，而形体皆具，容服甚丽，见人殊不惊，小声历历可辨。自言：'我玉真娘子也。偶至此，非为祸祟，苟能事我亦甚善。'其家乃就壁为小龛，香火奉之，颇能预言，休咎皆验。好事者争往求观，入输百钱，乃为启龛，至者络绎"。[2] 程迥因所奉神像灵验而以此赚钱。再如《（嘉定）赤城志》卷三一载："开禧二年，火逼檐桷，竟逾河而

南，有枕庙居者，抱一神像置于室，火亦不犯，人传以为异云。"[3] 诸如此类的例子很多，显然都具有夸张和神异性质，事件真实与否并不是探究的重点，而其中反映的宋人对待神像的崇信态度则毋庸置疑。不管是不是虔诚的道教信徒，又因何种目的侍奉神像，神像在宋人眼中都具有神圣性，只要谨慎侍奉就会得到庇佑、收到回报。倘若按照宋代使用日常照面铜镜的方式将这样的南极仙人镜安置于镜台，势必会遮挡压盖镜背图案，对神祇多有不敬之处。因而笔者推断，这类铜镜并不适合于日常

1　《夷坚志补》卷一二《真仙堂小儿》，第1653页。

2　（宋）郭彖：《睽车志》卷三，《宋元笔记小说大观》（4），上海古籍出版社，2001，第4099页。

3　（宋）陈耆卿：《（嘉定）赤城志》卷三一，《景印文渊阁四库全书》第486册，台北：台湾商务印书馆，1986，第865页。

梳洗照面，而应当有其特殊功用。

那么究竟这样的南极仙人龟鹤镜有何作用呢？从现有的此类铜镜资料来看，多为墓葬出土，但并非一定是明器，因为可以发现不少镜组磨损以及镜面打磨的痕迹。需要注意的是，铜镜在宋元时期价格并不低，[1]据程民生考证，宋代维持一个人一天最低生活费用约需 20 文，普通居民每人每天平均 100 文左右，[2]饶州帮人舂米每日工钱 30 文，一个月工钱也购买不到一面普通的铜镜。即铜镜作为日常消费品，虽趋于平民化，但是仍然属于高价产品，故而专门制作用于墓葬似乎不太符合实际情况。所以这类铜镜应当是在日常生活中使用，待到下葬之时作为陪葬器物继续发挥作用。所以笔者尝试分析铜镜功用也将分为两大类，一类为生人的日常使用，另一类则是作为明器于墓葬空间中发挥作用。

首先来分析铜镜在生活场域里的功用。上文提到的洪迈在《夷坚丙志》中记载，外舅公生日当天，锡盆结冰，凝结成寿星龟鹤图，此后，外舅公被升迁为兵部侍郎，[3]显示了寿星预兆祥瑞的功能。金末元初文学家元好问为老人星画像补写赞文，并谈到写赞的起因。忻州天庆观道士能预测命运，其宗族人便请人画老人星像纪念他，后来画像虽存而赞文模糊难认，元好问才补写《老人星赞》。能预言的道士被奉为老人星，也从侧面反映出元代之前仍然保留有老人星知吉凶的预兆功能，并且得到普通百姓的普遍接受和认同。天津博物馆藏镜本有镜组却在镜缘另钻孔（图 2），应当是用于悬挂。笔者进而猜想，通过将这样的铜镜悬挂、摆放甚至是携带，就算自身不能获得预知命运祸福的能力，亦能在生活中常见寿星并祈求其降下祥瑞，抑或是在危困之时祈祷以期感应寿星得到照临与庇佑。

就道教存思修炼而言，铜镜亦能发挥作用。宋朝张君房《云笈七签》卷一八转载《老子中经》，谈到人体内的"南极"："泥丸君者，脑神也。乃生于脑，肾根心精之元也。华盖乡蓬莱里南极老人，泥丸君也，字元先，衣五色珠衣，长九分，正在兆头上脑中，出见于脑户目前。思之长九分，亦长三寸。兆见之，言曰：南极老人，使某甲长生，东西南北，入地上天，终不死坏迷惑，上某甲生籍，侍于道君，与天地无极。"[4]王琛发认为"南极"的概念对应着"长寿安康"，是着重通过体外体内神明相应，修炼自体小宇宙，而南极"真灵"随时随地可以"生活"在任何人的生

1　关于宋代铜镜价格，《唐宋时期的铸镜业》提及"衢州博物馆藏有一面南宋湖州镜，铭文为'每两一百文'，按宋制镜重 20 两，可知这面湖州镜的价格约为 2000 文"。见郁娇《唐宋时期的铸镜业》，硕士学位论文，厦门大学，2017，第 36 页。

2　程民生：《宋人生活水平及币值考察》，《史学月刊》2008 年第 3 期。

3　《夷坚丙志》卷一四，《夷坚志》，第 143 页。

4　《云笈七签》卷一八，《道藏》第 22 册，第 134 页。

命里。[1] 这对于本文探讨铜镜功用，亦极具启发意义。唐宋存有大量览镜诗，例如白居易从镜中感悟时间："朝见日上天，暮见日入地。不觉明镜中，忽年三十四。勿言身未老，冉冉行将至。白发虽未生，朱颜已先悴。"[2] 衣若芬曾撰文讨论白居易经由照镜"看见自我"以致认知自我、体会人生。[3] 照镜不再只是为了观照容色，更是成为审视"真实自我"的工具，拓展了认知"自我"的途径。镜背南极仙翁形象即是点明道教存思内外南极星神的内丹之法，使用这样的铜镜观照头部，即可审视感知自身"泥丸君"之所在，而通过修炼感应自身的南极真灵，实现镜中神与脑中神合二为一。存思修炼此法便可达到延寿长生的目的。另外，《道枢》载："次南向扣齿九通，而祝曰：南方朱鸟，丹霞太微；九道降烟，发布景辉；服食灵晨，饮以丹池。祝已，以舌舐下唇之外，取津咽之三十过，存液之赤气入于其心。行之十年，南极老人来授以景丹之经矣。"[4] 通过坚持叩齿、祝祷、咽液等修炼术十年，就能获得南极老人所授的炼丹经法。南宋方岳

词作《酹江月·寿松山主人》有云："更喜萱庭南极老，亲授长生秘诀。养浩颐然，后昌青紫，天报公阴德。"[5] 可见即便不是道教信徒的普通百姓，亦相信南极老人掌有长生秘诀，通过修炼就能实现延寿长生。而通过日日观照南极仙人铜镜，提醒自身勤加修炼，以盼早日获得长生秘诀。

对于铜镜在墓葬中的作用，徐苹芳先生在《唐宋墓葬中的"明器神煞"与"葬仪"制度》[6] 一文中明确说明了镜作为厌胜之物，强调镜的驱邪避祸、除鬼厌胜的意义。死者身边放置铜镜，不仅是相信灵魂不死在另一世界也需护佑，而对生者来说，亡人已入幽冥，怕见到镜之光明，用镜以防止侵扰子孙。东胜州故城[7] 出土有元代压胜钱（图23），钱直径8.2厘米，是目前见到的最大的压胜钱。不管是图式还是尺寸，这枚压胜钱与四川出土南极仙人龟鹤铜镜（图24）基本一致，笔者猜想，此类铜镜应当如压胜钱一样用于墓葬，同样是起到驱邪避凶以利生人的作用。

1　王琛发：《寿星信仰的神道设教：形态演变与神学重构的探讨》，潘崇贤、梁发主编《道教与星斗信仰》（上），齐鲁书社，2014，第107~140页。

2　（唐）白居易著，谢思炜校注《白居易诗集校注》第2册，中华书局，2006，第452~453页。

3　衣若芬：《自我的凝视：白居易的写真诗与对镜诗》，《中山大学学报》2007年第6期。

4　《道枢》卷九，《道藏》第20册，第657页。

5　（宋）方岳：《秋崖集》卷一六，《景印文渊阁四库全书》第1182册。

6　徐苹芳：《唐宋墓葬中的"明器神煞"与"葬仪"制度》，《考古》1963年第2期。

7　今在内蒙古托克托县城关明东胜卫城内的西北方向。

结　语

仙人龟鹤题材铜镜在南宋至元时期蔚然成风，结合图像与文献材料推断仙人身份为寿星（南极仙翁），寿星形象为项负圆光头戴莲花冠外着帔的典型道教神仙形象。由早期老人星国家星象预兆到民间人格化形象化的寿神崇拜，道教信仰的世俗化起到重要转承作用，是道教观念融入民间信仰的重要体现。这类铜镜在日常生活中既延续了老人星预测吉凶、照临庇佑的功能，又融合有道教存思修炼实现延寿长生目的等方面的实用功能，并作为明器在墓葬空间中发挥了驱邪厌胜以利生人的作用。

图 23　　　　　　　　　　　　　　　　　　图 24

图 23　元代压胜钱（正面）（直径 8.2 厘米，内蒙古托克托县博物馆藏。石俊贵：《东胜州故城出土的厌胜钱》，《内蒙古金融研究》2003 年第 4 期，图一）

图 24　南极仙人龟鹤镜（拓本）（四川绵阳新皂乡工地出土，直径 9.8 厘米。《四川省出土铜镜》，文物出版社，1960，第 115 页）

明末清初景德镇五彩瓷中拜寿图像的演变研究

■ **刘乐君**（景德镇陶瓷大学）

自古以来，拜寿题材一直是备受人们欢迎的艺术表现题材。不分男女老少、不论身份尊卑、不管哪个时代，人们对"长寿"的期望没有改变，对"拜寿"与"祝寿"的行为及图像的表达也乐此不疲。"拜寿图"在自明中晚期的嘉靖万历时期至清初康熙时期的五彩瓷中延续不衰，图像形式在继承中不断发展创新。关于拜寿题材，不同的器型、不同时代的主题人物的图像形式和组合方式都有一定的变化，它们共同将五彩瓷上的"拜寿图"艺术推向了高峰。本文力图探讨明末清初景德镇五彩瓷中最为典型的"八仙拜寿星"、图文结合的"寿上加寿"图像和彰显女性特征的"麻姑献寿西王母"三种图像之间的关联，并具体分析三者图像设计的发展和演变，从而推导出"拜寿"图像符号设计从"神性"到"人性"的转变过程。

一 "拜寿图"的典范——"八仙拜寿星"图像设计的发展和演绎

"八仙"是我国传统文化中备受人们喜爱的道教神仙之一，其图像形式丰富、影响力较大。八仙的传说始于唐代，明吴元泰《八仙出处东游记》所述的八仙过海的故事流传甚广，同时确定了八仙中的八个人物形象为：李铁拐、汉钟离、张果老、何仙姑、吕洞宾、蓝采和、韩湘子和曹国舅。此后的八仙图便主要以这八个人为主。[1] 明中晚期，"八仙拜寿星"图像受欢迎程度较高，在五彩瓷上的出现频率也很高。

与此同时，寿星也是自古以来就深受民众喜爱的道教神仙。《史记·封禅书》中记载："寿星，盖南极老人星也，见则天下

---

1 干春松：《神仙传》，东方出版社，2004，第230页。

理安，故祠之以祈福寿。"[1] 又有《史记·天官书》道："老人见，治安；不见，兵起。"[2] 唐代学者张守节进一步说明："老人一星，在孤南，一曰南极，为主占寿命延长之应，见则国命长，故谓之寿昌，天下安宁，反见，人主忧也。"[3] 这都表明人们对寿星的信仰由来已久，"寿星"最先被赋予的是天下安宁、长治久安之意，逐渐衍化为人类个体生命延年长寿的象征。在元代杂剧和明代戏曲中出现了众多与寿星相关的曲目，如《南极登仙》《群仙祝寿》《长生会》，凸显了寿星寓意长寿健康的核心意义。元代的寿星形象为高额的老者，明代以后，寿星额头隆起的幅度更为明显，长髯长眉、手执如意，双腿盘坐，或有仙鹤相随，或有鹿跪坐一旁相伴，或有蝙蝠旋绕空中呼应等。

（一）"八仙拜寿星"图像的发端

"八仙拜寿星"图像发端于明代嘉靖万历时期，源于嘉靖皇帝对道教的笃信和虔诚。嘉靖、万历两位皇帝在位时间将近一个世纪，当时官窑管理制度下的瓷器烧造产量巨大，形成了风格较为统一的具有道教文化色彩的五彩器。其中，以"八仙"和"八仙拜寿星"两种图像形式尤为突出和具代表性。《饮流斋说瓷》中的"说花绘第五"部分记载：嘉靖八仙捧"寿"或群仙捧"寿"等盘，比视龙凤捧"寿"、海水飞狮捧"寿"等图案更加珍贵，原因是龙凤可轻易配置，八仙、群仙则颇费匠心矣。[4] 这里充分说明了在祝寿题材中，八仙和群仙祝寿图像瓷器虽然制作工艺复杂、绘制更耗时，却相当受欢迎，其价值也更显可贵。

明代民窑瓷器中的碗和盘中都有单独的寿星图像出现，如寿星驾鹤仙游于寿山、福海和祥云之中（图1），但"八仙拜寿星"的图像形式在明嘉靖万历时期至清顺治时期的五彩瓷中大量出现，并形成了较为固

图 1 明嘉靖青花八仙祝寿图碗（局部）

（尺寸不详。王育林：《明清瓷器艺术鉴赏》，南京师范大学出版社，2013）

---

1 《史记》卷二八《封禅书》，中华书局，1959，第 1376 页。

2 《史记》卷二七《天官书》，第 1306 页。

3 刘源：《宋代寿星啥模样？》，《刘源谈宋金花钱题材考：寿星篇》，引自微信公众号"乐艺会"，2017 年 11 月 30 日。

4 许之衡著，杜斌编著《饮流斋说瓷》，中华书局，2012，第 129 页。

定的图像模式，这说明同一图像题材，在不同时代传承的过程中显示出相似却又有所不同的图像模式。

上海天物馆藏明万历青花五彩八仙祝寿图盘（图2-1）和香港颂德堂藏明万历青花五彩八仙祝寿图盘（图2-2）在构图方式和图像特征上有极高的相似度，这使我们有理由相信两件瓷盘源自同一绘图摹本，并且用"摩图"的方式拷贝下来。在御窑厂较严格的工艺分工制度下，针对同一拷贝图稿，不同的画工在瓷器上再绘制时会呈现与原图像的细微差别，即便是同一瓷绘艺人所画，也会因完全手工绘制而使瓷器图像之间出现差异，这在一定程度上也正体现了每件艺术品的独特性。这一类型的青花五彩瓷的主要特征体现为：祥瑞花卉与"寿"字文相结合的二方连续形

式的带状边饰纹样；瓷盘中的八仙与寿星主题人物形象都是居中构图，在画面的右侧拱手拜寿远方的南极仙翁（即寿星）。而额头高耸的长须寿星右手执如意，身披宽袖长袍围坐于磐石之上面向前来贺寿的八仙，童子站在一旁，双手举握象征长寿的玉杖，前方有仙鹤蹁跹和鹿在回望，远方有山崖中长出的松树和灵芝，祥云点缀远近空间，前景中有花果瑞草呼应。值得注意的是，明万历青花五彩八仙祝寿图盘所描绘的八仙，除了手中所执各自的法宝和标志物（韩湘子的横笛、吕洞宾的宝剑、铁拐李的葫芦和拐杖等）之外，还有部分人物手捧与法宝并不相干的寿礼，这是为了迎合贺寿的主题，是粉本设计者或瓷画艺人们的再设计，这里的寿礼表现为：一盘寿桃取代了何仙姑手执的笊篱或

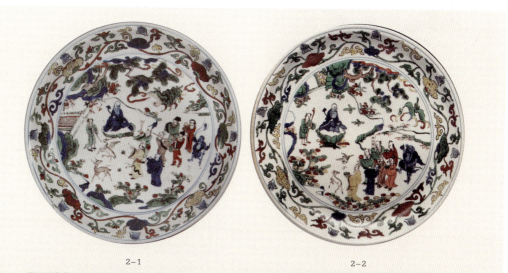

2-1　　2-2

2-1　明万历青花五彩八仙祝寿图盘（口径29.8厘米，上海天物馆藏。扬州博物馆等编《上海天物馆藏珍藏集萃：唐宋元明清瓷器精品汇展图录》，文物出版社，2012）

2-2　明万历青花五彩八仙祝寿图盘（尺寸不详，香港颂德堂藏。何懿行：《炉火纯青——嘉靖及万历官窑瓷器》，香港大学美术博物馆出版社，2009）

图2

荷花；一只装美酒的"爵"取代了曹国舅手中的拍板；一盘祝寿点心代替了蓝采和手中的锄头和花篮等（图3）；而在香港颂德堂藏明万历青花五彩八仙祝寿图盘中除了铁拐李的形象特征显著，八仙中的其他人物手捧各种捧盒、瑞果、酒坛等贺寿礼物。由于缺失了八仙人物手执标志物和法器的信息图像，很难确定人物的具体身份，就连作为八仙中唯一女性的何仙姑，其人物形象也缺乏绘于后世五彩瓷中的五官清秀、身姿修长等女性特征，依稀只能根据人物的服饰、发饰和冠帽来做人物身份的判断。八仙手中的寿礼图像特征并不明显，观者只能根据大体的外形判断出图像中的盖盒、寿桃、酒坛等形象。

图3　明万历青花五彩八仙祝寿图盘（局部）

（口径29.8厘米，上海天物馆藏。扬州博物馆等编《上海天物馆藏珍藏集萃：唐宋元明清瓷器精品汇展图录》）

（二）"八仙拜寿星"图像风格的突变

十分有意思的是，嘉靖万历时期十分盛行的"八仙拜寿星"图像在明末天启和崇祯时期的五彩瓷中并没有得到延续，取而代之的是另一种与之相关联的主题为"阆苑蓬莱三岛客"，又以简约风格见长的天启五彩器。

如果说万历时期的五彩瓷依然体现的是符合皇家审美需求和风格的官窑定制瓷，那么，在万历三十五年官窑停烧，尤其是天启元年之后，民窑获得了极大的发展自由。由于消费对象不再是王公贵族，而是转向更广阔的大众群体，再加上民间的对外贸易输出，五彩瓷有了前所未有的新气象，这具体体现在艺术风格的转变上。市场需求量大、物美价廉、作品制作周期短等消费的前提因素决定了风格的转变，催生了简洁拙朴、清新随意、个性鲜明的天启五彩瓷。即同样是表现祝寿题材，天启五彩瓷的图像形式就不再拘泥于构图繁复的八仙人物，而是发展为简洁的"以一代全"方式。

明代晚期的天启年间，有一种"阆苑蓬莱三岛客"题诗的青花五彩人物盘十分盛行，传世量也较大。"阆苑"又称"阆风苑"，即"阆风之苑"，传说在昆仑山之巅，也是西王母居住的地方。诗词中，常用来泛指神仙居住的地方，有时也代指帝王宫苑。对"阆苑"的记载，早在楚国屈原的《离骚》中就有之："朝吾将济于白水兮，登阆风而绁马。"[1]而东晋时期葛洪的《神仙传》中又

1　（战国）屈原、（战国）宋玉著，（明）萧云从原绘，（清）门应兆补绘《离骚全图》，王承略点校，山东画报出版社，2016，第40页。

具体道:"昆仑阆风苑,有玉楼十二,玄室九层,右瑶池,左翠水,环以弱水九重。洪涛万丈,非飙车羽轮不可到,王母所居也。"[1]这里细述了"阆苑"具有的神仙气质的结构环境;对"蓬莱"的记载,《史记·秦始皇本纪》曰:"齐人徐市等上书,言海中有三神山,名曰蓬莱、方丈、瀛洲。"[2]由于"蓬莱"海域经常出现海市蜃楼的奇观,更激发了人们寻仙求药的热情,"蓬莱"也成为三岛之中人们最热衷于用各类艺术形式来表现的一个。而明代晚期天启年间的青花五彩瓷中更是直接将"阆苑蓬莱三岛客"的题诗和道仙人物结合在一起,构成了一种固定的图像模式。

这一类的图像模式具有显著的特点。首先,有"阆苑蓬莱三岛客"题诗点明图像的主题。这一类型风格的瓷盘大量出现,并直接以青花料将"阆苑蓬莱三岛客"题写在位于瓷盘中心位置的人物的左侧或右侧(图4、图5)。这种题诗的形式既使图像的主题十分明确,又有助于将这一类型的图像进行有效的归类和梳理。

其次,简单到只有一位人物形象。如果说明嘉靖万历时期的八仙人物总少不了集体出现的话,那么,此时却是将八仙人物只精简至一位。由于阆苑蓬莱三岛本身就是传说中的、人们想象出来的美好情

图4　明天启青花五彩人物图盘

(直径16.3厘米,英国维多利亚及阿尔伯特博物馆藏。〔英〕柯玫瑰、〔英〕孟露夏:《中国外销瓷》,上海书画出版社,2014)

图5　明天启青花五彩仙人图盘

(直径16.5厘米,英国巴特勒家族藏。上海博物馆编《上海博物馆与英国巴特勒家族所藏十七世纪景德镇瓷器》,上海书画出版社,2015)

景,而阆苑蓬莱三岛的客人也并没有固定的人物形象,人们很容易就根据前代也

1　干春松:《神仙传》,第221页。

2　《史记》卷六《秦始皇本纪》,第247页。

就是嘉靖万历时期已经非常成熟的八仙人物形象来选择一位。他或者是头戴乌纱官帽、身着青衣长袍、脚穿长筒皂靴、手拿乐器拍板、脚踩一朵升腾的祥云的曹国舅，或者是头有双髻、手拿葫芦、一脸萌态、大腹便便的汉钟离（人物神态形象和服饰穿着均符合汉钟离的身份，但手中的"葫芦"是铁拐李的法宝，其矛盾之处有可能是出于瓷绘艺人的自我发挥，人物的具体身份有待讨论辨别，笔者更倾向于其为汉钟离），或者是身背宝剑、手执拂尘的吕洞宾，或者是肩扛寿桃、一脸优哉的东方朔等。人物虽少，但大多来自八仙人物或仙道人物，其图像寓意都与长寿及拜寿主题活动相关，用简洁的人物图像形式同样表达祝寿的场景是天启五彩瓷的独特之处。

再次，程式化的"蝌蚪形"云头图像。祥云是主体人物成仙得道、自由在空中行走的重要辅助工具，也是必不可少的图像。天启五彩盘中省去了多余的语言，只用一个极富动感、呈"S"形扭动的"蝌蚪形"的云头纹来表现，图6-1、图6-2、图6-3都是采用有一定宽度笔锋的青花料笔，一笔画成云头的"S"形体，再用釉上的矾红料勾勒一圈外轮廓，图6-4和图6-5在釉下青花和釉上矾红料的基础上又增加了釉上的绿彩。

最后，简到极致的"寿桃图"。图7是大英博物馆藏景德镇窑生产的天启青花五彩人物图盘，这件盘的中心人物是肩扛一大枝仙桃的东方朔，《列仙传》中有记载："东方朔者，平原太庆次人也，久在吴中，为书师数十年。武帝时上书说便宜，拜为郎。至昭帝时，时人或谓圣人，或谓凡人，作深浅显默之行，或忠言，或戏语，莫知其旨。至宣帝初，弃郎以避乱世，置帻官舍，风飘之而去。后见于会稽，卖药五湖，智者疑其岁星精

6-1 尺寸不详，英国维多利亚及阿尔伯特博物馆藏。（英）柯玫瑰、（英）孟露夏：《中国外销瓷》
6-2 尺寸不详，藏地不详。叶佩兰：《明清彩瓷鉴赏与收藏》，印刷工业出版社，2013
6-3 尺寸不详，英国巴特勒家族藏。上海博物馆编《上海博物馆与英国巴特勒家族所藏十七世纪景德镇瓷器》
6-4 尺寸不详，日本东京国立博物馆藏。上海博物馆编《故宫博物院上海博物馆藏明清贸易瓷》，上海书画出版社，2015
6-5 尺寸不详，大英博物馆藏。（英）霍吉淑：《大英博物馆藏中国明代陶瓷》下册，故宫出版社，2014

图6　明天启青花五彩仙人图盘（局部）

图 7　明天启青花五彩人物图盘

（高 3 厘米，口径 16 厘米，景德镇窑，大英博物馆藏。〔英〕霍吉淑：《大英博物馆藏中国明代陶瓷》下册）

也。"[1] 东方朔既是博览群书、性情诙谐的儒者，又是精通仙术具有通天能力的道圣，民间流传的关于东方朔偷桃拜寿西王母的故事，表达了人们祈盼健康长寿的愿望。同时，介于人与神之间的东方朔比八仙似乎更有亲切感，以"东方朔偷桃拜"图像来表达献寿，其吉祥之意不言而喻。

大英博物馆藏明天启青花五彩人物图盘中除了主体人物东方朔之外，其边饰由以散点式排列的两组寿桃图、几组祥云纹或海水纹等组成。其中，"寿桃图"十分有特点，位置居中的是两只黄红色寿桃，外圈分散着绿色桃叶和红色如意祥云，共同组成了一个较为固定的图像形式（图 8-1）。这种与祝寿主题相呼应的"寿桃图"的设计大量出现在包括所

有"阆苑蓬莱三岛客"题诗的青花五彩人物盘在内的天启五彩瓷盘中。将这些"寿桃图"进行比对分析，不难发现它们之间的演变规律，以天启青花五彩东方朔人物图盘为起点，还可以十分明确地分辨出"寿桃图"，但经过不同瓷画艺人数次的临摹和拷贝后，图像发生了改变。所幸图像的大体形态相近，这使得我们可以准确判断其图像源头。图像中寿桃的变化最大，从两只轮廓清晰的桃形逐渐演化为一个螺旋纹（图 8-2）或是一个扁圆形（图 8-3），甚至成了一个内有方孔的圆形（图 8-4），这种形式上的简化确实容易给图像的判断工作带来难度，误判的可能性很大。图 8-1 中桃叶的外形轮廓以及叶子生动的正反面的表达还一览无遗，到了后面就可能成为形似绳系的飘带（图 8-5）或猜不出其明确意图的图案了。

明末天启时期"拜寿"图像的极简风格得益于瓷画艺人从万历年代的官窑体制束缚中摆脱出来，获得了自由的生产动力。在民间市场需求量大、物美价廉、作品制作周期短等消费因素的影响下，瓷器的图像形式就不再拘泥于构图繁复的八仙人物，而是发展为简洁的"以一代全"，画面呈现出清新自由、质朴古拙，笔触畅快淋漓、个性鲜明的特点。

1　王叔岷：《列仙传校笺》，中华书局，2007，第 103 页。

8-1　　　　　　8-2　　　　　　8-3　　　　　　8-4　　　　　　8-5

8-1 尺寸不详，大英博物馆藏。〔英〕霍吉淑：《大英博物馆藏中国明代陶瓷》下册

8-2 尺寸不详，大英博物馆藏。〔英〕霍吉淑：《大英博物馆藏中国明代陶瓷》下册

8-3 尺寸不详，大英博物馆藏。〔英〕霍吉淑：《大英博物馆藏中国明代陶瓷》下册

8-4 尺寸不详，藏地不详。叶佩兰：《明清彩瓷鉴赏与收藏》

8-5 尺寸不详，英国巴特勒家族藏。上海博物馆编《上海博物馆与英国巴特勒家族所藏十七世纪景德镇瓷器》

图 8　明天启青花五彩仙人图盘（寿桃图）

（三）"八仙拜寿星"图像的稳中求变

虽然"八仙拜寿星"的图像在晚明的天启和崇祯时期出现了传承的突变，但是在清顺治时期，这一图像范式得到了较好的恢复继承和有序发展。顺治五彩瓷也逐渐形成了自己的风格，即更加注重突出人物形象及人物之间的互动，画面更加精彩。

顺治五彩瓷对万历五彩瓷"八仙拜寿星"图像的继承和发展主要体现在以下几个方面。首先，两者同为青花五彩装饰，但青花色彩在整个图像中所占比例不同。万历五彩瓷中青花是其中一种色彩的点缀，整个画面色彩分布较为平均，视觉效果较为分散；而顺治五彩瓷中的蓝色的"青花"色彩占据整个图像的主要部分，这使得画面更加沉稳协调（图9）。

其次，边饰的简约化。顺治五彩瓷放

9-1　　　　　　　　　　　　　　　　　　9-2

9-1　明万历青花五彩八仙祝寿图盘（局部）（口径29.8厘米，上海天物馆藏。扬州博物馆等编《上海天物馆藏珍藏集萃：唐宋元明清瓷器精品汇展图录》）

9-2　清顺治青花五彩八仙拜寿星图盘（局部）（尺寸不详，美国纽约大都会博物馆藏。笔者拍摄）

图 9

弃了万历五彩瓷中繁复的二方连续形式的带状边饰，取而代之的是由内圈为一条蓝色青花边线和外圈为一条酱釉边线组成的简约边饰，这使得顺治五彩瓷的八仙拜寿星的主体人物图像更加突出和强化，画面更简洁和纯粹。

再次，顺治五彩瓷人物的比例大小和虚实空间的重新考究。图10和图11分别为英国巴特勒家族藏和美国纽约大都会博物馆藏的清顺治青花五彩盘，两件瓷盘都成功地继承了万历五彩瓷中的"八仙拜寿星"的图像范式，在主体人物图像和场景构图形式没有大的改变的前提下，调整了人物的比例，寿星的体量明显缩小，强调了远近虚实的变化，突出了空间感，近景的八仙人物形象较万历五彩瓷中更高大和突出。在局限的空间里，利用一条长长的沟壑分割出了八仙和寿星所处的两个陆地空间，这种巧妙的设计突出了"近在眼前，远在天边"的层次感。在万历五彩瓷中体型较大的鹿与鹤在八仙面前呈现动态形象，

而在顺治五彩瓷中形象娇小的瑞鹿非常温顺地跪坐在寿星身后（图12）。这组合图像的设计不仅成功地突出了寿星这个主体人物形象，而且强化了"寿"与"禄"组合的吉祥寓意。此外，八仙的衣饰和手执的法器等标志物信息可以使人物身份更加确定。如果说嘉靖万历时期的五彩瓷中八仙人物特征还不够鲜明，那么，这一问题在顺治五彩瓷中得到了很大改善，即可以肯定地判断出八仙人物及其法宝，如：头顶双髻的美髯公汉钟离双手捧桃；张果老手执敲有梵音的渔鼓；蓝采和双手举着花篮；穿官服长靴、戴官帽的曹国舅手执拍板；韩湘子在吹响洞箫；单脚站立的铁拐李一手拄拐、一手举葫芦；一副书生气质的吕洞宾戴着头巾，手执拂尘、肩背宝剑；身披云肩、身着红裙的何仙姑肩扛笊篱。

最后，顺治五彩瓷更加强调人物之间的互动和交流。由于人物众多，在有限的空间里表现八个人物必定会受到空间的限

图10　清顺治青花五彩八仙寿星图盘（口径36厘米，英国巴特勒家族藏。Sir Michael Butler, Margaret Medley, Stephen Little, *Seventeenth Century Chinese Porcelain from the Butler Family Collection*, Virginia: Art Services International Alexandria, 1990）

图11　清顺治青花五彩八仙拜寿星图盘（局部）（尺寸不详，美国纽约大都会博物馆藏。笔者拍摄）

图12　清顺治五彩八仙寿星图盘（局部）（尺寸不详，英国巴特勒家族藏。Sir Michael Butler, Margaret Medley, Stephen Little, *Seventeenth Century Chinese Porcelain from the Butler Family Collection*）

制，人物的排列方式就显得十分重要。上海天物馆藏万历五彩盘中的八仙从左至右排列，较为呆板，而美国纽约大都会博物馆藏顺治五彩盘有意识地将人物分为四组：吕洞宾与何仙姑为一组；汉钟离、韩湘子与铁拐李为一组、曹国舅与蓝采和为一组；张果老独自一人面朝寿星，做驾云而去状。每组人物之间保持一定距离，人物排列松紧合适、疏密得当，前三组人物并没有按照主题规范的那样，刻意地朝向寿星拱手拜寿，而是各自相互交流，独立成趣：韩湘子回过头来对着铁拐李吹箫，而不是面朝寿星；汉钟离捧着寿桃似乎是给何仙姑，而不是给寿星；最有意思的要数吕洞宾和何仙姑两位角色的设计，两人俨然走到一旁话长短去了，自得其乐，可能早就忘了拜寿这件事情了（图13）。图像的设计多了有趣的成分，神仙们少了规范礼仪中的恭敬和严肃，添

图 13　清顺治青花五彩八仙拜寿图盘（局部）
（尺寸不详，美国纽约大都会博物馆藏。笔者拍摄）

加了细腻的情感和人物自然真实的互动，彰显了这是一群有血有肉、有情有义的神仙。

（四）"八仙拜寿星"图像形式的再变

清康熙时期的"八仙拜寿星"图式仍然在延续，但艺术风格上发生了明显变化。"康熙五彩"包括"康熙青花五彩"和"康熙釉上五彩"两个类型。由于康熙发明了釉上蓝彩（后世称为"古翠"），突破了只能由"青花料"画蓝彩的局限，完全的釉上彩料不仅省去一道釉下工艺、提高了绘制效率，还使得画面更加整体、色彩协调统一，"康熙釉上五彩"使得康熙五彩呈现新的艺术风貌。康熙时期的"八仙拜寿星"图式以"康熙青花五彩"和"康熙釉上五彩"两种方式并行延续和发展。

1. 图像追随器型——康熙五彩瓷的构图特征设计

图像设计追随器型的变化。康熙五彩瓷由于制瓷技术的提高、工艺的发展，各方面都达到了较优秀的水准，立体器型的制作更加完善，造型更为丰富和新颖，使用更加广泛。康熙时期，"八仙拜寿星"图式更多体现在炉、瓶等立体器型上，而非前代常用的"盘"等平面器型上。就康熙五彩瓷的器型而言，香炉是常用器型，无论是在道观里还是在普通百姓家，绘有"八仙拜寿星"图式的香炉很受欢迎。空间的局限使因器型而设计图像显得尤为重要。

图 14 和图 15 分别为上海博物馆藏清康熙中期青花五彩八仙拜寿图炉和英国巴特勒家族藏清康熙三十五年（1696）青花

图 14　清康熙中期青花五彩八仙拜寿图炉

（高 10.1 厘米，口径 15.9 厘米，上海博物馆藏。上海博物馆编《上海博物馆和英国巴特勒家族所藏十七世纪景德镇瓷器》）

图 15　清康熙三十五年青花五彩八仙拜寿图炉

（高 9 厘米，直径 11.5 厘米，英国巴特勒家族藏。Sir Michael Butler, Margaret Medley, Stephen Little, *Seventeenth Century Chinese Porcelain from the Butler Family Collection*）

五彩八仙拜寿图炉。由于巴氏藏八仙拜寿炉底部有确切纪年款（"康熙丙子年汪以仁置"），而上海博物馆藏的三足炉和其有相似的瓷绘风格，可以判断这两件炉的烧造时间接近。墩扁鼓腹的炉使得瓷器图像的设计只能在狭长面展开，寿星也不可能再安排在离八仙较远处的深山仙境，而是与八仙们坐在了一排。高额隆起手执如意的寿星身旁的鹿、鹤及童子形象都省去了，万历和顺治五彩瓷盘中复杂的山、石、云和树等场景也不再有，画面中省略了大量关于背景环境的描绘，仅在人物之间穿插少量的石和草，以活跃气氛。人物的高度几乎都是"顶天立地"，也就是自上而下满器型的构图，凸显了人物形象的高大，其主导地位也一览无余。

"八仙拜寿星"图不仅在康熙青花五彩瓷中得以延续，在康熙釉上五彩瓷中也得到更大发展，其形式更加多样。由于是完全的釉上彩料，线条的勾勒由油性料的黑料和红料取代了青花五彩中的青花钴料，

绘制更加精致、图像更加精彩、人物也更加生动传神。图 16 是清康熙五彩八仙人物图灯笼尊，此瓶形似方形灯笼，瓶的腹部为直线形，八仙和寿星人物的构图只能在这一条直线平面展开，只有瓶的颈部上一组折枝寿桃与之呼应，瓶的其他部分均以留白的方式不着任何笔墨，素净莹润的白色釉面更衬托了釉上五彩的色彩丰富和雅致清新，也凸显了人物的主体形象。人物的安排遵循了与前面康熙青花五彩炉相似的处理方式。首先，简约的环境背景。这件灯笼尊中仅有少量的环境背景，八仙人物位置稍有上下的错落，是通过由远及近的若干组浅色地皮来体现其空间感，只有右侧的寿星所坐的磐石附近有少量山石，整体画面十分简约。其次，"顶天立地"的人物形象。"上可顶天，下可落地"的形象比喻是指以突出人物为主旨，人物的形象高大，构图饱满。"顶天立地"是对这一时期人物具备的普遍性构图规律的一个统称，这与康熙早期五彩瓷的雄浑大器的时代特

点是一致的。最后，为了符合瓷瓶立体造型的视觉要求，人物从左至右环形排列。以寿星为中心，八仙人物依次朝两侧展开环绕一圈，移步换景，画面营造有主有次。

2. 从"神性"到"人性"的转变——康熙五彩瓷的人物特征设计

如果说明代嘉靖万历时期五彩瓷"八仙拜寿星"图像中仍着重体现八仙人物的神仙气质和道骨风范的话，那么，自顺治以来人们就更加突出对八仙人物的神态和情节性描绘，注重每组人物之间的互动交流（图17），故宫博物院藏清顺治五彩八仙祝寿花果图觚式瓶中的铁拐李双手拿执壶正要为一旁的吕洞宾倒酒，而吕洞宾也毫不客气正举起酒杯迎酒，本应该是给寿星的美酒他们却在拜寿途中享用在先了，这里的情节设计颠覆了明代嘉靖万历时期庄重的拜寿规范，瓷画艺人没有拘束地发挥想象，使八仙人物呈现出人性的可爱。

顺治民窑瓷器的蓬勃发展摆脱了官窑瓷器图像设计必须符合皇帝身份和审美的各种局限和束缚，所呈现的是一种清新、自然的风格，即便是"神"，也有人性的光辉和情感。康熙五彩瓷中对"八仙拜寿星"图像设计在顺治瓷的基础上得到更大发挥，为了避免人物的呆板，康熙五彩瓷更加朝人们喜闻乐见的图像形式发展。其十分注重人物之间的互动图像设计，这也是康熙五彩瓷更加人性化的一面，八仙人物少了一份"神"的庄重和矜持，更多了一份"人"的生动和可爱。"八仙拜寿星"图像继续延续顺治以来的将吕洞宾与何仙姑独立成组的惯有图式，清康熙五彩八仙

图 16　清康熙五彩八仙人物图灯笼尊

（高 18.5 厘米，口径 11.5 厘米，藏地不详。钱振宗：《清代瓷器鉴赏》，上海科学技术出版社，1994）

图 17　清顺治五彩八仙祝寿花果图觚式瓶（局部）

（高 37.5 厘米，北京故宫博物院藏。王健华：《故宫博物院藏清代景德镇民窑瓷器》卷 1，故宫出版社，2014）

人物图灯笼尊（图18）中对这一图式的设计更胜一筹：眉开眼笑的吕洞宾背着长剑弯着腰，手里似乎拿着一封红色书信以示何仙姑，而何仙姑虽然回头答应，却摆出一副右手叉腰忸怩还羞、欲接未接的姿态，让人不得不佩服瓷画艺人对画面情节的精心设计。该设计很有可能是明末清初流行的小说和戏曲的影响。不但如此，这件灯笼尊中还有意加强了曹国舅与蓝采和的互动，曹国舅身着红袍、头戴冠帽、手执玉板，往前走时也不忘回头与身后的蓝采和攀谈交流，两人的神态仿佛是说到什么开心事一样。虽然是去给寿星拜寿，但不妨碍他们之间的单独交流，人性可爱和真实的一面得到凸显，八仙的形象设计更符合从"神性"到"人性"的转变，"人"的亲切感代替了"神"的距离感。

从仪式化的拜寿与贺寿图式到突出人性化、情节化的自然情趣表达，这样的图像设计更符合大众的审美情趣，受欢迎程度也更高，不得不说这是康熙五彩瓷"八仙拜寿星"图像的一大变革。[1]

二 "拜寿图"的特例——图文结合的"寿上加寿"图像

因器型而设计图像，将"图"与"文字"巧妙结合，创新手法更加多样，出现了将"福"或"寿"文字与人物故事图像相结合的创新形式，并成为一时的风尚，苏珊·朗格提出"艺术是人类情感的符号形式的创造。在艺术中，形式之所以被抽象，仅仅是为了显而易见，形式之所以摆

图18　清康熙五彩八仙人物图灯笼尊（局部）

（高18.5厘米。钱振宗：《清代瓷器鉴赏》）

1　"明末清初五彩瓷中八仙和寿星人物图像"，请参看"附表"。

脱其通常的功用也是为获至新的功用——充当符合，以表达人类的情感"。[1]

故宫博物院藏清康熙五彩群仙祝寿图瓶（图19）就是一个极好的例子，瓶的腹部是一个硕大的"寿"字，由大绿料和紫料绘制的锦地纹样填满，在保证"寿"字外形轮廓仍然清晰可见的前提下，其中心位置设计了一个寿桃形的开光，开光里面是瓷瓶最精彩的部分——"八仙拜寿星"图，寿星驾鹤从空中而来，八仙们分成两组，依次排开迎接寿星。左边的张果老、蓝采和与韩湘子三位并没有手举寿礼向着寿星，而是各拿着代表自己身份的法器面朝图中右侧的汉钟离和曹国舅，汉钟离左手执扇、右手举桃，曹国舅一身红袍拱手拜寿星，而旁侧的吕洞宾面露笑意，回头

正与身后的何仙姑交流，最有意思的要数铁拐李，他举着的红色葫芦冒出的云气里幻化出与自己同样形象和姿态的再现版本，借助云气，幻化升腾的铁拐李举葫芦拜寿的形象与寿星似乎更接近一步。总体而言，画面的视觉焦点都集中在以汉钟离、曹国舅和铁拐李为代表的祝寿动态上，其他人都与之呼应。

"图"和"字"相组合构成了一个有机的整体，一种具有强烈装饰意味的视觉图像，其艺术形式感十分鲜明。在以"字里有图、图在字中"的形式依托上，设计理念更体现在"寿上加寿，福上加福"祥瑞寓意的强化。依据这一设计理念，康熙五彩瓷还创新了各种组合形式，包括："寿"字与"八仙贺寿"的结合；"福"字与"福禄寿"的

图 19　清康熙五彩群仙祝寿图瓶及细节图（A面）

（高41.4厘米，北京故宫博物院藏。《故宫博物院藏品大系·陶瓷编24 清顺治康熙》，河北教育出版社，2014）

1　〔美〕苏珊·朗格：《情感与形式》，刘大基等译，中国社会科学出版社，1986，第62页。

结合（图20）；"寿"字与"寿星"的结合；"寿"字与"寿桃仙鹤"的结合；等等。装饰手法涵盖了"康熙釉上五彩"、"青花"、"青花五彩"和"斗彩"等，极大地丰富了康熙五彩瓷中"八仙拜寿星"图式的表现形式。

图20　清康熙五彩群仙祝寿图瓶细节图（B面）

（高41.4厘米，北京故宫博物院藏。《故宫博物院藏品大系·陶瓷编24清顺治康熙》）

图21　清康熙五彩"寿"字形鹿鹤同春图酒壶

（尺寸不详，美国伯克利博物馆藏。方李莉：《中国陶瓷史》下卷，齐鲁书社，2013）

不仅如此，以"寿"字为器型设计的酒壶也是康熙时期的独创品。美国伯克利博物馆藏清康熙五彩"寿"字形鹿鹤同春图酒壶（图21）就是精美工艺和艺术化设计结合的典范。这件酒壶的独特之处在于整个壶的器型是以"寿"字形来设计，壶盖、壶身和壶底构成了一个完整的"寿"字的变体，随字体笔画的起伏，壶体有凹凸镂空的变化，虽然满足了视觉上器型的统一整体，却极大地挑战了陶瓷制作工艺的难度，这也侧面显示了康熙瓷极高的制作工艺水平。整个壶体画了满密的鹿、瑞鹤、青松、湖石瑞草和五彩祥云等图像，营造出一派长寿的祥瑞气氛，并与壶体"寿"字外形组成"寿上

加寿"寓意的完美设计体现。

这一设计理念不仅体现在瓷器的设计上，而且对后世的其他媒材的艺术品同样产生深刻的影响。清中期苏州桃花坞寿字吉祥图套版年画（图22）就是这种"图"与"字"结合思路的延续和发展。硕大一个"寿"字里面绘制了各类道仙人物：八仙、三星和东方朔、麻姑和西王母等各种人物形象，年画里的内容不再局限于八仙给寿星拜寿，而更可能是众神仙给西王母贺寿。画面的最上方是骑着凤凰从云端而来的西王母，琼楼玉宇在祥云中若隐若现，紧接着是"福禄寿"三星站在天台上与西王母互相遥望，手执各自法器的八仙分成几组同来贺寿，东

图 22　清中期桃花坞寿字吉祥图套版年画

（高 80 厘米，私人藏。笔者拍摄）

方朔肩挑两只大寿桃，画面左下方是一只装满大寿桃和酒壶的船，划船者是麻姑，松鹤鹿、寿山福海填满了整个"寿"字，呈现一派祥瑞和谐的气氛。

三　"拜寿图"的新宠——彰显女性特征的"麻姑献寿西王母"图像

　　明代多以"八仙拜寿星"图流行，以

女性作为祝寿主体的图像并不多见。清顺治时期，五彩瓷上仍然延续"八仙拜寿星"图，"群仙女祝寿"图像开始出现，但是"麻姑献寿"图像并没有独立出来，直到清康熙时期，这一图像才迅速增多并流行开来。而此时，"麻姑献寿"图像形式已较为固定和成熟，并成为康熙五彩中除"八仙拜寿星"图像以外较受欢迎的祝寿题材。

　　麻姑是道教神话人物，也是中国民间信仰的女神。《神仙传》中记载，麻姑修道于牟州东南姑馀山（今山东莱州市），自谓"已见东海三次变为桑田"，于是麻姑被认为"高寿"，成为与寿星齐名的长寿的象征。又有每年的三月初三西王母寿辰，麻姑于绛珠河边以灵芝酿酒祝寿西王母传说。[1] 麻姑手执如意或酒壶，身旁的瑞鹿在拉一辆满载美酒的两轮车。中国民间传统习俗中为女性长者祝寿时多选用麻姑形象，并命名该类图像为"麻姑献寿"。

　　"麻姑献寿西王母"图集中出现在清康熙釉上五彩成熟时期，其精湛的制作工艺、精致的人物画面与开光式"万寿无疆"文字、矾红锦地花卉边饰结合的特殊图像形式，使之成为康熙釉上五彩瓷的杰出代表。"麻姑献寿"图像在康熙时期脱颖而出的原因可能有以下两个方面。

　　第一，明代一直以"八仙拜寿星"或"寿星"男性祝寿题材图像为主导，直到清顺治年间开始出现了群仙女祝寿西王母的图像，以故宫博物院藏清顺治青花五彩群仙女祝寿图筒瓶为例，瓷瓶的一面（图23）西王母身着华服，凤冠霞帔，姿态端庄，从层层密布的红色卷云中随凤凰而至，她面前站立两位双手捧寿桃的宫女，身后有打扇和举旗的宫女，气势非凡。图24中，站在祥云中的仙女三个一组、四个一群，每人都有乐器在演奏，或吹箫、或拨铃、或弹琵琶、或吹芦笙、或打拍板，热闹非凡。清顺治的群仙女祝寿西王母的图像为后世康熙时期成熟的"麻姑献寿西王母"图像的出现奠定了基础。清康熙时期，大量出现了麻姑携侍女的两人祝寿的固定图式，麻姑形象从众多祝寿仙女中独立出来，主体人物形象更为突出。"麻姑献寿西

王母"的题材图像突然出现并增多，很可能与康熙帝专门为其祖母祝寿而设计的定制瓷有关。"麻姑献寿西王母"一经出现就表现出非常成熟的图像形式：吉祥寓意突出、人物形象绘制精细，服饰、发饰和配饰及人物动态设计考究、瓷胎精美釉面莹润透亮、绘制技艺精湛，麻姑、侍女及鹿车图像在遵循某种固定范式的基础上呈现出细微的差别。

第二，明末清初的嘉靖至顺治期间，已经有了较成熟的、程式化的"八仙"和"八仙拜寿星"两种图像形式，而一直没有女性祝寿的图像题材，"麻姑献寿西王母"题材图像的出现恰好满足了时代的创新需

图23　清顺治青花五彩群仙女祝寿图筒瓶（A面局部）

（高38.7厘米，北京故宫博物院藏。王健华：《故宫博物院藏清代景德镇民窑瓷器》卷1）

图24　清顺治青花五彩群仙女祝寿图筒瓶（B面局部）

（高38.7厘米，北京故宫博物院藏。王健华：《故宫博物院藏清代景德镇民窑瓷器》卷1）

求，也满足了民间不同性别的人群对拜寿祝寿的心理诉求，这在一定程度上，也体现了女性社会地位和受重视程度的提高。图 25 中的三件五彩瓷盘都有着相似的构图和人物图像形式。首先，边饰中有上下左右排列的开光式"万寿无疆"四字，其书写和阅读顺序是先上后下，先右后左，四字均为隶书体。三件五彩盘（碟）中"万寿无疆"四字以深色矾红料书写，均写在浅色矾红料地子上，色彩统一和谐又层次分明。"万寿无疆"四字的装饰形式被普遍用于康熙时期祝寿题材的彩瓷上。寂园叟陈浏先生在《匋雅》中道："若康熙六旬万寿节所制彩盘，边系淡抹红色之锦纹，中有'万寿无疆'四字，花卉、翎毛画法精绝，一空前古。"[1] 这里，说明为康熙六十大寿设计的有"万寿无疆"四字的锦纹边系特意指出花卉、翎毛彩盘画法精绝，却遗漏了"麻姑献寿图"这一重要的五彩瓷祝寿盘，不得不说是个小小的遗憾。其次，除了用"万寿无疆"四字直接指出健康长寿之意以外，还有由矾红勾勒象征长寿的"龟背纹"和散点朵花式复瓣菊花围绕一圈的锦地边饰，有"锦上添寿"之意（图26）。再次，五彩盘的盘心都是由以麻姑和侍女为主体的人物图像构成，人物一高一矮，一主一次，一前一后，画面突出主仆二人携寿礼祝寿的情景。麻姑高绾发髻、头戴凤钗，长袖飘带，衣裙华美，手中大多执"如意"走在前端（图 27），而侍女形象娇小，穿着较为简单朴素，手举挂有灵芝和仙草的玉杖紧跟其后。有意思的是，"灵芝"的图像有时被有意处理为葫芦形或"寿"字形（图 28），更增强了祝寿和长寿的寓意；"鹿车拉美酒"也是麻姑献寿图中较典型的图像形式，荷叶盖的大红色酒坛

25-1 清康熙五彩麻姑献寿图碟　　25-2 清康熙五彩麻姑献寿图盘　　25-3 清康熙五彩麻姑献寿图盘

25-1 高 2.8 厘米，口径 24.8 厘米，景德镇中国陶瓷博物馆藏。中国文物学会专家委员会主编《中国官窑瓷器》，山东美术出版社，2011

25-2 尺寸不详，北京故宫博物院藏。北京故宫博物院藏"故宫藏瑞鹿文物特展"，每日故宫

25-3 尺寸不详。国家文物局中国文物信息咨询中心编《中国古代陶瓷艺术明清彩瓷与颜色釉》，人民美术出版社，2008

图 25

---

1 （清）寂园叟撰，杜斌校注《匋雅》，山东画报出版社，2010，第 19 页。

图 26　清康熙五彩麻姑献寿图盘（局部）

（尺寸不详。国家文物局中国文物信息咨询中心编《中国古代陶瓷艺术明清彩瓷与颜色釉》）

和金毛红色鹿增加了祥瑞的气氛。

　　图 25 中三件祝寿题材五彩盘代表了"麻姑献寿图"中较为普遍的搭配形式，成为经典和时尚范式。但在此基础上，也不乏设计者根据自己对图像的重新理解，对图像进行有意的删减或增添，使得这些作品既可以归为同一类作品，又有不同的艺术表现形式。法国吉美博物馆藏清康熙五彩麻姑祝寿图盘（图 29-1）就是做减法的例子，五彩盘的边饰与图 25-1、图 25-2几乎相同，但盘心没有鹿车和任何背景物的衬托，只见麻姑和仕女两人，仕女手端一盏装美酒的执壶，麻姑手捧一只爵杯，执壶与爵杯都由红色漆器托盘承托（图 29-2），精心的设计显示对祝寿对象——西王母的尊重和敬意。虽然没有"鹿车拉美酒"图像的衬托，简洁的构图、突出的人物形象同样表达了祝寿和拜寿的主题。

　　而另一件大英博物馆大维德基金会藏的清康熙麻姑祝寿西王母图碗（图 30-1）是将人物形象和场景完整表现的精彩案例，也是对"麻姑祝寿"的经典图式做加法的成功形式。图像中仍然延续了麻姑身着红衣、手执如意的形象，不同的设计构思体现在麻姑站在了鹿车的后面，手挥起了如意，似乎有在赶鹿车之意，鹿车上寿礼分

了两层，左边较低的一层篮子里装有带珊瑚盖的酒坛，右边搁放了一只装满灵芝瑞草寿桃等礼物的花篮。侍女仍然手举挂有灵芝的玉杖，但并没有像惯有图示中的与麻姑对望，而是由于拜寿人群的增多，忙着张罗每个人安置好自己的寿礼并组织好浩浩荡荡的祝寿队伍（图 30-2）。碗的另一面，是西王母乘仙鹤从空中飘然而至，但形象中少了一份庄严和距离感，多了一份温柔和可亲，更像是一位温文尔雅、面色含羞的大家闺秀（图 30-3）。人物形象的设计可能受到当时流行的戏曲和小说中版画插图的影响，而将西王母有意处理为更受人欢迎的仕女形象。

　　麻姑献寿图中只出现麻姑和侍女两个人物图像来表达拜寿西王母之意是普遍规律，清康熙麻姑祝寿西王母图碗不仅有麻姑领着群仙女祝寿，还有西王母的形象与之遥相呼应，这在康熙五彩瓷中并不多见，也是对顺治仕女群仙拜寿图的延续和发展。不同之处在于：故宫博物院藏顺治五彩瓷中仅仅凸显了群仙女的祝寿行为，人物形象较为分散，也没有麻姑这个主体人物；而大英博物馆大维德基金会藏康熙五彩瓷碗是在麻姑献寿的主题上，参考了群仙女气势浩大的祝寿场面的基础上的一个升级版本图像。其人物形象众多，绘画精美，人物的安排、神态的表现和互动都异常精彩，代表了康熙釉上五彩瓷的较高水准。

　　女性祝寿题材的"麻姑献寿图"的发展和演变，是在一种较稳定和人们认可的图像形式的基础上发展的过程，人物的形象、穿着、手执宝物、祝寿的礼物大体遵

27-1 清康熙五彩麻姑献寿图碟（局部）　　　　27-2 清康熙五彩麻姑献寿图盘（局部）

27-1 尺寸不详。国家文物局中国文物信息咨询中心编《中国古代陶瓷艺术明清彩瓷与颜色釉》

27-2 尺寸不详，景德镇中国陶瓷博物馆藏。中国文物学会专家委员会主编《中国官窑瓷器》

图 27

28-1　清康熙五彩麻姑献寿图碟（局部）　　28-2　清康熙五彩麻姑献寿图盘（局部）

28-1 尺寸不详，国家文物局中国文物信息咨询中心编《中国古代陶瓷艺术明清彩瓷与颜色釉》

28-2 尺寸不详，景德镇中国陶瓷博物馆藏。中国文物学会专家委员会主编《中国官窑瓷器》

图 28

29-1　清康熙五彩麻姑祝寿图盘　　　　　　　29-2　麻姑和侍女（局部）

（尺寸不详。法国吉美博物馆藏。黄薇女士供图）　　　（尺寸不详。法国吉美博物馆藏。黄薇女士供图）

图 29

30-1　清康熙麻姑祝寿西王母图碗（A面）

（尺寸不详。编号863，大英博物馆大维德基金会藏。微信公众号"我是素心人–863的故事"，2015年2月11日）

30-3　清康熙麻姑祝寿西王母图碗（B面局部）

（尺寸不详。编号863，大英博物馆大维德基金会藏。微信公众号"我是素心人–863的故事"，2015年2月11日）

30-2　清康熙麻姑祝寿西王母图碗（A面局部）

（尺寸不详。编号863，大英博物馆大维德基金会藏。微信公众号"我是素心人–863的故事"，2015年2月11日）

图30

循一定模式，在这个基础上对画面图像做删减使主体形象更突出，或做增添使画面更加丰富、气氛更加热闹，无论哪种形式都是在一定的规范中合理地进行，图像设计者或瓷画艺人可以在此规范中，根据自己的理解来发挥艺术能动性，使同一题材图像在不同时代的传承过程中朝着更加丰富、多元的角度发展。

清顺治至康熙时期的"群仙女祝寿"图像及独立出来的"麻姑献寿"图像为流行已久、已经成为定式的以男性为主体祝寿题材图像注入了新的活力，群仙女、麻姑祝寿人物图像的出现更加丰富和扩展了祝寿题材的表达，也显示了女性地位的提高。尤其是康熙时期大量出现的五彩矾红描金麻姑献寿图五彩瓷盘形成了一定的图像范式，矾红描金的"万寿无疆"四字开光更加凸显贺寿意图与对长寿健康的祝福的主题需求。图像更加成熟化、绘制更加精细化，人物背景几乎完全留白的处理方式使得画面更加简洁明了、主体人物形象更加突出，对人物的神态和动态以及寿礼的细节刻画，凸显了女性神仙温婉动人、可爱可亲的一面。

结　语

"拜寿图"图像在明中晚期的嘉靖万历时期至清初康熙时期的五彩瓷装饰上延续不衰，图像形式在继承中得以变化发展。由明中晚期嘉靖万历时期盛行的"八仙"和"八仙拜寿星"图像开始，经历了明末天启的以"阆苑蓬莱三岛客"为主题的特殊图像形式，又发展为以清康熙的"青花五彩"和"釉上五彩"装饰为主的"拜寿图"新风格，再加上新颖的"寿"字文与"寿星"、"八仙"的组合图等图与文字的组合形式，使得图文结合的"寿上加寿"

的吉祥寓意更加鲜明，使康熙五彩瓷图像的符号化设计凸显。此外，康熙五彩瓷在"八仙拜寿星"题材的基础上，又拓展了女性角色的贺寿图像，最具时代特征的代表就是"麻姑献寿西王母"图。创新图像的出现极大地丰富和拓展了祝寿题材，构思巧妙、画意精湛的祝寿题材图像深入人心，流传更广并成为绘于五彩瓷之上的主要内容。图像在程式化的规范中朝着精细化方向发展，突出人物动态、神态和心理等细节描绘，人物形象变得更加贴近生活，图像的人性化特征显著，"神性"的敬畏感和距离感逐渐被削弱，"人性"中的世俗感和生活气息更加凸显。

附表　明末清初五彩瓷中八仙和寿星人物图像					
人物	1	2	3	4	5	6
铁拐李						
	明嘉靖	明天启	清顺治	清康熙	清康熙	清康熙
汉钟离						
	明嘉靖	明万历	清顺治	清顺治	清康熙	清康熙

续表

人物	1	2	3	4	5	6
曹国舅	明嘉靖	明天启	清顺治	清顺治	清康熙	清康熙
韩湘子	明嘉靖	清顺治	清顺治	清康熙	清康熙	清康熙
蓝采和	明嘉靖	明崇祯	清顺治	清顺治	清顺治	清康熙
吕洞宾	明嘉靖	明天启	清顺治	清康熙	清康熙	清康熙

人物	1	2	3	4	5	6
						续表
何仙姑						
	明嘉靖	明天启	清顺治	清顺治	清康熙	清康熙
寿星						
	明中晚期	明万历	明万历	清顺治	清顺治	清康熙

高丽青瓷及高丽所用茶器

■ **刘明杉**（中国社会科学院古代史研究所）

高丽青瓷在 20 世纪初被发现于朝鲜半岛开城及江华岛附近，在古代东亚窑业中，它是中国周边国家中生产时间最早、烧造质量最优的青瓷，在世界窑业史上也占有重要地位。1909 年 11 月，朝鲜王朝的离宫之一昌庆宫对公众开放，成为韩国最早的近代博物馆，主要展示王室收藏的瓷器、佛教造像、绘画等文物艺术品。日据时期，昌庆宫博物馆改名为"李王家博物馆"。该馆由日本人末松熊彦和下郡山负责，他们购买了大量当地的青瓷、金银器、绘画、佛造像等古代文物，其中不少为京畿道开城附近高丽王朝时期墓葬中出土的盗掘品，一些墓葬盗掘现场还被当时的日本人拍摄下来，如京畿道江华郡内可面外浦里传高丽庚陵盗掘遗迹（图 1）[1]。该馆征集的另一部分文物来自全罗南道、忠清北道、黄海道海州等地的墓葬中。高丽青瓷及其窑址的早期调查者主要是日本人。1914 年，末松熊彦等人在全罗南道康津郡发现了高丽青瓷窑址，[2] 此地是接受中国窑业技术最早和最重要的窑址。半岛光复后，韩国和朝鲜学者又在临黄海诸道发现窑址近 20 处。仅就康津郡而言，日据时期朝鲜总督府博物馆在康津调查确认了 100 处窑址，半岛光复后中央博物馆追加确认了 53 处，1991 年海刚陶瓷美术馆又增加了 35 处，可见其全盛时期的烧造规模之大。

在 7 世纪中叶的新罗时代，佛教的东渐将饮茶之风从中国带入朝鲜半岛。新罗人饮茶方式仿效唐人煎茶法，并主要盛行于寺庙，茶器用唐朝烧制的青瓷或白瓷。8 世纪上半叶，饮茶成为新罗王室贵族、僧人和文人士子的生活方式。忠清南道扶余郡的国立扶余博物馆中藏有一批 1943 年出土的唐代金属器和青瓷（图 2），它们是铁茶碾、青铜净瓶、镰斗和青瓷茶碗，这些显然是唐代僧人使用的生活器物。高丽

1　朝鲜总督府:《大正 5 年度朝鲜古蹟调查报告》，国书刊行会，1974，第 551 页。

2　〔日〕青柳南冥:《朝鲜国宝の遗物と古蹟大全》第八编，京城新闻社，1927，第 276 页。

图1　京畿道江华郡内可面外浦里传高丽庚陵盗掘遗迹

图2　唐代金属器和青瓷　（国立扶余博物馆藏）

时代（918~1392）为茶文化发展的全盛时期，从王室贵族到皂隶庶民都有了饮茶习惯，除了民间开设的茶馆以外，儒、释、道阶层对茶更是青睐有加，留下了很多富有禅意的茶诗。在高丽王室的倡导下，儒士、僧人积极吸收中国茶文化，融合禅宗信仰、儒道伦理及本民族传统，形成官府茶礼、儒家茶礼和佛教禅宗茶礼。高丽人从宋商处买茶，客至献茶成为待客的最高礼节，客人也把将茶饮尽作为对主人的尊仪。10世纪中叶，随着中国青瓷技术的东传，朝鲜半岛窑工模仿唐代茶碗，烧制出青瓷茶碗。饮茶生活方式的普及，使高丽对茶器的需求大增，这既促进了中国瓷器和茶叶向朝鲜半岛的输出，也刺激了高丽窑业的发展，高丽青瓷更以精湛的技艺赢得宋人的认可。高丽土产茶称"脑原茶"，而在该国上层社会，则以点饮宋皇室专享的"龙凤茶""腊茶"为时尚，并逐渐形成相应的茶仪。即使高丽宫中一时没有出使宋朝而归的使者带来的龙凤茶，仍要进行

以茶作燃灯会、八关会等仪式。高丽王为了在庭院楼阁中或凉亭内饮茶，积极修建相关设施，毅宗（1146~1170）修建的养怡亭顶上铺设有精美的青瓷瓦，这又将茶与青瓷关联在一起。高丽王室贵族对宋朝茶文化的推崇和引领，直接影响了其青瓷的艺术风格，并带动了本土化镶嵌青瓷的发展。高丽人饮茶形象在绘画中几乎没有被保留下来，不过从宋、辽绘画和墓室壁画描绘的情景中，能推测出高丽人的饮茶场面。可以说，中国瓷器与茶、高丽瓷器（尤其是青瓷），是当时中国和朝鲜半岛物质文化交流史上的重要物证。

一　中国向朝鲜半岛输出瓷器和制瓷技术

中国南北朝时期（420~589），朝鲜半岛高句丽、新罗、百济三足鼎立。百济与中国南朝往来密切，这使中国南朝越窑

青瓷等产品通过明州港输入朝鲜半岛。韩国国立中央博物馆和国立文化财研究所于1971年共同发掘了位于忠清南道公州市的武宁王陵，该陵出土了大量中国南方窑系六朝瓷器。武宁王陵是具有确切纪年的墓葬，可知在中国南朝时期，瓷器已被当作外交国礼，成为南方各政权与百济之间官方交往的物证。此后新罗联合唐朝，实现了朝鲜半岛的统一，统一后的新罗（668~935）与唐朝关系更为密切。9世纪初，新罗因王位争夺政权动荡，庆州中央政府势力衰弱，地方豪强实力大增，很多新罗人为避时乱迁居唐朝。唐宪宗元和二年（807），新罗人张保皋（原名弓福）与好友郑年结伴来华，在徐州投军，屡建战功，元和十三年擢升至武宁军小将。唐文宗大和二年（828）张保皋返回故乡青海镇（今韩国全罗南道莞岛），被任命为青海镇大使。他利用故乡优越的地理条件，以此为据点发展海上贸易，成为东北亚海上贸易霸主。为满足朝鲜半岛对中国青瓷的需求，以青海镇为中转站，实现将青瓷出口到日本谋利的目的，张保皋从中国越窑引进制瓷技术，仿照越窑的龙窑形制，在家乡建窑场烧造青瓷。因产品带有明显仿烧越窑青瓷的特征，故韩国陶瓷学界将其称为"唐式青瓷"，这是朝鲜半岛烧造青瓷的起点。

统一新罗王朝末期景明王二年（918），后高句丽弓裔王部将王建起兵，建高丽王朝，定都开城。9世纪末至10世纪上半叶，高丽青瓷处于成长期，此时的产品在造型、釉色、匣钵、窑具、装烧技术等方面皆仿中国越窑。高丽政府在窑业管理制度上也效仿中国，吴越灭国后，北宋初年朝廷在越窑置官监理窑务，南宋人周密所著《志雅堂杂钞》载："大宋兴国七年（982）岁次壬午六月望日，殿前承旨监越州瓷窑务赵仁济，再修补吴越国王百纳雷威琴。"[1]"殿前承旨监越州瓷窑务"一职，隶属于当时为皇家内廷服务的机构"宣徽院"。高丽政府采用北宋那种以生产商品瓷为主，同时承担官府订单的越窑、定窑、邢窑、耀州窑、钧窑、景德镇窑等窑场"有贡则进，无贡则止"的官方优选制度。如全罗南道高兴郡立原面云垡里等窑场有粗、精两类产品同窑共烧的现象，可知此窑场和官方的关系与中国相同，即土贡关系。这在两国瓷器铭文上也有体现，如中国浙江慈溪上林湖晚唐低岭头窑址发现刻有"官"（图3）、"官样"铭文（图4）的青瓷碗底标本。另见浙江省博物馆藏北宋晚期定窑"尚药局"铭盖盒（图5），高7厘米、口径7.3厘米、底径5厘米。该器与韩国国立中央博物馆藏12世纪高丽青瓷"尚药局"铭盖盒（图6）器型相同，那件宝物高9.3厘米、口径7厘米、足径5.5厘米，宝物第646号。北宋定窑"尚药局"瓷盒是皇家内府用器，由宣徽院掌管监烧。"尚药局"隶属殿中省，负责皇帝和宫廷的

---

1 （宋）周密：《志雅堂杂钞》卷上"诸玩"，熊寥、熊微编注《中国陶瓷古籍集成》，上海文化出版社，2006，第169页。

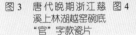

图 3　唐代晚期浙江慈　图 4　唐代晚期浙江慈　图 5　北宋晚期定窑"尚药局"铭盖盒　图 6　12 世纪青瓷"尚药
溪上林湖越窑碗底　　溪上林湖越窑碗　　（浙江省博物馆藏）　　　　　　　　　局"铭盖盒（韩国国
"官"字款瓷片　　　底"官样"铭文　　　　　　　　　　　　　　　　　　立中央博物馆藏）

生活起居。高丽在职官制度、组织结构上也因循北宋，徐兢《宣和奉使高丽图经》卷一六"官府"中有"药局"条，记："自后通医者众，乃于普济寺之东起药局，建官三等；一曰太医；二曰医学；三曰局生。绿衣木笏，日莅其职。高丽他货皆以物交易，唯市药则间以钱宝焉。"[1] 可知高丽也建有服务王室的医药机构。此"尚药局"铭高丽青瓷盒，印证了上述文献记载。高丽官府对各种绝艺进行垄断，"高丽工技至巧，其绝艺悉归于公。如幞头所、将作监，乃其所也。常服白纻袍皂巾，唯执役趋事则官给紫袍。亦闻契丹降虏数万人，其工伎十有一，择其精巧者留于王府，比年器服益工，第浮伪颇多，不复前日纯质耳"。[2] 朝鲜半岛西南海岸的全罗南、北道及京畿道等窑场，多由官府直接监理，成立"瓷器所"统一管理全国窑业，从事窑务管理的人员称"窑直"。从官府对窑业技术的垄断来看，由中国浙江等地传入朝鲜半岛的匣钵技术，长期被封锁在京畿道、全罗南道康津郡及附近全罗北道高敞郡等地，其他地区仅有零星分布，这造成高丽官窑与民窑产品在质量上存在很大差距。

朝鲜半岛西南一带海岸线长、平原多、物产丰富，与中国之间海上交通便利，具有积累财富和接受先进文化的自然条件。该地区已发现有京畿道杨州郡长兴面釜谷里窑址、京畿道龙仁郡二东面西里窑址、全罗北道镇安郡圣寿面道通里窑址、全罗南道康津郡大口面一带窑址、全罗南道高兴郡豆原面去垈里窑址、黄海道松禾郡云游面周村窑址、黄海道峰泉郡圆山里窑址等。尤其是全罗南道康津郡，因具有适宜制瓷的瓷土原料、木材燃料和水源，又临近海岸，有将瓷器运到庆州、开城等

1　（宋）徐兢：《宣和奉使高丽图经》卷一六"官府·药局"，孙希国：《〈宣和奉使高丽图经〉整理与研究》第七章"《宣和奉使高丽图经》校注"，黑龙江人民出版社，2019，第 118 页。

2　（宋）徐兢：《宣和奉使高丽图经》卷一九"工技"，孙希国：《〈宣和奉使高丽图经〉整理与研究》第七章"《宣和奉使高丽图经》校注"，第 127 页。

地的水运条件，遂成为中心窑场，主要烧造碗、盘等生活用瓷。如10世纪康津郡窑场生产的青瓷碗（图7），高6厘米、口径14厘米、底径4.7厘米，胎质粗松、釉色黄绿，斜腹、玉璧底，属于高丽青瓷创烧期的标准器，与中国越窑同时期同器型产品的特征相似。对比韩国康津大口面龙云里高丽青瓷窑址（图8）和中国浙江慈溪市桥头镇荷花芯晚唐越窑青瓷窑址（图9），可以看出高丽青瓷的窑炉形制与中国越窑皆为依山而建的龙窑，都是泥点叠烧、M形匣钵装烧、支钉垫烧等多种装烧方式并存。

10世纪下半叶至12世纪，高丽青瓷技术日臻成熟。此时的中国处于唐末、五代、北宋时期。高丽窑工借鉴吸收中国各地主要窑口的技术，在装饰技法上不仅吸纳越窑刻、画工艺，还将唐末长沙窑彩绘、铁彩画、题诗，五代至北宋耀州窑模印、刻画、贴塑等技法融入进来。所烧产品胎质坚密，胎土多呈灰色或灰黄色，瓷化度不高，分量适中，釉面呈半透明状翡色，几乎无开片。晚期多数器物胎质粗松，分量稍轻，釉面肥润，多布满不规则的致密小开片，有云母状光泽。釉色以粉青和翡色为主调，极少数精品呈青翠色，多数为淡天青色，粗品釉色青中泛灰。高丽太祖王建与中国五代十国各政权交好，后梁乾化二年（912），后梁太祖朱温赐高丽"金棱琉璃碗十只，银棱秘色筛锣二面"，王建在《谢信物书》中写道："金棱碗，越瓷器并诸色药物等，皆大梁皇帝降使赐赆……

图7　10世纪高丽青瓷碗　（康津郡窑场烧造）

图8　韩国康津大口面龙云里高丽青瓷窑址

图9　中国浙江慈溪市桥头镇荷花芯晚唐越窑青瓷窑址

金棱含宝碗之光，秘色保青瓷之响。"[1]11世纪初，高丽青瓷还是仅限于贵族阶层使用的奢侈品，庶民百姓家只能用铜器皿。《宋史·高丽传》载，北宋大中祥符七年（1014）高丽郭元来贡，自言"土民家器皿，悉铜为之"。[2]五代至北宋早期，进入高丽的越窑青瓷和定窑白瓷等产品专供王室，故数量虽不多，品质却精好。北宋中期以后，朝廷为抗衡辽国而极力笼络高丽。高丽使称"国信使"，在北宋受到高规格接待，所到之处均有当地知州或通判出城迎送。还在明州至汴京途中修建亭馆，高丽国信使沿途费用由当地官府负责，神宗熙宁年间又设同文馆接待。北宋末年，高丽贡赐事宜一度由总理全国军务的枢密院管辖，宋朝大量丝绸、瓷器等通过贡赐贸易进入高丽。该国不仅有来自宋廷赏赐的定窑、汝窑、官窑等，也有通过民间外贸渠道交换来的磁州窑、当阳峪窑等中国北方民窑瓷器。北宋中晚期越窑衰落，北方青瓷耀州窑兴起，进入高丽的越窑青瓷减少，耀州窑青瓷增加。耀州窑青瓷、定窑白瓷、磁州窑黑白花瓷器、景德镇窑青白瓷、当阳峪窑绞胎瓷等众多宋瓷品种的进入，为高丽窑业的发展提供了雄厚的技术支持。

高丽仁宗时期，青瓷烧造水平达到窑业史上的第一个高峰。高丽仁宗元年即北宋徽宗宣和五年，北宋国信所提辖官徐兢随给事中路允迪出使高丽。徐兢原籍安徽和县，早年迁居江苏吴县。他18岁入太学，宣和初年任国信所提辖。国信所全称管勾往来国信所，专掌接待辽金使臣和遣使辽金之事，朝鲜半岛事务也归此机构负责。徐兢博学擅书画，该使团在高丽国都开城逗留了一个月。归国后，徐兢将所见所闻写成《宣和奉使高丽图经》。此书由图、经两部分组成，对高丽山川地理、风土习俗、典章制度、物产资源等做了详尽记录，计300余条，是了解高丽中期社会生活状况的重要史料，可惜图绘部分在靖康之变中佚失。书中记述了高丽青瓷釉色、器型、品种等方面的情况，并将高丽"翡色"青瓷与唐宋越窑秘色瓷和北宋汝窑瓷相提并论。"狻猊出香，亦翡色也。上为蹲兽，下有仰莲以承之，诸器惟此物最精绝。其余则越州古秘色、汝州新窑器大概相类。"[3]目前尚未发现与徐兢所述完全吻合之器型，但韩国国立中央博物馆现藏两件香炉，分别具备部分特征。一件是高丽仁宗时期青瓷狻猊钮盖香炉（图10），国宝第60号，高21.2厘米、口径16.1厘米。"狻猊出香"，"上为蹲兽"，下承炉身，底设三兽足。另一件是同时期青瓷七宝透雕香炉（图11），国宝第95号，高15.3厘米、

1　（清）吴任臣：《十国春秋》卷三六《前蜀高祖本纪下》，中华书局，1983，第517页。

2　《宋史·高丽传》，清乾隆四年武英殿刻本，浙江大学中国基本古籍库，第5096页。

3　（宋）徐兢：《宣和奉使高丽图经》卷三二"器皿三·陶炉"，孙希国：《〈宣和奉使高丽图经〉整理与研究》第七章《〈宣和奉使高丽图经〉校注》，第157页。

图 10　高丽仁宗时期青瓷狻猊纽盖香炉

图 11　12 世纪上半叶高丽青瓷七宝透雕香炉

足径 11.2 厘米。上部出香处为透雕花球，"下有仰莲以承之"，仰莲式炉身下是一承盘，底设三兔足。"秘色"一词最早见于晚唐人陆龟蒙《秘色越器》诗："九秋风露越窑开，夺得千峰翠色来。如向中宵盛沆瀣，共嵇中散斗遗杯。"[1] 五代吴越钱氏政权控制了越窑窑场后专烧供奉瓷，因庶民不得使用，产品又秘不示人，且釉药配方和制作工艺皆保密，故名。正如赵令畤在《侯鲭录》中所载："今之秘色瓷器，世言钱氏有国，越州烧进，为供奉之物，臣庶不得用之，故云秘色。"[2] 汝州新窑器"指专供北宋宫廷的汝窑瓷器，窑址位于河南宝丰清凉

寺。据考古资料可知，该窑场对落选品实行集中处理，已具备宫廷所设官窑的供御雏形。"下有仰莲以承之"形制的香炉，在北宋汝窑中有烧造。2000 年，河南省宝丰县清凉寺村窑址出土一汝窑香炉残件（图12），高 13.6 厘米，口径 15 厘米，底径 16 厘米，河南文物考古研究所藏。通体施纯正天青釉，仅着地处有一周露胎。上作子口，腹部模印三层莲瓣纹，束腰凸出三个乳钉纽，底座呈荷叶状向上翻卷。北宋政和、宣和年间，汝窑窑场被宫廷垄断，而此时期高丽青瓷也有相同器型（图13）。高丽王朝能在宣和五年之前就仿烧出造型和质量

1　（唐）陆龟蒙：《秘色越器》，熊寥、熊微编注《中国陶瓷古籍集成》"《全唐诗》卷六二九"，第 154 页。

2　（宋）赵令畤：《侯鲭录》卷六 "秘色瓷器"，中华书局，2002，第 149 页。

图 12　北宋汝窑香炉残件　　　　　　图 13　12 世纪高丽青瓷香炉

都类似汝窑的瓷器，说明北宋汝窑这种高端烧造技术已传入高丽，这使该国青瓷的质量得以比肩宋朝。

二　高丽青瓷的对外输出与本土化风格的形成

11 世纪中期，高丽青瓷除仿金银器的壶、敞口瓶等造型仍带有中国风格之外，生活日用瓷碗、盘等已本土化。随着产品质量的提高，高丽成为东亚瓷器输出国。在内蒙古兴安岭辽圣宗永庆陵（建于 1031 年）、庆州罕山城辽墓遗址中，都发现了阴刻纹高丽青瓷残片，其中的精品釉层薄、色如翠，釉质晶莹剔透。高丽青瓷在南宋市场上更是享有盛誉，据南宋太平老人《袖中锦》"天下

第一"云："监书、内酒、端砚、洛阳花、建州茶、蜀锦、定瓷、浙漆、吴纸、晋铜、西马、东绢、契丹鞍、夏国剑、高丽秘色、兴化军子鱼、福州荔眼、温州挂、临江黄雀、江阴县河豚、金山卤豉、简寂观苦笋、东华门把鲊、京兵、福建出秀才、大江以南士大夫、江西湖外长老、京师夫人，皆为天下第一，他处虽效之终不及。"[1] 文中将高丽青瓷精品称作"高丽秘色"，可见它在南宋人心中的地位。从考古资料看，浙江杭州、宁波等南宋政治经济中心城市是高丽青瓷的重要输入地。20 世纪 90 年代，随着城市建设的全面铺开，杭州市多地相继出土了高丽青瓷，主要为残件。其中翡色青瓷多出土于南宋皇城周围区域，有的还与南宋官窑青瓷相伴而出，而镶嵌青瓷出土的区域更广。在 2001 年杭州吴山发现的南宋恭圣仁烈皇后宅遗址

1　（宋）太平老人：《袖中锦》，《四库全书存目丛书》子部第 101 册，江西省图书馆藏涵芬楼影印清道光十一年六安晁氏木活字《学海类编》本，齐鲁书社，1995，第 385 页。

水池中，发现少量南宋中晚期的高丽青瓷残片（图14），可辨器型有盘、炉、瓶、罐等。胎质较细腻，胎体以淡灰色为主，釉色清透，呈淡青或青绿色。装饰技法有刻画、釉下镶嵌等，以花卉纹为主，也有莲瓣纹和回纹等。南宋皇城区域还发现一些翡色青瓷盖上刻有"贵妃"铭文（图15），应是宫中某位贵妃之物。位于东海之滨的宁波古称明州，宋时在此设有管理对高丽和日本贸易的市舶司，而设置高丽使馆的历史可上溯至北宋初熙宁七年（1074）。政和七年（1117），

北宋在明州设"高丽司"专事与高丽国往来政务，并在月湖东岸"菊花洲"上建高丽使行馆，作为北宋官方接待高丽使的住所。北宋末期，由于北方战争引起的交通阻塞，明州一度成为对高丽等国官方往来及海外贸易的唯一合法港口，因此宁波出土的高丽青瓷也较多。宁波港发现的12世纪高丽青瓷阳刻莲瓣纹香炉残件（图16），在日本大阪市立东洋陶瓷美术馆有一件完整器（图17）。日本大阪市立东洋陶瓷美术馆藏12世纪高丽青瓷阳刻莲瓣纹香炉高18.9厘米、直径14.6

图14　南宋杭州恭圣仁烈皇后宅出土的高丽青瓷残片

图15　"贵妃"铭高丽青瓷盖残片

图16　12世纪高丽青瓷阳刻莲瓣纹香炉残件（宁波港出土）

图17　12世纪高丽青瓷阳刻莲瓣纹香炉　（日本大阪市立东洋陶瓷美术馆藏）

厘米，通身施釉，炉身内底有四处白色耐火土支烧痕，可知其装烧方式为覆烧，而炉身下端以莲瓣纹为饰，器座上阴刻荷叶纹。宁波港出土的香炉残件与之器型相同，失器座。浙江既是中国瓷器的发源地，又是代表中国最高水平的青瓷越窑、官窑、龙泉窑的烧造中心，而高丽青瓷却凭实力成功打入这一市场并进入南宋宫廷，赢得了使用官窑和高端龙泉窑瓷器的南宋上层人士的认可。

经过长期向中国南、北方瓷窑学习，高丽窑工积累了丰富的制瓷经验，他们借鉴本国漆器嵌螺钿和珐琅镶嵌等工艺，在12世纪下半叶创烧出独具高丽民族特色的镶嵌青瓷，并实现量产。韩国国家博物馆藏一套12世纪高丽青瓷镂空方形盖盒，盒分两层，上层左格内置一组化妆用粉盒，四个如意云头粉盒围住中间的圆盒（图18），如意云头粉盒的形制、三组草花式装饰布局都与美国大都会博物馆藏高丽嵌螺钿黑漆盒（图19）类似，这是高丽镶嵌青瓷向本国漆器嵌螺钿工艺借鉴的实例。在仁宗（恭孝王王楷）、毅宗（庄孝王王晛）、明宗（光孝王王皓）时代（1123~1197），形成青瓷烧造的第二个高峰。《高丽史》卷一八"世家"毅宗十一年（1157）四月条记载："……又毁民家五十余区，作太平亭……其北构养怡亭，盖以青瓦。"[1]最早见到的青瓦实物，是开城望月台旧址发现的青瓷瓦残片。1963年以后，由韩国国立中央博物馆主持发掘了全罗南道康津郡大口

面沙堂里堂前村青瓷窑址，出土了大量青瓷原瓦及残片。如12世纪中叶青瓷印花牡丹唐草纹瓦（图20），现藏韩国国立中央博物馆，宽20.3厘米，工艺考究。康津郡大口面沙堂里窑址形制为龙窑，窑炉长度略短于越窑，装烧量也少于越窑。此时期

图18　12世纪高丽青瓷镂空方形盖盒内的如意云头粉盒及圆盒（韩国国家博物馆藏）

图19　高丽嵌螺钿黑漆盒　（美国大都会博物馆藏）

图20　12世纪中叶青瓷印花牡丹唐草纹瓦（韩国康津郡沙堂里窑址出土，韩国国立中央博物馆藏）

1　《高丽史》卷一八"世家"第十六"毅宗十一年夏"，首尔：Yeogang 出版社，1991，第262页。

流行的镶嵌青瓷工艺，是先在胎体上刻划纹饰，有阴刻、阳刻、圆雕、透雕等几种装饰技法。阴刻是以木、竹或铁刀刻画纹饰，施釉后胎体表面的刻痕能使釉色呈现浓淡变化，具有较强的立体感。阳刻是在胎体上进行雕刻，或将立体纹饰贴塑于胎体表面，再根据需要向刻槽内填入赭、白双色土酱填平刻痕，再入窑素烧，烧成后的赭土部分变成黑色，白土部分仍为白色。再在烧好的素胎上施青釉，第二次入窑烧制，成品在略带开片的透明青釉下，显现黑白双色镶嵌纹饰。此工艺出现于 11 世纪，早期只用来镶嵌铭文，装饰效果见杭州工地出土的高丽青瓷壶残片上的"福"字（图 21）。随着青瓷技法的不断成熟，出现了铜彩、铁彩、堆花、填金等多种工艺，镶嵌技法也得到普及。产品多施满釉，有些底足刮釉。胎质较坚密，胎体呈灰色或灰白色，常见牡丹、唐草、石榴、葡萄、双鱼、蝴蝶、飞鸟、猿猴、童子、垂柳、松竹梅等纹饰。镶嵌青瓷在构图技法和画风上具有典型的高丽民族特色，已摆脱对中国诸窑口产品的模仿，成为朝鲜半岛真正意义上的本土青瓷。日本大阪市立东洋陶瓷美术馆藏 12~13 世纪高丽青瓷镶嵌竹鹤纹梅瓶（图 22），高 29.2 厘米、最大腹径 17.6 厘米，口部折沿、细颈、丰肩，肩下渐敛，圈足；底足施满釉，有六处支钉痕；肩部绘相连的下垂云肩纹，云肩内绘荔枝纹；腹部绘竹鹤纹，鹤有六种姿态；胫足部绘一周仰莲瓣纹，最下是回纹。瓶身通体纹饰均以赭土和白土表现画面中的黑白两色。这种工艺耗力费时，把握火候

图 21 高丽青瓷壶残片上的"福"字

图 22 12~13 世纪高丽青瓷镶嵌竹鹤纹梅瓶

的难度高，烧成难度大。为使镶嵌效果得到更好的体现，釉面需具有透明的玻璃质感，因此釉层要薄，又因釉质硬度增加，导致釉的膨胀系数大于坯的膨胀系数，入窑烧制后釉面产生较大的张应力，故釉面出现开片，釉中含有大量小气泡。这种从装饰技法到绘画风格都迥异于中国的青瓷，一直流行到13世纪初。13世纪中叶以后，高丽青瓷的烧造水平开始下降，至14世纪末走向衰落，逐步被粉青砂器和白瓷取代。

三　朝鲜半岛所用中国茶器及本土茶器

唐代茶圣陆羽《茶经》谈到烹茶品饮“之器”中的瓷茶器，“鹾簋，以瓷为之。圆径四寸，若合形，或瓶、或罍，贮盐花也。其揭，竹制，长四寸一分，阔九分。揭，策也”。[1]鹾簋是盛盐的容器，揭是用竹片制成的取盐工具，与鹾簋搭配使用。“熟盂，以贮熟水，或瓷，或沙，受二升。”[2]储放熟水的“熟盂”，为瓷或陶所制。陆羽从品茗角度评价了当时几处著名窑口茶碗的优劣：“碗，越州上，鼎州次，婺州次，岳州次，寿州、洪州次。或者以邢州处越州上，殊为不然。若邢瓷类银，越瓷类玉，邢不如越一也；若邢瓷类雪，则越瓷类冰，邢不如越二也；邢瓷白而茶色丹，越瓷青而茶色绿，邢不如越三也。晋杜育《荈赋》所谓：‘器择陶拣，出自东瓯。’瓯，越也。瓯，越州上，口唇不卷，底卷而浅，受半升已下。越州瓷、岳瓷皆青，青则益茶。茶作白红之色。邢州瓷白，茶色红；寿州瓷黄，茶色紫；洪州瓷褐，茶色黑：悉不宜茶。”[3]陆羽认为映衬茶之汤色最美的碗，是越窑青瓷。又见唐人陆龟蒙《越窑茶瓯》诗云：“昔人谢坻埞，徒为妍词饰。岂如圭璧姿，又有烟岚色。光参筠席上，韵雅金罍侧。直使于阗君，从来未尝识。”[4]新罗在引进中国茶时，也接受了唐人对茶碗的审美偏好。位于庆州的新罗时代东宫废墟雁鸭池一带，出土了大量敞口、腹壁斜直、玉璧底的青瓷瓯（即茶碗）残片。它们是当时越窑青瓷的大宗产品，最早见于唐中晚期上虞、慈溪等地窑址中。

建窑、吉州窑、定窑等窑场生产的黑釉、褐釉、紫金釉茶盏，专为宋时兴起的点茶需求烧造。宋人蔡襄《茶录》云：“茶色白，宜黑盏。建安所造者绀黑，纹如兔毫，其坯微厚，熁之久热难冷，最为要用。出他处者，或薄或色紫，皆不及也。”[5]《大

---

1 （唐）陆羽:《茶经》卷上“器之四·鹾簋（揭）”，沈冬梅、霍艳平:《〈茶经〉诵读》，陕西师范大学出版社，2018，第40页。

2 （唐）陆羽:《茶经》卷上“器之四·熟盂”，沈冬梅、霍艳平:《〈茶经〉诵读》，第40页。

3 （唐）陆羽:《茶经》卷上“器之四·碗”，沈冬梅、霍艳平:《〈茶经〉诵读》，第41页。

4 （唐）陆龟蒙:《越窑茶瓯》，熊寥、熊微编注《中国陶瓷古籍集成》“《全唐诗》卷六百二十”，第155页。

5 （宋）蔡襄:《茶录》，上海书店出版社，2015，第14页。

观茶论》中谈盏："盏色贵青黑，玉毫条达者为上，取其焕发茶采色也。底必差深而微宽。底深则茶直立，易以取乳；宽则运筅旋彻，不碍击拂。然须度茶之多少，用盏之大小。盏高茶少，则掩蔽茶色；茶多盏小，则受汤不尽。盏惟热，则茶发立耐久。"[1]《茶录》中也有"凡欲点茶，先须熁盏令热，冷则茶不浮"[2]的说法。建盏品种较多，而宋代茶人认为，宜于点茶之器，非建窑兔毫盏莫属，且以"玉毫条达者为上"，即盏内壁兔毫纹较长，排列整齐呈放射状分布（图23）。建盏黑釉为石灰碱釉，着色剂是含铁量较高的化合物，烧成温度在1200℃以上，胎土以含铁质多的红、黄土粉碎，故胎体厚重压手、含沙量明显，烧成后的胎质呈黑、灰黑、黑褐色。建盏除黑釉与乳状白色茶汤之间可呈现黑盏白汤的反差美之外，还因其铁胎厚重的

特点，具有易于导热和保温的物理性质，故点茶宜建盏是审美和功能性双重选择的结果。

徐兢《宣和奉使高丽图经》卷三二中提到的茶器，为高丽匠人所制，它们是了解高丽茶器的线索："……益治茶具。金花乌盏、翡色小瓯、银炉汤鼎，皆窃效中国制度。"[3]两宋文人喜爱釉上绘金、银彩的茶盏，韩国国立中央博物馆藏一件北宋中晚期定窑黑釉金彩花蝶纹茶盏（图24），敞口、直腹、圈足，金彩饰口沿一周，内壁中间用金彩绘三组对蝶纹分割区域，每个区域内又以金彩绘三组扇形草花纹，此类茶盏或为高丽窑工烧制"金花乌盏"的蓝本。又见北宋欧阳修《玉楼春·十七》词有"金花盏面红烟透"[4]之句，所指是当时定窑烧制的另一种金彩茶盏，实物见日本东京国立博物馆藏北宋紫金釉金银彩牡丹

图23　宋建窑黑釉兔毫束口盏　图24　北宋中晚期定窑黑釉金彩花蝶纹茶盏（韩国国立中央博物馆藏）　图25　北宋紫金釉金银彩牡丹花纹茶盏（日本东京国立博物馆藏）　图26　宋建窑系黑釉银彩牡丹纹茶盏（韩国国立中央博物馆藏）

1　（宋）赵佶：《大观茶论》，中华书局，2013，第33页。

2　（宋）蔡襄：《茶录》，第13页。

3　（宋）徐兢：《宣和奉使高丽图经》卷三二"器皿三·茶俎"，孙希国：《〈宣和奉使高丽图经〉整理与研究》第七章《宣和奉使高丽图经》校注"，第157页。

4　李君等：《唐宋全词（修订本）》上卷，海天出版社，1996，第250页。

花纹茶盏（图 25）。南宋时还向高丽输出一种银花乌盏，高丽遗址出土的建窑系黑釉银彩牡丹纹茶盏（图 26），韩国国立中央博物馆藏。其内壁用银彩绘牡丹花，花瓣内分别写"寿""山""福""海"四字，银彩虽已脱落，而牡丹纹依稀可辨。这种产品称"银兔毫"，系建窑附近武夷山遇林亭窑烧造。受宋人审美影响，高丽进口了不少宋朝绘金、银花的茶盏，当地窑工也仿它们烧出"金花乌盏"。

为防止手持盛有热水的茶盏和汤瓶烫手，或将之置桌上烫坏桌案，唐宋人使用茶盏和汤瓶时，其下配托。关于茶托的起源，唐末人李匡义《资暇集》载："茶托子，始建中相崔宁之女，以茶杯无衬，病其烫指，取碟子承之，既啜而杯倾，乃以蜡环碟子之央，其杯遂定。即命匠以漆代蜡环，进于蜀相。蜀相奇之，为制名而话于宾亲，人人为便，用于当代，是后传着更环其底，愈新其制，以至百状焉。贞元初，青郓油缯为荷叶形，以衬茶碗，别为一家之碟，今人多云托子始此，非也。蜀相，今升平崔家，讯则知矣。"[1] 茶托有髹漆和瓷质两种，瓷质名品见英国大维德基金会藏北宋汝窑青瓷茶托（图 27），高 6.5 厘米、托沿直径 17 厘米。托沿微向上翘，作五瓣葵花式，托圈为碗状，直口微敛，中空无底，

高圈足外撇（图 28）。其周身施满釉，青中带碧，釉面有网状小开片，圈足底部的五个支钉痕处露香灰胎色。几乎同一时期，高丽窑工以同种工艺仿烧出造型类似的青瓷茶托（图 29），高 6.8 厘米、长 17.5 厘米、宽 18.2 厘米，日本大阪市立东洋陶瓷美术馆藏。托口呈碗状（图 30），托沿作六瓣花形，底为圈足，施满釉，釉色灰青，釉质温润，裹足支烧，底部有四处支钉痕。关于茶盏与盏托的搭配方式，见 12 世纪上半叶高丽青瓷阴刻纹花形茶盏及茶托（图 31），盏高 5.4 厘米，直径 10.9 厘米；托高 5.3 厘米，直径 14.9 厘米，日本大阪市立美术馆藏。

据《宣和奉使高丽图经》卷三一："汤壶之形，如花壶而差扁。上盖下座，不使泄气，亦古温器之属也。丽人烹茶多设此壶。"[2] 汤壶即汤瓶，又谑称"汤提点"。上口有盖，下底配托。宋徽宗在《大观茶论》中强调汤瓶口嘴对点茶操作的影响，"瓶宜金银，大小之制，惟所裁给。注汤利害，独瓶之口嘴而已。嘴之口欲大而宛直，则注汤力紧而不散。嘴之末欲圆小而峻削，则用汤有节而不滴沥。盖汤力紧则发速有节，不滴沥，则茶面不破"。[3] 汤瓶有金、银等金属材质和瓷质两类，金属质地者可直接放在火上加热。南宋时期活跃于宁波地区的两位画家周季常、林庭

1　（唐）李匡义：《资暇集》卷下"茶托子"，熊寥、熊微编注《中国陶瓷古籍集成》，第 157 页。

2　（宋）徐兢：《宣和奉使高丽图经》卷三一"器皿二·汤壶"，孙希国：《〈宣和奉使高丽图经〉整理与研究》第七章"《宣和奉使高丽图经》校注"，第 155 页。

3　（宋）赵佶：《大观茶论》，第 36 页。

图27 北宋汝窑青瓷茶托（英国大维德基金会藏）

图28 北宋汝窑青瓷茶托俯视图（英国大维德基金会藏）

图29 12世纪上半叶高丽青瓷花形茶盏托

图30 12世纪上半叶高丽青瓷花形茶盏托俯视图

图31 12世纪上半叶高丽青瓷阴刻纹花形茶盏和茶托（日本大阪市立美术馆藏）

图32 南宋周季常、林庭珪为明州惠安院绘制的《五百罗汉图》局部中的"备茶、汲水"场景（日本京都大德寺藏）

珪受僧人义绍委托，为明州惠安院绘制过一套《五百罗汉图》。从孝宗淳熙五年（1178）起，义绍化缘了10年，全部画作才得以完成，该作品现收藏在日本京都大德寺。其中有个"备茶、汲水"场景，画面左上方胡僧模样的小沙弥正持茶杓在清泉边接水（图32），接好的泉水显然是为了注入右手所持的汤瓶中直接加热，故此汤瓶应为金属质地。瓷质汤瓶实物见韩国国立中央博物馆藏北宋景德镇湖田窑青白瓷瓜形汤瓶（图33），口沿带盖，盖上花形纽。短粗颈、瓜棱形圆腹、平底，前有流，后带执。因该馆所藏宋瓷多为日据时期出土的盗掘品，流散、征集过程中难免失托、失盖。盖、托俱全的高丽青瓷汤瓶，见韩国康津郡窑场烧造的12世纪高丽青瓷汤瓶和承盘（图34）。汤瓶高22.4厘米、口径9厘米、底径7.8厘米，口沿带盖、珠形纽，粗长颈、圆腹、平底，前有流，后有大弧度弯曲的执，执、盖上各有一系，便

于穿绳。承盘花口，高5.3厘米、口径19.1厘米、底径11厘米。

南宋道人葛长庚在《水调歌头·咏茶》中对采茶、制茶、备茶、品茶做了详细描绘："二月一番雨，昨夜一声雷。枪旗争展，建溪春色占先魁。采取枝头雀舌，带露和烟捣碎，炼作紫金堆。碾破香无限，飞起绿尘埃。汲新泉，烹活火，试将来。放下兔毫瓯子，滋味舌头回。唤醒青州从事，战退睡魔百万，梦不到阳台。两腋清风起，我欲上蓬莱。"[1]将成品茶研成末的研磨工具，按出现时间的先后顺序有茶研钵（茶臼的一种）、茶碾、茶磨三种。茶研钵的出现最早，三国魏张揖《广雅》载"荆巴间采茶作饼，成以米膏出之，欲煮茗饮，先炙令赤色，捣末，置瓷器中。以汤浇覆之，用葱姜桔子芼之，其饮醒酒，令人不眠"。茶研钵[2]多呈碗状，分浅腹和深腹两类，内壁涩胎无釉，有纵横交错的网状划

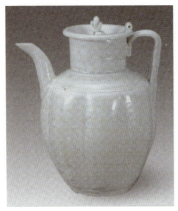

图33　北宋景德镇湖田窑青白瓷瓜形汤瓶（韩国国立中央博物馆藏）

图34　12世纪高丽青瓷汤瓶和承盘

图35　山西洪洞元代壁画《尚食图》"捣茶"局部

1　（宋）葛长庚：《水调歌头·咏茶》，《中华道藏》第19册，华夏出版社，2004，第951页。

2　（三国魏）张揖：《广雅》，《太平御览》卷七八七六，中华书局，1958，第3834页。

痕，以增大摩擦力，与茶杵搭配使用。图像见山西洪洞元代壁画《尚食图》（图35）中描绘的膳食房一角，最上层中间红衣仕女左手持茶研钵，右手持杵正捣茶末。实物见韩国新安沉船中出水的一套宋代龙泉窑青釉茶研钵及茶杵（图36），茶研钵浅腹、敞口，腹壁渐敛，外施粉青釉，饰莲瓣纹，内涩胎无釉带旋纹，卧底；茶杵呈八柱形，施粉青釉，上细下粗，粗端无釉。高丽烧造的12世纪青瓷阳刻堆白仰莲瓣纹茶研钵（图37），日本大阪市立东洋陶瓷美术馆藏。茶研钵高9.8厘米，直径14.9厘米，深腹、口沿下内收，钵身阳刻一周仰莲瓣纹。其外施翡色青釉，莲瓣上方堆白、划短阴线示意莲心花蕊；内壁涩胎无釉，圈足，底施满釉，有四个支钉痕。该馆另藏一件12~13世纪高丽青瓷茶杵（图38），高19.3厘米，八柱形，施青釉，下部微延展，涩胎无釉。虽说二器并非一套，但皆为高丽本土产青瓷，可见用研钵和杵研磨茶末的方式，也从中国传到了朝鲜半岛。

前述《五百罗汉图》"备茶"画面的最下方左侧，还绘一小鬼坐在地上用茶碾碾茶（图39）。他左手边放着木待制（把茶饼放在里面敲碎的工具），右侧地上置一花口浅盘，盘内有宗从事（把茶末从茶碾中扫入茶罗的棕刷）、茶匙（取茶末或击拂汤花的工具）、两个筒式茶盒（用于储存被茶罗筛细的茶末）。茶碾出现于唐代，陆羽《茶经·四之器》中称："碾，以橘木为之，次以梨、桑、桐、柘为之。内圆而外方，内圆备于运行也，外方制其倾危也。内容堕而外无余木。堕，形如车轮，不辐而轴焉。长九寸，阔一寸七分。堕径三寸八分，中厚一寸，边厚半寸，轴中方而执圆。"[1]最高级别的皇家茶碾见法门寺地宫出土的银鎏金錾刻飞马纹茶碾（图40），而平民所用的瓷质茶碾见中国茶叶博物馆藏品（图41），素烧无釉，碾槽下有基座，槽呈舟形，内有深槽，碾轮呈纺轮状，中间穿瓷柄。上述《五百罗汉图》"备茶、碾茶"场景中所绘的茶器，高丽也有使用。日本大阪市立东洋陶瓷美术馆就藏有五个高丽青铜茶匙（图42）。而13世纪康津窑场烧造的镶嵌青瓷牡丹菊花纹筒式茶盒（图43）的造型，也与画中所绘形制相符。

茶磨在三种茶研器中出现最晚，宋代随着点茶变成普通百姓的日常生活，对茶末的供应量和质量都提出了更高要求，而茶研钵和茶碾制出的茶末，在加工效率和细腻程度上都不如茶磨，在市场需求的推动下，茶磨迅速流行起来。南宋画家刘松年《撵茶图》中绘有一仆跨坐磨旁凳上手转茶磨的情景（图44）。茶磨下"绿尘"涌出，旁边放一棕刷和茶匙。而韩国新安沉船中出水的一件宋代石茶磨（图45），其形制恰好与《撵茶图》中的茶磨一致。

1　（唐）陆羽：《茶经》卷上"器之四·碾"，沈冬梅、霍艳平：《〈茶经〉诵读》，第37页。

图 36　宋代龙泉空青釉茶研钵及茶杵（韩　图 37　高丽青瓷阳刻堆白仰莲瓣纹茶　图 38　高丽青瓷茶杵
　　　　国新安沉船出水）　　　　　　　　　　　研钵（日本大阪市立东洋陶瓷　　　　（日本大阪市
　　　　　　　　　　　　　　　　　　　　　　　美术馆藏）　　　　　　　　　　　立东洋陶瓷美
　　　　　　　　　　　　　　　　　　　　　　　　　　　　　　　　　　　　　　术馆藏）

图 39　南宋周季常、林庭珪为　图 40　唐代法门寺地宫出土的银鎏　图 41　宋代瓷茶碾（中国茶叶博物馆藏）
　　　　明州惠安院绘制的《五百罗汉　　　　金鎏刻飞马纹茶碾
　　　　图》局部"备茶、碾茶"场景
　　　　（日本京都大德寺藏）

图 42　高丽青铜茶匙五个（日本大阪市立东洋陶瓷美术馆藏）　　图 43　13 世纪康津窑场烧造的镶嵌青
　　　　　　　　　　　　　　　　　　　　　　　　　　　　　　　　　　瓷牡丹菊花纹筒式茶盒（日本
　　　　　　　　　　　　　　　　　　　　　　　　　　　　　　　　　　　大阪市立东洋陶瓷美术馆藏）

图 44 宋刘松年《撵茶图》局部石磨

图 45 宋代石茶磨（韩国新安沉船出水）

地理图像

从边地到胜境：图绘明清山海关地区

■ **杨雨蕾**（浙江大学历史系）　**李欣楠**（浙江大学历史系）

山海关位于今河北秦皇岛市东北，创设于明洪武年间，元代为迁民镇千户所之地，"洪武十四年（1381），革所设卫，十五年筑城为关"。[1]初山海卫辖左、中、右、前、后、中左、中右、中前、中后、山海共十千户所，后调左、中二所于辽东，领八所，属永平府。嘉靖《山海关志》载，山海卫当时的疆域范围，"东三十里至辽广宁前屯卫中前所，南十里至海，北八十里至义院口关，西九十里至抚宁县，此延袤之大端也"。[2]有明一代，山海关均为长城防御体系的重要关隘，该地区以卫所之制，主要采取军事管理体制。到明朝后期，面对关外蒙古和女真势力的威胁，其军事职能进一步强化，又被纳入九边军镇体系，管理体制也更为复杂。[3]

明清交替之后，清政府对明代的卫所军政系统进行改革，逐步裁撤卫所，将相关事务归并地方州县管理，而原属卫所之屯田和人员也渐次"民化"，被一并纳入州县体制。就山海卫而言，随着长城之外满蒙地区被清王朝直接控制，该地区的军事防御功能明显弱化。顺治、康熙年间，原属山海卫之武将和兵丁被大量裁撤，屯田数额也骤减。与此同时，作为辽蓟交通要道，该地区的经济贸易活动迅速发展。乾隆二年（1737），清朝终于正式撤销山海卫，在该地设置临榆县。"临榆县东西广七十里，南北袤二百三十里。东至关外红墙、宁远州界十里。西至深河、抚宁县界六十里。南至海十里。北至义院口边七十里。自义院口至羊山岭、蒙古界一百五十

1　万历《永平府志》卷二《建置志·关营》，董耀会主编《秦皇岛历代志书校注》第 3 册，中国审计出版社，2001，第 32 页。

2　嘉靖《山海关志》卷一《地理志·疆域》，时晓峰主编《山海关历代旧志校注》，天津人民出版社，1999，第 39 页。

3　参见庄和峰《明长城山海关防区防御体系与军事聚落研究》，硕士学位论文，天津大学，2011。

里。"[1] 临榆县建制一直延续到民国时期。

相比明朝山海卫辖境，清代临榆县东西范围略有所内缩，北部不再以长城为限，而是扩展到长城以北地区。从明山海卫到清临榆县，山海关地区从边镇险要之区转而成为内省府县之地，山海关也成为内地关口，军事防御功能逐渐消失，主要承担的是社会和经济功能。伴随着这一地区管理体制、社会经济以及人口等方面的变动，包括建筑、聚落、人文等在内的地方环境出现了较大的变化。对于不同时期该地地理景观及其变化的讨论，过去主要利用正史、地方志、行纪等文字资料，[2] 而对舆图资料的涉及较少。本文主要以明清山海关地区的方志舆图为研究对象，着重分析不同时期方志舆图所呈现的山海关地区地理景观的特点，并结合地方志的文字描述，讨论这种呈现产生的政治、文化因素，认识不同时期的方志舆图制作者是如何构筑这一地理空间的。

一 明清山海关地区地方志以及方志舆图

明清山海关地区编修的方志有七部，其中明代有四部，分别为嘉靖十四年（1535）詹荣纂《山海关志》、万历二十五年（1597）张时显修《山海关志》、万历三十八年邵可立修《山海关志》以及崇祯十四年（1641）范志完之《山石志》；清代则有三部，即康熙八年（1669）佘一元纂修《山海关志》、乾隆二十一年（1756）钟和梅主修《临榆县志》和光绪四年（1878）高锡畴纂修《临榆县志》。七部地方志，今存明嘉靖年间詹荣所纂《山海关志》和清代的三部。

嘉靖本《山海关志》是今所知山海关地区最早的地方志。清佘一元在其纂修的《山海关志》序文中写道："山海旧无志，有之自德平葛公始，盖明嘉靖乙未岁也。葛公属笔于乡先达詹角山先生，公雅重先生，不复更订，随付剞劂。越六十三年，万历丁酉南城张公述旧编而增定之，一一出自手裁，视昔加详矣。又历十三年，商州邵公从而续之，不过补其所未及，匪云修也。至崇祯辛巳，虞城范公任关道，合所属而重加纂辑，命曰《山石志》，其距邵公又三十年矣。"[3] 可知万历时期的两部《山海关志》基本上是嘉靖本的补修和增订，崇祯年间的《山石志》则是重加纂辑的。《山石志》今不存，不过佘一元曾参与《山

1　乾隆《临榆县志》卷二《疆域》，时晓峰主编《山海关历代旧志校注》，第 229 页。

2　如刘壮《明代永平府境内军事聚落地理初步研究》（硕士学位论文，中央民族大学，2012，第 51~58 页）借助《清史稿》和方志中关于山海关城内公廨等机构的记载，探讨明清之际山海关城镇面貌的变化；黄普基《从"辽燕旧界"到"华夷大界"——朝鲜人笔下的山海关意象》（《清史研究》2012 年第 4 期）通过朝鲜燕行录和文集资料等，讨论明清时期朝鲜人心目中的山海关意象和分界意识；朱勇杰《清代畿辅地区驻防城的创建及其形制研究》（《江汉论坛》2015 年第 4 期）采用《清会典》与《八旗通志》、《临榆县志》等方志文献，分析山海关等畿辅地区八旗驻防城在清代的沿革、形制等特点。

3　康熙《山海关志》卷首《小序》，时晓峰主编《山海关历代旧志校注》，第 98 页。

石志》的纂修，他的《山海关志》也"俱照《山石志》式"而纂修，"其间微有异同"。[1] 所以，《山石志》的体例和内容可以从现存佘一元的《山海关志》得到了解。

上述四部地方志，舆图均置于卷首。嘉靖本《山海关志》共有2幅图，"前二十八页为山海抵黄花镇总图，后一页为山海关城图"。[2] 康熙本《山海关志》有6幅图：镇城图、东罗城图、西罗城图、南边接海图、镇城接南北边图和北边接山图。乾隆本《临榆县志》收有7幅，分别为：临榆县全图、临榆县城图、临榆县衙署图、临榆县学宫图、临榆县关隘图、临榆县村堡图、临榆县胜境图。光绪本《临榆县志》所收录的地图明显增多，共有42幅，除了县境总图，还有颇为详细的地方分图和多

种专题地图（表1）。

除上述县级政区地方志，明清时期其所属永平府亦有府志。《永平府志》共有可考版本12种，现存7种，分别是弘治十四年（1501）吴杰主修本，万历二十七年涂国柱重修本，康熙二年宋琬修、十八年常文魁续纂本，康熙十二年唐敬一续补本，康熙五十年徐香和胡仁济续修本，乾隆三十九年李奉翰、顾学潮新修本以及光绪五年游智开撰修本。[3] 上述各本《永平府志》有5部收录有若干山海关地区的专门舆图（表2）。需要看到，作为永平府所辖地域的一部分，府志中的相关舆图主要反映该地的疆域范围和山川分布，较为单一，故本文对这些地图不纳入做具体阐述。

表1　明清《山海关志》《临榆县志》收录舆图一览

地方志	纂修年代	舆图数量（幅）	舆图名称	备注
《山海关志》	嘉靖十四年	2	山海抵黄花镇总图、山海关城图	
《山海关志》	康熙八年	6	镇城图、东罗城图、西罗城图、南边接海图、镇城接南北边图、北边接山图	
《临榆县志》	乾隆二十一年	7	临榆县全图、临榆县城图、临榆县衙署图、临榆县学宫图、临榆县关隘图、临榆县村堡图、临榆县胜境图	
《临榆县志》	光绪四年	42	星野图、县境全图、口内之图、口外之图、口内南境之东、口内南境之中、口内南境之西、口内北境之东、口内北境之中、口内北境之西、口外南境之东、口外南境之中、口外南境之西、口外北境之东、口外北境之西、山海关城全图、县城街巷全图、东罗城街巷图、西罗城小西关街巷全图、海阳镇图、石门寨图、驻操营图、义院口图、九门口图、乾沟镇图、边城图（7幅）、山海关副都统衙署全图、山海关管粮分府衙署图、县署全图、海关道山永协二署全图、学宫全图、榆关书院全图、义仓全图、角山全图、首山二郎庙图、澄海楼海神庙龙王庙天后宫全图	绘图者为邑人常遇林（向时），从九品衔

1　康熙《山海关志》卷首《凡例》，时晓峰主编《山海关历代旧志校注》，第99页。

2　嘉靖《山海关志》卷首，时晓峰主编《山海关历代旧志校注》，第38页。

3　参见吴畴《永平府方志考略》，《中国历代方志整理与研究——第四届中国地方志学术年会论文集》，方志出版社，2014。

表2　明清《永平府志》收录相关舆图一览

地方志	纂修年代	舆图数量（幅）	舆图名称	备注
《永平府志》	万历二十七年	1	山海罗城山海城图	
《永平府志》	康熙二年修，十八年续	2	边外地图、内拨图	图见于卷一一最后
《永平府志》	康熙五十年	3	山海卫舆地图、边外地图、内拨图	卫图见于卷首，后两图见于卷一一最后
《永平府志》	乾隆三十九年	1	临榆县舆地图	与前"山海卫舆地图"相同
《永平府志》	光绪五年	3	临榆县城图、临榆县疆域图、石门寨城图	另有府疆域总图、府境河道图、边口图（16幅）。图见于卷一。计里画方（序）

二　方志舆图中的地理信息和景观变迁

上述县志和府志中专门描绘山海关地区的相关舆图，包括关防图（关隘图、驻营图、边海图）、疆域图（县境图、卫境图）、城池图（县城图、关城图、罗城图）、衙署图（县署图）以及学宫图、义仓图、书院图、村寨图、胜境图、寺庙图等多个种类。不同种类所反映的地理信息重点不同。综合来看，这些舆图的类型、具体内容及其所反映的地理景观明显有三个阶段的变化。

1. 关隘和营寨

此阶段较集中体现在明嘉靖十四年的《山海关志》。该志开篇叙曰："地有崇山广川，爰定疆分治，丽物奠民，版籍由登也，首志地理；依高阻深，设险利，守国之防也，次志关隘；关有戍役卒伍联焉，统帅之规斯立矣，志建置次三；约民纠德，定志知方，政教攸赖矣，志官师次四；辨野则壤，赋税因之，军国有需矣，志田赋次五；表乡劝后，往君子之行不可泯也，志人物次六；酬功象贤，宜食报厥土也，志祠祀次七；选举登我誉髦，阐地灵，昭王化也，于是志选举终之。"[1]指出了山海关地区作为边陲，在这个时期具有的军事防御性质。

嘉靖《山海关志》卷首收录2幅地图，《山海抵黄花镇总图》（图1）共28页，连接起来展现东起山海关东北一片石关，西至黄花镇撞道口的山川、长城边墙、关隘、营堡、卫所、关城和驿站等长城防御设施，并在所标绘的各关营、堡寨、部分卫所方框符号内十分具体地标注出官军、马匹和军器的数量。《山海关城图》（图2）则绘出东抵广宁前屯卫中前所、西抵抚宁县的山海关城，关城南部临海，北部是山脉，显现出"山海大关"之景象。关城则具体绘出城墙和东南西北4个城门，城内有山海卫、递运所、守备厅、察院、义仓、城

1　嘉靖《山海关志》卷首，时晓峰主编《山海关历代旧志校注》，第7页。

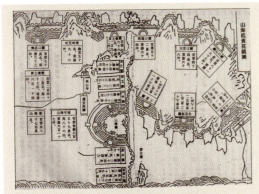

图 1 山海抵黄花镇总图（局部）
（时晓峰主编《山海关历代旧志校注》，第 8 页）

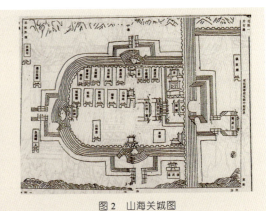

图 2 山海关城图
（时晓峰主编《山海关历代旧志校注》，第 36 页）

隍庙等官署机构和场所，城外东有镇东庙，西有迁安马驿、急递铺和崇兴寺。[1]

这 2 幅地图所展示的军事防御意义十分明显。《山海抵黄花镇总图》共绘出大大小小长城关口 120 余个，关营、堡寨 130 余座，这些内容以及其上所载各关营、堡寨的官军、马匹和军器数量是《山海关志》文字资料没有记述的，所展现的地理范围远不止山海关地区，而是基本囊括隶属九边的蓟镇边墙防御设施和兵力驻扎情况，由此，该图的山海关地区是作为国家北部军事防御之地的一部分而绘出。可知的第一幅长城地图是明嘉靖十三年许论的《九边图说》，该图绘制了包括辽东镇、蓟州镇、宣府镇、大同镇、山西镇在内的镇城、卫所、营堡、墩台、驿站等长城一线的镇

城及相关防御设施，该图之后有各种改绘本、翻刻本等。[2]《山海抵黄花镇总图》虽然与明代"九边图"系列的表现相异，但是性质相同，尤其是在图上标注出各关营、堡寨的官军、马匹和军器数量，比文字内容更为直观，充分彰显了山海关地区作为明代蓟镇重要关防地区所具有的"守国之防"的性质。

2. 城池、聚落和胜景

这一阶段为康乾时代的转型期。明清交替之后，战争结束，社会逐步走向安定，明时期的大量卫所逐步被撤并。根据康熙《大清会典》，到康熙六年，直隶省共裁撤四十三卫、十五所，只留下十八卫、二所。[3]虽然此时清并未裁撤山海卫，山海卫的管理范围又因并入周边被裁撤卫所的部

---

1 弘治《永平府志》卷六《寺观》："崇兴寺，在昌黎县治东北，正统十二年僧会洪定建，复设僧会司于内。"（董耀会主编《秦皇岛历代志书校注》第 1 册，第 78 页）；《明一统志》卷五："在昌黎县治东北，正统中重修。"（《景印文渊阁四库全书》第 472 册，台北：台湾商务印书馆，第 141 页）

2 参见赵现海《第一幅长城地图〈九边图说〉残卷——兼论〈九边图论〉的图版改绘与版本源流》，《史学史研究》2010 年第 3 期。

3 康熙《大清会典》卷八三《兵部·武选清吏司·都司卫所上》，中国第一历史档案馆藏本，第 5 页 b。

分地区有所扩大，[1]但是士兵数量明显减少。据康熙《山海关志》所列数据，山海关内守备官兵数额从万历时期的2665名锐减至康熙初年的300名，马骡、器械数量更是从明嘉靖十三年以后的1036匹、804910件分别锐减至62匹、3万余件。[2]兵额的锐减，导致当地人口数量也明显下降，万历末年有军丁13700余名，加上内占役几至万人及出差人丁三四千人，合计有25000人以上，到康熙五年，原额人丁加上出差人丁不足万人。[3]所以山海关地区尽管此时卫制尚存，但实际已无"防山禁海"之功能，再加上人口锐减，明朝的关营堡寨所在地呈现荒弊之态。对此，《山海关志》的编著者也不由感叹："关门原非沃土，改革较昔尤凋弊矣。"[4]

康熙《山海关志》中只有6幅舆图，其中前3幅分别展现山海关城的镇城（图3）、东罗城和西罗城，每幅图均以北为上，主要绘制出城墙、城门、城楼和城内的官署机构、寺庙等；后3幅则表现山海关长城、南北之地形和交通，图均以东为上，《镇城接南北边图》绘制出镇城、南北翼城以及镇城连接两翼城的长城和道路，《南边接海图》（图4）绘制出山海关延至南部海上的长城以及宁海城向北到孤山、天妃宫

的道路，《北边接山图》则描绘出延至北部角山的长城以及通往北部山脊的道路。不同于嘉靖《山海关志》中表现军事防御性质的地图，这部志书没有绘制该地区地理范围或是反映营堡所在地理状况的舆图，[6]

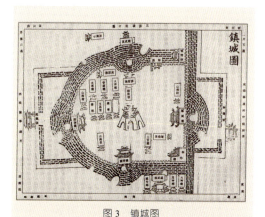

图3　镇城图

（时晓峰主编《山海关历代旧志校注》，第100页）

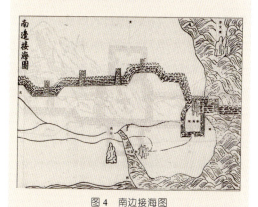

图4　南边接海图

（时晓峰主编《山海关历代旧志校注》，第101页）

1　顺治四年，直隶三屯营总兵被裁撤，其防区被山海、密云两镇分割，山海镇总兵官负责统辖喜峰路、太平路二路边口。顺治九年六月，原蓟、辽地区大量边镇被撤并，抚宁卫也在此时被并入山海卫。参见《清圣祖实录》卷三四，顺治四年九月癸丑，故宫博物院藏小红绫本，第4页b。

2　（清）佘一元：《山海关志》卷三《建置志》，时晓峰主编《山海关历代旧志校注》，第115~116页。

3　（清）佘一元：《山海关志》卷五《政事志》，时晓峰主编《山海关历代旧志校注》，第141~142页。

4　（清）佘一元：《山海关志》卷五《政事志》，时晓峰主编《山海关历代旧志校注》，第141页。

幅舆图只是简单地展现了山海关城作为城池所处地理位置，南至海、北至山的交通路线以及城池内部的官署机构、寺庙等，全然无战争之气息，关城内外标绘的场所也不同于嘉靖《山海关志》的《山海关城图》主要绘制出官署机构，而是近一半为包括关帝庙、地藏寺、普济庵、东岳庙、城隍庙、三官庙、五圣庵、玉皇庙等在内的各类寺庙，呈现出战后康熙初年山海关城趋于"民化"的社会景象。

到乾隆初年，随着社会的稳定，山海关地区人口和耕地面积均逐步增加，与此同时，关内外商贸活动越来越活跃，经济活力明显提高。根据记载，乾隆元年山海卫出差人丁有 7636 名，几近康熙五年的一倍。[1] 商贸活动方面，康熙十九年，朝廷考虑到"山海关往来贸易者颇多，应设官抽分，以佐军饷"，向当地差遣一名户部部员担任收税官。[2] 康熙三十三年，清廷正式在山海关设立税关，并于次年订立税额为"每年二万五千两"[3]。康熙四十六年至五十九年，又增设金州、牛庄、九关台、清河、松岭子、横城等分税口，统交山海

关监督。[4] 关城内，康熙年间，便有了位于东罗城、西罗城、南街、西街、北街的五处城内集市，每一集市每旬开两集，即在城内每日均有一集。[5] 到了乾隆年间，更是在"城集"的基础上出现了石门寨、驻操营、义院口、蔡各庄、海洋庄这五处"乡集"，前两处为每旬四集，后三处为每旬两集。[6]

在这样的社会背景下，乾隆二年，清廷正式撤销山海卫，改设临榆县。临榆县"东西广七十里，南北袤二百三十里。东至关外红墙、宁远州界十里。西至深河、抚宁县界六十里。南至海十里。北至义院口边七十里。自义院口至羊山岭、蒙古界一百五十里。东南至海十里。西南至戴家河、抚宁县界七十里。东北至条子边、蒙古界七十里。西北至码礤岭、抚宁县界七十里。"[7] 其地理范围主要包括原山海卫、抚宁区位于深河以东以及原山海卫长城以北至羊山岭的地区，大致北至长城以北，南临渤海，西以深河与抚宁为界，东至山海关以东约七里之地，与宁远州为界。临榆县设立后，便取消了过去的屯田

1　（清）钟和梅：《临榆县志》卷四《赋役》，时晓峰主编《山海关历代旧志校注》，第 249 页。

2　《清圣祖实录》卷九〇，康熙十九年五月己酉，中国第一历史档案馆藏大红绫本，第 9 页 a；康熙《大清会典》卷三四《户部·课程三·关税》，第 21 页 b。

3　雍正《大清会典》卷五二《户部·关税》，第 26 页 b；《清圣祖实录》卷一六八，康熙三十四年九月甲子，故宫博物院藏小红绫本，第 12 页 a。

4　雍正《大清会典》卷五二《户部·关税》，第 27 页 a、b。

5　《山海关志》卷一〇《集市》，时晓峰主编《山海关历代旧志校注》，第 203 页。

6　（清）钟和梅：《临榆县志》卷二《里市》，时晓峰主编《山海关历代旧志校注》，第 234 页。

7　（清）钟和梅：《临榆县志》卷二《疆域》，时晓峰主编《山海关历代旧志校注》，第 229 页。

制度，"编社废屯，而比户连甲，遂与他邑等"。[1]

乾隆二十一年，临榆县知县钟和梅有感于该地自康熙《山海关志》之后，未有撰修志乘，而改卫设县之后，"疆理之分合，官师之建置，礼乐兵刑钱谷诸政事之规划，靡不更定"，于是"本之省郡关卫各志，以求其端；博之史转杂记，以参其事；采之荐绅先生乡之耆老，以著其信；考之国宪官守土俗以证合"，[2] 修成《临榆县志》。《临榆县志》共 14 卷，比之康熙《山海关志》10 卷，篇幅明显增加，又有物产、学校、丘墓、盐法等新设条目，以此"成一邑之编，以附《皇舆一统志》之列"。[3] 其中的舆图，包括主要绘出县境山川、村寨、寺庙等的所谓全图和表现原为山海关城城墙、城门、附属城郭以及官衙、寺庙等的县城图，除此之外，还有村堡图、关隘图、胜境图和分别绘制衙署、学宫的 2 幅布局图。

与之前的两部《山海关志》相比，这部县志的舆图种类增加了，包括传统州、县方志体例中常见的舆图形式。《临榆县全图》（图 5）属行政图，虽谓全图，但实际所表现的地理范围并没有涵盖长城以北地区，《临榆县村堡图》也是如此。地图的绘制者不详，但由此可见编纂者和绘图者对县境的认识实际还都停留在北部以长

城为界的旧观念上，抑或与其不了解长城以北的情况有关。除了《临榆县全图》明显表现出南部海洋、北部山脉和长城、西部深河、东部红墙的地理界限外，2 幅图的地理范围和地理信息基本相同，均标注出密集的村堡聚落。这些村堡聚落名同时出现在卷二"里市"条中，地图则直观地将之地理方位化，以此彰显该县长城以南地区"民化"之景象。与之前以北为上的关城图不同，《临榆县城图》以南部海洋为上，并没有绘制北部的山脉，颇有强调南部海洋而淡化北部山脉阻隔之意。北部的山脉和长城虽然在《临榆县关隘图》中特别绘出，但该图关注的是山海关及其北部长城的关口，似重在交通，而非说明界域。

另外特别值得一提的是《临榆县胜境图》（图 6），该图表现出卷三"胜境"条

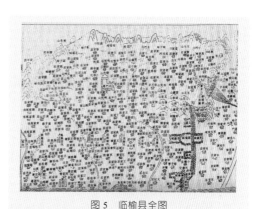

图 5　临榆县全图

（时晓峰主编《山海关历代旧志校注》，第 218 页）

1　（清）钟和梅：《临榆县志》卷二《里市》，时晓峰主编《山海关历代旧志校注》，第 233 页。

2　（清）钟和梅：《临榆县志》卷首《序》，时晓峰主编《山海关历代旧志校注》，第 215 页。

3　（清）钟和梅：《临榆县志》卷首《序》，时晓峰主编《山海关历代旧志校注》，第 214 页。

中"榆关十四景"和"石门八景"[1]的地理位置。中国有"八景"文化的传统，"八景"是汉文化与传统自然审美相融合的表现之一，也是生态环境变迁部分未被破坏的景物在自然界凸显的结果，同时又融入了人文的内涵。[2]上述"榆关十四景"和"石门八景"实际上是传统"八景"文化的延伸，山海关地区的这一景观文化最早出现在康熙八年的《山海关志》中，即所谓"临榆十景"[3]，主要分布在北部山脉。乾隆年间在此基础上增加四景而成"榆关十四景"，所增加的四景，山景和海景各占一半。"石门八景"则是围绕明代重要的关堡之地石门寨而成的景观。作为文化符号，山海关地区景观文化的形成和发展，一方面是该地区从"边镇空间"发展到"县域空间"过程中自然和生态环境变迁的反映，另一方面是该地区在此发展过程中文化"内地化"的具体表现，与此同时也为之注入了地方文化的色彩。这些景观在地图上充分展现出来，使这一区域完全退去国之边境关防之域的形象，成为融入大一统国家中具有内地地方文化特色的一隅。

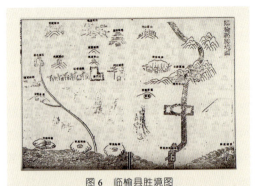

图 6　临榆县胜境图

（时晓峰主编《山海关历代旧志校注》，第 224 页）

3. 物阜民康之地

光绪四年，又重修《临榆县志》。此番重修与乾隆时期不同，并非得一人之力，而是由永平府知府游智开和临榆县知县赵允祜共同推动，"爰谋之高学博汉墀开局重修，遴文学之士分任采缉，延河间高敷民水部秉笔，而以诸绅耆襄其事"。[4]从《重修临榆县志职名》列出的名录上看，参与重修的本邑士绅有 40 余人，其中还有专职的绘图者，即从九品衔邑人常遇林，颇为难得，县志主修者对地图的特别重视由此可见一斑。

光绪《临榆县志》"籍《蓟辅通志》、《永平府志》二书所采底稿，分类纂修"[5]，

1　"榆关十四景"为"悬洞观天、瑞莲捧日、山寺雨晴、海亭风静、姜坟雁阵、秦岛渔歌、屏风春盎、石溜冬温、茶盘积雪、桃峪停云、联峰海市、海嘴风帆、龙潭灵雨、温泉喷玉"，图中缺"悬洞观天"；"石门八景"则为"山寺远眺、药庙春红、印台观海、洞隐龙湫、长城古刹、古松巢鹤、邓林钓台、白云山寺"。参见（清）钟和梅《临榆县志》卷首《序》，时晓峰主编《山海关历代旧志校注》，第 246~247 页。

2　参见周琼《"八景"文化的起源及其在边疆民族地区的发展》，《清华大学学报》2009 年第 1 期。

3　即"悬阳观天、瑞莲捧日、山寺雨晴、海亭风静、姜坟雁阵、秦岛渔歌、屏风春盎、石溜冬温、茶盘积雪、桃峪停云"。其中，"悬阳观天"在"榆关十四景"中改称为"悬洞观天"。

4　（清）高锡畴等纂修《临榆县志》卷首《重修临榆县志序》，时晓峰主编《山海关历代旧志校注》，第 373 页。

5　（清）高锡畴等纂修《临榆县志》跋，时晓峰主编《山海关历代旧志校注》，第 722 页。

地图共有 42 幅，置于卷首，数量之多在明清方志中并不多见。[1] 纂修者还在凡例中专门对绘图做出了说明，即"旧志绘图，县境有总无分，其中村落之方位远近，水道之源流归合，皆有舛错，且详于口内而略于口外，似于全境未备。今于县境分口内、口外，而于口内外又分南境、北境。为图十一幅，按方计里，山水、桥梁、村落、道路各详其远近、来去，以期明析其他。城图、衙署图、镇保、义仓各图悉于旧加详。至名胜未能遍绘，唯绘北山、南海之图以见大概，余皆从省"。[2] 说明强调了县境图的制作方式和所绘制地图的类型。

光绪《临榆县志》绘制的地图类型，县境图、县城图、衙署图（包括学宫图）在乾隆《临榆县志》中已有，星野图、镇保图、书院图、义仓图为新增。至于胜境图，与乾隆《临榆县志》中标注各景观地理位置的类型不同，而是分别具体展现角山、首山二郎庙以及澄海楼所在的 3 幅风景图（图 7）。地图数量如此之多的原因是绘制出许多分图。县境图，除了全图（图 8），还有 13 幅分区域图，[3] 均计里画方，详细地标绘出长城内外的山川和村寨聚落等；县城图，包括 1 幅全图和 3 幅街巷图（图 9），全图基本沿袭旧有形式，绘制城墙、城门、官署衙门和寺庙等，街巷图则是新

增部分，除了前述的一些内容，分幅形象绘制出中心的县城以及东、西罗城的胡同房屋，彰显了民众的空间；衙署图除了县署图和学宫图，还绘出山海关副都统衙署、山海关官粮分府衙署和山海关道山永协署的建筑布局图，这三个衙署承担着重要的经济职能。

图 7　角山全图
（时晓峰主编《山海关历代旧志校注》，第 423 页）

图 8　县境全图
（时晓峰主编《山海关历代旧志校注》，第 385 页）

1　据统计，在地图数量上，浙江、江苏、山东、安徽省的方志地图量较大，平均十多幅。上海的历史较晚，发展迅速，加之清代方志中地图的绘制也处于兴盛期，上海方志中地图的平均量最大，达十三幅。参见苏品红《浅析中国古代方志中的地图》，《文献》2003 年第 3 期。

2　（清）高锡畴等纂修《临榆县志》凡例，时晓峰主编《山海关历代旧志校注》，第 381 页。

3　凡例中称有十一幅，当误。

图 9　县城街巷全图
（时晓峰主编《山海关历代旧志校注》，第 400 页）

新增的地图类型，除了反映该地星宿分野的星野图，所谓镇保图包括 6 幅城镇图和 7 幅边城图，主要反映长城南北之交通。城镇图包括海阳镇、石门寨、驻操营、义院口、九门口和乾沟镇，均位于重要的交通要道。边城图则主要分幅绘出县境内长城的重要交通关口。《渝关书院全图》绘制出渝关书院的建筑布局。渝关书院最早建于何时不详，后名为临榆书院，不存；道光年间有东溟书院，规模甚小，后亦倾圮；同治四年（1865），由邑监生姜德源捐修，知县许忠重建渝关书院，并将东溟书院修葺。[1] 书院颇具有地方文化发达的象征意义，许忠在《重建渝关书院记》中便坦言书院建成后，"从此渝水清流，洗尽风云月露，关门紫气，蔚为杞梓菁莪，储腾蛟起凤之才，以仰副国家璧水桥门之化……"[2]《义仓全图》绘制出包括县城义仓在内的九个义仓，其中八个位于山海关以内。以上这些

地图从聚落、经济、交通、文化等多个角度形象地展现出这个长城内外已融于一体的"物阜民康之地"。

结语：从"国"之边地到"地方"之胜境

综合来看，从明代《山海关志》到清光绪《临榆县志》，不同时期的舆图制作者大体从 3 个维度构筑该地之形象。其一是标识的地理信息。明代虽然存在屯居，但舆图主要绘制的是关隘和营寨，并标注官军、马匹和军器数量，聚焦其作为关防之地的特征；清代则主要以村寨、衙署、寺庙等地物彰显其作为内地郡县的地方形象。其二是绘制的地域范围。明代仅绘出关营所在，表现其作为关隘地区的地理特征；康熙《山海关志》仅定位在关城，忽略其他荒弊之地，消融了战争之地的形象；乾隆时期则绘出临榆县长城以南的村堡聚落，显示地方秩序和"民化"之景象；直至光绪时期才绘出全境，表现出县域空间的拓展和长城内外之融合。其三是图本的类型。明代《山海关志》仅绘有关隘图和关城图，并未有表现山海卫界域之图，强调其作为国家"守防之地"；清代康熙《山海关志》也没有山海卫界域图，以关城图和附近边墙的交通图表现出明清交替之后的和平之

1　（清）高锡畴等纂修《临榆县志》凡例，时晓峰主编《山海关历代旧志校注》，第 584 ~ 585 页。

2　（清）高锡畴等纂修《临榆县志》凡例，时晓峰主编《山海关历代旧志校注》，第 585 页。

景象；此后的乾隆《临榆县志》出现县域图，又有村堡图、衙署图、胜境图等，该地区内地化之景象便呼之欲出；到了光绪《临榆县志》，舆图绘制者则以多类型的地图，从各个视角具体表现该地之政治秩序和带有内地文化性的地方特色。

"志之体昉于《禹贡》，而《周礼》职方氏掌天下之图，内史掌四方之志，其职益详，下至土训掌道地图以昭地事，诵训掌道方志以昭观事。"[1] 舆图作为地方志的重要部分，被用以直观展现该地之地理事物，塑造该地之地理形象。然而展现什么？如何展现？一方面源于客观地理事物本身，另一方面表达了舆图制作者的空间认识及其对内容取舍的结果。正如怀特（J. K. Wright）所言："每一幅地图只能反映客观现实的一部分，以及主观因素的一部分，没有哪张地图是完全客观的。"[2] 地图一方面承载着现实政治、文化等多方面信息，另一方面也用以形塑人们的地理认知。从山海卫到临榆县，明清山海关地区作为从国家边防之地成为内地郡县的典型，由"俾海隅边塞之区，渐进于物阜民康之城"，地理环境本身在客观上出现很大变化，对此，地方志舆图制作者以不同的地理信息、不同的区域范围和不同的地图类型对此加以呈现，从聚落、经济、交通和文化等多个角度逐步完成对该地从"国"之边地到"地方"之胜境的形象塑造。

1　（清）钟和梅：《临榆县志》卷一〇《学校》，时晓峰主编《山海关历代旧志校注》，第214页。

2　J. K. Wright, "Map Makers Are Human: Comments on the Subjective in Maps," *Geographical Review*, Vol. 32, No. 4 ,1942,p. 527.

从濒海水乡到东方大都市：古地图所见松沪地区景观及环境变迁

■ 周 妮（云南大学历史与档案学院）

近代上海城市的发展，是传统中国社会从农耕时代走向工业化与近代化的一个重要标志，在这一复杂而曲折的转变过程中，上海也由一个海边不太知名的小县逐步转变成为一座闻名国际的东方大都市，建设成就辉煌，驰誉中外。上海地区（从历史上看，"松沪地区"的概念似乎更为准确）的景观风貌也在这一过程中发生了巨大而深刻的变化，这在中国景观史上具有特殊意义。而在目前的上海景观研究中，以现代景观学进行研究者居多，比较而言，对上海历史景观的研究相对薄弱，仅有较

少学者，如周振鹤、钱宗灏、吴俊范、黄江平、牟振宇、罗婧、李卉卉、徐俊全等从不同学科背景出发对近代上海景观，尤其是近代上海城市景观进行了较为全面与详细的研究。[1] 因此，从不同角度继续展开与深入对历史时期上海景观的研究仍然十分必要。

纵观历史时期上海地区（即历史时期松江府地区）的景观发展历史，我们可以发现，其构建过程受到时代与社会变迁的影响非常明显，工业化与近代化在上海城市景观构成及特征上有着极为直接的体

---

1 如周振鹤《近代上海城市景观变迁的起始及其意义》[《北京论坛（2015）文明的和谐与共同繁荣——不同的道路和共同的责任：缔造和平之路的历史责任与多元记忆专场论文及摘要集》，第 1 页] 对近代上海城市景观做了整体性的简单评述；钱宗灏等著，华一民、东君摄影《百年回望：上海外滩建筑与景观的历史变迁》（上海科学技术出版社，2005）以图像形式表现近百年上海外滩建筑景观变迁；吴俊范长期关注近代上海景观与环境变迁，其博士学位论文《从水乡到都市：近代上海城市道路系统演变与环境（1843~1949）》（博士学位论文，复旦大学，2008）即为系统研究上海景观的力作，同时，她还发表了《填浜筑路与上海近代城市环境变迁》（《城市史研究》第 24 辑，天津社会科学院出版社，2006，第 61~82 页）、《上海老城厢：一个江南城市的景观演变史及其动力机制》（《中国历史地理论丛》2008 年第 1 期）、《1900~1949 年间上海水乡景观蜕变的复原与分析》（《中国历史地理论丛》2010 年第 1 期）等专题文章；黄江平《明清上海市镇文化景观研究》（上海社会科学院出版社，2015）专注于上海古镇文化景观的发展变迁及保护；其他如牟振宇《上海城市化进程中的河道变迁——以肇嘉浜为个案》（《城乡规划》2012 年第 1 期，第 137~145 页）、《"辟小浜筑路"与近代上海城市化进程——以法租界为例（1925~1937 年）》（《历史地理》2014 年第 2 辑，第 325~342 页），罗婧《开埠初期的上海洋行更迭与人文景观形成——基于〈行名录〉的研究》（《史林》2019 年第 5 期），李卉卉《从填浜筑路看上海中心区的河道变迁》（硕士学位论文，上海社会科学院，2006），徐俊全《晚清上海城市景观之阅读——基于地图、指南等印刷文化的考察》（硕士学位论文，华东师范大学，2016），不同程度地对上海地区近代化城市景观与环境变迁进行了研究。

现。研究上海历史，可以发现不同节点的不同意义。通常，上海近代史与中国近代史一样以 1840 年鸦片战争、1843 年上海开埠等一系列事件作为分割点，而城市景观体系的构建则具有一定的滞后性。不可否认，租界的出现与之后长达数十年的建设，成为中国近代城市化发展的先导。[1] 上海地域内景观形态也自然随之发生了实质性的改变——伴随 20 世纪以来该地域城市化进程的加快，以原松江府属下上海县为中心，开始从江南水乡向东方大都市迅速转变，城市化建设速度大大加快。该地域内原有天然聚合的水域及水体景观、为农田水利及航运交通而疏浚并开掘而成的水体及水域景观、水田景观与水域附着景观等，亦随之发生或大或小的转变，演化为马路如织、桥梁密布、企业与中外建筑遍地开花的都市景观形态，外滩一带甚至出现了"万国建筑博览会"。这些重大景观变化，不仅以大量文字描述的方式被记录下来，更以地图等形式直观地被呈现出来。因此，20 世纪这个节点，对于上海城市景观变迁而言，具有典型意义。

"一图胜千言"，古旧地图在历史景观研究及复原中的重大价值不言而喻，因此，明清方志以及近代测绘史上留存下来的一批地图资料，对于研究与复原上海地区的景观变迁具有很高的价值。[2] 在本文中，笔者即以古地图为中心来探讨与复原松沪地区古今景观及环境变迁过程，总结与梳理其背后复杂的影响因素。当然，今天上海市的范围并不仅限于上海市区，还包括松江、青浦、金山等区，而松江等区的历史较之上海县更为悠久，记载也更为丰富，这也是在上海景观史研究中需要特别注意的。

一　20 世纪前松沪地区之景观记忆

上海地区建县的历史并不短暂，但长期以来不过是松江府下属的一个普通县城。如明代松江府下辖华亭、上海、青浦三县。《大明一统志》称："（上海县）在府城东北九十里，本华亭县地，居海之上洋，旧曰'华亭海'。宋时，商贩积聚，名'上海市'。元至元中，置上海县。本朝因之。编户六百二十里。"[3] 清代松江府的辖县由 3 个增加为 7 个，这 7 个县分别是华亭县、娄县、奉贤县、金山县、上海县、南汇县与青浦县。显然，当时上海县的等级地位并不显著。"汉海盐、娄二县地，梁以后为海盐、昆山二县地。唐、宋为华亭县之地。居海之上洋，曰华亭海，宋时，立舟舶提举司及榷货场，为上海镇。元至元二十九年（1292），即其地置上海县，属松江府。

1　参见安介生《"国中之国"早期市政建设——上海城建近代化之先河》，《上海城市规划》1994 年第 3 期。

2　参见顾建祥、安介生主编《图溯上海：上海测绘院藏近代上海地图文化价值研究》，上海辞书出版社，2019。

3　（明）李贤：《大明一统志》卷九《松江府》，天顺五年御制序刊本。

泰定三年（1326），属嘉兴路。天历元年（1328），复属松江府，明不改。本朝因之。"[1] 因此，我们可以说，宋元时代是上海县的初创或婴幼儿时期。但是，上海虽在元代始置县，直至明代，其县的建制才算真正稳定下来，开始了长期稳定的建设与发展。与其同步，松江府也是元代才从嘉兴府中分立出来的，因此，明代是松沪地区重要的发展时期。清代至开埠，以至20世纪之前，上海地区的历史也主要延续了传统的发展道路。对于松沪地区的景观构建历程而言，也是如此。

（一）明代地方舆图所见松沪地区的景观特征

关于松沪地区景观在明代的总体风貌，我们可以从当时官员的奏折中窥得一斑。如夏原吉曾经奉命整治松沪地区"水患"问题，通过实地调查，夏原吉在奏疏中指出，松沪地区"水患"的由来与其地理形势有着十分密切的关联。

> ……命夏原吉治苏（州府）、松（江府）、嘉兴（府）水患，浚华亭、上海运盐河、金山卫闸及漕泾分水港。原吉言："浙西诸郡，苏（州府）、松（江府）最居下流，嘉（兴府）、湖（州府）、常（州府）颇高，环以太湖，绵亘五百里，纳杭（州府）、湖（州府）、宣、歙溪涧之水，散注淀山诸湖，以入三泖。顷为浦港堙塞，涨溢害稼，拯治之法，在浚吴淞诸浦。按吴淞江袤二百余里，广百五十余丈，西接太湖，东通海，前代常疏之，然当潮汐之冲，旋疏旋塞……"[2]

显然，从奏折可见，明代吴淞江水系（图1）[3] 之庞大、辐射面积之广、影响地域之大，远远不是今天吴淞江（或称苏州河）所能比拟的，其同时还是影响明代江南地区水患及水利问题的主要水系。而历史时期江南环太湖地区"水患"的形成，在于该地区地貌、地势的差异以及泥沙淤积与种种人为因素，具有循环的特征，非一朝一夕可以解决。

图1　明代东南水利七府总图

1　乾隆《钦定大清一统志》卷五八《松江府》，《景印文渊阁四库全书》第475册，台北：台湾商务印书馆，1985，第159页。

2　《明史》卷八八《河渠志六》，中华书局，1974，第2147页。

3　（明）张国维：《吴中水利全书》卷一"图"，《景印文渊阁四库全书》第578册，台北：台湾商务印书馆，1985，第25页。

有明一代，吴淞江整治就经历了十分复杂曲折的过程，这一过程也反映出江南人民为这一地区的水利建设所付出的巨大努力。《明史·河渠志》记载，侍郎徐贯奏称："永乐初，命夏原吉疏浚。时以吴淞江淤沙浮荡，未克施工。迨今九十余年，港浦愈塞。臣督官行视，浚吴江长桥，导太湖散入淀山、阳城、昆承等湖泖。复开吴淞江并大石、赵屯等浦，泄淀山湖水，由吴淞江以达于海。开白茆港白鱼洪鲇鱼口，泄昆承湖水，由白茆港以注于江。开斜堰、七铺、盐铁等塘，泄阳城湖水，由七丫港以达于海。下流疏通，不复壅塞……"[1] "不复壅塞"只能是短暂的理想状态，长期来看，未免言过其实，任何水利工程的效果都无法一劳永逸，均需要不断维护。

> 是年（嘉靖二十四年，1545），吕光洵按吴，复奏《苏松水利五事》：一曰广疏浚，以备潴泄。三吴泽国，西南受太湖诸泽，水势尤卑，东北际海。冈陇之地，视西南特高，高苦旱，卑苦涝。昔人于下流疏为塘浦，导诸湖水，北入江，东入海，又引江潮，流衍于冈陇外。潴泄有法，水旱无患。比来纵浦横塘，多堙不治，惟黄浦、刘河二江颇通。然太湖之水，源多势盛，二江不足以泄之，冈陇支河又多壅绝，无以资灌溉，于是高下俱病，岁常告灾……[2]

因此，我们看到，吴淞江水患、水涝问题在有明一代无法得到根本解决，与地区本身地貌特点及水势、泥沙等问题有着直接的关联。明代松沪地区留存下来的文献资料更为详细地记载了这一区域的各种自然与文化景观，其中对水域景观的描述尤为详细，为今日系统研究这一地区水域景观的发展与变迁提供了丰富的史料，如《松江府志》《上海县志》等文献中所存文字及舆图资料对于复原开埠前上海的景观风貌尤为重要与珍贵。

现存较早的弘治《上海志》虽然未绘舆图，但其留存下来的大量文字记载了当时上海的各类景观，并从整体上对上海主体景观进行了总结，认为上海"阻江而濒海"，为"濒海重地"，"无深山茂林之阻"，"素号泽国"，是典型的濒海水乡。[3] 该书卷二《山川志》所载山体景观，仅有竿山、福泉山两处，与丰富的水域景观形成鲜明对比。如其所载水域景观，既有线性水体景观、平面水体景观、水田景观，又有水利景观、水域附着景观与水域交通景观，包括东海、松江、沪渎江、青龙江、莺宝

1　《明史》卷八八《河渠志六》，第 2161 页。

2　《明史》卷八八《河渠志六》，第 2164 页。

3　弘治《上海志》卷一《疆域志》，《天一阁藏明代方志选刊续编》第 7 册，上海书店，1990。

湖、黄浦、范家浦、顾会浦、盘龙浦、崧子浦、白莲泾、乌泥泾、紫冈泾、沙冈泾、竹冈泾等，以及松江南岸的张家浜、戴家浜、青浦、古江、南跄浦、上海浦、大卢浦、西卢浦、新泾、鱼浦、小许浦、盘龙江、俨倘浦、周泾、西旧江、赤眼浦、华潮浦、淮浦、朱墅浦、艾祁浦、青龙江、浦家江、大盈浦、梁纥浦、南瀞浦、直浦、赵屯浦、内勋浦、石浦、道褐浦、金灶浦、萧市浦、陆虞浦、千墩浦、佳浦、漳潭浦、同丘浦、诸天浦、张浦、帆归浦、大直港、少里浦、东斋浦、刹力浦、吴浦、界浦、六直浦；北岸的江湾浦、坊浜、唐庄浦、东彭越浦、西彭越浦、赵浦、大场浦、桃树浦、下槎浦、中槎浦、上槎浦、石桥浜、新华浦、封家浜、李墅浦、上栈浦、何浦、陆皎浦、东黄渡浦、裘泾、西黄渡浦、桑浦、顾浦、安亭港、徐公浦、北瀞浦、大瓦浦、下驾浦、天明浦、新洋江、马仁浦、小虞浦、大虞浦、良里浦、新渎浦、下里浦、黄渎浦、及墅浦、界浦、漕泾、六市泾、管廉浦、张浦、戴墟浦、陆泾、庙泾、箭浦、青丘浦、索路港、安亭港等，数量繁多（图2）。[1]

天顺二年（1458），因为松江水患频发，上海县重新开凿了大型水利工程。其"起自大盈浦，东至吴松江巡司，计二万二千丈；又自新泾西南至蒲汇塘入江，

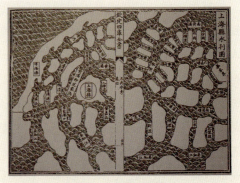

图 2　上海县水利图

计四千丈，阔皆一十四丈，深皆二丈。而低乡之潦可泄，东北则自曹家河，平地凿及新场，计三万余丈，阔皆与江同。又自华泾塘、六磊塘、莺宝湖、邬泥泾入浦，而高乡之旱亦免，大小联落（络），无不通贯"。[2] 这些记载充分反映了当时上海地区水患问题的严重性与水域景观的不稳定性，也反映了人为因素对区域景观的重建与干预。此外，当时上海县境内的水域交通景观也有不少，不少名称为我们研究当时的景观变迁提供了依据。如津渡有吴淞江渡、黄浦渡、芦子渡、高昌渡、薛家浜渡、方浜渡、东沟渡、南仓渡、孙家渡等，境内桥梁数量则更多，有泳飞桥、福谦桥、太平桥、通秀桥等230余座。而水利兴修中，上海境内修建了许多起到重要的抗洪作用的堰闸，出名的有海堤、将军堰、竹冈堰、沙冈堰、埠患堤、吴淞江闸、新泾木闸、潘家浜石闸、乌泥泾石闸等。

1　（明）张内蕴、周大韶:《三吴水考》卷四《松江府水利考》，《景印文渊阁四库全书》第 577 册，台北：台湾商务印书馆，1986，第 190 页。

2　弘治《上海志》卷二《山川志》，《天一阁藏明代方志选刊续编》第 7 册。

而今天的上海市嘉定区自宋设县。据文献记载，其地为"濒海之墟，当江流之会"，"无大山高屿"，亦为典型的滨海水乡。[1]其境乡皆以水田景观之圩田区别所辖范围，划分详细，如"守信乡，领都六，东一都一区正、副二扇计十四里，三十圩。正扇凡七里，领圩十有七。十八图三圩：东阳、露、腾；十九图三圩：致、玉、西阳……"[2]其中，东阳、露、腾、致、玉、西阳均为圩田之名称，数量最为繁多，合计有1900余圩，反映境内水田景观之壮观。又，《嘉定县乡都总图》反映了境内各乡都划分与水体之间的关系。显然，线性水体景观是乡都划分与圩田划分的主体因素，地图所呈现的线性水体为其境主要水体景观。同时，绘有《嘉定县水利图》（图3、图4）[3]，注记各水体与水利设施名称。

图3　嘉定县水利图（一）

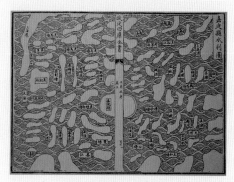

图4　嘉定县水利图（二）

从所绘地图可明显看到嘉定县域为典型的"水乡泽国"，其"幅员不百里，而塘、浦、陂、池，大者，以数十计；次者，以数百计；小者，以数千计"。[4]可以说，地图所记载大量的水域景观地名，为我们复原与认知当时的景观面貌提供了帮助。根据地名文字记载，境内线性水体景观，大者有吴淞江、刘家河；城中有横沥、练祁塘两干河，野奴泾、何家浜、新渠、唐家浜、崇文浜、邢家浜、杨树浜、清镜塘、饭锹浜、吕墅泾、西库泾等14条支河；县域西南塘浦较大者有大盈浦、大卢浦、青龙江、俨偁浦、白鹤江、高家浜、蟠龙江、安亭泾、黄渡浦、顾浦、吴塘、盐铁塘、陆皎浦、鸡鸣塘、漳浦、赵泾、浅江、封家浜、新华浦等19条。境内另有支河84条：西北塘浦较大者有7条，为顾浦、吴

1　万历《嘉定县志》卷一《疆域考上》，台北：台湾学生书局，1987，第129页。

2　万历《嘉定县志》卷一《疆域考上》，第87页。

3　万历《嘉定县志》卷一四《水利考》，第893~894页；（明）张内蕴、周大韶：《三吴水考》卷三《苏州府水利考》，《景印文渊阁四库全书》第577册，第172页。

4　万历《嘉定县志》卷一四《水利考》，第928页。

塘、盐铁塘、徐公浦、黄姑塘、娄塘、公塘，又有支河36条；东南塘浦较大者有30条，为中槎浦、下槎浦、虬江、庚店浦、走马塘、马陆塘、公孙泾、西杨泾、东杨泾、沙浦、湄浦、大场浦、彭越浦、桃树浦、卢泾浦、赵浦、鸢麓浦、黄泥塘、蕰藻浜、段浦、江湾浦、钱家浜、月浦、采淘港、马路塘、界浜、张家浜、戴家浜、史家浜等，有支河共98条；东北塘浦较大者有11条，为双塘、黄姑塘、新泾、殷泾塘、华亭泾、蒲华塘、界泾、顾迳港、川沙港、黄姚港、五岳塘，又有支河共47条。

与线性水体景观密切相关的是水域交通景观，万历《嘉定县志》记载，明时嘉定县津渡有萧铁渡、小浜口渡、胡巷桥渡、钱家渡；桥梁有登龙桥、德富桥、聚星桥、耆英桥、宾兴桥等179座。

总体而言，松江府所在区域，以涉海平原地貌为主，地势平坦，水域面积广阔，实为"万水所凑，汇泽成湖，乃水之都会"。[1] 其境内山体景观较少，仅有九峰、凤凰山、库公山、陆宝山（崇祯时已为平陆）、余山、细林山、薛山、机山、横云山、小横山、于山、钟灵山、卢山、斡山、福泉山、淀山与沿海秦山、查山、城山、土山、岩山、柘山、酒瓶山、金山、许山、胜山、竹峡山、达岸山、苏山、洋山、小金山等33座，且基本为低山。比较而言，

水体景观则为山体之数十倍，"承受源水之来者为湖、为泖，而导引委水之去者为浦、为江，此一郡大脉络也。若夫泾、渠、港、渎连贯而分泄，其不驶者，《图经》所载五百九十有一"。[2] 又从崇祯《松江府志》所附《松江府属县疆界参错图》（图5）[3] 可以看出，其境内水域景观之壮观与丰富，不仅包括大量线性水体景观，还包括数量惊人的平面水体景观，这些水体景观相互交叉，形成网络，既是松江府属县疆界划分的重要影响因素，又是各属县内区图圩划分的重要因素。

江南水乡，无桥不通。在松江府境内，与这些数量繁多的水体景观相呼应，又形成了数量十分丰富的水域附着景观。其中，以桥梁最为显著，崇祯《松江府志》记载，松江府城有桥梁91座，松江府附郭有桥梁72座，华亭县有163座，上海县城及其附

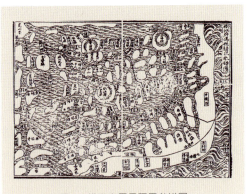

图5　松江府属县疆界参错图

1　崇祯《松江府志》卷二《形胜》，《日本藏中国罕见地方志丛刊》，书目文献出版社，1991，第51~52页。

2　崇祯《松江府志》卷五《水》，《日本藏中国罕见地方志丛刊》，第110页。

3　崇祯《松江府志》卷一《图经》，《日本藏中国罕见地方志丛刊》，第21页。

郭有 183 座，唐行镇有桥梁 27 座，青浦县有桥梁 191 座。此外，又有大量渡口景观，如横潦泾渡、黄耳祠渡、金家渡、冯家渡、彭家渡、叶谢渡、横泾渡、何家渡、乌泥泾渡、王家渡、邹家渡、蟹婆渡、高昌渡、南昌渡、北仓渡、肇嘉浜渡、洋泾渡、白渡、宋家港渡、车沟渡、南跄渡、桃树渡、下海渡、卢沟渡、咸水河渡、新泾渡、曹家渡、石家渡、杨泾渡、范家渡等，其中"设上海居多"。[1] 境内还有将军堰、竹冈堰、沙冈堰、吴淞江闸、新泾水闸、潘家浜石闸、乌泥泾石闸、薛家浜石闸、龙华石闸、日赤港石闸等堰闸 10 处。书中按语又称："《旧志》有华亭三十六堰，今改筑护塘，不载。"[2] 这种记载说明松江府境内的水域附着景观也是不断变化的，其不稳定性甚至超过一般的水体景观。

（二）清代地方舆图所见松沪地区水域景观特征

松沪地区水域景观之发达从前志中已得到明显的印证，但随着时代变迁，部分河道或堵塞，或疏浚，给区域景观带来了不小的影响。清代学者谷应泰所著《明史纪事本末》特立《治水江南》一节，即充分反映了明代江南地区水患与水利问题的复杂性与艰巨性，其后果便涉及松沪地区地貌与地理景观的巨大变化。如其言：

> 天下之赋，半在江南，而天下之水，半归吴会。盖江南之田，资水灌沃，特号"涂泥"。又易沾足，偃鼠饮河，酌多孔取。非如雍州土厚水深，冀州神皋天党也。考浙西及苏松诸郡，以杭、湖、宣、歙万山之水，奔腾涌溢，尽入太湖。太湖蓄潴之余，溢于三江，东流入海……大抵嘉、湖地据上流，故溪不入湖，则嘉、湖代受震泽之水；苏、松势处下流，故湖不入江，苏、松且代受三江之水。夏原吉躬履勘验，始称太湖泛溢，宜浚吴淞。然苏之吴淞，沙泥淤塞，旋疏旋积。松之吴淞，葭苇丛生，渐成陆地……况金城柳大，沧海田成，世纪奄逝，陵谷摧移……[3]

指出了江南地区由"水患"问题所引起的"沧海桑田"般的变化过程。与这一变化不同的是，伴随时代的发展与人们对水域景观认知的加强，舆图中有关水域景观的绘制较之前代更为详细与全面，一方面，嘉庆时期所绘松江府全境图（图 6）[4] 对于水体

1　崇祯《松江府志》卷三《桥梁》，《日本藏中国罕见地方志丛刊》，第 90 页。

2　崇祯《松江府志》卷三《堰闸》，《日本藏中国罕见地方志丛刊》，第 91 页。

3　（清）谷应泰：《明史纪事本末》卷二五《治水江南》，中华书局，1977，第 387~388 页。

4　嘉庆《松江府志》"松江府全境图"，《中国方志丛书·华中地方》第 10 号，台北：成文出版社，1970，第 25 页。

的描绘较之明代，无论在水体数量还是水体名称的注记上都更加丰富与全面。

　　另一方面，除"全图"外，还专门绘制了《松江水利原委图》《松江府北境水利图》《松江府中境水利图》《松江府南境水利图》对松沪地区不同区域水域景观进行专门的描绘与说明。统计嘉庆《松江府志》卷四所记载相关水域景观数量，境内水域交通景观，如桥梁、津渡，较明代增加了许多，尤其是桥梁数量，多达千余座。

　　发展至开埠初期，同治《上海县志》所载《上海县全境图》（图7）[1]则开始偏重对境内市镇、宗教等景观的描绘，对水体景观的描绘减少，较之此前"全图"或"总图"对水域景观的描绘明显地表现出淡化趋势，代之突出了其他人文景观。但又绘有《上海县南境水道图》（图8）[2]、《上海县北境水道图》（图9）[3]，以专题图的形式描绘境内水体景观，并注记主要水体名称，突出与强调境内水域景观。从两水道图可见清代上海县区域内线性水体景观之丰富与其所呈现的纵横交错网络形状。

　　综上所述，松沪地区地处长江三角洲平原地区，地势较低，山岭极少，水域广大，故而历来为水域景观发达区域，明清地方志的作者们也注意到了这一点。因此，各方志所附舆图极其重视对其境内水域景观形态的描绘。一方面，在描绘各府

图6　嘉庆松江府全境图

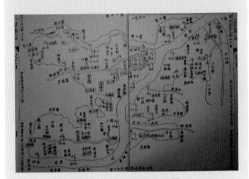

图7　同治上海县全境图

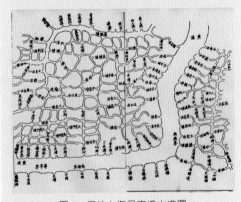

图8　同治上海县南境水道图

1　同治《上海县志》卷首《图说》，《中国方志丛书·华中地方》第169号，台北：成文出版社，1975，第42~43页。

2　同治《上海县志》卷首《图说》，第53~54页。

3　同治《上海县志》卷首《图说》，第57~58页。

县境总图时，各方志将水域景观与行政区划置于同一平面，表现出水域景观对于松沪地区政区形成的重大影响力；另一方面，注重对水域景观的描绘，各方志大多绘有"水利图"，以特别的方式呈现各县域境内水域景观，表现人类活动对于水域景观的影响，以及水域景观的现实功能。但是，也可以看到，这些舆图所呈现的水域景观主要为线性水体景观、平面水体景观，对境内丰富的水田景观、水利景观、水域附着景观及水域交通景观几乎没有描绘。

二 20世纪前半叶松沪地区景观与环境变迁

比较而言，开埠初期，松沪地区地方志所载舆图仍然延续着中国古代舆图的传统与特征，重于对平面景观的描绘，且水域景观仍为其重点描绘对象，现代城市景观未成为此类地图绘制的主流。但随着开埠后外国势力的深入，外国城市建设观念进入上海，如何利用与开发上海成为主导，上海景观开始发生大规模变化。这一变化过程，在近代测绘地图中表现明显。

（一）1905年的《上海图》

1905年为清朝光绪三十一年，此时正处于20世纪之初，外国租界已在上海设立五六十年。因此，1905年的《上海图》（图10）[1]突出地勾勒了当时上海地区内部分区明确的特点，如图幅左边是"上海县城"，往右依次是"法租界""英租界""美租界"。

根据图幅所绘情形，当时的上海地区主要为几条河流所环绕。如西面界线为一条长河，中段称为"周泾浜"，应为今

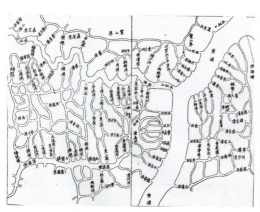

图9 同治上海县北境水道图

图10 1905年的《上海图》

1 此图藏于上海市测绘院，档号TD4114G-3。由科学仪器馆（地址：上洋四马路惠福里）制作，完成于光绪三十一年（1905），图幅尺寸为41厘米×57厘米。详见顾建祥、安介生主编《图溯上海：上海测绘院藏近代上海地图文化价值研究》，第48~51页。

西藏中路与西藏南路。周泾浜之西为"跑马场",被视为郊外。上海境内最重要的河流黄浦江,将浦东与上海县城及其他地区分开,图中特别注明"浦东乡村即陆家嘴"。反映了不同时代,上海人眼中的"浦东"有着特定的含义。而当时,黄浦江东岸最突出的地貌特征是成片的沙岸、滩涂。

具体而言,该图所绘景观主要包括水域附着景观、官衙建筑景观、宗教建筑类景观、城市道路景观、居民区景观等,最为丰富的应为水域附着景观。

1.水域附着景观

1905年的《上海图》中所绘水域景观除符号示意外,最为突出的是对水域附着景观中码头与桥梁的详细标注与绘制。第一,码头。水上交通是20世纪初上海地区最重要的交通方式,上海也很早就成为华东地区的重要交通枢纽。然而,我们看到,上海地区的航运主要是河运,因此,以黄浦江为核心的内陆河畔集中着相当多的码头及渡口。黄浦江西岸的码头,由南至北有油车码头、丰记码头、三泰码头、新泰码头、南会馆码头、丰泰码头、利川码头、董家渡、永盛码头、公义码头、万裕码头、王家码头、竹行码头、生义码头、新码头、久大码头、万瑞码头、毛家码头、萃丰码头、洞庭山码头、老白渡、恒生码头、大东门码头、杨家渡、信太码头、益码头、增祥码头、新太平码头、老太平码头、祥记码头、洽兴码头、会馆码头、行仁码头、三官堂码头、云集码头、大生码头、宁波码头、金方东码头、金利源码头、日本码头、太古码头、立大码头、法轮公司码头、天祥码头、旗昌码头、公兴码头、新关码头、名利码头、老旗昌码头、怡和码头、日本邮船公司码头、天津码头、怡和码头、轮船招商总局码头、华顺码头等;黄浦江东岸的码头,由南而北有招商局东栈、支那形船船渠、太古码头、怡和码头等。显然,地图所绘码头,较之开埠前各地方志中所载数量大大增加了,而从津渡到码头这一通用名称的变化,侧面反映出津渡功能的变化以及现代化、工业化在其中烙下的印迹。

第二,桥梁。水乡之地,无桥不通,桥梁在江南水乡是最为重要的交通设施之一。上海境内河汊纵横,桥梁建设必不可少,境内每个区域及近海地方都有相当数量的桥梁。上海县城内的桥梁,自东而西有东马桥、广福寺桥、市安桥、馆驿桥、花草浜桥、木桥、长生桥、益庆桥、吊桥、华家桥、西昌桥、曹家桥、庄家桥、羊肉桥、东(望)云桥、江(虹)桥、鱼行桥、蔓笠桥、水关桥、节孝桥、大通桥、永安桥、乔家桥、宁和桥、典隆桥、薛家桥、陈捆桶桥、水关桥等;苏州江上的桥梁,由西而东有新造大桥、老闸桥、铁大桥、自来水桥、白渡桥、大桥等。而从图绘桥梁具体信息看,图中桥梁既有人行桥梁,又有城市化背景下与道路(马路)配套建设的道路桥梁(今称之为公路桥梁)。两种类型的桥梁分布存在区域差异,前一种桥梁多存于"上海县城"内,后一种桥梁多存于租界范围内,及与租界道路相连接处,反映出当时租界地域内城市化景观的快速发展与变化。

2. 官衙建筑景观

《上海图》中所绘苏松大（太）道署、漕仓、上海县署、海防同知署、学署与文庙、参府署、沪军营、亲兵营、社稷坛镇江公所等均为官衙建筑景观。苏松大（太）道署，全称"分巡苏松太兵备道"，原驻太仓，后移驻上海，兼理江海关，故又称"上海道"，清亡后撤废。上海县署内又设有粮厅、水利厅、捕厅。这些景观的描绘反映了当时上海行政建置的大体状况及变迁与发展。

3. 宗教建筑类景观

开埠之后，在保留传统中国宗教信仰的同时，上海地区逐步流行西方宗教，不少西方宗教建筑开始出现，以上海县城内最为集中。自西而东，自北而南有大境关帝庙、长生庵、云居庵、春申君庙、节财殿、葛翁庙、积善寺、耶稣堂（共三处）、观音阁、雷祖殿、公输子庙（即鲁班庙）、轩辕庙、天主堂、广福寺、玉皇阁、猛将庙、岳王庙、城隍庙、法义老院、袁公祠、陈公祠、节孝坊、忠义祠、魁星阁、长寿庵、姚家庵、武庙、万寿堂、静室庵、杨家祠、猛将庙、曹家祠、刘公祠、净土庵、地藏庵、普育堂、清节堂、戒珠庵、黄婆庵、徐公祠、药王庙、辅元堂、一粟禅院等。其中，耶稣堂、天主堂即为基督教、天主教代表性建筑。

4. 城市道路景观

城市道路景观亦为该图呈现内容的最主要部分之一。从所绘具体情形，可见上海道路建设已然形成网络，并粗具规模。尤其在所绘租界范围内，道路纵横交错，

俨然开埠前所描绘水体景观情形。如图中所绘英租界内所注道路当时已有厦门路、贵州路、牛庄路、劳合路、天津路、南京路、广西路、福州路、广东路、江西路、宁波路、四川路、山东路、老闸路（北京路）、汉口路等大马路，这些道路纵横交错，呈现出"十横八纵"格局，将英租界分割为多块，又加之连接这些道路的支路，形成以路分（居民）区的景象，这与开埠前按水体景观分割区、保、图（历史时期江南地区为方便"圩田"管理而形成的不同层级基层管理单位）相比发生了巨大变化，反映出道路景观对于城市建设与里弄划分的深刻影响。

而因道路分割形成的居民区景观有德昌里、福仁里、保康里、辅仁里、亿德里、仁庆里、富彝里、兴仁里、恒源里、新仁庆里、恒庆里、南京里、广西里、九江里、乐也里、绍安里、宝和里、宝和里三弄、宝和里四弄、兴德里、同安里、庆安里、富春里、新和里、新兴里、北平安里、祥春里、平安里、怀安里、德邻里（一、二、三街）、永定里、龙兴里、鹤鸣里、宝善里、东平里、东安里等约 100 处。

显然，此图较旧方志用图有了较大的提升，全方位展示了传统"县城时代"上海城市向近代化城市转型时期的风貌。地图中所保留的为数众多的古地名，不仅反映了地图所绘景观内容的变迁，还显示了当时富有特色的上海城市历史文化景观，对于上海地区丰富的地理景物有着较为准确的空间定位。

（二）1909 年的《松江府属全图》

《松江府属全图》（图 11）[1] 印刷发行于宣统元年（1909），即 20 世纪第一个 10 年的末期。图中绘有山、河、湖、沙滩、暗沙、礁石、岛屿、灯塔、灯船、炮台、桥梁、铁路、车站、营盘、道路、界线、电线、海塘、城、镇、闸、寺、塔、汛、墩等景观，内容与数量均十分丰富。

而从图中所附《松江府图说》《上海图说》可知当时松江府所辖华亭县、娄县、上海县、川沙厅、南汇县、青浦县、金山县、奉贤县等一厅七县多以河流相连接，形成发达的水路交通网络，兼有天然山体景观与湖泊景观。但总体而言，山体景观较少，水域景观较多。

1.《松江府图说》

> 松属一厅七县，川沙则扼扬子江口，与崇明、宝山互为犄角。金山则据钱塘江口，与乍浦、澉

图 11 松江府属全图

> 浦相依唇齿。奉贤、南汇逼临大海。东望马迹，南邻舟衢，为江、浙会哨要冲。上海、华亭控扼黄浦，上承浙水，下会吴淞，为嘉湖往来孔道。青浦、娄县分三泖之流，占九峰之胜，点缀风景，为郡冠冕。览其形势，固非僻处东南，仅以财赋、渊薮雄于天下者。
>
> 其地势之特异处，则海疆二百余里，一望平坦迢迢，海塘围绕重叠，河流纵横如网，阻于护塘，无一港不入。黄浦独分流以入海者。自其流域观之，黄浦之在松郡，宛如长江之在中部，合南北之水，朝宗于海，类也；藉水利以灌溉农田，物产丰阜，交通便利，类也；吴淞一江，蜿蜒如汉水；上海扼其下流，与汉口形势又相似。所异者，黄浦上流地势平坦，不若江源之高亢耳！地质纯系冲积层，凤凰、佘山、天马诸峰，若隐若现，不相联属，意在古时，必为江中诸岛无疑。所可为一郡纪念者，则沪嘉铁道，横贯境内，不假手外人，亦克观厥成。斜塘、圆泄泾，宽广四百余尺，筑桥过之，工程不为不巨，主权独操，商办权舆，

---

1 此图藏于上海市测绘院，档号 TD4114G-4。著者为暨西童世亨（字季通），由上海中国图书公司于宣统元年七月印刷发行。图幅尺寸为 46 厘米 ×62 厘米，比例尺为二十五万分之一。详见顾建祥、安介生主编《图溯上海：上海测绘院藏近代上海地图文化价值研究》，第 2~5 页。

功实有足多者矣。

九峰名胜，以凤凰为最高。次推佘山，即兰笋山，东、西二峰，延亘数里，有天文台，高插云表。神山即细林山，立于前；薛山屏其后。北有竿山，昔产美箭，故名，俗呼北竿。上有玉灶泉，甚寒冽。天马，一名千山，相传干将铸剑处。山上树木阴翳，怪石拱立。右为机山，以陆机得名，横云在其南，颇有白云洞，深不可测。又西南为昆山，圆如覆盎，旁无附丽。惟西北有小径，攀跻可上耳（按萧梁曾置昆山县于山北，唐天宝中置华亭县，始移治马鞍山下，为今之昆山县，俗以此为小昆山，误也）。

泖湖，古称三泖，西北抵山。泾水形圆者为圆泖，亦曰上泖。南近泖桥，水势阔者为大泖，亦曰下泖。自泖桥而上，萦绕百余里，曰长泖，一名谷泖，亦曰中泖。旧流浩衍，今则长泖淤狭在金山、平湖之间等支渠耳，大泖久为田，无流水痕。图中泖湖，即古之圆泖是也。最阔处不过二百丈，深不过八尺。复有墩圩横梗中流，截分东、西二泖，渐积渐狭，盖有待于沧溲者，非一日矣。

淀山，旧峙湖中，自山门溜淤为平田，去湖日远，山形四出如鳌，上建浮图，有大银杏二，围抱可四五丈。又有古井二，深

各数十丈，泉通湖，潮来玎琮有声，今塞。

2.《上海图说》

上海立县，始于元，筑城于明。昔临海上，故以上海名。自浦东沙滩倏成平陆，上海遂不见海矣。凤以松江便利，商业称盛，前朝因设钞关于城外。自黄浦开浚，潮汐大至，久之，松江淤狭，而东门外之黄浦滩遂为沙船辐辏之地。道、咸以来，辟埠通商，上海始有新关之设。其租界，英则在苏州河以南，洋泾浜以北；法则在洋泾浜以南，城河以北；美则南自苏州河起，东北沿黄浦至杨树浦止。后又扩泥城桥以西一带为公共租界。

具体到地图绘制内容，所绘景观以河流与市镇最为详细，如彼时的奉贤县境内，水域景观图中绘有南界河、四团港、三团港、二团港、方墩港、小闸港、金汇塘、百曲港、南桥塘、庙泾、青村港、来港、界港、从令泾、清水港、峡门泾、横沥、竹冈塘、沙冈塘、萧塘港、万洋泾、六曲渡、龙泉港、杏泾、沙塘、下横泾、上横泾等；市镇景观除奉贤县城外，还绘有胡家桥镇、法华桥市、潘店市、庄家行镇、履祥桥镇、萧塘镇、南桥镇、新塘市、道院市、三官堂市、齐贤桥市、金汇塘市、良店市、泰石桥市、周家巷、青村市、钱

家桥市、头桥镇、二桥镇、东新市、高桥镇；其他景观描绘极少，且只标注符号，未有文字注记。从符号注记看，利用符号大小表现了各市镇当时的相对规模。

整体而言，地图所呈现的景观以水域景观与市镇景观为主，除租界与原上海县城外，城市化标志性景观的道路系统在当时松江府所辖其他区域并无明显表现，如图中所绘当时奉贤、金山、南汇等县境内主要道路仅有两条。

（三）1909年的《江苏南汇县全境图》

自20世纪90年代开始，上海浦东（黄浦江以东）地区的迅速发展，吸引了全国人民的关注。作为历史时期发展相对滞后的区域，浦东地区在改革开放的新形势下焕发了巨大的生机与潜力，其现代化发展成就引起了人们对于浦东历史的极大兴趣。特别是作为最东部濒海的南汇地区，很早以前便以"南汇嘴"而为人们所熟知，人们更关注到上海海岸线的变迁状况，其历史研究具有很高的现实意义。《江苏南汇县全境图》（图12）[1]便是一份反映近代浦东地区与南汇区历史变迁的珍贵资料。

此图所呈现景观形态种类多元，绘有衙署、学堂、善堂、教堂、祠堂、寺庙、牌坊、桥梁、亭台、土塘、水洞、沙坎、道路、街市、砖窑、泛墩、名墓等多类景观，其中以水域景观描绘最为丰富，既有线性水体景观，又有水域交通景观。

图12　江苏南汇县全境图

1. 线性水体景观

地图中文字描述南汇县水土概况时，用"多水港而无山林"总括其水土壮阔。可见南汇县境内河流数量之多，水港运输之便捷。而地图作为对文字的补充，对南汇县境内的大小河流都做了详细的描绘与文字注记，直观地反映了水域景观状况。

按所注记名称的水体景观通名分类，当时南汇县河流通名种类丰富，共有十余种，如：以"江""河"为通名的有象平河、月河、引才河、坟河、新开河、穿心河、界河、运盐河、长界河等；以"港"为通名的有利显港、闸港、王家港、蒋达港、曹行港、黄善港、新港、肇沥港、金窑港、胡家港等80余条河流；以"浦"为通名的有杜浦、三林浦、龙游浦；以"泾"为通名的有金泾、钱燕泾、新泾、陈沈泾、高泾、陈沈泾、蒲达泾、牛肠泾、蒋泾、大凫泾10条；以"浜"为通名的有焦家浜、庄浜、罗家浜、鸭若浜、何家浜、

1　此图藏于上海市测绘院，档号 TD4114G-8。著者为南汇县人朱祖尧。图幅尺寸为 102 厘米 ×68 厘米 ×2 厘米。详见顾建祥、安介生主编《图溯上海：上海测绘院藏近代上海地图文化价值研究》，第 56~63 页。

陈家浜、樊家浜、汤家浜、石家浜、乔家浜、黄泥浜、施家浜、沈公浜等72条；以"塘"为通名的有渔沥塘、竹塘、金汇塘、水仙塘、咸塘、盐铁塘、裹咸塘、鹤坡塘、沈庄塘、杜跄塘、西生塘、大生塘12条河流；以"漕"为通名的有巨漕、卸水漕、陆家漕、储家漕、朱家漕、中漕、张家漕；以"沟"为通名的有夹沟、东蒲沟、西蒲沟、车沟、漕坊沟、长沟、沙沟、大沟、杨家路沟；以"洪"为通名的有严家洪、储家洪、邱家洪、王家路洪、徐家洪、六团洪、王家洪、薛家洪、新开洪、倪家洪、四团洪、大路洪、水晶洪13条河流；以"溇"为通名的有栈溇、菖蒲溇；此外还有横沥、鱼秧滩、黄泥洼。其中以"浜、港"为通名的河流数量最多，以"泾、塘、漕、沟、洪、河"为通名的河流次之。"浜"，明代《俗呼小录》曰："绝潢断港谓之浜"；"港"原意即为江河的支流。

与上海县境河流名称相比较，区域内以"洪"为通名的河流最具特殊性。这些河流皆位于沙坎与海岸线之中间地带，大抵以光绪《南汇县志》载"沿海洪洼，潮水冲激，变迁无常"[1]为意。此外，以"灶"为专名的河流与南汇境内"漕地区"与"盐地区"的划分关系甚密（图中文字言南汇县"区划"时将县境分为漕地区与盐地区，"漕地区保五，析图为百五十有六。盐地区团七，析甲为七十有二"。不仅如此，

境内渔产、农产亦按此形成了天然区分，其中"农产界有漕田、灶课之别，大小相若。漕田为有司地，计一千三百八十方里；灶课为盐司地，计一千二百七十方里"。漕田即分布于上所言漕地区，灶课即分布于盐地区）。南汇县临海，产海盐，因而需设灶煮盐。以"灶"为专名，一方面表明这些河流位于南汇"盐地区"，另一方面是对历史时期产业景观记忆的保存。

2. 水域交通景观

桥梁，是松沪地区水域交通景观最为常见、数量最多的景观。南汇县境内水域面积占南汇县水陆面积的二分之一有奇，因而桥梁是沟通被水体分割的各块陆地之间（包括"漕地区"与"盐地区"）必不可少的设施。《江苏南汇县全境图》用小长方形详细标注了桥梁的位置及名称，从具体描绘可看出，南汇县境内桥梁数量极多。如地图中标有名称的桥梁有太平、西丁家、顾家、油车、永丰、钟秀、东家、新北、庆丰、秀龙、北谈、毓秀、老虎、北新、宋家、杨木、庵、钟福、第一、郑公、坟山、向观、善果、继善、迎瑞、广安、永安、积善、杏林、苏家、耕心、广善、严家、庙基、鲁家、薛家、文星、德芳、飞云、顺隆、永兴、长春、东野、益寿、放生、沈家、林湾、长生、五圣、张家、井亭、倪家、延龄、抱龙、冯家、沉香、三板、大有等300余座，若将未标注桥梁名称的计入总数，南汇县境内桥梁应有500

1　光绪《南汇县志》卷二《水利志》，《中国地方志集成·上海府县志辑》第5册，上海书店，2010，第565页。

座左右。

然而，随着经济的发展与现代化的推进，上海作为经济发达城市，其城市的快速发展对桥梁建设产生了重大影响。除历史悠久、具有重要意义的桥梁作为文物保护外，大部分分布在文物保护视野外的旧桥梁因为各种原因或消失或重建，其名称也多随之消逝或被遗忘。

桥梁之外，码头亦为极其重要的水域交通景观。南汇县境内河流众多，图文中"南邑大概"虽言境内"惜皆浅滩，不通航路"，但其境内并非毫无航路，码头的大量建设便是其通航的证明。地图中标注南汇县境内有彭家渡、西渡、东渡、陈家码头、陶家码头、康家码头、二灶码头、谈家码头、营房码头、沙泥码头、胡姚村码头、大树码头、石码头、邓家码头、苏家码头、天主堂码头、三灶码头、卫家码头、四墩营房码头、高项子码头、周家码头、老鹳嘴码头、沈家码头。

如今，图中所绘河流早已失去航运功能，码头名称也已经部分消逝，仍保留的有西渡、谈家码头、营房码头、沙泥码头、苏家码头、三灶码头、卫家码头、高项子码头、周家码头、沈家码头。此外，二灶码头更名为二灶港，老鹳嘴码头改为老鹳嘴。那些消逝的码头名称通过地图保存下来，使现在的人们得以透过码头地名来了解它的过去，这也是对历史水域交通景观

的一种文化流传。

值得注意的是，水域景观之外，现代道路景观在地图中也有明显的表现。遗憾的是地图中并未注名所有绘出的道路，注有名称的道路仅有茶亭路、杨家路、仇家路、施家棚、徐家路、陈家路、王家路、乔家路、华家路、奚家路、槽纲路、马家路、头闸路、杨家路、邱家路、中馀路、王家路、八墩路、沈家路、张家路、顾家路、王家路、唐家洪路、夏家路、大沙路、范家路、方家路、吴家路、北唐家路、唐家路、倪行路、陆家路、一灶路、丁家路、王家滩、朱家路、袁家路、沈家路、黄家路、瞿家路、严家路、张家路、邬家路、奚家路。但将所绘道路与此前地图所绘道路相比较，可以发现现代化道路建设已跨越租界区，向周边地区扩散，并逐步完善。

（四）1930 年的《上海市区域图》

1930 年的《上海市区域图》（图 13）[1]由上海市土地局编制，所绘元素包括特别市界、县界、区界、特别区界、浚浦线、轮渡线、市镇、乡村、先行接收区域、新户地、英工部局送来分幅图样、重要之机关及学校、铁道、道路、河流、码头、堤岸、沙滩、湿地、特别区、旧户地等。从具体绘制与注记看，除特别区、闸北区、沪南区（即原上海县城、租界及其附近区域）以道路景观描绘较为详细外，其他区

1　此图藏于上海市测绘院，档号 TD4114G-25。上海市土地局编制完成，图幅尺寸为 106 厘米 ×77 厘米。比例尺为五万分之一，即 1 厘米相当于实际距离的 500 米。详见顾建祥、安介生主编《图溯上海：上海测绘院藏近代上海地图文化价值研究》，第 14~19 页。

图13　1930年的《上海市区域图》

域均以居民区景观注记较为详细，各区境内河流仅注记主要河流名称，道路基本只以符号表示，相对20世纪初期地图所绘道路数量更多。

1.民居聚落（居民区）景观

地图将居民聚落分为旧户地与新户地两大区域，对两大区域内居民聚落进行了详细的注记。如新户地区域较为分散，分布在洋泾区、塘桥区、杨思区、漕泾区、沪南区、闸北区、引翔区，其所属村镇及主要聚落有高桥镇、摇船湾、居家桥、董家浜、陈家宅、林家巷、林家门、陈家门、丁家宅、朱家宅、东杨家宅、小石桥、梅园、孔家石桥、钦赐仰殿、沈家巷、陆家宅、陆家渡、彭家宅、钱家巷、唐家浜、老白渡、康家宅、谢家宅、张家浜、南徐家宅、郑家湾、泥墙圈、塘桥镇、盛家巷、

姚家宅、孙家宅、高家宅、小南码头、南码头、六里桥镇、严家桥镇、马西浜、艾家坟、孙家宅、奚家宅、潘家行、周家渡、白莲泾镇、荡里、杨思桥镇、龙华嘴、长寿庵、新桥、长桥镇、行前宅、陆家浪、漕河泾镇、化龙镇、徐家汇镇、曹家渡镇、林家港、虹镇、北沙港、殷家宅、南港、陈家行、全家巷、朱家巷、陆家观音堂、沈家行镇、奚家阁、唐家宅、庄家阁、蔡家宅、张家宅等百余处。

旧户地区域较之新户地区域更为集中，主要分布在法华镇、虹桥镇、程家桥镇、梅陇镇区域范围，以乡村而言，包括阙家巷、何家库、甲乙桥、张家宅、郑家宅、张家巷、俞家宅、北许家、俞家宅、周家巷、沈家堰、彭家塘、乔家库、王家巷、陈家塘、潘家塘、陈家宅、蒋家塘、便家塘、王家巷、沈家塘、石家堰、李家浜、蔡家浪、吴家巷、西蒋家塘、朱更浪、庞家桥、八字桥、南宅、薛家宅、新径口、杨更浪、高更浪、井亭头、孙家桥、沈巷浪、朱家巷、邱家巷、鸭场浪、佘更浪、唐家阁、邓更浪、金家石桥、杨家庵、徐家宅、严家桥、何家塘、野奴泾、王家宅、周家塔、中新泾、马家桥、石更浪、张家塔、朱家木桥、薛家木桥、王浜浪、徐家宅、汤家巷、晏家桥、滕更浪、马更浪、沈陈行、小里、姚江浪、何家角、陈更浪等近百处。

2.各类行政机构

图中所绘各类机构包括无线电台、水产学校、中国公学、中央大学医学院、同济大学、海军医院、水电厂、沪江大学、

持志大学、验疫病院、上海市浦东办事处、特区地方法院、电报局、无线电局、工务局、卫生局、公安局、港务局、社会局、电话局、土地局、县政府、教育局、地方法院、大同大学、自来水厂、电气公司、上海医院、兵工厂、江南造船所、南洋中学、市政府、海道测量局、震旦大学、财政局、公用局、交通大学、警备司令部、兵工分厂、第二监狱、中央造币厂、水电厂等，对比1905年的《上海图》所绘"官衙建筑景观"，可明显看到地图所呈现的20世纪初与20世纪30年代上海城市的发展与行政景观的变迁。

而从这些机构分布看，仅验疫病院、上海市浦东办事处位于黄浦江东岸，其余皆分布于黄浦江西岸，且多分布在特别区及新户地区域内，又以原上海县城所在区域即肇嘉浜路、中华路、蓬莱路、车站路等地附近最为集中，说明机构的分布与其原有政治、经济基础有着密切关系，反映了近代上海景观发展与变迁的区域性差异，以及上海所属各区景观变迁的不同历程。

同时，该图制作者在图中通过所绘乡镇的外在形态图案，动态地呈现出当时乡镇景观的规模，为历史时期乡镇景观规模的变化及形态演变研究提供了较为切实的史料。其所标注的相应地名，更是上海地区乡镇景观史研究的重要史料，文献价值极高。

综上所述，20世纪以来，有关上海地区的地图绘制内容较此前发生了重大变化，在继承原来内容的基础上，加入了新的景观元素，而这些景观元素又随着城市化进程的加快不断地发生变化，以更加真切的状态呈现不同阶段的上海平面景观状态，动态地呈现了近代上海景观变迁的过程。

结语：古地图所见上海城市发展史

综合一系列方志地图与近代地图所呈现的景观面貌的分析可以看出，上海地区的景观并非一成不变，而是伴随历史的变迁不断发生变化，并最终呈现为现代上海城市之景观形态。笔者认为，以20世纪初始（1900年）为分界点，松沪地区景观发展历史大致可分为两大阶段：第一阶段以传统农耕社会形态为主，自然地理形态占据了主导地位，天然聚合的水域及水体景观、为农田水利及航运交通而疏浚并开掘而成的水体及水域景观、水田景观与水域附着景观等组成了松沪地区景观体系的最大特色；第二阶段，上海城区成为建设的核心区域，整个地区景观构成复杂，市区与郊区对比明显，而总体上以自然水域景观、居民房屋景观、水陆交通景观以及现代化网络化道路景观为中心。

第一阶段，大体为20世纪以前，松沪地区景观体系以自然地理形态为主导，由松沪地区天然"水乡"环境所决定。历史时期水域景观是江南景观的核心部分，今上海市及其辖域在历史时期为典型的江南水乡，其境内至今仍有众多天然聚合的水域及水体景观、为农田水利及航运交通而疏浚并开掘而成的水体及水域景观、水田景观与水域附着景观。

当然，也必须承认，自宋元时期开始，这一地区的水域景观便开始接受较多的人为改造，包括新凿河流、疏浚河流、圩田等。然而，因生产力、生产关系等限制，当时对水域景观的改造相对有限。如宋代以后，松沪地区各级河塘、道路与圩田逐渐形成了水利和交通网络。元朝至元年间，上海建县后，地域内河浜功能逐渐由服务于农业转向服务于城市，部分田地转化为城市用地，而浜与田之间的小路的交通功能渐趋强化，成为居民区内最初的巷弄。然而，这一时期对水体的改造总体并不明显。

但是，随着时间推进，人口增多，区域内水体的改造程度明显加深。如据嘉庆《松江府志》对前代情况的回顾，当时"城中市民庞杂，苴砾杂投，而豪家大族渔间井小利，岸日益拓，河日益狭，久则屋其上，无故迹可循"。[1] 即城市人口密集造成土地紧张，致使人们为拓展居住空间、发展经济，造成公浜逐渐淤塞湮没，其中部分河道因被埋没而"无故迹可循"，部分变成了居民区的巷弄或者使原来沿浜的小路得到拓宽。但总体而言，境内景观仍以水域景观为主，近代都市景观基本没有进入绘制视野。

第二阶段，是 20 世纪以来，在西方城市建设理念的进入与经济发展的推动

下，上海地区地表景观发生了巨大转变。旧城墙被推倒，上海市开始了一体化的建设。上海地区的景观体系由传统水域景观为主转变为水域景观与城市化景观合力并肩的发展状态，同时，根据城市发展与居民生活需要，境内传统水域景观得到了很大程度的改造。一方面，居民区在原农田基础上大规模修建与广泛分布，代替了原来覆盖面极大的水田景观，并成为地图所描绘的重要景观之一。另一方面，在原有乡间公路、小路、河浜、半浜等基础上扩建道路，建设网络化交通体系。如根据吴俊范对 1900 年后公共租界西区马路的约略统计，东京路（今昌化路）、成都路、大通路（今大田路）、池浜路（今慈溪路）、静安寺路（今南京西路）、西摩路（今陕西北路）、威海卫路（今威海路）、孟德兰路（今江阴路）、新闸路、长浜路（今延安中路）、斜桥路（今吴江路）、星加坡路（今余姚路）、胶州路、白利南路（今长宁路）、海防路等主干马路，均系在沿浜筑路的基础上扩建而成。这些马路拓展所占用的主干河浜，有徐公浦（东京路）、陈家浜（成都路）、寺浜（池浜路、大通路）、东芦浦（西摩路）、姚家浜（新闸路）、涌泉浜（静安寺路）、长浜（长浜路）等排水干河。[2] 而筑路占用分支河浜，是更为普遍的现象。

显然，通过对历史时期松沪地区古地图的深入分析，我们看到，20 世纪上海地

1　嘉庆《松江府志》卷一一《山川志》，第 278 页。

2　参见吴俊范《从水乡到都市：近代上海城市道路系统演变与环境（1843~1949）》，博士学位论文，复旦大学，2008。

区的景观在工业发展、列强入侵、城市建设等一系列因素的广泛影响下发生了迅速而显著的变化。正如英国历史地理学家伊恩·D.怀特所言"景观既可以在地面上表现，也可以在画布或纸上表现"，"地图与景观是密切相关的，二者经常共同发展"，且地图具有事实上的、独特的系统性，"不仅仅表现景观，也详细表达了象征价值"。[1]

因此，笔者认为，中国历史时期古地图蕴含着丰富的景观信息，全面深入地挖掘与利用这些信息，不仅可以直观地呈现中国不同区域历史时期景观的变迁，推动中国景观史的研究，还可以通过对景观史的研究，分析引起这些景观变迁的政治、经济、文化等的发展与变迁。

1　〔英〕伊恩·D.怀特:《16世纪以来的景观与历史》，王思思译，中国建筑工业出版社，2011，第16、19、50页。

宗教时空与科学时空的偶合：
从赫里福德地图到现代理论物理假说

■ **刘哲怡**（苏州大学社会学院）

引言：包含线性叙事的地图，一种统合时间与空间的方式

莱辛在《拉奥孔》中提出了一种"空间性"和"时间性"的二元艺术分类：以绘画、雕塑和建筑为代表的空间性艺术和以音乐、舞蹈和诗歌为代表的时间性艺术。[1] 但是事实上，许多艺术作品在具体的表现中突破了这种空间和时间泾渭分明的对立，比如建筑能够通过光影来体现时间，文学作品中对于空间的构建也会对叙事产生影响。

一般来说，图画确实是静态的，是对于瞬间的捕捉与定格，时间这一维度被从中抽离出来了。但是有一类非常特别的图画，它们在时间轴上展开叙事，从而能在同一幅图像上呈现出历时效果。我们可以勾勒出一个广阔的包含线性叙事的图画谱系，向前可以一直追溯到史前壁画，向后可以联想到现代漫画。笼统地说，它们拥有一个听起来相当耳熟的名字——"连环画"。更细致地，连环画也分为单幅图画和系列图画。在单幅图画中，图画形象彼此之间形成一种过渡关系，通过唤起人的想象进行衔接，从而重建事件的时间流。[2]

通常我们对于地图的定义是，根据一定制图规则，使用制图方法，通过制图综合，在一定的载体上表达地球（或其他天体）上若干现象的图像。现代地图往往拥有严格的数学基础、符号记注、文字标记，这引导我们倾向于将地图视为对现实世界的抽象数理再现。其中容易被忽略的是，地图也是一种视觉表达，当它和源远流长的叙事艺术传统融合在一起时，就会产生十分奇特的效果。

戴维·伍德沃德（David Woodward）

1　参见〔德〕莱辛《拉奥孔》，朱光潜译，人民文学出版社，1979。

2　参见龙迪勇《图像叙事：空间的时间化》，《江西社会科学》2007年第9期。

和约翰·布莱恩·哈利（John Brian Harley）对原本狭隘的地图概念进行了扩充，从而将地图定义为"有助于对人类社会中的事物、概念、状况、过程或事件的空间理解的图形体现"。[1]这种新的、更为广义的定义无疑与前述地图中的时空关系有更好的兼容性，并丰富了地图学研究的内容。因此，我们完全可以想象存在这样一种地图，它既是对空间分布状况的描述，又呈现了依据时间顺序展开的叙事内容，而这两者之间往往以约定的读图顺序为基础进行衔接。在这种绘图模式中，空间和时间是合为一体的，方位与时序之间存在着很强的对应关系。我们甚至可以认为，时间轴通过某种方式映射到了空间轴上，并通过在空间轴上的展开，在同一个时间点向观看者展示了不同时间的事件（尽管观看者在近处无法同时着眼于图中全部的细节），从而在取消了时间的静态图像上，经由空间，展现出了历时性的效果。事实上，这类地图确实是存在的，并在宗教地图的绘制中得到了相对充分的开发，且与宗教世界观有着非常紧密的联系。本文试以赫里福德世界地图为例进行说明。

一　赫里福德地图：方位与时序的对应

赫里福德地图（图1），一幅基于基督教世界观绘制的宗教地图，大约于14世纪初由英格兰林肯郡和赫里福德郡多个教堂的神职人员共同绘制而成，一直被保存在英格兰的赫里福德大教堂。在中世纪，地图绘制并非一项日常活动，对于地图的使用也不如我们现在理解的这般寻常。当时甚至没有一个可以与我们今天所说的"地图"完全对应的词语，[2]由此也可以看出地

图1　赫里福德地图

（图片来自网络，http://www.douban.com/doubanapp/dispatch?uri=/photo/2232942200/&dt_dapp=1）

1　John Brian Harley and David Woodward eds., *The History of Cartography Vol.1:Cartography in Prehistoric, Ancient and Mediaeval Europe and the Mediterranean*, Chicago:University of Chicago Press,1987,p.xvi.

2　欧洲中世纪地图的专有名词叫作 mappaemundi（mappamundi 的复数），来自拉丁语的 mappa（"桌布"或"餐巾"）和 mundus（世界），但这个词并不完全对应于现代的地图（map）概念，有时也可以指描述地理的书面文本。Descrptio, pictura, tabula, estoire 等词也能用来表示地图。

图并没有得到普及。[1] 历史上留存至今可供我们考察的古老地图的样本也少之又少，这也正提醒了我们需要对中世纪地图给予较为特殊的关注。事实上，这类地图起初并未受到重视，人们认为它们古怪、不精确、扭曲、造型残缺，但如果能够改变理解的视角，它们会为我们研究欧洲中世纪人的世俗生活与信仰活动提供非常有帮助的材料。

赫里福德地图属于 T–O 地图体系，这一类型的地图拥有非常悠久的传统。它的名称来自地图自身的型构，圆形的世界轮廓以及将大陆分成三部分的 T 形河流：亚洲和欧洲之间的顿河、亚洲和非洲之间的尼罗河，以及欧洲和非洲之间的地中海。与这种地理认识有关的文本最早可以追溯到公元前 5 世纪希罗多德的著作《历史》，不过，如此古早的 T–O 地图并没有留存至今。早期的 T–O 地图仅仅提供了对于人居世界的象征性描述，随着时间的推移陆续增添了越来越多的细节，也被赋予了新的意味。比如，当 T–O 地图和基督教世界观结合时，三块大陆被解读为挪亚的三个儿子——雅弗（欧洲）、闪（亚洲）、含（非洲），而 T 从形状上看也与耶稣受难的十字架产生了符号象征意义上的关联。[2] 赫里福德地图的另一个明显特征是复活的耶稣凌驾于整幅地图之外俯瞰着地球，这种画面结构在中世纪晚期非常流行，常见于教堂的彩绘玻璃、石雕以及宗教题材的绘画，[3] 它包含着这样一种认识：对短暂易朽的地上之城与永恒的上帝之城之间的区分。除此以外，宗教叙事图画在中世纪的一个很重要的用途是可以将其作为视觉解经的方式，以向不识字的人普及宗教历史与教义。可以看到，赫里福德地图恰好是将 T–O 地图、耶稣凌驾于画面之上、宗教叙事图画这三者相结合的产物，此外，它与同类地图相比更为庞大的尺寸与考究的细节，使其成为中世纪制图史上具有代表性的作品，而这也是本文选取赫里福德地图作为例证的原因。

根据图面信息可以判定其绘制的时间范围，即通过观察地图中所包含的地理要素（尤其是地名）以及美术样式推断，赫里福德地图的雏形出现于 12 世纪上半叶的法国西南部。此外，作为一幅英国版本的中世纪地图，它也融合了 13 世纪晚期的英国本土制图设计。赫里福德地图也远不止于对地理要素进行描述，它综合了神学、宇宙学、哲学、政治学、历史学、人种学、水文学、天文学、动物学等多学科的知识，较全面地呈现了中世纪基督教徒眼中的世界图景，相当于一部中世纪知识的百科全

1　Paul D.A.Harvey, "Medieval Maps: An Introduction," *The History of Cartography* Vol.1 ,1987,pp. 283-285.

2　Evelyn Edson, *Mapping Time and Space: How Medieval Mapmakers Viewed Their World,* Vol. 1,London: British Library, 1997; David Woodward, "Medieval Mappaemundi," *The History of Cartography*,pp.286-370.

3　Gerald R.Crone, "New Light on the Hereford Map," *The Geographical Journal* 131.4 ,1965,pp.447-458.

书。其中除了关于地域的普遍知识，还加入了一些英国的地方性知识。通过对地名群的考察，研究者发现地图的绘制参考了西罗马帝国时期的旅行日记。此外，地图中还展现出了中世纪英国的羊毛贸易路线、法国的民族史诗，以及耶稣门徒的朝圣路线等多条并行的历史叙事。[1]

通过赫里福德地图，我们可以得出一个很明显的结论：信仰宗教绝不意味着对现实世界漠不关心。根据罗杰·培根（Roger Bacon）的说法，圣典和自然都是上帝留下的书本，这两本书之间存在着象征性的关联，它们互相提示并相互完善，两者都必不可少。"整部圣经充满着与地理有关的文段，这是我们理解文本的基础。整个朝圣的过程都被地域、城市、沙漠、山、海以及其他地貌所规定。读者对于这些自然地物的熟悉有助于把握其中蕴含的精神性意涵，从而获得圣典的启示。"[2]自然是上帝的造物，悉心研究这些造物有助于成为更好的基督教徒。出于这样的意图，圣哲罗姆（St. Jerome）在公元5世纪前后完成了一部圣经地名词典《地点之书》（全称为《论希伯来地点的名称与位置》，以下简称《地点之书》），列举出了一千余个在圣经中出现的地点。现实世界的地理知识与具有神启意味的场所就此融合，但是怎样才能使得地上世界与圣经保持一致？如何才能在一幅平面地图中展现出基督教世界？哲罗姆在《地点之书》中给出的处理方法明显对赫里福德地图产生了影响：耶路撒冷位于中心，是一个以大卫塔为标识的圆形要塞（图2）。耶路撒冷的右边是埃及，上面有两段尼罗河（图3）。耶路撒冷上方的恒河、印度河、底格里斯河和幼发拉底河从高加索和亚美尼亚流淌下来，挪亚方舟正停靠于此（图4）。[3]

物理世界隐含着对于精神世界的提示，于是整幅地图的方位安排也充满了隐喻。赫里福德地图以东为上方，这样的设置与方位在基督教中的象征意义有关。东方是

图2 赫里福德地图局部——中心耶路撒冷及耶稣受难

1 Gerald R.Crone, "New Light on the Hereford Map," *The Geographical Journal* 131.4, 1965.

2 Watts P. Moffitt, "The European Religious Worldview and Its Influence on Mapping," *The History of Cartography*,2007, p.384.

3 〔英〕杰里·布罗顿：《十二幅地图中的世界史》，林盛译，浙江人民出版社，2016，第67页。

图3　赫里福德地图局部——埃及、尼罗河

图4　赫里福德地图局部——外高加索、挪亚方舟

太阳升起的方向，因此被尊为新生和生命的象征，与之相对的西方则与衰败和死亡相关联，而北方则代表着黑暗和邪恶。因此，基督教将朝拜的地点和地图的上方位设定为朝向东方，东方被认为是人间天堂的所在之处。相反，西方代表死亡，是耶稣在十字架上所面对的方向。北方被设定

成那些被驱逐出教和未受洗的人在下葬时头部的朝向，在人们的想象中，那里栖居着怪兽和野蛮人，被邪恶与魔鬼的影响力所笼罩。而在中世纪人的观念中，整部人类的历史就是自东到西的堕落史。[1]

在此基础上，赫里福德世界地图更为重要的一个特征是，图中所绘宗教事件的展开顺序（也是观看者阅读地图需要遵循的顺序）也被这种方位的象征意义所规定。从东到西，也是从上到下，时间轴和空间轴是并行展开的。由于地图最终是一种空间上的视觉呈现，因此时间也不得不通过空间化的方式来表达，也就是说，时间是以实体化了的、可视的方式存在的。事实上，要绘制一幅叙事地图也许不得不这样做，由于要在二维平面上按照顺序呈现一系列的事件，所以势必不能在同一地点绘制多个事件，也不能在不同地点绘制同时发生的事件，这两种做法都会妨碍阅读与理解。

赫里福德地图根据《圣经》中的路线构建了地理布局，将现实与《新约》和《旧约》的寓意解经相结合，展现了整个基督世界的历史进程以及与之紧密关联的地点。从地图顶部到底部，从象征新生的东方到代表衰败的西方，也是从时间的起点到终点的流逝，从创世到末日启示，从世俗城市的衰落到上帝之城的创建。这根从东到西的空间轴，也是由始至终的时间轴，依次分布着具有典型意义的宗教事件，展示了一条创世—堕落—拯救—末日的线

1　参见〔英〕杰里·布罗顿《十二幅地图中的世界史》。

索，[1] 正如中世纪的人对于赫里福德地图的称呼estoire[2]，它正是人们一致认可的"历史"：在伊甸园中的亚当和夏娃，以及他们堕落的一刻（图5）；挪亚的方舟，他的家人们正坐在船上（图4）；摩西带领以色列人走出埃及，在旷野流浪，随后摩西在西奈山领受十诫（图6）；审判日及世界末日的预言（图7）；等等。在这根主轴之外，地图上零星散布着神话传说中的怪兽和古怪的民族（图8、图9），这些都是中世纪人想象出来的产物。[3]

杰里·布罗顿（Jerry Brotton）在《十二幅地图中的世界史》（*A History of the World in Twelve Maps*）中这样写道："这种基督教地图将宗教故事引入了地理学，融合了古代的现实地理与圣经中的地点，将基督教创世、救赎和审判的历史投影在了地球的平面上。观众可以从中找到圣经时间纵向前进的痕迹，它从地图上方的东方伊甸园开始，一路向下，最终在西方，也就是地图的底部告终……赫里福德世界地图是把基督教的时间和空间统一起来的媒介，可以把圣经时间和世界末日投射在这个空间里，而人类也可以画出自己最后的救赎——或被罚入地狱。"[4] 在赫里福德地图的顶端，也就是五边形最上方的三角形地带——在地图所划定的俗世时空之外，复

图5　赫里福德地图局部（1872年摹本）——亚当和夏娃偷食禁果

图6　赫里福德地图局部——摩西在西奈山领受十诫

图7　赫里福德地图局部——审判日场景
（中间是复活的耶稣，他的左边是天堂，右边是地狱）

1　参见〔英〕杰里·布罗顿《十二幅地图中的世界史》。

2　Estoire，古法语，意为历史或故事。

3　Asa Simon Mittman, "England is the World and the World is England," *Postmedieval* 9.1,2018,pp.15-29.

4　〔英〕杰里·布罗顿：《十二幅地图中的世界史》，第77页。

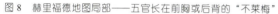

图 8　赫里福德地图局部——五官长在前胸或后背的"不莱梅"　　　图 9　赫里福德地图局部——狗头人

活的耶稣正凝视着俗世中所发生的一切。他与下方的圆形世界并不处在同一维度，就和在远处观看地图的人一样，在同一个时刻便可以审视完时间轴上发生的完整的事件集合。

　　赫里福德地图的绘制距离最后一次十字军东征已经过去了一个多世纪，对当时的欧洲人来说，基督教活动意味的是个体、社群乃至整个世俗政治体的宗教共同体化，是对于自我的认同以及对于他者的驱逐，而末世与救赎正是整个基督世界人类命运的共同构想。赫里福德地图恰好是实现宏大基督世界蓝图的工具之一，它被悬挂在教堂的墙上（图 10），放在公共场所用于教化。这不禁让人发问，当信徒观摩完早已被典籍写就的基督历史，回过头来

又会如何认识此时、此地以及自我在整体中的位置？任何第一次见到这幅地图的人都会惊叹于它的规模与繁复的细节，作为朝圣的关键环节，赫里福德地图提供的正是现实与想象联结的媒介，它通过一种将时间进行实体空间化处理的方式，在二维平面上将历时性的事件呈现出了共时的效果。如果说在近处仔细阅读细节的信徒也只能随着时间的展开而推进，宛如真实的朝圣者那样遍历世间种种，等到退至远处观看时却又仿佛共享了上帝的视角，超然而冷静地凝视着一系列命定的基督历史过程。实际上，观看者在自我掌控的宏观和微观观看的转换之间，也形成了地图—空间观察和历史—时间观察之间的不同往复，并在总体上形成了某种联系。

图 10　悬挂在赫里福德教堂中的赫里福德地图

（图片来自 BBC 纪录片 *The Beauty of Maps*）

二　中世纪神学与现代物理学的偶合：一种更高维度的视角

奥古斯丁对于中世纪神学做出的杰出贡献是毋庸置疑的，赫里福德地图的绘制也在一定程度上受到奥古斯丁神学观念的影响。最明显的地方体现在地图对现实世界做出的自然神学式描绘，以及地图最顶端审判日后灵魂升入天堂或堕入地狱的表示，前者源于奥古斯丁对自然研究秉持的观念——研究历史和地理有助于理解上帝造物的荣光，后者源于奥古斯丁对于终极价值的绝对善恶二分。在关于时间的认识方面，奥古斯都的基督教学说最大的成就在于突破了古希腊时代遗留下来的循环时间观，开创了有始有终的基督教线性时间观。从此，时间并不是古希腊哲人所理解的那样形成一个周而复始的圆圈，历史事件按照周期规律性重演。基督教文化呈现出了极强的

线性历史意识，在这种观念下，时间拥有了起点和终点，开创时间的正是上帝，而时间的结束正指向了末世与救赎。[1]

那么，上帝与线性历史的关系究竟是怎样的？神学家在解释创世时面临着许多难解的矛盾。基督信徒将上帝想象成永恒、完全不变的存在，便很难想象上帝在某个时刻创造了之前从未有过的世界，因为这就意味着上帝创世的意志从无到有，而永恒不变的上帝理应是不会发生变化的。上帝与时间的关系又是怎样的？如果说上帝在时间之中，而时间又势必是上帝创造的，可以说上帝在创造时间之前并没有时间，那上帝究竟身处于哪里？如是种种陷入循环论证的问题，显然无法很好地解释上帝创世的原理。事实上，这一系列问题最终推导出的结论，正如赫里福德地图上所画的那样，上帝以及复活的耶稣都处在人类世界的时空之外，而这也正是基督教文化

1　参见吴国盛《时间的观念》，北京大学出版社，2006。

对于上帝和俗世之间时空关系的认识——是上帝创造了时间,而非上帝在时间中创造。[1] 上帝的永恒先于所有的时间,正如上帝的好高于所有的好,上帝的存在高于所有被造的存在。[2] 在这种认识的基础上,奥古斯丁继承了新柏拉图主义的部分理念,发展出了一套上帝创世说。

新柏拉图主义代表人物普罗提诺对世界的生成提出了一种等级秩序化的构想,其中等级最高、最为超越的存在,被称为"太一"[3]。从"太一"中派生出来的,从高到低依次是理智、灵魂、物质世界。随着层次的降低,派生物的完满程度也越来越低。[4] 奥古斯丁继承了普罗提诺学说中自高层次向低层次传递的理论构造,并对此进行了基督教化的改进:恒定不变、绝对而自在自足的是上帝;上帝创世后说出圣言,圣言中包含了关于万物的真理;天使作为中介,将圣言传递给其他被造物;当被造物与圣言结合,时间才真正开始了。这样一来,奥古斯丁就较为圆满地解释了为什么永恒不变的上帝能够创造出从某一时刻起才诞生的世界:天使从永恒的天上世界向易变的地上世界传递了关于事物的真理,当真理与被造物——物质世界的质料相结合,时间才得以流动。[5]

为了阐明上帝如何创世,奥古斯丁设计出了一套精巧的理论,但他本人也对这套说法的复杂程度感到有些力不从心,并在《论〈创世纪〉驳摩尼教》中这样感慨道:"人的知识是有限的,不可能真正理解上帝。"[6] 非常巧合的是,如果用现代视角去理解奥古斯丁创世学说中从高层次到低层次、从时间之外到时间之内依次传递的构造,类似于现代物理学所构建的从五维时空到四维时空的转变。中世纪的人固然没有高维空间的概念,但也开发出了一套在结构上高度相似的理论,而赫里福德地图恰好能够作为一个神学时空观的模型为我们的理解提供很有帮助的类比。

正如在赫里福德地图上所呈现的,复活后的耶稣对于地上世界整个历史过程的全景式俯瞰,使得他能够在同一时刻把握在时间轴上展开的所有事件。这就像是奥古斯丁理解的上帝所处的世界:上帝的永恒里不存在时间,上帝的永恒是一个永远

1　参见郭郁《奥古斯丁与莫尔特曼的时间观比较》,许志伟主编《基督教思想评论》第18辑,上海人民出版社,2014,第48~59页。

2　吴飞:《心灵秩序与世界历史:奥古斯丁对西方古典文明的终结》,三联书店,2013,第47页。

3　"太一"是普罗提诺三本体学说中的第一本体,它等级最高,单纯而完满,不与任何存在结合,因此不可认识、不可言说。从太一中派生出了第二本体理智,从理智中派生出了第三本体灵魂,灵魂的堕落造就了可感世界(即物质世界)。

4　参见〔美〕撒穆尔·伊诺克·斯通普夫、〔美〕詹姆斯·菲泽《西方哲学史:从苏格拉底到萨特及其后》,匡宏等译,世界图书出版公司,2009;吴飞《心灵秩序与世界历史:奥古斯丁对西方古典文明的终结》。

5　参见〔美〕撒穆尔·伊诺克·斯通普夫、〔美〕詹姆斯·菲泽《西方哲学史:从苏格拉底到萨特及其后》;吴飞《心灵秩序与世界历史:奥古斯丁对西方古典文明的终结》。

6　吴飞:《心灵秩序与世界历史:奥古斯丁对西方古典文明的终结》,第47页。

的现在，上帝在永恒中以永恒的智慧理解和把握人类的一切。[1] 如果说这是现代物理学构建出的五维时空[2]，而时间只是与空间并列存在的另一个维度，那么我们可以想象出一个特殊的视角，在这种视角下，各个维度下的一切能在同一时刻得到充分的呈现。这就仿佛是，当我们沿着一条马路行走时，只能依次路过旁边的建筑，不同的空间点需要随着时间的不断推进才能被我们看到。但如果我们从高空俯瞰，便能够像观看二维图纸一样同时看到一整片街区，原本需要随着时间流逝逐步呈现出来的景色，被一次性地并行放置在我们面前。我们也可以理解成一个分别从近处和远处观看赫里福德地图的人，在近处阅读时只能一个局部一个局部地经历，退至远处时却能够体验到上帝的全知视角：时间在永恒中被抽离了，并通过在空间上的依序分布来呈现。

我们可以想象，在一个更高的维度中，时间轴可以通过一些方式"映射"到空间轴上，成为空间轴上的序列，并通过在空间轴上的展开，在某一个时间点上展现原本在不同时间点发生的事件，这使得我们可以在一个不存在时间流动的高维状态下见证低维中时间流动的过程。也就是说，如果能上升到更高的维度，时间便会呈现出非时间的状态。而在低维度中逐个呈现的片段，到了高维度中便能以连续的模态被我们观看。

或许如下故事有助于我们更好地理解神学和现代物理学在世界基本设置上的联系：区别于我们通常理解的相互对立，它们的设置实际上是互补和共通的。曾经有一位学生非常好奇某位教授为何身为物理学家的同时又是基督教徒，这两种看起来互相矛盾的身份也许会带来某种认识上的冲突，于是他向这位教授请教了一个问题：如果世上一切不是命定必然，那上帝又如何知晓尚未发生的事？这个问题意指着自由意志与决定论的矛盾，如果一切都是事先被设计好的，那么人类的自由又从何谈起；如果一切都源自人类践行的自由，那么神的预知又如何可能？而这位教授的回答又一次提示了我们神学和现代物理学在解释某些问题时呈现的高度吻合。教授在黑板上画了一根带箭头的轴线，"时间对于我们来说是根单向轴线，我们每一刻只能身处于这根轴线上的某一个点，所以无法预知未来，但我们在每一个点上做出的决定可能会影响到下一刻。然而对于上帝来说"，他在轴线上方打了一片斜线，"上帝囊括了时间的每一个点，就像一个人同时看见屋子里不同角落的东西"。[3]

---

1 吴飞：《心灵秩序与世界历史：奥古斯丁对西方古典文明的终结》，第49页。

2 五维时空由人类能够直接体验的三维空间、作为第四维的时间，以及更高层次的第五维度构成。第五维度可以将低维中的时间和空间统一起来。在高维时空的假设中，我们所处的宇宙是一个具有四维时空的膜，并处在一个更高维度的超体中。从超体中观测低维世界时，可以看到三维空间和以实体形式呈现的第四维时间。

3 本部分受到豆瓣用户锦瑟未正式发表文章《God 的时空》的启发，在此实名致谢。其中学生与物理学教授的故事来自她的真实经历，对话部分是直接引用。

三　现代物理学中的高维时空：以《星际穿越》中的五维时空为例

　　尽管人们从中世纪起就对高维空间有了初步而朦胧的想法，但是直到近现代才出现科学意义上的讨论。关于维度有很多种不同的说法，为避免误解，在此对接下来谈论的维度统一做出解释。零维是一个点，当点拥有了长度变成线段，就实现了从零维到一维的转变。当线段平移的轨迹形成平面，一维就迈向了二维；当平面走向立体，二维就来到了三维，但这尚且是一个静止的空间。在此基础上加入第四维的时间，世界便开始活动了。我们通常理解的现实世界就是三维空间加一维时间所构成的四维时空。更高的维度是在四维时空的基础上展开的，但只会增加空间维度，不会增加时间维度。

　　人类是三维空间中的生物，因此无法想象高维空间是怎样的一副模样，正如我们无法想象在同一时刻同时看到一个立方体的四个面是什么样的感觉，我们只能借助各种理论工具的逆推来理解更高维度的风景。事实上，对于高维空间的想象确实迎合了人类理解自然的某种需要。自然界有四种基本力，电磁力、强核力、弱核力、

引力，但它们彼此之间都是孤立的。如何将它们统一起来是长期以来使科学家们困扰的难题，因为科学的进步往往在于用一种新的方式协调原本彼此无关或相互矛盾的东西。而低维与高维之间呈现这样一种关系：某一维度总会在它的次级维度中展示其在那一维度中的一个局部，假如能上升到一个更高的维度，原本彼此之间不相关的事物能够以一种更清晰简洁的方式达成统一。即，在低维度中只能以局部片段呈现出来的零散的东西，到了一个更高的维度中就能够以连贯的方式呈现。因此，物理学家试图通过一个更高维度的视角来简化自然法则，他们认为能够在高维中找到一种描述四种基本力的统一形式，这就意味着找到了解释宇宙终极秩序的原理。弦理论正是这样的一种尝试。[1]

　　在弦理论的视角下，几种基本粒子可以被进一步解释成弦的不同振动模式，而弦本身是一种能量的表现形式。弦分为开弦和闭弦，开弦有两个端点，对应电磁力、强核力以及弱核力，闭弦首尾闭合，对应着引力，这使得弦理论成了统一量子力学和广义相对论的潜在机会。[2]根据光子质量必须为零这条原则的计算结果，弦理论能够在二十五维的空间里合理兑现它的解

1　参见〔美〕加来道雄《超空间》，伍义生译，重庆出版社，2018；〔美〕斯蒂文·斯科特·古布泽《弦理论》，季燕江译，重庆大学出版社，2015。

2　物理学有很多次都面对着两个看起来完全对立的理论，而每次成功将两个相互矛盾的理论统一起来时都实现了学科的进步，比如牛顿整合了伽利略的抛物线运动和开普勒的天体椭圆运动，发现了万有引力；麦克斯韦将电和磁的理论结合起来，提出了电磁场方程；爱因斯坦在解决电磁学和经典力学的明显冲突时，发现了相对论。现代物理学已经能够统一量子力学和狭义相对论，目前正在进一步探索将广义相对论纳入整合的方法，弦理论正是其中的一种尝试，它引入了高维空间的概念。

释。[1] 而在超弦理论——弦理论的进化版本中，空间维度被降至九[2]。我们的现实世界只能直接观察到三个空间维度，多出来的六个维度蜷缩在一个微观量子尺度的空间——卡拉比—丘空间（图 11）[3] 中。尽管尚未得到全面的证实，但弦理论对于高维空间的推导是有严格的数理基础的。[4]

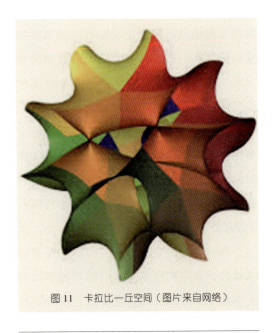

图 11　卡拉比—丘空间（图片来自网络）

本文中用来与赫里福德地图时空进行类比的五维时空，只比现实世界多出一个额外的空间维度。为了易于理解和说明，本文使用《星际穿越》中的五维时空设定。《星际穿越》虽然是一部科幻电影，但它背后有严谨且深厚的科学依据。加州理工学院理论物理教授基普·索恩作为影片的科学顾问，提供了权威科学知识的帮助，并且在影片制作前制定了两条硬性原则：第一，影片中的情节不能违背已成定论的物理定律；第二，对尚不明确的物理定律和对宇宙的猜想要源于真正的科学。[5] 在电影制作完成的同时，他还出版了一本《星际穿越——电影幕后的科学事实、有根据的推测和猜想》，并发表了两篇相关学术论文。这些都使得《星际穿越》可以作为一种科学参考进入本文的讨论。[6]

《星际穿越》以一个近未来的地球作为故事展开的背景，那时植物患上了一种广泛传染的枯萎病。农作物种类越来越少，人们

1　光子由弦构成，光子的质量等于这根弦的最低能量加振动能量。弦的最低能量与弦的节点数量与可振动的空间维度有关；根据量子理论，在特定条件下，弦的振动能量是两倍的量子激发能量。根据"光子质量为零"这一原则列出等式，计算出可振动的空间维度是 25。

2　超弦理论是弦理论的进化版本，在上一条注释解释的计算中引入超对称性后，空间维度的计算结果为 9。

3　卡拉比—丘空间，也叫卡拉比—丘流形，诞生于拓扑学的分支代数拓扑，1954 年由意大利数学家卡拉比提出猜想，1976 年经华裔数学家丘成桐证明。一种物理学猜想认为，宇宙大爆炸使得四维时空与六维空间分裂，四维时空就是我们的现实世界，其余六维空间蜷缩成一个存在于微观量子尺度的空间，即卡拉比—丘空间。尽管人类无法直接观测，但卡拉比—丘空间这一模型有助于现代物理学解决很多问题，也成了超弦理论的构建基石。

4　人类的大脑无法想象出具象化的高维空间，但可以通过数学的形式化语言轻松表示出 N 维空间。自从黎曼颠覆传统欧氏几何开始，黎曼几何就成为可供物理学使用的有力工具。

5　［美］基普·索恩：《星际穿越——电影幕后的科学事实、有根据的推测和猜想》，苟利军、王岚、李然等译，浙江人民出版社，2015，"序言"，第 vi 页。

6　《星际穿越》融合了严谨的科学与人类对于宇宙的浪漫想象，尽管我们还无法断言片中的五维时空真实存在，但它并不违背任何现有的科学发现。必须注意的是，任何一种未经证实的理论都是通过想象提出的，那些随后被证实的想象凿然推动了人类世界的科学进步。想象是人类探索未知世界的重要手段，不能将想象直接等同于毫无由来的虚构。

担心是否有足够的粮食果腹，担心是否有足够的氧气可供呼吸。NASA 派出一行人穿越土星附近的虫洞，去其他星系寻找其他可供人类生存的家园。由于一次意外，主角库珀坠入了黑洞卡冈都亚。因为黑洞吞噬了所有的光，所以人们此前从未能够在外部观察到黑洞内部的情形。而当库珀坠入黑洞后，随即来到了一个在五维世界中被构建出的三维空间中（图 12）。第五维度的存在使得时间在这里能够以实体空间的形式呈现，正如布兰德博士打的比方，对于高维时空的生命体来说，过去可能是一个可以爬进去的山谷，而未来是一座可以爬上去的山峰。五维世界中的超立方体遍布着库珀女儿墨菲卧室的每一个时刻，而当库珀在其中移动时，就实现了时间旅行（图 13），当库珀利用引力实现不同维度之间的沟通，就把信息传达到了远在一百亿光年以外的地球。这些信息作为重要的数据资料支持了后续的引力研

究，最终将人类从生存危机中拯救了出来。

《星际穿越》中五维时空的构造与赫里福德世界地图呈现出的时空的层次几乎是相同的：时间经过空间化处理之后以实体的形式存在，从一个更高维度的视角观看，不同时间的事件得以在同一时刻呈现。赫里福德地图通过平面绘画展现了空间上的 x 轴和 y 轴，又通过遍布在空间上的时间展现出了时间轴和三维之外的额外空间维度。《星际穿越》在二维动态影像中通过透视制造类三维的效果展现空间上的 x 轴、y 轴和 z 轴，并通过超立方体中每一个时刻的墨菲房间陈列出了拥有实体的时间。总而言之，赫里福德地图和《星际穿越》中的时空之间只相差了一个空间上的 z 轴。对于高维空间的认识，科学界无疑还有很长的路要走。但在科普意义上，已有的一些研究成果可以用来指导我们重新关注如赫里福德地图这样将空间和时间等高度融合

图 12 《星际穿越》剧照——主角库珀进入的五维空间

（图片来自网络，http://en.wikipedia.org/wiki/Hereford_Mappa_Mundi#/media/File:Hereford-Karte.jpg）

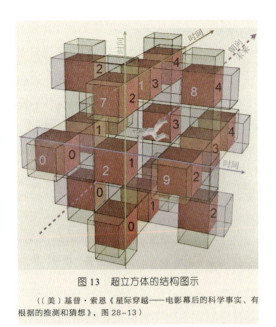

图13　超立方体的结构图示

（〔美〕基普·索恩《星际穿越——电影幕后的科学事实、有根据的推测和猜想》，图28-13）

的非传统地图处理，它们或许拥有更加丰富的意味，值得进一步探究。

　　将宗教观念中的时空与科学意义上的时空联系起来的做法并不能说完全是一种创新。早在文艺复兴时期，灭点透视的发明使得人类获取了一种在二维平面上呈现三维立体的方式。从那时起便开始有人讨论人眼透视法与上帝视角之间的联系，以及探索如何在宗教题材的绘画中逼真描绘地上世界的同时又能呈现上帝更高层次的"无限"来。[1]19世纪，黎曼在数学上突破了作为古希腊遗产而风行数千年的欧几里得几何学，神学家也兴奋了起来，长久以来他们都在困惑上帝、天堂和地狱到底应该存在于何处，现在他们终于找到了答案——高维空间。尽管当时这个概念更多的只停留于想象，但高维空间很快成为席卷当时欧美知识界的一种潮流，并从自然科学界延伸出去，广泛地影响了文学与艺术。[2]陀思妥耶夫斯基《卡拉马佐夫兄弟》中也出现过这样一段，伊凡在与阿廖沙探讨上帝的存在时感慨道，即便真的是由上帝创造了这个世界，他也规定了人类的头脑只能按照欧几里得几何理解事物，对于理解三维空间以外的存在——就比如上帝，是无能为力的。[3]进入21世纪，弦理论的发展使得越来越多的人开始接受高维空间的存在。事实上，宗教与科学的区别恰恰在于，前者认为比人类世界维度更高的地方存在着一位上帝，并且世界是由上帝创造的；对于后者而言，高维空间只是人类出于理解自然界的需要而构建出的理论，或者说那就是我们试图接近并还原的"存在"本身。[4]

结论与展望

　　综上所述，本文提出，第一，赫里福德地图对于空间和时间的处理非常特殊，

1　参见〔美〕卡斯腾·哈里斯《无限与视角》，张卜天译，湖南科学技术出版社，2014。

2　参见〔美〕加来道雄《超空间》。

3　参见〔俄〕陀思妥耶夫斯基《卡拉马佐夫兄弟》，荣如德译，上海译文出版社，2015。

4　此观点同样受到豆瓣用户锦瑟未正式发表文章《God的时空》的启发，再次实名致谢。

它在图像中融合了线性叙事与地理空间布局，描绘了中世纪基督世界丰富的人文现象和自然景观。第二，赫里福德地图中的时空可以利用奥古斯丁的神学观点进行解读：上帝处于时间之外，人类世界处于时间之内，上帝在永恒中以全知视角把握俗世发生的一切。第三，赫里福德地图展现的中世纪神学时空与现代物理学中构建的高维时空在结构方面拥有一致之处。本文以五维时空为例指出，两种时空模式中的时间都以实体的形式存在，如果从更高的层次观看，不同时发生的事件被并行放置在了一个不存在时间流逝的空间中，片段亦能够呈现出连续的模态。

本文固然有它自身难以回应的问题：我们在使用现代物理学构建的视角回过头去解读 14 世纪的古老地图，无疑让这幅地图本身降格为用来佐证的材料。这或多或少动摇了本文的合理性，然而本文架构的核心之处，也是它无法被攻破的一点在于，科学视角与宗教视角下的时空观念发生了偶合，即两者之间存在某种一致性，而它也势必能够提醒并促使我们反思科学与宗教的关系。

在漫长的历史发展过程中随处可见科学与宗教、理性与信仰、雅典与耶路撒冷之间永远的对话与争辩，而两者之间的密切互动，使它们在某些历史阶段相互促进，在另外一些时刻相互冲突与抑制。追溯至

科学和宗教的起源，两者都旨在培养个人心性，对于外在的形式标准并不考究。那时的科学是一种关于知识的心灵活动，并不以产出新知为目的，而宗教是一种关于如何更好地生活的信仰活动，并不拘泥于烦琐的仪式以及僵化的教条。[1]科学和宗教的边界果真如此清晰吗？科学和宗教同样是人类认识世界的方式，两者都旨在寻找对于存在、本质以及终极问题的回答，也都经由人类的想象推动发展。时至今日，尽管科学已经完全战胜了圣经原教旨主义，但我们不能忽略的是，有很多在今天被视作"科学"的问题，在过去往往是被放在宗教范畴里讨论的，例如天文学曾经是关于"征兆与奇迹"的研究，化学则起源于炼金术。[2]当我们认为上帝源于人类的想象时，别忘记弦理论同样源于人类的想象，但科学和宗教的做法也许正好是相反的。宗教的起点在于相信，相信之后再通过各种方式佐证，无论是通过符合逻辑的方法证明上帝的存在，还是通过观察自然的方式寻找上帝在俗世留下的痕迹，这也是它被视作目的论的原因。科学首先排除了超自然因素的存在，也不会预设一个目的，它的做法是通过经验观察或思考寻找我们所处的这个世界的运作原理，但这样的机械论本身又无法回答社会生活的最终目的问题。也许我们可以这样认为，宗教过分强烈的目的抽空了其中的人，而在科学中

1　参见〔澳〕彼得·哈里森《科学与宗教的领地》，张卜天译，商务印书馆，2016。

2　参见〔美〕安德鲁·迪克森·怀特《科学—神学论战史》第 2 卷，鲁旭东译，商务印书馆，2012。

得以彰显自我的人最终又迷失于目的。

大约从某一时刻起宗教和科学渐渐走向了分叉的道路。回望17、18世纪，实验科学千辛万苦摆脱了神学的桎梏，人们暂时悬置了对于终极目的的思索而投身于现世。初代的实证主义只强调经验观察，不认为科学研究要揭示真，也不认为数理逻辑放之四海而皆准。[1] 随后，科学在现实技术层面的大规模成功应用以及在军事中彰显出来的强大力量，促使它实现了对于世俗世界的圆满占领。然而，如果不反思科学自身的局限，那么现代人对于科学的盲目信仰是否又相当于把它重新架上了宗教的位置？科学果真能解决一切吗？当科学仿佛让这个世界宛如冰冷的机械引擎一样运转而不知何去何从，人类究竟要去哪里寻找存在的目的以及神圣性？米歇尔·艾伦·吉莱斯皮（Michael Allen Gillespie）在《现代性的神学起源》中这样写道："在现代性的进程中，实际发生的并不是神的简单清除或消失，而是将他的属性、本质力量和能力转移到其他东西或存在领域中。因此，所谓的怯魅过程也是一个返魅过程，在这个过程之中并通过它，人和自然都被赋予了以前被归于神的若干属性或能力。说得更直白些，面对着持续很久的神之死，只有把人或自然或两者在某种意义上变成神，科学才能为整体提供一种融贯的解释。"[2] 人类是否在使用科学追寻超越自身的存在？如果说这是不自量力的，那为此付出的代价是否正类似于宗教故事中的审判？

回到地图，使用全知视角叙事的宗教世界地图不只存在于基督教中，日本奈良法隆寺留存的一幅基于《大唐西域记》绘制的玄奘西行朝圣地图也属此类。[3] 这类地图被展示于公共宗教场合，成为宗教仪式的工具以塑造信徒的认知，并留给今天的我们揣测当时人们眼中世界的模样。但是，任何事物都不会自我展现，而是必须借人之口说出。倘若我们能够在研究中融入更为多元丰富的材料、方式以及视角，沟通那些曾经被视作彼此无关的内容，跨越不同知识体系之间人为设定的樊篱，那么，经由地图构建起来的知识谱系定会更加繁荣。

1　John Stuart Mill, *Auguste Comte And Positivism*,Charleston, 2013.

2　〔美〕米歇尔·艾伦·吉莱斯皮:《现代性的神学起源》，张卜天译，湖南科学技术出版社，2012，第355~356页。

3　该地图大约与赫里福德地图于同一时期绘制，根据《大唐西域记》描绘了玄奘从中国到中亚和天竺的朝圣路线图，同时展现了已知世界的政治、文化和自然。与赫里福德地图有所不同的是，这幅佛教朝圣地图用红线标记了整个路线经过，以此引导阅读地图的视线。

《形象史学》征稿启事

　　《形象史学》是由中国社会科学院古代史研究所文化史研究室主办、面向海内外征稿的中文集刊，自 2021 年起每年出版四辑。凡属中国古代文化史研究范畴的专题文章，只要内容充实，文字洗练，并有一定的深度和广度，均在收辑之列。尤其欢迎利用历史上流传下来的各类形象材料进行专题研究的考据文章，以及围绕中国古代文化史学科建构与方法探讨的理论文章。此外，与古代丝路文化和碑刻文献研究相关的文章，亦在欢迎之列。具体说明如下。

　　一、本刊常设栏目有理论探讨、名家笔谈、器物与图像、考古与文献等，主要登载专题研究文章，字数以 2 万字以内为宜。对于反映文化史研究前沿动态与热点问题的综述、书评、随笔，以及相关领域国外学者的最新研究成果（须提供中文译本），亦适量选用。

　　二、来稿文责自负。章节层次应清晰明了，序号一致，建议采用汉字数字、阿拉伯数字。举例如下。

　　第一级：一 二 三；

　　第二级：（一）（二）（三）；

　　第三级：1. 2. 3.；

　　第四级：（1）（2）（3）。

　　三、中国历代纪年（1912 年以前）在文中首次出现时，须标出公元纪年。涉及其他国家的非公元纪年，亦须标出公元纪年。如清朝康熙六年（1667），越南阮朝明命元年（1820）。

　　四、来稿请采用脚注，如确实必要，可少量采用夹注。引用文献资料，古籍须注明朝代、作者、书名、卷数、篇名、版本；现当代出版的论著、图录等，须注明作者（或译者、整理者）、书名、出版地点和出版者、出版年、页码等；期刊论文则须注明作者、论文名、刊物名称、卷期等。同一种文献被再次或多次征引时，只需注出书名（或论文名）、卷数、篇名、页码即可。外文文献标注方法以目前通行的外文书籍及刊物的引用规范为准。具体格式举例如下。

　　（1）（清）张金吾编《金文最》卷一一，光绪十七年江苏书局刻本，第 18 页 b。

　　（2）（元）苏天爵辑《元朝名臣事略》卷一三《廉访使杨文宪公》，姚景安点校，中华书局，1996，第 257~258 页。

　　（3）（清）杨钟羲:《雪桥诗话续集》卷五上册，辽沈书社，1991 年影印本，第 461 页下栏。

（4）（唐）李隆基注，（宋）邢昺疏《孝经注疏》，载李学勤主编《十三经注疏》，北京大学出版社，1999，第3页。

（5）金冲及：《二十世纪中国史纲（简本）》上册，社会科学文献出版社，2012，第295页。

（6）苗体君、窦春芳：《秦始皇、朱元璋的长相知多少——谈中学〈中国历史〉教科书中的图片选用》，《文史天地》2006年第4期，第46页。

（7）林甘泉：《论中国古代民本思想及其历史价值》，《光明日报》2003年10月28日。

（8）〔英〕G.E.哈威：《缅甸史》，姚楠译，商务印书馆，1957，第51页。

（9）Marc Aurel Stein, *Serindia* (London: Oxford Press, 1911), p.5.

（10）Cahill, Suzanne, "Taoism at the Song Court: The Heavenly Text Affair of 1008," *Bulletin of Sung-Yuan Studies* 16 (1980): 23–44.

五、（1）请提供简化字（请参照国家语言文字工作委员会1986年重新发布的《简化字总表》）word电子版。如有图片需插入正文对应位置。（2）同时提供全文pdf电子版。（3）另附注明序号、名称、出处的高清图片电子版（图片大小应在3M以上），并确保无版权争议。如为打印稿，须同时提供电子版。（4）随文单附作者简介（包括姓名、单位、职称、研究方向）、生活照（电子版）、联系方式、通信地址、邮编。

六、如获得省部级及以上项目基金资助，可在首页页下注明。格式如：本成果得到××××项目（项目编号：××××）资助。项目资助标注不能超过两项。

七、邮箱投稿请以"文章名称"命名邮件名称和附件名称。请用文章全名命名，副标题可省略。

八、请作者严格按照本刊格式规范投稿，本刊将优先拜读符合规范的稿件。

九、来稿一律采用匿名评审，自收稿之日起三个月内，将通过电话或电子邮件告知审稿结果。稿件正式刊印后，将赠送样刊两本。

十、本刊已入编知网，作者文章一经录用刊发即会被知网收录，作者同意刊发，即被视为认可著作权转让（本刊已授权出版方处理相关事宜）。

十一、本刊地址：北京市朝阳区国家体育场北路1号中国历史研究院2号楼220房间，邮编：100101。联系电话：010-87420859（周二、五办公）。电子邮箱：xxshx2011@yeah.net。

图书在版编目（CIP）数据

形象史学. 2020. 下半年：总第十六辑 / 刘中玉主
编. -- 北京：社会科学文献出版社, 2020.11
ISBN 978-7-5201-7614-9

Ⅰ. ①形… Ⅱ. ①刘… Ⅲ. ①文化史-中国-文集
Ⅳ. ①K203-53

中国版本图书馆CIP数据核字（2020）第229230号

形象史学　2020下半年（总第十六辑）

主　　编 / 刘中玉

出 版 人 / 王利民
责任编辑 / 赵　晨
文稿编辑 / 梁　赟

出　　版 / 社会科学文献出版社·历史学分社（010）59367256
　　　　　　地址：北京市北三环中路甲29号院华龙大厦　邮编：100029
　　　　　　网址：www.ssap.com.cn
发　　行 / 市场营销中心（010）59367081　59367083
印　　装 / 北京盛通印刷股份有限公司

规　　格 / 开　本：787mm×1092mm 1/16
　　　　　　印　张：22.25　字　数：435千字
版　　次 / 2020年11月第1版　2020年11月第1次印刷
书　　号 / ISBN 978-7-5201-7614-9
定　　价 / 98.00元